Philippe Clérin

Das grosse Buch des Modellierens und Bildhauens

Philippe Clérin

Das grosse Buch des Modellierens und Bildhauens

Modellieren

Formen und Giessen

Bearbeiten und Behauen

2., durchgesehene Auflage

Ein Lehrbuch
für alle Werkstoffe und Techniken
für Anfänger und Fortgeschrittene

Verlag Paul Haupt Bern · Stuttgart · Wien

Titel der französischen Originalausgabe:
La sculpture – toutes les techniques
von Philippe Clérin

Aus dem Französischen übersetzt von
Dr. Alfred Schneider, CH-8400 Winterthur

Die Deutsche Bibliothek – CIP-Einheitsaufnahme

Clérin, Philippe:
Das grosse Buch des Modellierens und Bildhauens:
Modellieren, Formen und Giessen, Bearbeiten und Behauen;
ein Lehrbuch für alle Werkstoffe und Techniken für Anfänger
und Fortgeschrittene / Philippe Clérin. [Aus dem Franz. übers.
von Alfred Schneider]. – 2., durchges. Aufl. – Bern; Stuttgart;
Wien: Haupt, 1993
ISBN 3-258-04730-8

ADD-Design: Manfred Senn, Bern

Printed in Italy
by G. Canale & C. S.p.A. Turin

für Dominique

Wir danken allen Personen, die auf verschiedene Weise zum Gelingen des Buches beigetragen haben:

M. Abakanowicz, J.-M. Abel, J. Berthold, S. Björnsdottir, G. Cabrera, N. Canuti, M. J. Cavalcanti, A. Cavaliere, R. Carrara, Christo, J. Claassen, G. Conservo, L. Cottone, B. Curmano, A. Da Hora, T. Da Vinci, D. Di Meo, J. Dries, S. Ebling, J. Fafard, S. Gangolf, C. A. Garcia Arias, J.-P. Ghysels, E. Gordilho, A. Gurria, N. Hafstein, P. Hartmann, P. Herla, M. Hirs, M. Huber, R. Irrgang, O. Jevric, R. Jung, E. Knopp, G. Kosice, Ch. Leroy, P. Mönnig, L. Mookerjee, J. Mooy, L. Morbini Grzeidak, W. Moser, P. Müller, P. Neagu, G. Orioli, J.-L. Parant, P. Peeters, T. Peters, M. Pezzoli, W. Roose, F. Roulin, F. Somaini, U. Stühler, I. Szebényi, Y.-P. Travassos, P.-P. Tschaikner, V. Urdarianu, B. Vaadia, A. & H. Van der Kraan, G. Van Dijk, M. Ventrone, M. Vidic, H. Vlugt, F. Vonck, R. Von Chossy, R. Wachter, H. Walenta, Marina Marini, Fondation Marino Marini und Fondation Henry Moore.

Wir sind ferner Frau M. Baus, Frau H. Kotschoubey und Frau Verbeeck für ihre Unterstützung dankbar.

Für ihre liebenswürdige Zusammenarbeit danken wir
den Centres Belges de Documentation sur l'Acier et les Métaux non ferreux, wie auch den Firmen Prodécor, Céramic Instruments und Pakeshof.

Inhalt

Die Bearbeitungtechniken

Die Bearbeitung der Metalle

Einige besondere Probleme

Gian Lorenzo Bernini
Detail der Fontana dei Fiumi
(Vier-Flüsse-Brunnen) 1648–1651
Piazza Navone, Rom

Einführung

Ziele und Grenzen des Werkes

Angesichts des weiten Feldes von Verfahren zur Fertigung von Skulpturen und Plastiken haben wir uns zu Beginn der Abfassung dieses Werkes die saubere Aufteilung und Gliederung zum Ziel gesetzt. Mit der fortschreitenden Arbeit sind Lücken in der Literatur über dieses Gebiet zutage getreten. Wir haben versucht, diese zu schliessen, indem wir bestehende Werke mit unserer Erfahrung ergänzten. Zu den wichtigsten Büchern, die wir konsultiert haben, gehören diejenigen von *J. W. Mills, J. C. Rich und M. T. Baudry* (La Sculpture: méthode, vocabulaire). Diese Werke leisten ausgezeichnete Dienste, sind aber alle nicht vollständig.

- Selber Plastiker von Beruf, haben wir die in der Literatur auffindbaren Angaben, Daten und Rezepte mit unseren eigenen Erfahrungen vergleichen können. Wir haben auf diese Weise nur solche von wirklichem Interesse in unserem Buch aufgenommen.
- Unser Ziel war es, ein ausgesprochen praktisches Werk für alle diejenigen herauszugeben, die auf dem Gebiet der Plastik ein Problem zu lösen haben, stets ausgehend von einer Gesamtsicht der Werkstoffe und der verfügbaren Verfahrenstechnik.
- Ein wichtiges Anliegen bestand darin, dem Anfänger ein Werkzeug in die Hand zu geben, um seine Ideen bestmöglich zu verwirklichen, ohne sich beispielsweise mit der Wahl der Materialien oder der geeigneten bzw. ungeeigneten Werkzeuge befassen zu müssen. Nach der Lektüre dieses Buches sollte der Leser den Kern der Sache mitbekommen haben: Material und Form einer Plastik sind untrennbar miteinander verbunden. Jede Abweichung von der materialgerechten Verarbeitung führt zu Fehlentwicklungen und Enttäuschungen.

Die geschichtlichen Hintergründe und die Fachsprache stehen nicht im Vordergrund. Das Werk hat auch nicht die Aufgabe, ästhetische Ratschläge zu vermitteln; solche sind subjektiv und ausserhalb unserer Zielsetzung, es sei denn, es handle sich um Fragen des konformen Werkstoffeinsatzes.
Überall dort, wo es das Verständnis des Textes erfordert, haben wir Tafeln, Tabellen, Skizzen und Zeichnungen beigefügt. Die photographischen Bilder dienen einerseits dazu, die Arbeitsfolge zu illustrieren und anderseits Beispiele von entsprechenden Skulpturen aus verschiedenen Epochen und Ländern anschaulich zu vermitteln.
Ein Literaturverzeichnis befindet sich am Schluss des Buches.

Übersicht über den Buchaufbau

Peter Hartmann
Flötenspieler
H 95 cm

Nach einem kurzen Kapitel über die Entwicklung der Bildhauertechnik und der Definition der Skulptur folgen sich Kapitel über Kapitel über die Fertigung von Plastiken in den verschiedenartigsten Techniken.
Zuerst werden die traditionellen Werkstoffe zum Modellieren behandelt: Ton (in einem Spezialkapitel Terrakotta), Wachs und Gips.
Anschliessend werden die verschiedenen Verfahren der Verformung/Abgüsse beschrieben, die in der Regel verformbare Materialien bedingen.
In der Folge werden Zement, Papiermaché (Pappe) und Kunststoffe (Polyester, Epoxyharze, Plexiglas, synthetische Schaumstoffe u. a.) behandelt: Materialien, die sehr oft in die Formen vergossen werden.
Der Technik der äusseren Bearbeitung (Behauen, Schneiden, Sticheln) sind drei Kapitel gewidmet: der Bearbeitung von Stein, Holz und anderen Materialien tierischen Ursprungs, wie Horn, Knochen und Elfenbein.
Im zweiten Teil des Buches beschäftigen wir uns mit den Metallen und der Giessereitechnik.
In Spezialkapiteln werden andere Verfahren der Metallverformung behandelt: die Technik des Treibens, die Galvanisiertechnik, die Oberflächenbehandlung durch Metallisieren, die mechanische Verbindungstechnik, das Schweissen und Löten. – Das Kapitel über die Metalle wird mit einem Abschnitt über die Oberflächenbehandlung abgeschlossen.

Zum Schluss wenden wir uns einigen allgemeinen Fragen zu, wie zum Beispiel: welches sind die Anforderungen an ein Atelier eines Plastikers? Welche Armierungen sind zweckmässig? Wie ist ein Sockel einer Statue auszulegen? u. a.
Die Tafel auf der nächsten Seite gibt einen Überblick über Werkstoffe und Techniken im wechselseitigen Zusammenwirken.

Schema der verschiedenen Techniken und ihre Zusammenhänge

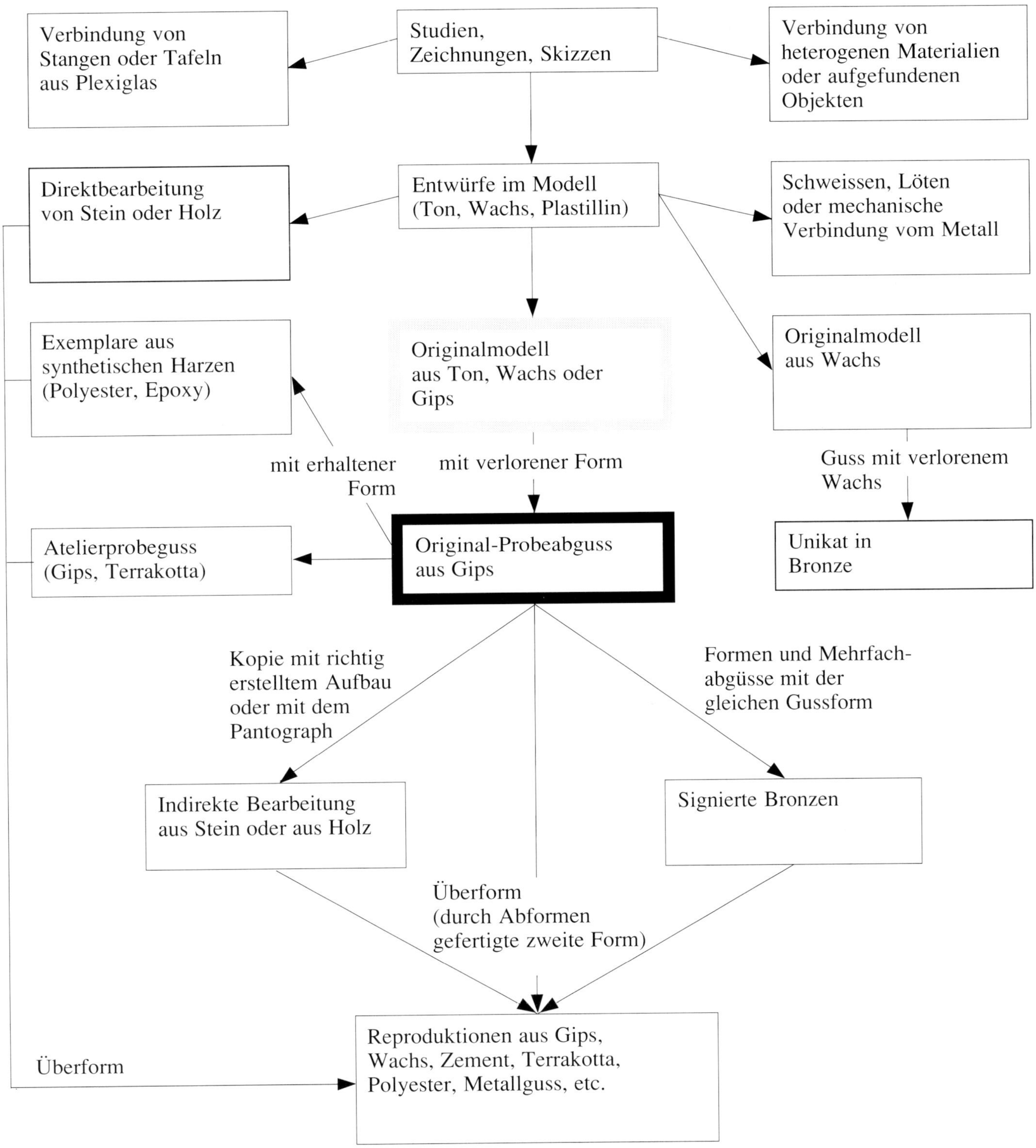

Die Plastik gestern und heute

Nado Canuti
Verticale Forma Due (1973)
Bronze (verlorenes Wachs)
220 × 70 × 40 cm

Plastiken gibt es seit der Steinzeit, einige 25000 Jahre zurückliegend. Die ersten aufgefundenen Werke – aus Knochen, Elfenbein oder Stein geschnitten – stellten reich geschmückte Frauen- oder Tierfiguren dar. Die vom prähistorischen Menschen verwendeten Materialien stammten aus der unmittelbaren Umgebung. Bestimmt hat er indessen auch vergängliche Materialien verwendet, von denen die meisten die Zeit nicht überdauert haben. Trotzdem sind auch zerbrechliche Werke über Jahrtausende unter bestimmten Bedingungen erhalten geblieben, wie z. B. Büffelfiguren aus ungebranntem Ton in den GrottenTuc d'Audoubert in Südfrankreich, am Nebenfluss der Garonne. Anderseits hat man aus dieser Epoche meines Wissens keinerlei Holzgegenstände aufgefunden. Seit dem Neolithikum und der ersten primitiven Landbebauung erschienen Töpferwaren für den täglichen Gebrauch und aus Ton modellierte, gebrannte Figurinen.

Die Bearbeitung von Metallen durch Schmelzen kam später: die verschiedensten Entdeckungen u. a. der Extraktion von Metallen aus den Mineralien, der Giesstechnik und der Modelliertechnik mit Wachs haben zu einer ausgereiften Technologie geführt, die bis heute im Prinzip unverändert geblieben ist.

Mit den grossen Baumeistern unserer Zivilisation sind neue Werkstoffe von grossem Interesse entstanden: Gips, Kalk, Zement usw.

Seit diesen vergangenen Zeiten haben die traditionellen abendländischen Künstler und Bildhauer die bearbeiteten Materialien beibehalten: es sind immer noch Stein, Holz und Bronze, also ausgesprochen edle Stoffe.

In einigen aussereuropäischen Regionen (Afrika, Asien, Grönland) werden immer noch weniger klassische Stoffe verwendet: Knochen oder Elfenbein beispielsweise.

Von der Antike bis ins 19. Jahrhundert sind die technischen Fortschritte in der bildnerischen Kunst

Ägyptisches Relief
Porträt der Königin Tiji, 8. Dynastie (um 1390 vor Chr.)
Weisser Kalk

Musées royaux d'art et d'histoire, Brüssel

(Skulpturen, Plastiken) an einer Hand abzuzählen. Unsere Zeit kennt wohl neue Metallegierungen, aber die Giessverfahren sind fast gleich geblieben. Anderseits sind tausend Jahre alte Rezepturen zum Härten von Metallen wohl für immer verloren.
Mit dem Aufkommen von Stählen und deren Wärmebehandlung einerseits und von Kunststoffen anderseits haben sich neue Möglichkeiten für den Plastiker eröffnet. Auch die Verwendung von Zement und Beton durch den Plastiker ist neueren Datums, wohl eine Folge von deren weltweiten Verwendung in der Architektur. Diese Innovationen haben die ästhetischen Möglichkeiten der Plastik erweitert. Die Annahme ist vielleicht vermessen, dass die heutigen Formen in der Plastikkunst eine Folge dieser technischen Neuerungen sind; eine Übereinstimmung dürfte im Einzelfall nicht abzusprechen sein.
Seit Beginn des 20. Jahrhunderts hat die Fertigung von Plastiken nicht aufgehört, aus den Entwicklungen in Wissenschaft und Technik Nutzen zu ziehen. Die Elektrizität und Elektronik beleben gewisse bewegliche Körper («Mobile») oder ermöglichen sogenannte Leuchtkörper.
Für die Bearbeitung brachten die elektrischen und pneumatischen Maschinen wesentliche Erleichterungen: das Behauen von Stein wurde weniger aufwendig. Nur zaghaft fand die Farbe in der Skulptur wieder Zugang, nachdem sie während Jahrhunderten daraus verbannt war. Das Erscheinen von neuen, sehr dauerhaften Farbstoffen auf dem Markt dürfte ein Grund dafür sein.
So kann allgemein eher von einer Ausweitung der technischen Grundlagen für die Plastik gesprochen werden als von einem echten Fortschritt.
Kann man anderseits von einem ästhetischen Fortschritt sprechen? Ist beispielsweise die «Venus von Lespugue» weniger schön oder ergreifend als etwa ein Werk von Brancusi?
Wichtiger ist wohl der Gedanke der Unvergänglichkeit des menschlichen Wirkens, das Ausdruck der Vervollkommnung in allen Epochen und in allen Kulturen ist.

Versuch einer allgemeinen Definition

Der Ausdruck «behauen, bearbeiten, schneiden» stammt vom lateinischen Wort «sculpere», was behauen oder entfernen von Teilen eines Steines bedeutet. Die Plastik oder Skulptur wäre dann das Resultat dieses Arbeitsvorgangs. Diese Definition engt das Gebiet stark ein und macht deutlich, welche grosse Rolle der Bildhauerei in der römischen Zivilisation zukam.
Im Französischen wurde der Ausdruck «sculpture» verhältnismässig spät eingeführt. Ihm gehen die Ausdrücke «ymages» oder «ymaiges» voraus, die gleichzeitig für Plastik und Malerei gelten. Man stösst auf den Ausdruck «sculpteur» (Bildhauer) im 15. Jahrhundert, aber erst im 16. Jahrhundert findet das Wort «sculpture» Eingang in den allgemeinen Wortschatz.
In seinen «Principes de l'Architecture» (Prinzipien der Architektur) definiert Félibien 1676 die Skulptur folgendermassen: «Un art par lequel en ostant et en adjoustant de la matière, l'on forme toutes sortes de figures: lorsqu'on travaille de terre ou de cire, ou bien sur bois, sur les pierres et sur les métaux. Le travail se fait aussi en creusant de mesme que l'on fait sur des métaux, sur des agathes et sur d'autres pierres: ou en travaillant de relief comme sur les statues et les bas-reliefs, et dont les figures sont en différentes manières.» (Eine Kunst, mit der man Material abarbeitet und zufügt und auf diese Weise Figuren formt, sei es aus Ton, Wachs, Holz, Stein oder Metall. Die Arbeit geschieht auch durch Aushöhlen (wie bei Metallen, Achaten und anderen Steinen) oder in der Relieftechnik auf Plastiken und Flachreliefs nach verschiedenen Arbeitsweisen.)
Im 19. Jahrhundert unterscheidet man zwischen dem Bildhauer, der sich auf die Bearbeitung von festen Materialien spezialisiert (Stein, Holz oder andere analoge Materialien) und dem Plastiker, der Ton, Gips und geschmolzenes Metall bearbeitet.

▷
Francesco Somaini
Figura di fuoco (1963)
Bronze
138 × 190 cm

Heute hat der Ausdruck «Skulptur» wieder einen weiteren Sinn erhalten. Es sollen hier einige aktuelle Definitionen aufgeführt werden:

Thomas Munro (1954)
«Die Kunst dreidimensionale Formen zu entwerfen und zu konstruieren, die in der Regel von aussen zu betrachten sind und die eine oder mehrere der folgenden Eigenschaften aufweisen: natürliche oder imaginäre Objekte darstellend, ein Motiv in dreidimensionaler Form vorstellend, allgemeine Gedanken, Gefühle oder anderweitige Erfahrungen ausdrückend.»

Enzyklopädie Britannica (14. Auflage)
«Die Kunst imaginäre oder beobachtete Objekte in festen Materialien und in drei Dimensionen darzustellen».

Oxford Wörterbuch
«Teilbereich der schönen Künste zur Erzeugung von Figuren in Rundplastik oder im Relief durch Behauen, Modellieren in einem plastischen Material oder Schmelzen von Metall in einer Gussform.»

Petit Robert (1984)
«Getreues Abbilden, suggerieren eines Gegenstandes im Raum mittels eines Materials, dem man in ästhetischer Absicht eine bestimmte Form gibt; alle Techniken, die diese Darstellung gestatten.»

Was uns bestrifft, vertreten wir die Auffassung, dass jedesmal dann von Skulptur die Rede sein kann, wenn ein Werkstoff nach den drei Dimensionen bearbeitet wird, ihm dabei einen Sinn, eine geistige Bedeutung gebend, ohne dass die entstehende Kreation eine Gebrauchsfunktion hat.
Es sei beigefügt, dass es keiner Definition gelingen dürfte, einem Bereich der menschlichen Aktivität ganz gerecht zu werden, besonders dann nicht, wenn es sich um einen so lebendigen und bewegenden Bereich, wie es die zeitgenössische Bildnerei ist, handelt. Ab wann sprengt eine dreidimensionale Arbeit den Rahmen der Skulptur und ist der Architektur, dem Möbelhandwerk, der Bijouterie, der Teppichkunst, der Keramik (und umgekehrt) zuzuordnen? Oft sind die angewendeten Techniken bei verwandten Gebieten dieselben. Es geschieht nicht selten, dass sich ein Kunsthandwerker von den Gebrauchsgegenständen der ersten Zeit löst und sich rein ästhetischen Kreationen zuwendet, ohne dabei die überlieferte Technik über Bord zu werfen.
Die Holographie (Laserphotographie) stellt ein interessantes Problem dar: ist das Hologramm eine Photographie, ein Bild oder eine Lichtskulptur? Was sichtbar ist, vermittelt die Charakteristik eines dreidimensionalen Objekts. Aber dieses Objekt ist nicht mit Händen zu greifen. Anderseits wird es wie ein Bild in einem Rahmen gesehen; es wird getragen und materialisiert sich im Fotonegativ. Warum soll man sich von den schönen Klassierungen irre führen lassen?

▷
Ernst Barlach
Der Ekstatiker (1916)
Holz (Eiche)
52 × 16 × 35 cm
Kunsthaus Zürich

Die Skulptur führt ein eigenständiges Dasein. Wie bei jedem Lebewesen erfolgte ihr Wachstum organisch. Sie lässt sich betrachten, berühren, sie verändert den Raum, den sie einnimmt und umschliesst. Im besten Fall besitzt sie eine Seele mit einer besonderen Ausstrahlung, welche die ihr oft zuerkannte magische Kraft erahnen lässt. Die Tatsache, dass sie an unser Gefühl appelliert, das tief in unserer Psyche wurzelt, erklärt wenigstens teilweise die Faszination, die sie ausübt. Wird diese nicht auch hervorgebracht durch die unvermeidliche Meditation über das Entfliehen der Zeit, untrennbar verbunden mit dem Wunsch nach geistigem Reifen, aus der Haltung des Respekts vor den Werken vergangener Zeiten?

Nado Canuti
Apparizione sette (1970)
64 × 36 × 31 cm

Dieses in den Dimensionen bescheidene Werk hat trotzdem einen monumentalen Charakter und ist beispielsweise als Möblierung eines Platzes denkbar.

Die vielfältigen Erscheinungsformen der Skulptur

Man unterscheidet zwei grosse Kategorien von Skulpturen: die Reliefform und die Form der Rundplastik.

Das Relief (wörtlich «das Hervorheben»)

Es handelt sich um Flachskulpturen, die sich von einer Grundfläche mehr oder weniger abheben. Sie sind zwischen die Malerei und die Rundplastik einzustufen und stellen in der Regel Szenen dar, die sich wie ein Bild betrachten bzw. lesen lassen. Man unterscheidet:

Das versenkte Relief: Relief mit einem tief in die Grundplatte eingekerbten Sujet. Die Kerbtechnik wurde hauptsächlich von den Ägyptern gepflegt; von dort stammt der Name «ägyptisches Relief». Die höchste Erhebung der Figuren ist auf gleicher Höhe der Steinoberfläche, während die Konturen tief eingeschnitten sind. (In gewissem Sinne kann von einer Gravur gesprochen werden.)

Die eigentlichen Reliefs: Sie werden je nach dem Grad der Erhebung der Formen über der Grundfläche voneinander unterschieden.

- *Das gequetschte oder platte Relief* (relievo stacciato, Italien, 15. Jahrhundert): ein schwaches Relief, dessen Konturen nur ganz fein eingeritzt sind. Beispiel: gewisse assyrische Reliefs.
- *Das Flachrelief (bas-relief):* leichte Erhebung der Figur über der Grundfläche, die weniger als die Hälfte des Körpers beträgt, ohne Formschräge.
- *Das Halbrelief (demi-relief):* die Erhebung der Figur über der Grundfläche entspricht der Hälfte oder etwas mehr vom Körper mit vereinzelten Partien mit Formschräge.
- *Das Hochrelief (haut-relief):* die körperlichen Formen sind fast ganz ausgebildet, bleiben aber an die Grundfläche gebunden. Einzelne Partien (wie Gliedmassen und Kopf) sind ganz losgelöst und weisen Formschräge auf.

D. R.
Joe Fafard
«Jeff»

Die Rundplastik

Es handelt sich um freistehende, allseitig durchgebildete, rundplastische Skulpturen, die von allen Seiten betrachtet werden können. In der Regel sind bestimmte Blickwinkel bevorzugt, insbesondere bei Statuen, die in einer Nische stehen.
Je nach Bestimmungszweck lassen sich die verschiedenen Typen von Skulpturen unterscheiden nach:

Ornamentalen Skulpturen: sie stellen ein geometrisches Motiv dar oder auch Formen aus der Natur, oft stilisiert. Sie schmücken ein öffentliches Bauwerk, ein Denkmal, ein Möbel oder irgend ein Objekt (Kapitell, Fries, usw.).

Dekorativen Skulpturen: es sind mit Schnitzwerk verzierte Werke (kleine Statuen, Nebenfiguren), die ein integrierender Bestandteil von einem Bauwerk, Denkmal, Möbel oder Objekt sind.

Freiskulpturen: es sind eigenständige Skulpturen, die sich nicht in ein Bauwerk, Denkmal oder Möbel einfügen (Standbild, Büste, Porträt usw.).

Skulpturen mit Denkmalcharakter: es handelt sich um Reliefs oder Rundplastiken, die Teil einer grossen Überbauung oder einer parkähnlichen Landschaft sind, um diese auszuzeichnen (grosse Brunnenanlage, Reiterstandbild, Gedächtnisstätte usw.).

Von allem Anfang an faszinierten zwei Hauptthemen die Bildhauer: der menschliche Körper und die Tierwelt.
Mann und Frau sind in ungezählten Erscheinungsformen in religiöser oder sozialer Sicht dargestellt worden, in allen Epochen, weltweit. Der Mensch ist nachgebildet worden bei der Arbeit, in Mussestunden, von verschiedenen Leidenschaften geprägt und als Gegenstück in grosser Heiterkeit und Gelöstheit. Ihre Morphologie ist sowohl summarisch erfasst worden als auch haargenau und in realistischer Schau. Wie auch immer, stets wohnt der Skulptur eine geistige Kraft inne, die den sie umgebenden Raum verwandelt. Es macht den Anschein, dass nichts den Menschen mehr fasziniert als das Bild seiner eigenen Gestalt und die wahrheitsgetreue Abbildung seiner Gesichtszüge. Oft ist in der Bildhauerkunst das wilde oder domestizierte Tier der menschlichen Gestalt zugesellt. Manche Plastiker widmen sich gar nur der Darstellung des Tieres. Die Welt der Pflanzen und Landschaft tritt dagegen in der Bildhauerei zurück, es sei denn als dekoratives Element oder auf Flachreliefs im Hintergrund.

Die drei Methoden, die zur Skulptur führen

Grundsätzlich gibt es drei Arten, um eine dreidimensionale Skulptur zu verwirklichen.

Modellieren

Die erste Methode, die natürlichste und leichteste, besteht darin, dass Material einem Kern (mehreren Kernen) zugefügt wird, der zur Seele der Skulptur wird. Es handelt sich um die Technik des Modellierens mit plastischen Stoffen, die sich leicht und reversibel verformen lassen. Sie beansprucht keine grosse physische Kraft und darf als die spontane Technik bezeichnet werden. Sie lässt jederzeit eine Korrektur oder Änderung zu, indem Material weggenommen oder zugefügt wird. Die Geschmeidigkeit des Werkstoffes lässt feinste Eindrücke und Retouchen zu, fast ohne Grenzen. Diese liegen einzig in der oft nicht genügenden Eigenfestigkeit. In vielen Fällen muss deshalb das Modelliermaterial mit einer Verstärkung unterstützt werden. Der Ton, das Wachs und der Gips dienen als Material der Wahl für die Verwirklichung von Entwürfen oder Maquetten.

Behauen und Beschneiden

Der geistige Hintergrund bei dieser Bearbeitung ist völlig anders. Das hier verwendete Material muss hart und widerstandsfähig sein. Die Arbeitsweise ist langsam und mühsam und verlangt physische Robustheit und Kraft. Die Form erarbeitet sich von aussen, wobei der Bildhauer Schritt für Schritt den Kern von Gesteinsschichten freilegt. Bei dieser Arbeit lässt sich kaum Material zufügen; was abgearbeitet ist, lässt sich nicht rückgängig machen. Die Formensprache ist wegen der Festigkeit des Materials einfach. Die Bildhauerei führt zu massiven Kunstwerken, deren Werkstoffe sehr oft von ausgesuchter Qualität und Schönheit sind.

Zusammenfügen (Assemblage)

Dieses Verfahren wird vor allem von zeitgenössischen Plastikern angewendet, obschon es bereits früher in der primitiven Kunst Eingang gefunden hatte und auch in der Zivilisation der Klassik nicht unbekannt war. Es besteht darin, mit verschiedenen Mitteln ähnliche oder unähnliche Materialien zu verbinden. Die mechanische Verbindung, die Klebeverbindung und die verschiedenen Schweissverfahren gehören zu der Arbeitstechnik des darauf spezialisierten Plastikers. Die auf diesc Weise hervorgebrachten Formen sind in der Regel offen, luftig oder vielfältig. Das Werk ist organisch gewachsen und erstreckt sich im Raum nach allen Seiten. Diese Technik erlaubt grosse Phantasie, besonders im Zusammenspiel verschiedener Materialien. Die Schwierigkeit liegt im Erreichen einer harmonischen Gesamtwirkung mit ungewöhnlichen, oft sehr heterogenen Teilen.

Seiten 24 und 25
Axel und Helena Van der Kraan
Mann und Frau am Strand (1982)
Höhe 180 cm (Mann), Höhe 250 cm (Frau)
Diese Skulpturen bestehen aus verschiedenen zugeschnittenen und zusammengefügten Holzteilen.

Direkte und indirekte Techniken

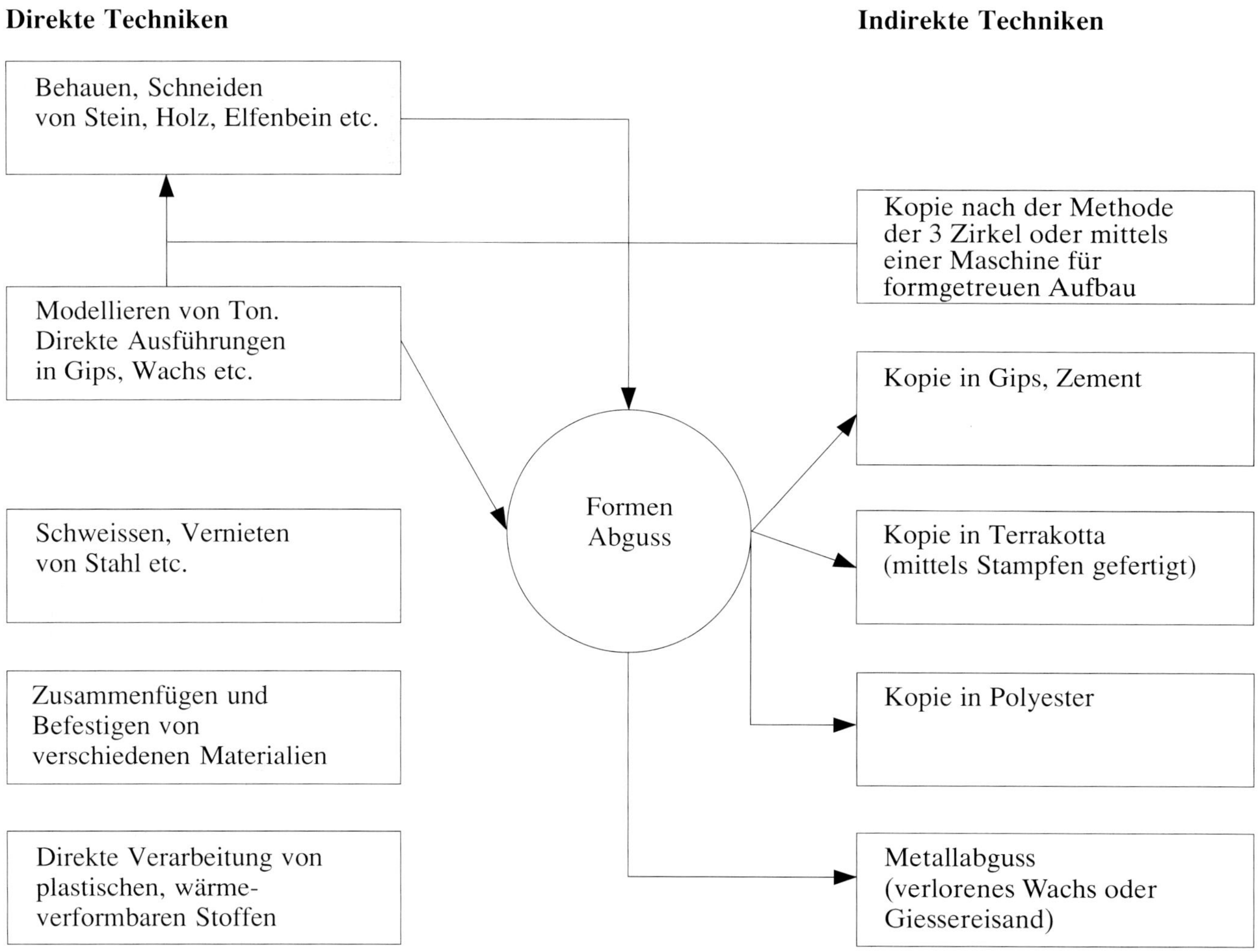

▷
Joachim Berthold
Vestibulum (1983–84)
Bronze (verlorenes Wachs)
Höhe 53 cm

Philippe Clérin
Männerkopf (1986)
Gebrannter Ton, emailliert

Materialien und Techniken beim Modellieren

Die Tone

Entwurf eines in Ton modellierten Kopfes.

Definition

Die plastischen Erden werden vom Plastiker mit Vorliebe verwendet, weil sie grosse Freiheiten im Ausdruck und Feinheiten im Modellieren erlauben. Ton hat häufig als Grundmaterial für Projekte, Entwürfe und Modelle gedient. Er eignet sich als geschmeidiger Werkstoff vorzüglich für die Umsetzung von ersten Ideen und Eindrücken. Die Tone lassen sich sowohl als Medium mit vergänglichem Charakter als auch als endgültiges, haltbares Material verwenden.
Als vergängliches Material wird der Ton zur gewünschten Form modelliert. Von dieser wird dann ein Abguss gemacht mittels einer Giessform, wobei das Tonmodell – je nach Giessform – verlorengeht oder auch nicht. Diese Form (=Negativ) dient zur Herstellung einer Kopie (=Positiv) in einem widerstandsfähigen Material wie Bronze, Polyester, usw.
Beabsichtigt man anderseits eine endgültige Plastik aus Ton herzustellen, muss man diese einem Brennprozess unterziehen. Bei hoher Temperatur (1000–1400 °C) tritt eine Modifikation des Tons ein; er wird hart wie Stein (siehe nächstes Kapitel). Für ein gutes Gelingen des Brandes sind beim Formen und Trocknen der Plastik bestimmte Voraussetzungen nötig.
Plastische Tone müssen zwei Grundbedingungen erfüllen; sie müssen einmal genügend plastisch sein, um eine Form anzunehmen und zu halten, die man mit den Fingern oder Werkzeugen modelliert. Zum zweiten müssen sie eine bestimmte Porosität (Durchlässigkeit) aufweisen, um die Trocknung des Körpers bis ins Innerste zu gewährleisten.

Es gibt zahlreiche natürliche Tonvorkommen, die diesen Anforderungen genügen. Sie befinden sich oft unter der Erdoberfläche und werden im Tagbau gewonnen. Oft muss der Rohton von Verunreinigungen befreit werden, bevor er für die Fein- und Kunstkeramik verwendbar wird. Der abgebaute

Ton hat ein kompaktes Gefüge und zeigt variable Farben. Der Plastiker zieht die hellen Farben den dunklen vor, da das helle Modell ansehnlicher ist. Ton ist eine durch Verwitterung von Felsgestein entstandene Substanz. Es sind vorwiegend Tonerde-Silikate mit Verwitterungsresten von Granit, Gneiss, Feldspäten. Es handelt sich um Urgestein vulkanischen Ursprungs. Ton saugt begierig Wasser auf und wird dann mehr oder weniger plastisch, eine fettige, bildsame, dehn- und streckbare Masse bildend. Der Ton enthält eine Anzahl andere Bestandteile in feinen Partikeln, z. B. Quarzkörner, Glimmer, Eisenoxid, Gips usw. Die Eigenschaften des Tons hängen in hohem Masse von den verschiedenen Bestandteilen ab. Man unterscheidet:

Ein im Entstehen begriffener Kopf aus Ton.

Reine Tone (Kaolinite: Al_2O_3, $2SiO_2$, $2H_2O$) sind von weisser Farbe, mit geringer Plastizität und schmelzen bei sehr hohen Temperaturen (ca. 1800 °C). Kaolin findet Verwendung in der Porzellanherstellung.

Feuerfeste Tone sind bis ca. 1500 °C temperaturbeständig ohne Deformationen. Sie werden zur Auskleidung und Isolation von Brennöfen als Futtersteine eingesetzt.

Mergel und Lagertone enthalten am meisten Verunreinigungen mit bestimmten Anteilen von Kalk, Kieselerde und Eisenoxyd. Sie weisen verschiedene Farben auf: grau, blau, gelb oder grün, sind schmelzbar oder wenigstens verglasbar. Sehr plastisch, brennen sie bei 1100 °C. Wird allgemein von «Ton» gesprochen, sind diese Tontypen gemeint.

Physikalisch gesehen, setzt sich der Ton aus sehr kleinen Plättchen zusammen (von der Grössenordnung eines Mikrons oder weniger), verbunden mit grösseren Teilchen (in der Regel Feldspat- oder Quarzpartikeln) und organischen Stoffen. In der

Gegenwart von Feuchtigkeit umgeben sich die Tonteilchen mit einer Hülle von Wassermolekülen, die ihnen die Gleiteigenschaft verleiht. Werden sie bestimmten Kräften unterworfen, gleiten die einen Teilchen auf den anderen oder verweilen in einer gegebenen Stellung, wenn keine Krafteinwirkung mehr besteht. Die im Ton enthaltenen Bakterien produzieren kolloidale Stoffe, die zur Plastizität und Bildsamkeit beitragen.

Die Sandkörner, die in den plastischen Erden vorhanden sind, sind sehr verschieden geformt (kantig, blockförmig, glatt, rauh). Die in kleinen Mengen enthaltenen Verunreinigungen bestimmen den Tontyp und deren Verwendung. Oft werden darum verschiedene Tone miteinander vermischt, um ein Produkt mit optimalen physikalischen Eigenschaften zu erhalten.

Die Qualität der in der Keramik mit gebrannten Objekten verwendeten Tone muss hohen Anforderungen genügen. Anderseits spielt die Reinheit des Tones für Entwürfe eine untergeordnete Rolle. Immerhin eignet sich nicht jeder Ton zum Modellieren, da es solche von geringer Plastizität gibt, die zum Verspröden und Zerbröckeln neigen. Solche Tone lassen sich mit feinsten Tonqualitäten oder mit organischen Faserstoffen mischen. Tone mit groben Sandkörnern oder anderen groben Verunreinigungen sind zu vermeiden, weil sie nicht gleichmässig trocknen. Sie haften ungenügend an der Armierung, weil die Feuchtigkeit ungehindert in sie eindringt. Will man von der Plastik ein glattes Modell erzielen, muss der Ton von Verunreinigungen (Gips, Kies, Nägel) befreit werden. In den Fällen, wo Gipspartikel an die Oberfläche gelangen, müssen sie entfernt werden, weil sie sich sonst mit der Gipsform verbinden und Mängel in der Kopie hervorrufen können.

Es ist empfehlenswert, die für den Brand bestimmten Tone und diejenigen für die Modellierung voneinander getrennt aufzubewahren. Grosse Kunststoffbehälter eignen sich vorzüglich für die Lagerung von wiederholt verwendetem Ton.

Es ist vorteilhaft, wenn Tone mit verschiedenem Feuchtigkeitsgehalt zur Verfügung stehen. Nur so lassen sich materialabhängige Variationen und spürbare Effekte erzielen innerhalb derselben Plastik, von der Abgüsse gemacht werden. Ich empfehle das Studium der Skulpturen von Rodin (z. B. der gehende Mensch).

Die besten Erden sind diejenigen, deren lösliche Verunreinigungen ausgewaschen und die sodann gesiebt werden, um Fremdkörper zu entfernen, und schliesslich fein gemahlen werden. Wenn möglich soll die Beschaffung des Tons als feinstes Mehl erfolgen, doch ist es eher üblich, aufgeschlämmten Ton zu kaufen. In diesem Fall ist der Ton gut abgedichtet in Plastikfolien aufzubewahren oder in galvanisierten Blechbehältern (Rost beeinträchtigt die Qualität des Tons indem er brüchig und spröd wird). Trockene Tone sind absolut trocken zu lagern. Sie lassen sich problemlos mit zugefügtem Wasser aufschlämmen bis sie die gewünschte Konsistenz aufweisen. Der Hydratisierung muss ein feinster Mahlvorgang vorausgehen: je feiner der Ton ist, umso besser wird er handhabbar.

Sollte sich in der Nachbarschaft ein Tonvorkommen befinden, das man für den persönlichen Bedarf erschliessen möchte, ist die im folgenden Kapitel behandelte Aufbereitung und ihre Umsetzung in die Praxis wesentlich.

Die Aufbereitung der Massen

Die Technik der Reinigung und Aufbereitung

Zuerst lässt man den aufzubereitenden Ton trocknen. Dann folgt die Zerkleinerung durch feinstes Vermahlen und das Aufschlämmen in einem Wasserbad. Dabei ist zu beachten, dass das Wasser über die Gefässwand zugegeben wird und sich am Boden setzt. Diese Vorsichtsmassnahme ist darum so wichtig, damit der hydratisierte Ton an der Oberfläche keinen undurchlässigen Film bildet und das Eindringen des Wassers in tiefere Tonschichten verhindert. Dann füllt man Wasser nach, bis der Ton ganz überflutet ist. Es dauert mehrere Stunden, um den Ton zu wässern. Der Schlicker wird mit den Händen umgerührt.

Hat man einmal die richtige Mischung erhalten, wird sie über ein ziemlich feines Sieb geführt, um die groben Verunreinigungen herauszuholen (Kieselsteine, Pflanzenstengel, Holzstücke, usw.). Enthält die Masse zu viel Sand, der zu entfernen ist, muss wie folgt verfahren werden: nach kräftigem

Aufrühren lässt man den Schlicker 30 Sekunden stehen. Die spezifisch schwereren Sandkörner sinken als erste auf den Gefässboden. Nun dekantiert man den Schlicker in ein anderes Gefäss ohne diesen aufzurühren. Die zurückbleibende Sandschicht im ersten Gefäss wird weggeworfen. Dieser Vorgang wird, wenn nötig, mehrere Male wiederholt. Darauf lässt man den Schlicker über Nacht ruhen und schöpft das Oberflächenwasser ab, um einen Wasserüberschuss zu vermeiden. Falls der Schlicker zu stark klebt – was wahrscheinlich der Fall ist –, breitet man diesen auf grossen und dicken Gipsplatten aus. Auf diese Weise wird er fester, indem der Gips, wie ein Löschblatt wirkend, Wasser absorbiert.

Tests: Plastizität und Schwindung

Plastizitätstest

Dieser Test besteht darin, die nötige Menge Wasser zu messen, um eine bestimmte Menge trockenen Tons plastisch werden zu lassen. 100 g Trokkenmasse werden in einem Mörser feinst zerrieben und mit wenig Wasser – cm^3 für cm^3 – versetzt, unter ständigem Rühren. Man fügt so viel Wasser zu, bis die gewünschte Plastizität erreicht ist. Die plastischsten Erden verlangen proportional mehr Wasser als die weniger plastischen. Fügt man 38 g Wasser zu, heisst das, dass die Erde 38% Wasser absorbiert. Ein Ton, der weniger als 25% Wasser aufnimmt, ist nicht genügend plastisch. Dagegen, wenn er mehr als 40% Wasser aufnimmt, ist er für das Modellieren zu klebrig. Der günstigste Absorptionswert liegt bei 35 bis 40% Wasser.

Schwindungstest

Mit diesem Test wird der Grad der Schwindung nach dem Trocknen und nach dem Brennen bestimmt. Man knetet kleine Tonstücke und macht daraus Tonstreifen von 10 cm Länge, denen ein Messband in Millimeter beigegeben wird. Man lässt die Streifen vollständig trocknen und stellt eine Schwindung von 4 bis 6 mm, d. h. 4 bis 6% fest. Für die Schwindungsmessung beim Brennen geht man in gleicher Weise vor und brennt die Streifen bei der normalen Brenntemperatur. Die festgestellte Schwindung ist grösser, d. h. ungefähr 8 bis 10%.

Weist der Ton nach dem Brand Risse auf, ist er zu fett; man muss ihn «entfetten», indem man Sand, Schamotte oder organische Stoffe (Sägemehl, Holzasche, Stroh) beifügt. Die organischen Zusatzstoffe verkohlen beim Brand und hinterlassen schwarze Spuren in der Masse. Schamotte ist eine gebrannte Erde, mehr oder weniger fein zerkleinert, die der Rohmasse zum Magern zugemischt wird. Sie entwässert die Tonmasse und durchlüftet sie auch in tieferen Schichten, was die Verwendung von grober Schamotte ermöglicht.

Modelliertechnik

Aufbereitung von Ton

Der Knetvorgang besteht aus dem Mischen und tüchtigen Kneten der Masse in kleinen Mengen, mit den Händen, bis die letzten Luftblasen oder -taschen verschwunden sind. Damit kann die Missbildung oder gar ein Zerspringen des Objekts weitgehend vermieden werden. Ist der Ton zu feucht und klebend – was unangenehm für die Bearbeitung ist – besteht die Gefahr, dass das Objekt in sich zusammenfällt. Man trocknet ihn deshalb vorher, auf Gipsplatten ausgebreitet, und mischt ihn längere Zeit (die Wärme der Hände bewirkt ein Verdampfen des Wassers). Ist der Ton anderseits zu trocken, zerbröckelt er und ist zu wenig geschmeidig und verbindet sich nur ungenügend mit der Armierung (Stützgestell) und anderen Tonmassen. Aus diesem Grund wird er mit einem Zerstäuber befeuchtet oder man lagert ihn unter einem feuchten Tuch, bis das Wasser in die Masse eingedrungen ist.

Die verschiedenen Methoden, um ein Stück aufzubauen

Modellieren durch Materialwegnahme
(Abtragtechnik)
Mit dieser Technik wird der volle Tonklumpen geformt und dabei Material entfernt (ähnlich wie es der Bildhauer macht). Dieses Verfahren wird selten angewandt. Handelt es sich um ein grösseres Objekt, muss es ausgehöhlt werden; nur so gelingt der anschliessende Brand.

Modellieren durch Zuführen von Material
(Auftragtechnik)
Die Technik besteht darin, Tonstücke aufeinander aufzubauen, entweder nach dem Wulstverfahren, indem ein ringförmiger Wulst auf den andern aufgesetzt wird, oder nach dem rascheren Plattenverfahren, indem Platten senkrecht übereinandergesetzt werden für grössere Hohlkörper. Schliesslich kann die Tonmasse über einem stützenden Gestell aufgebaut werden, was dann ein Modellieren aus dem Vollen ermöglicht.

Aufbau von Hohlformen, die gebrannt werden

Sobald die modellierten Objekte eine bestimmte Grösse erreichen, müssen sie ausgehöhlt werden, damit die Wandstärke nicht zu gross wird. Ohne diesen Vorgang bleibt das Stück innen mehr oder weniger feucht, was beim Brennen zur Dampfbildung führt: das Stück zerspringt. Handelt es sich um ein kleineres Stück von geringer Wandstärke, ist der Brennprozess ohne Aushöhlen ungefährlich.
Ideal ist es, wenn die Dicke der Plastik überall dieselbe ist, weil dann das Zusammenziehen der Masse beim Trocknen und Brennen regelmässig geschieht. Der Ton muss als kompakte Masse modelliert werden, nur so können Lufttaschen ganz vermieden werden, die das Stück beim Brand zerspringen lassen. Je nach Grösse der Skulptur kann die Wandstärke zwischen 0,5 cm bis zu mehreren Zentimetern variieren.
Eine Hohlform darf niemals hermetisch geschlossen sein; eine kleine Öffnung ist ausnahmslos vorzusehen. In der Regel befindet sie sich am Objektboden.

Aufbau einer Hohlform nach der Wulsttechnik

Auf einer flachen Unterlage werden die Tonwülste gerollt: mehr oder weniger lange Tonwürste, deren Dicke der Objektwandstärke entsprechen muss. Die Würste werden auf einer Drehscheibe so verformt, dass sie dem gewünschten Fuss der Skulptur entsprechen. Nun werden die Tonwürste Stück um Stück aufeinander aufgebaut, wobei die gute Verankerung von innen bewerkstelligt wird. Für den Aufbau eines zylindrischen Gefässes wird der Aufbau der Wülste leicht nach innen neigend vorgenommen und nicht strikte in der Vertikalen. Der Grund liegt darin, dass beim Verbinden der Wülste von innen heraus die Wandung tendenziell nach aussen gedrückt wird, so dass statt einem zylindrischen Gefäss eine ausgeweitete Form entstehen würde. Ist das Stück aufgebaut, glättet man die Aussenwandung bis diese das gewünschte Aussehen hat. – Die Methode der Wulsttechnik ist zeitraubend und wird in erster Linie von Töpfern angewendet.

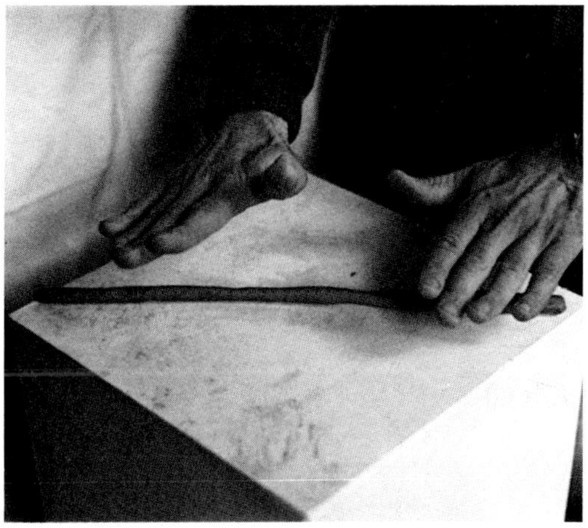

Rollen der Tonwülste mit der flachen Hand.

Aufbau der ringförmigen Wülste zu einem zylindrischen Gefäss.

Aufbau einer Hohlform nach der Plattentechnik

Mit einem Wallholz werden die Tonplatten auf die gewünschte Dicke ausgewalzt und anschliessend mit dem Messer zugeschnitten (rechteckig, dreieckig, rund). Dann werden die Platten senkrecht auf die Arbeitsunterlage aufgebaut und untereinander verschweisst. Für zylindrische Gefässe dient eine Formhilfe (z.B. Papprolle). Die Bodenstücke, die wegen ihres Gewichtes einzustürzen drohen, werden mit Tonwülsten gestützt. Diese Technik braucht eine gewisse Geschicklichkeit im Umgang mit einem sehr kompakten Ton. Sie hat den Vorteil, weniger zeitraubend zu sein.

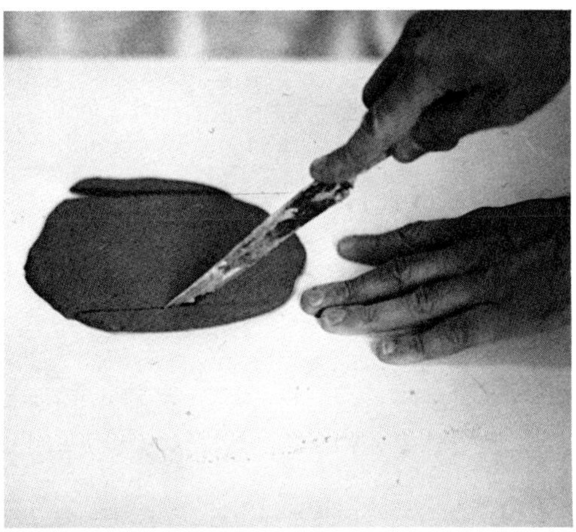

Die Form der Platten wird mit dem Messer zugeschnitten.

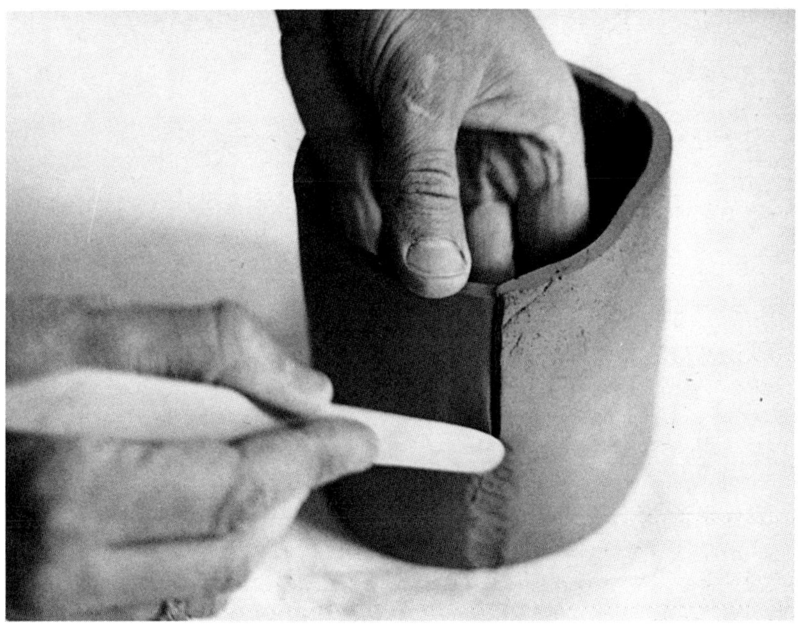

Die rund geformten Platten werden senkrecht mit dem Modellierholz zusammengefügt.

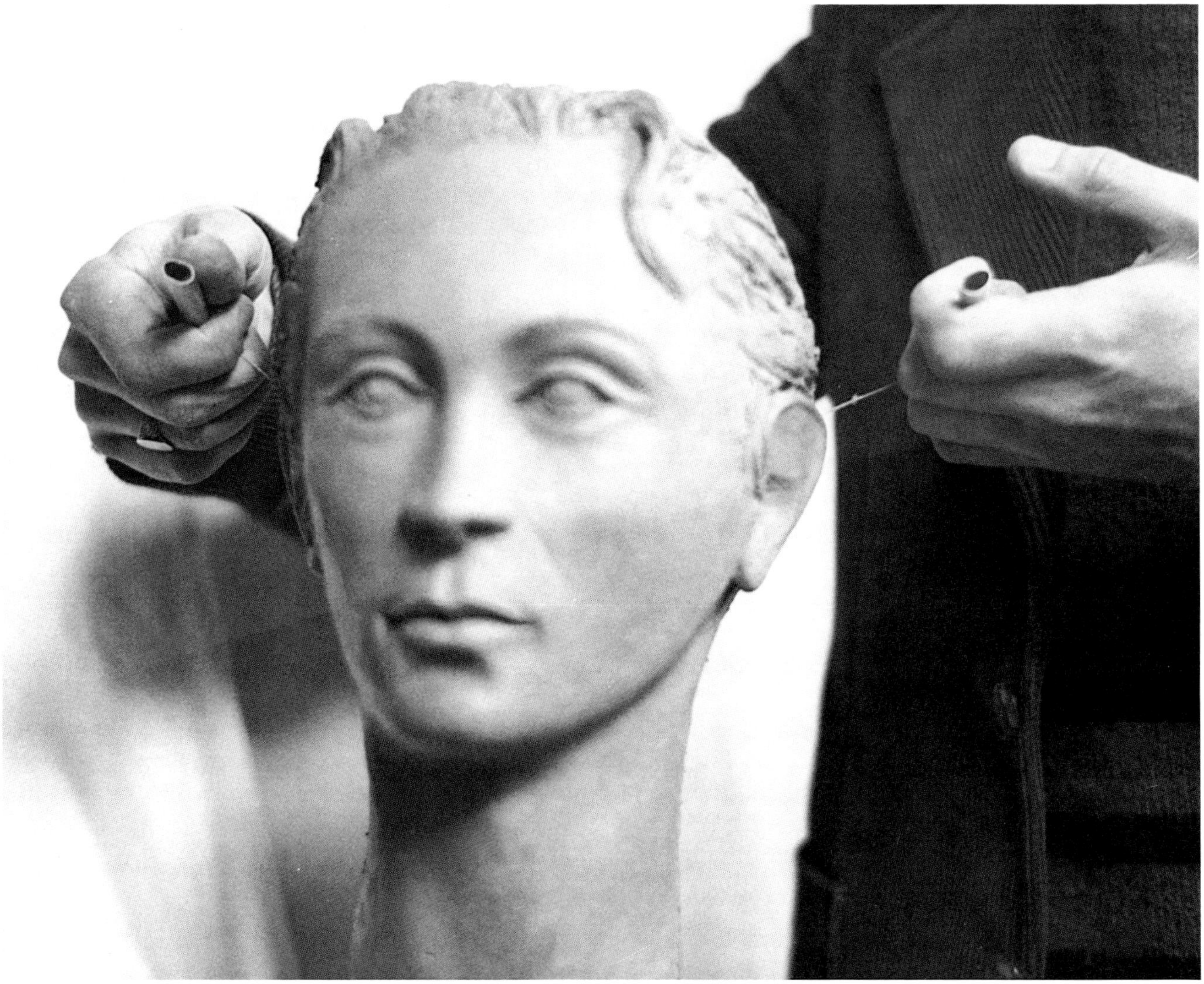

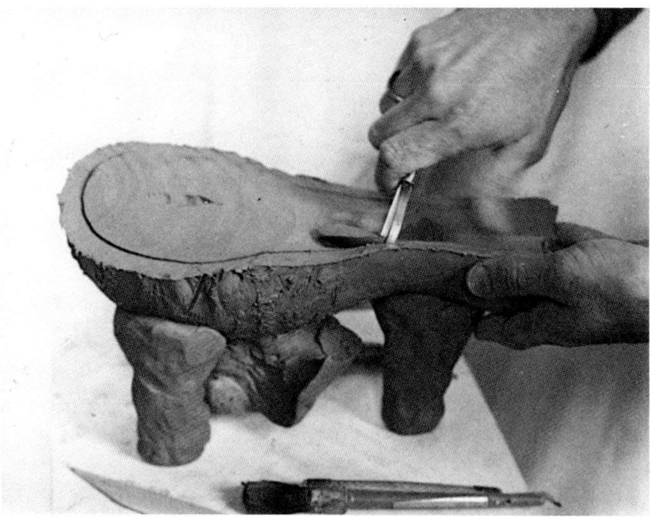

Der fertig modellierte Kopf wird mit einem mit zwei Handgriffen versehenen Metalldraht in zwei Teile geschnitten.

Jede Kopfhälfte wird auf Tonwürsten flach gelegt und mit der Modellierschlinge ausgehöhlt. Der so gewonnene Ton wird wiederverwendet und angefeuchtet.

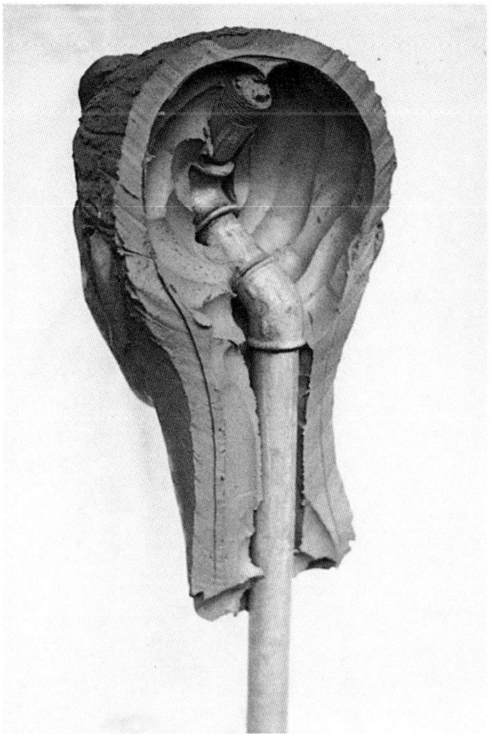

Der geschnittene Vorderteil des modellierten Kopfes:
die Armierung ist teilweise von der Tonmasse freigelegt.

Erfahrungen im Aushöhlen von vollen Stücken

Dieses Verfahren wird vor allem bei grossen Plastiken angewendet. Es besteht im Aufbauen einer vollen Tonmasse (sehr oft über einer Stützarmierung). Man lässt sie an der Oberfläche leicht antrocknen (bis die Oberfläche lederhart ist), schneidet sie mittels eines Metalldrahtes in zwei oder mehrere Teile, vertikal oder horizontal. Die Schnittflächen werden dort gelegt, wo die Skulptur am dicksten ist. Wird eine Armierung verwendet, müssen die Schnittflächen entsprechend gewählt werden. Die Einzelteile werden nun auf ungefähr dieselbe Dicke mit der Modellierschlinge ausgehöhlt. Die Flächen werden vor dem Verkleben befeuchtet und mit dem Modellierholz schlangenförmig eingeschnitten bzw. randriert. Die Verbindungsflächen werden sodann mit Töpferkitt verstrichen und aufeinander gepresst. Alle äusseren Spuren von diesem Arbeitsvorgang werden nun zum Verschwinden gebracht.

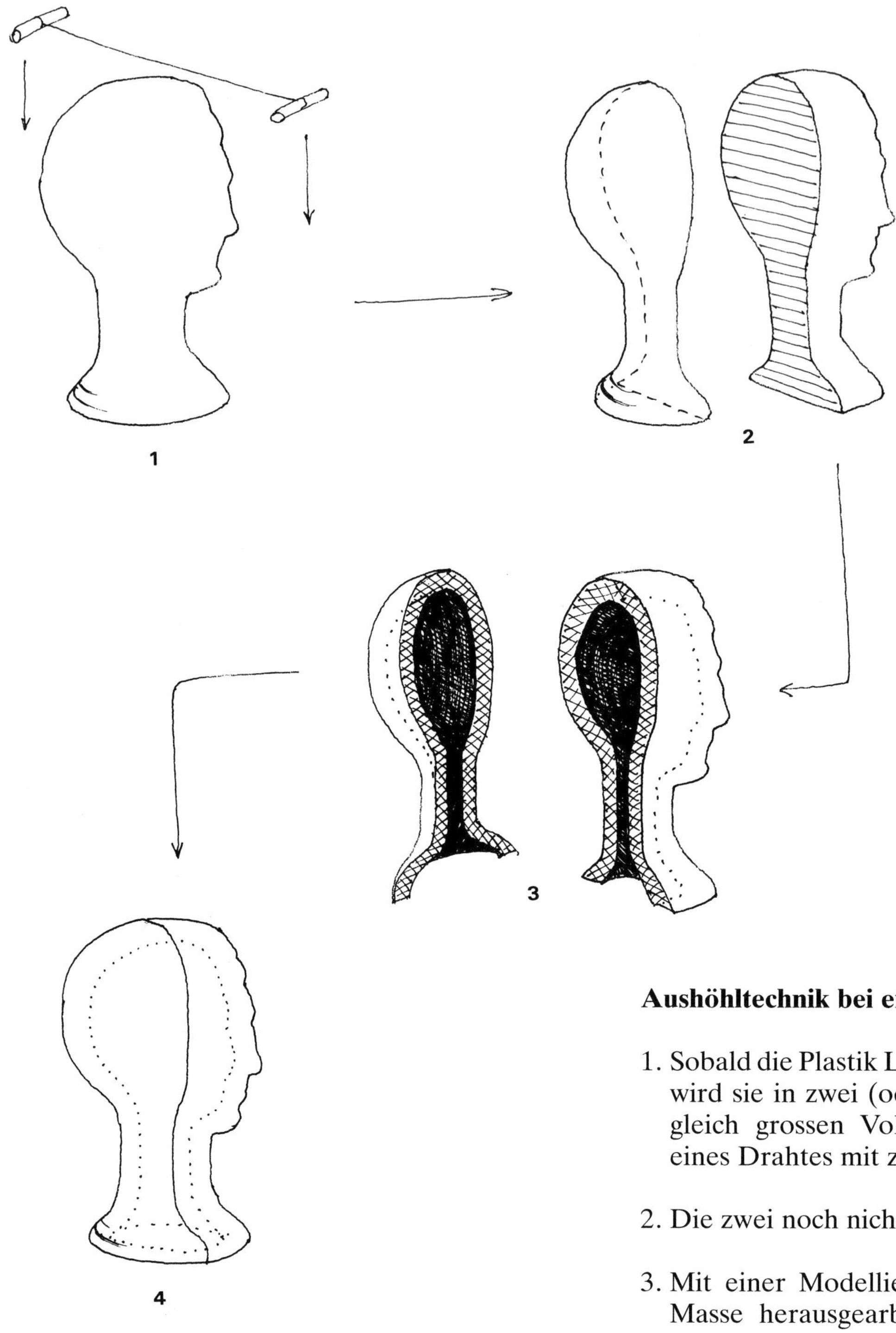

Aushöhltechnik bei einer Vollplastik aus Ton

1. Sobald die Plastik Lederhärte angenommen hat, wird sie in zwei (oder mehrere) Teile ungefähr gleich grossen Volumens geschnitten, mittels eines Drahtes mit zwei Handgriffen.

2. Die zwei noch nicht ausgehöhlten Kopfhälften.

3. Mit einer Modellierschlinge wird ein Teil der Masse herausgearbeitet, so dass die Schichtdicke überall ungefähr gleich ist. Die Verbindungsflächen werden mit dem Modellierholz randriert und mit Töpferkitt bestrichen.

4. Nachdem die zwei Hälften wieder zusammengefügt sind, werden die Trennspuren mit dem Modellierholz verstrichen und geglättet.

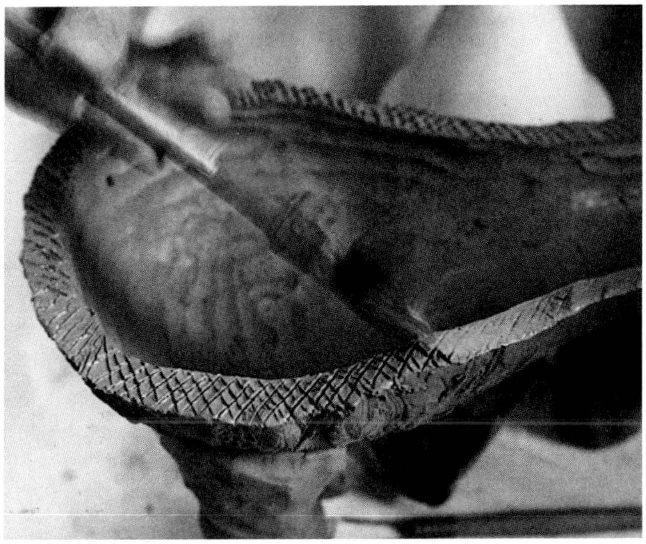

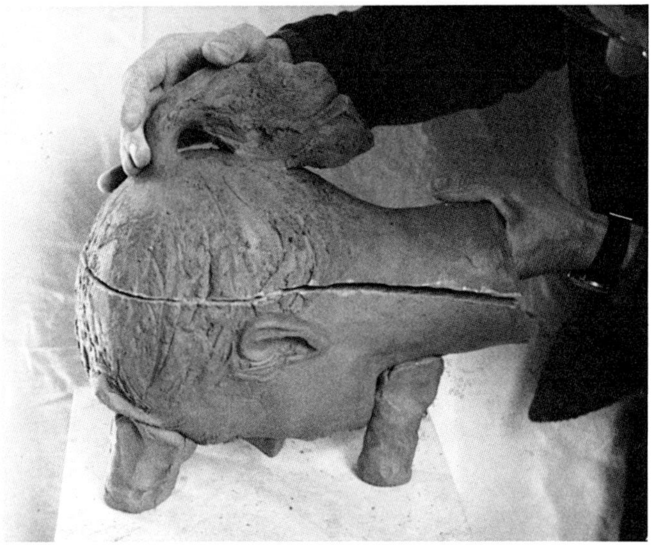

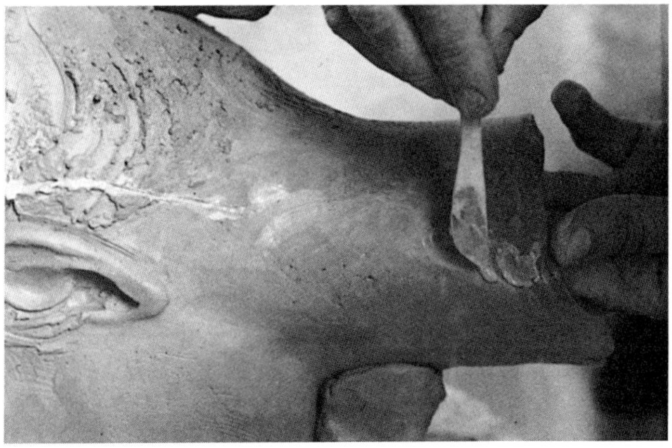

Die Ränder der beiden Hälften werden mit dem Schraffiermeissel randriert und vor dem Zusammenfügen der beiden Hälften mit Töpferkitt bestrichen. Anschliessend werden die Fugen mit dem Bossierholz geglättet.

Herstellung von Hohlformen durch Stampfen oder Giessen in eine Form

Diese Verfahren werden benutzt, wenn mehrere Kopien aus Ton von einem Original zu fertigen sind, von dem eine Gipsform hergestellt worden ist. Das Originalmodell kann aus Ton, Gips oder anderem Material bestehen.

Das Stampfen
Es geht darum, die Tonmasse in die Innenform aus Gips zu pressen, so dass ein genauer Abdruck entsteht.

Ausser im Fall eines Flachreliefs, das leicht aus der Form geht, setzt sich die Form aus mehreren Teilen zusammen (siehe Kapitel «Die Technik des Formens»).

Folgendes Vorgehen ist zu beachten: Das Modell wird ausgeformt und die Formteile werden gewaschen und getrocknet. Beliesse man den Gips feucht, würde er das in der Masse enthaltene Wasser nicht absorbieren und es verbliebe auf der Oberfläche der Tonmasse. Die Formteile werden anschliessend gut ausgeklopft. Von nun an beginnt die eigentliche Stampfarbeit. Die gut gemischte

1

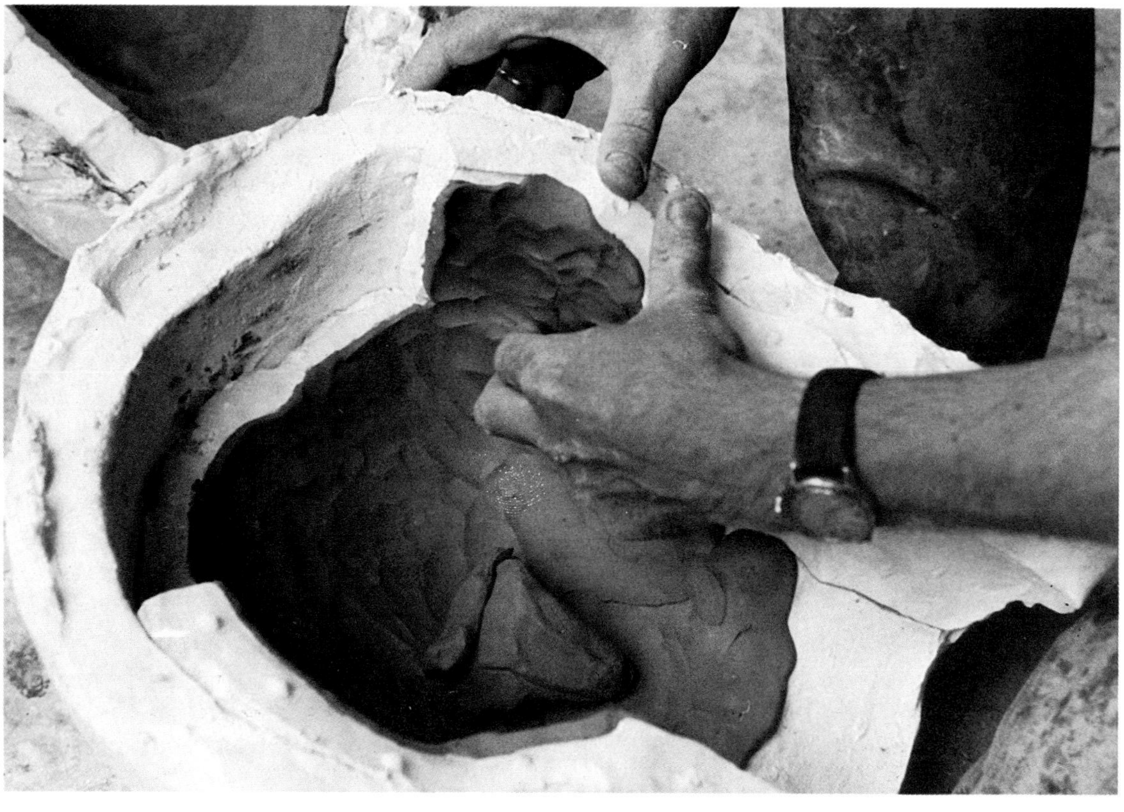

2

3 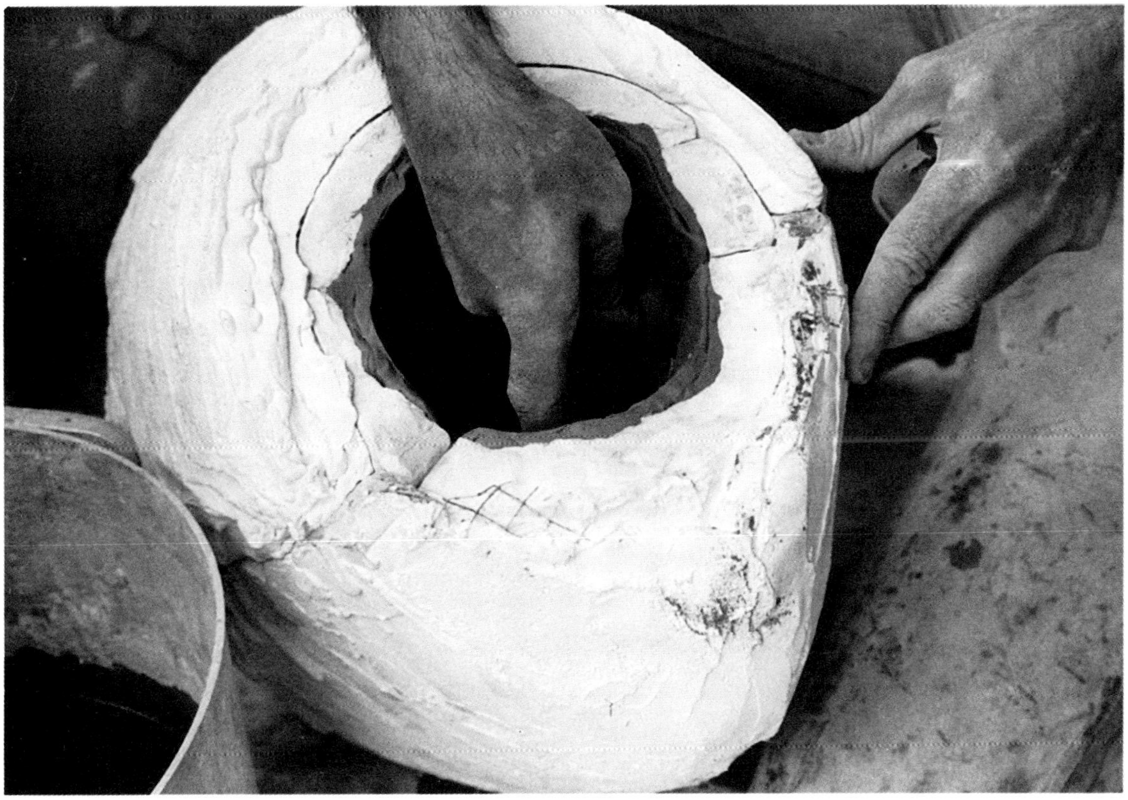

Stampftechnik

1. Abdruck einer Kopie von einem Kopf. Die Formteile werden in der halben Formkappe positioniert. Die Tonmasse wird nun in die Innenfläche der absolut trockenen Form gepresst.

2. Der Hinterkopf in der Form wird in gleicher Weise mit der Tonmasse vollgestampft. Die Tonschicht ist ziemlich dünn, ca. 0,5 mm.

3. Die beiden halben Formkappen werden aufgesetzt, positioniert und geschlossen. Ein Tonwulst wird auf die Fuge zwischen den beiden Stampfhälften gelegt und gleichmässig verstrichen. Nach einigen Stunden zieht sich die Tonmasse zusammen und löst sich von der Form. Dann lässt sich der Abdruck vorsichtig ausformen und, wo nötig, den Fugen entlang ausbessern.

Teilausformung des gestampften Stückes.
Die Spuren der Nähte zwischen den verschiedenen Formteilen sind auf der Oberfläche des Stückes gut sichtbar.

Tonmasse wird als flacher Fladen von ca. 1 cm Dicke mit der Handfläche oder dem Daumen fest in die innere Form gepresst, wobei die Tonschicht auf ca. 5 mm oder weniger reduziert wird. Auf diese Weise werden mehrere Tonfladen aufeinander gesetzt und miteinander verschweisst, bis die ganze Form mit einer ungefähr gleich dicken Schicht bedeckt ist. Es sind mehrere Lagen von Ton nötig, um die gewünschte Dicke zu erhalten.
Die über die Formteile hinausragende Tonmasse wird abgeschnitten und die Form geschlossen. Die Formteile werden mit Schnur oder Gummizügen in Position gehalten.
Die verschiedenen gestampften, im Innern der Form gelegten Lagen von Ton werden nun vollkommen miteinander verschweisst. Zu diesem Zweck presst man Tonwürste, die beidseitig genügend überlappen und verstrichen werden, auf die Verbindungsnähte beider Hälften. Das ist indessen nur möglich, wenn die Formöffnung gross genug ist, um mit der Hand die Verbindung mit den Tonwürsten zu bewerkstelligen. Ist die Öffnung der Form dafür zu klein, geht man folgendermassen vor: die Verbindungsflächen der beiden Tonhälften werden randriert und mit Töpferkitt verstrichen, bevor die Form geschlossen wird.
Die Form bleibt solange geschlossen bis sich der Ton verfestigt und sich von den Formwänden zu lösen beginnt. Die leichte Schwindung während der teilweisen Trocknung des Tons in der Form begünstigt die Trennung der beiden Materialien Ton und Gips. Die Verweildauer in der Form hängt weitgehend von der Tonschichtdicke, der Temperatur und Feuchtigkeit in der Form ab. Sie variiert zwischen einigen Stunden und 24 Stunden oder mehr.

Sobald die Loslösung der Tonmasse von der Gipsform vollzogen und der Ton genügend verfestigt ist, kann die Ausformung vorgenommen werden. Die Oberfläche, insbesondere die sichtbaren Nahtstellen, werden ausgestrichen und die Plastik sodann getrocknet.
Das erwähnte Stampfen von Tonfladen wird als *«Stampfen von Brocken»* (Estampage à la croûte) bezeichnet. Handelt es sich um kleinere Plastiken mit vielen Vertiefungen, ersetzt man die Fladen durch Tonkügelchen und spricht dann von *«Stampfen von Kügelchen»* (Estampage à la boulette).
Die berühmten Kleinstatuen von Tanagra sind auf diese Weise durch Verpressen in Formen aus gebranntem Ton hergestellt worden.

Das Giessen

Diese Technik wird wenig angewandt bei Skulpturen. Anderseits ist sie beliebt bei den Keramikern und in der Industrie (für die Grossauflage von Kleinstatuen wie z.B. vom David von Michelangelo oder von der Venus von Milo: Nippsachen die im letzten Jahrhundert sehr geschätzt waren – bis hinein in unsere Zeit!).
Beim Giessen wird eine Gipsform vollständig mit einem besonderen Tonschlicker gefüllt. Man wartet dann, bis sich eine genügende Tonschicht im Kontakt mit dem wasseraufnahmefähigen Gips gebildet hat. Der überschüssige Schlicker wird aus der Form in ein Gefäss gegossen. Die Form und der Inhalt müssen während 1 bis 2 Stunden trocknen, bevor der Ton genügend fest ist für die Ausformung.
Der Schlicker setzt sich aus einer Mischung von getrocknetem Ton, Wasser und einem Verflüssigungsmittel zusammen. Dieses bewirkt die Verflüssigung der Masse und ermöglicht eine bessere Auflösung des Tons in Wasser. Man löst zuerst diesen Zusatz (Natriumsilikat und -carbonat) im Wasser auf (0,3% Natriumsilikat + 0,1% Natriumcarbonat, bezogen auf das Trockengewicht des Tons). Man gibt langsam von der Trockensubstanz ins Wasser und rührt das Gemisch gründlich, indem man immer in derselben Richtung umrührt. Die Mischungsverhältnisse liegen bei 100 Teilen Trockensubstanz auf 35 bis 40 Teile Wasser. Man lässt die kremige Masse einige Stunden ruhen, bevor sie in die Form gegossen wird.

Philippe Clérin
Büste aus gebranntem Ton
Nach dem Stampfverfahren in einer Gipsform hergestellt.

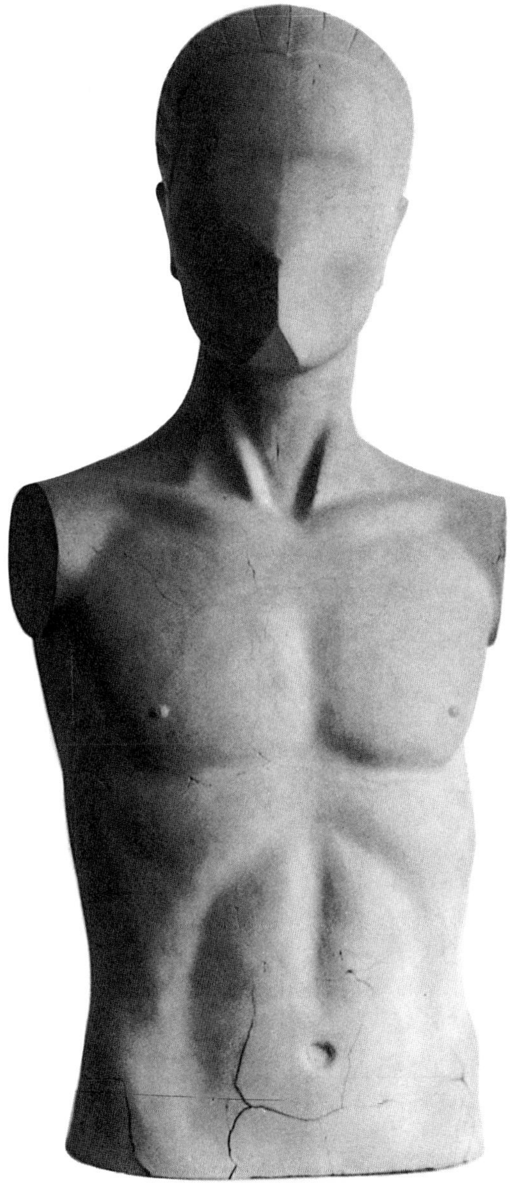

Drehscheibe, Zerstäuber, Wallholz, Schwamm und Metalldraht mit zwei Handgriffen.

Tonklumpen zum Modellieren, Armierung aus Metallrohr mit verschraubbaren Rohrkrümmern.

Aufbau von vollen Tonplastiken

Ohne Armierung

Ist die Statue von kleiner Dimension und guter Standfestigkeit, braucht es keine Armierung. Sie lässt sich brennen, ohne vorher ausgehöhlt zu werden, muss aber lange getrocknet werden.

Aufbau über einer Armierung

Im Falle von mittleren oder grossen Rundplastiken – oder solchen mit kleiner Standfläche – ist es unumgänglich, die Skulptur über ein stützendes Gestell (siehe Kapitel «Armierungen») aufzubauen. Dieses kann aus Metall oder Holz sein und dient als Innenstütze des Tonmodells. In der Tat weist das Stützmaterial eine bescheidene Zugfestigkeit auf, wenn die Druckfestigkeit hoch liegt.
Die Tonmasse wird um die Armierung, Schicht auf Schicht, mit den Händen oder einem Werkzeug aufgebaut bis zum Erreichen der groben Umrisse. Die Arbeit wird beendet, indem man kleine Tonkugeln zufügt bzw. – dort wo nötig – Material mit der Modellierschlinge entfernt.
Das Stützgestell im Innern der Plastik erlaubt keinen Brenn- und nicht einmal einen Trocknungsvorgang. Wie bereits dargelegt, schwindet der Ton beim Trocknen und Brennen, die Armierung jedoch nicht. Es würden Spannungen im Innern der Tonmasse entstehen, die sich in Form von Rissen und Sprüngen äussern würden. Die über einer Armierung aufgebaute Skulptur eignet sich deswegen nur für einen Abguss; sie wird beim Ausformen zerstört. (Ausnahme im bereits erwähnten Fall, wo die in zwei Hälften getrennte [nicht armierte] Tonplastik ausgehöhlt und dann wieder zusammengesetzt wird.)

Das Trocknen

Ist die Modellierarbeit beendet, wird die Plastik langsam luftgetrocknet. Ein zu rasches Trocknen würde zu Rissen führen. Es ist daher ratsam, die Plastik vor Sonne, Wärme und Luftzug geschützt zu trocknen. Die Dauer des Trocknungsprozesses hängt von der Masse der Plastik ab. Je grösser diese

Erste Stufe beim Modellieren eines Kopfes.
Die Tonmasse wird in grossen Stücken um die Armierung aufgebaut und mit der Hand zur Form gepresst.

ist, um so mehr Zeit muss aufgewendet werden, um die Trocknung durch und durch zu gewährleisten. Bei den porösen Tonen kann die Feuchtigkeit rascher entweichen als bei den luftundurchlässigen Tonen; die Trocknung erfolgt schneller und bietet keine Probleme.
Die Porosität ist auf Sandkörner und Schamottebestandteile, die im Ton vorhanden sind, zurückzuführen. Diese dürfen jedoch nicht zu fein sein, sonst bleibt die Durchlüftung der Tonmasse ungenügend. Die Trocknung lässt sich kontrollieren, indem man den Tonkörper mit einem Zeitungspapier oder einem trockenen Gewebe bedeckt.
Während der Bearbeitung der Tonmasse ist der vorzeitigen Trocknung durch regelmässiges Besprengen mit Wasser mittels eines Zerstäubers vorzubeugen. Muss die Arbeit für längere Zeit unterbrochen werden, befeuchtet man die Plastik wie beschrieben und hüllt sie in ein feuchtes (nicht nasses) Tuch ein und bedeckt sie mit einem Plastiksack. Will man vermeiden, dass das feuchte Tuch auf der Plastik aufliegt, konstruiert man ein grösseres Holzgestell um die Plastik herum und bedeckt dieses mit Plastik.

Die Plastik wird regelmässig mit einem Wasserzerstäuber besprengt; nach der Arbeit wird sie mit einem feuchten Tuch umhüllt und mit einem Plastiksack abgedeckt.

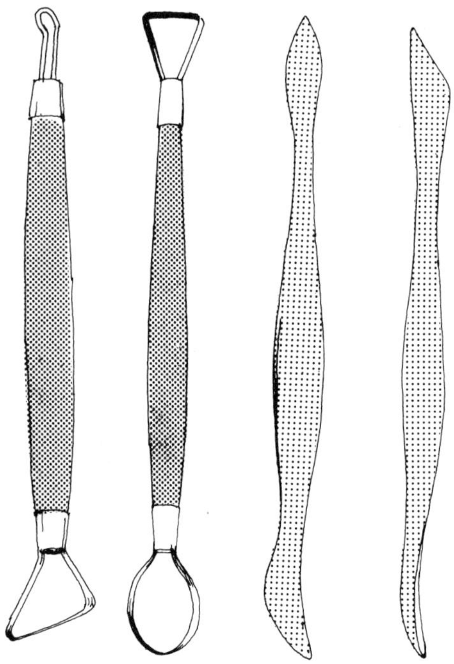

Modellierschlingen und -hölzer

Arbeitstisch

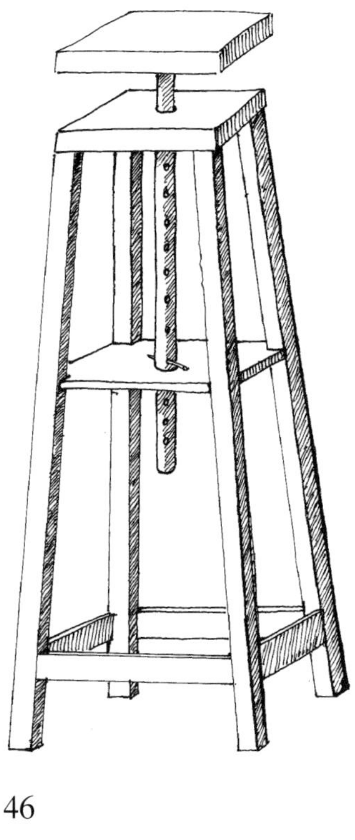

Diese vorbeugenden Massnahmen sind ganz besonders in einem heissen und trockenen Klima zu respektieren. Der Ton trocknet unter solchen Bedingungen rasch an der Oberfläche, ist indessen im Innern noch feucht. Das kann zu ernsthaften Schäden führen in Form von mehr oder weniger tiefen Rissen. Aus den gleichen Gründen muss die Temperatur der bearbeiteten Plastik und deren Feuchtigkeitsgrad beachtet werden. Befeuchtet man die Plastik zu stark, wird der Ton zu weich und die Plastik droht abzusacken.
Wenn sich Risse auf der Oberfläche zeigen, vergrössert man sie vorerst mit dem Modellierholz, um sie anschliessend mit frischem, weichem Ton auszufüllen.
Ist die Tonmasse im Laufe der Arbeit zu stark angetrocknet, bedeckt man sie mit einem feuchten Tuch und einer Plastikfolie, bis der Ton wieder geschmeidig ist.

Wiederverwendung der Trockenmasse

Ein vollständig trockener Ton kann in feinster Pulverform wiederverwendet werden, indem man ihn in einem Plastikeimer wässert. Man wartet anschliessend einige Stunden bis der Ton das Wasser absorbiert hat und entnimmt ein Muster, um die gute Konsistenz zu bestimmen. Je nach Ergebnis fügt man Wasser zu oder breitet den Ton auf Gipsplatten aus.

Die Werkzeuge

Die Hand und die Finger sind die besten Werkzeuge zum Modellieren; oft genügen sie für die vollständige Ausführung einer Arbeit. Die anderen Werkzeuge sind eigentlich nur Erweiterungen von Hand und Finger.

Modellierhölzer: Sie haben die Form eines zylindrischen Federkiels, der an den Enden abgeflacht oder ausgebaucht ist. Die Spuren, die sie auf dem Ton zurücklassen, sind glatt oder geriffelt, je nachdem der Rand gerade oder zackig ist. Sie dienen zum Zerdrücken oder Ausbreiten der Tonbatzen

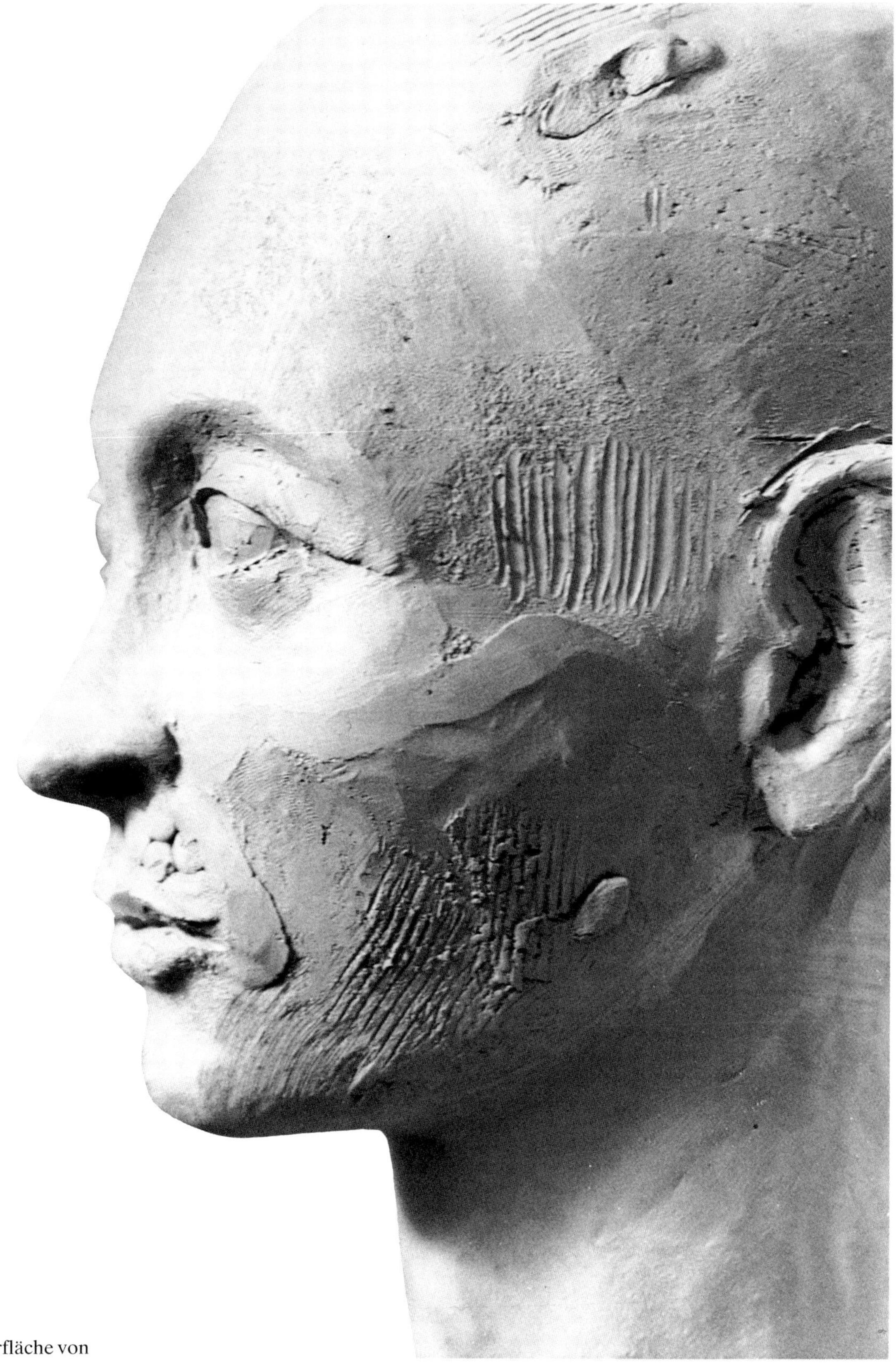

Spuren auf der Tonoberfläche von verschiedenen Werkzeugen.

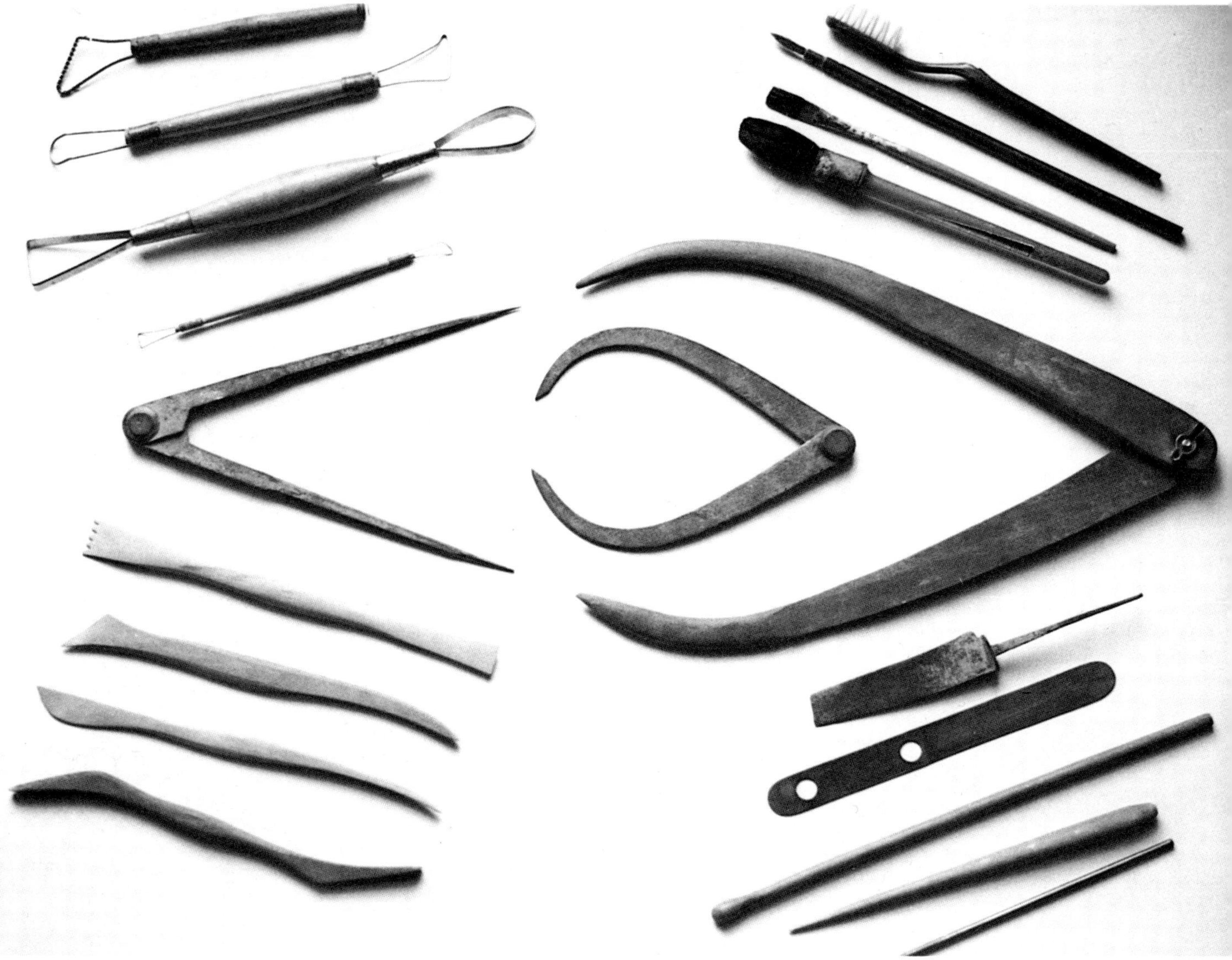

Die wichtigsten Instrumente für die Arbeit mit Ton: Zirkel, Modellierschlingen, Modellierhölzer, Pinsel und Bürsten, Stahlklingen, zugespitzte oder abgerundete Holzstäbchen.

oder zum Einschneiden usw. In der Regel sind die Modellierwerkzeuge aus Holz oder Metall. Die Modellierhölzer soll man nie im Wasser liegen lassen, weil sie sich sonst spalten können. Am besten werden sie nach der Arbeit von Tonspuren gereinigt und leicht eingeölt.

Modellierschlingen: Sie bestehen aus einem Holzstiel, der an beiden Enden mit einer Metallschlinge ausgerüstet ist. Diese Schlingen variieren sehr stark in Grösse und Form. Sie dienen dazu, überflüssigen Ton zu entfernen oder eine Tonplastik auszuhöhlen. Sie hinterlassen hohlrunde und glatte Spuren. Eine Ausnahme bildet die Gradierschlinge, die zu einer rauhen Oberfläche führt (ihre Metallschlinge ist mit Eisendraht umwickelt).

Spatel: Der Spatel gleicht einem Messer, ist flexibel und kann als Modellierwerkzeug verwendet werden (er ist biegsamer als die Modellierhölzer).

Arturo Martini
Wintersport (1932)
Gebrannter Ton
206 × 103 × 41 cm
Freiluftmuseum
von Middelheim,
Antwerpen

Stahldraht: Er weist an beiden Enden einen Handgriff auf und dient zum Teilen von Ton oder zum Trennen einer Rohplastik, ohne sie zu beschädigen.

Rundzirkel: Er erlaubt das Messen des Aussendurchmessers von einer Rundform.

Gerader Zirkel: Mit ihm lassen sich Abstände auf Planflächen messen.

Arbeitstisch: Holzgestell, auf dem ein drehbarer und in der Höhe verstellbarer Arbeitstisch montiert ist.

Drehscheibe: Drehaufsatz, den man auf den Arbeitstisch stellen kann.

Wallholz: Dient zum Zerdrücken von Tonbrocken in dünne Fladen für den Aufbau einer Plastik nach dem Plattenverfahren.

Verschiedene Utensilien: Mit ihnen lässt sich die Oberfläche des Tons auf eine besondere Art und Weise bearbeiten: mit Metallsägeklingen, Bürste, Schwamm, verschiedenen Messern, Gitter, Raspel.

Zerstäuber, Tücher, Plastiksäcke, Pinsel

Gebrannter Ton oder Terrakotta

Definition, Varietäten

Unter dem Sammelbegriff «gebrannter Ton» versteht man modellierte Tonskulpturen, die einem Brennprozess unterworfen werden. Diese Art von Skulpturen hat prähistorischen Ursprung. Alle Völker haben sie gepflegt und Meisterwerke hervorgebracht bis in unsere Zeit hinein.
Da das Grundmaterial sehr verbreitet und billig ist, überrascht es nicht, dass Arbeiten in gebranntem Ton eine so grosse Bedeutung erlangt haben.
Je nach Tonqualität unterscheidet man verschiedene Kategorien von gebranntem Ton:

Porzellan: Werkstoff mit dichtgesintertem, weissem, in dünner Lage durchscheinendem Scherben, der bei 1300°C bis 1400°C verglast. Die hochstehenden Porzellane werden aus Kaolin hergestellt, dem Feldspat (zum Reduzieren der Schmelztemperatur) und Quarz oder Silex (zum Erhöhen der Härte) zugefügt wird. «China Clay»-Vorkommen sind verhältnismässig selten, aber in den meisten Kontinenten vorhanden. Diese Tone sind wenig plastisch und zeichnen sich durch eine geringe Schwindung aus. Wegen der begrenzten Vorkommen und der ungenügenden Plastizität, werden sie vom Plastiker nur wenig verwendet.

Steinzeug: Dichter, sehr fester und nicht poröser Werkstoff mit natürlicher Brennfarbe (grau, beige, braun oder chamois). Steinzeug verglast zwischen 1200°C und 1300°C. Die Steinzeugtone sind ziemlich plastisch und werden oft ohne Zusätze verwendet. Auch Steinzeug wird in der Plastikkunst nur selten verwendet.

Töpfertone: Poröser Werkstoff mit farbigem Scherben, niedrig gebrannt (850°C bis 1100°C). Die Tone haben im Rohzustand graue, grünliche, braune oder rötliche Farben, die nach dem Brand schwarz, braun, rot oder ockerfarbig werden. Diese Tone werden vom Plastiker am häufigsten verwendet. Sehr oft werden Mischungen von verschiedenen Tonen verarbeitet, denen man Zusatzstoffe (z.B. Sand oder Schamotte) beifügt, um

Zypriotischer Rciter
Gebrannter Ton
Mit Farbengobe erzeugte Linienzeichnung

Musées royaux d'art et d'histoire, Brüssel

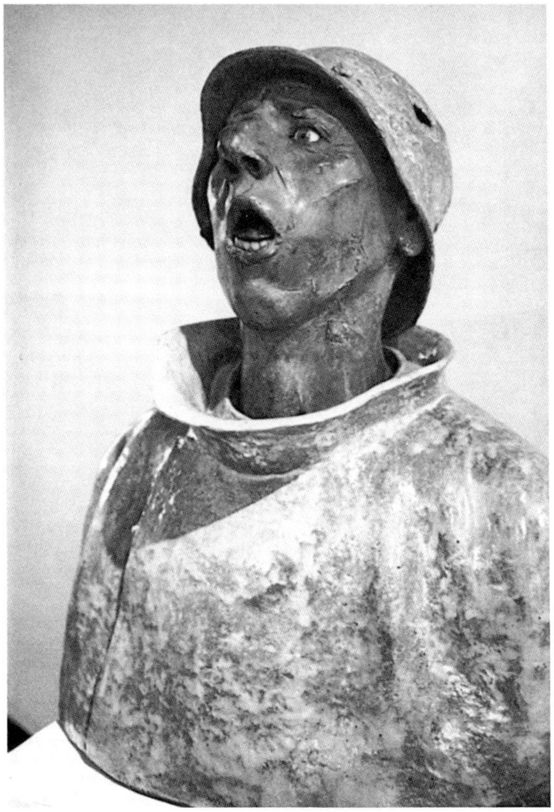

Christian Leroy
Der Kopf ist in Bronze gegossen, und der Körper besteht aus Keramik.

bestimmte Eigenschaften zu erzielen. Die Töpfertone enthalten oft neben Quarzsand und Kalk Eisenoxyde, die der Masse nach dem Brand die mehr oder weniger intensive Rot- oder Schwarzfärbung verleihen.

Vorsichtsmassnahmen

Jeder Ton der später gebrannt wird, muss von seinen Verunreinigungen befreit werden. Restbestandteile von Gips, Holz oder Metall, die in der Rohmasse zurückbleiben, führen beim Brennen zu Fehlern. Kleine Einschüsse von Gips im gebrannten Ton können sich viel später (nach dem Brennen, nach der Abkühlung) ungünstig auswirken, indem die Gipssplitter Feuchtigkeit absorbieren und leicht aufschwellen. Das kann zu Spannungen führen im Innern der gebrannten Plastik. Es ist deshalb ratsam, den Ton, der einem Brennprozess unterworfen wird, sauber vom Ton, der im Abgussverfahren in der Gipsform eingesetzt wird, zu trennen.
Jeder unbekannte Ton ist vor seiner Verwendung für Skulpturen zu prüfen (siehe vorgängiges Kapitel).

Der Rohton kann in seinen Eigenschaften durch Zusatzstoffe verändert werden. Es sind dies:

- **Sand** (amorphe Kieselerde): Er macht die Tonmasse feuerfester. In grösseren Mengen zugefügt, wird die Oberfläche körnig und offen. Man kann Sand auch nur ander Oberfläche anwenden, um der Plastik ein rauhes Aussehen zu geben.

- **Quarzsand** (kristalline Kieselerde): Der Tonmasse in kleinen Portionen beigemengt, gibt er ihr die weisse Farbe, die Dichte und erhöht seine Schmelztemperatur.

- **Schamotte:** Zugesetzter gebrannter und pulverisierter Ton gibt der Masse ein körniges Aussehen, trägt zum Magern der Masse bei und durchlüftet sie. Man kann sich schamottisierte, in der Korngrösse genau abgestimmte Tone im Handel beschaffen oder man stellt sie aus Abfällen von gebranntem und zerkleinertem Ton selber her. Die Schamotte macht die Masse weniger plastisch, reduziert die Schwindung und erhöht deren Feuerfestigkeit.

- **Talk, Eisenoxyd, Feldspat:** Diese Flussmittel setzen den Schmelzpunkt der Masse herab; diese wird weniger feuerfest.

- **Ball Clay (plastischer Steingutton), Bentonit:** Sehr fette und plastische Tone, die den wenig plastischen Tonen zugesetzt werden.

- **Metalloxyde:** Sie dienen zur Färbung der Massen. Eisenoxyd ist das am häufigsten verwendete Metalloxyd.

Philippe Clérin
Plastik aus gebranntem Ton.

Es sei daran erinnert, dass Arbeiten, die gebrannt werden, hohl sein müssen (ab einer bestimmten Grösse und Dicke), mit einer oder mehreren Öffnungen, damit Luft aus der Masse entweichen kann. Der Ton darf keinerlei Luftblasen oder Lufttaschen mehr enthalten. Dies wird durch gründliches Durchmischen und Kneten der Masse bewirkt und indem man die Tonbatzen oder Tonwürste beim Aufbau gut aufeinander presst.
Bei der Arbeit an der Plastik ist immer in Rechnung zu stellen, dass sie beim Trocknen und Brennen schwindet. Damit verringern sich die Grössenverhältnisse der Plastik um ca. 10% in allen drei Dimensionen. Wünscht man ein in der Grösse genau definiertes gebranntes Objekt, sind dessen Proportionen beim Aufarbeiten entsprechend zu vergrössern.

Physikalisch-chemische Zusammenhänge beim Trocknen und Brennen von Ton

Untersucht man einen feuchten Ton von mittlerer Plastizität, stellt man fest, dass der Gehalt an freiem Wasser ungefähr ein Viertel ausmacht (im Gegensatz zum chemisch gebundenen Kristallwasser). Beim Trocknen tritt dieses durch Kapillarwirkung an die Oberfläche und verdunstet. Die Tonpartikel, die von keiner Schicht von Wassermolekülen mehr umgeben sind, nähern sich einander und bleiben stationär (was den Vorgang des Zusammenziehens erklärt: der Ton verliert beim Trocknen seine Plastizität). Je feiner die Tonpartikel, um so mehr Schwindung tritt auf, das Wasservolumen in den Zwischenräumen ist grösser. Fügt man der Tonmasse gröbere, nicht plastische Zuschlagstoffe (Sand oder Schamotte) zu, bilden sich im Innern der Masse feine Kanäle und Poren, über die Feuchtigkeit leichter entweichen kann. Bei einer solchen Tonmasse spricht man von einem «offenen Ton». Schwindung und Plastizität sind kleiner. Bei Zimmertemperatur und normaler relativer Feuchtigkeit behält die Tonmasse eine bestimmte Menge freien Wassers. Dieses verschwindet erst beim Brennen vollständig, wenn die Temperatur gegen 100 °C steigt. Das Wasser entweicht durch Verdunstung. Dieser Vorgang muss schnell vor sich gehen, damit wiederum kein Zerplatzen des Objekts zu befürchten ist. Aus diesem Grund muss der Anstieg der Temperatur im Ofen langsam und stetig vor sich gehen.

Stufe bis 350 °C: Das Kristallwasser verdunstet bei dieser Temperatur ebenfalls, das Stück verliert weitere 14 Gewichtsprozente Wasser. Der Temperaturanstieg ist deutlich progressiv zu steuern.

Stufe bei 500 °C: Der Ton ist nun vollständig entwässert und kann nicht mehr zurückgewonnen bzw. wiederverwendet werden. Sein chemischer Zustand ist irreversibel, ohne dass eine zusätzliche Schwindung zu verzeichnen wäre. In diesem Zustand sind die Objekte sehr zerbrechlich.
Bis zu ca. 900 °C finden Oxydationen statt, die alle diejenigen Bestandteile (organische oder mineralische) zersetzen, die nicht schon in Oxydform übergeführt worden sind. Ist die Durchlüftung des Ofens ungenügend, kann nicht oxydierter Kohlenstoff zurückbleiben, der die gebrannten Objekte schwarz färbt.

Stufe bei 573 °C: Bei dieser Temperatur wird der im Ton enthaltene Quarz von der Alphaform in die Betaform umgewandelt. Die Veränderung im Kristallnetz führt zu einem Volumenwachstum von ca. 2%. Diese Modifikation ist reversibel, indem sich das Volumen beim Abkühlen um denselben Betrag wieder reduziert. Auch diese Veränderungen müssen langsam vor sich gehen.

Stufe über 600 °C: Über 600 °C kann der Temperaturanstieg ohne Gefahr beschleunigt werden. Jetzt beginnt die Verfestigung, die schliesslich zur Umwandlung in die Phase der Verglasung führt. Sie bewirkt Erhärtung, Schwindung, höhere Dichte und teilweise oder vollständige Wasserundurchlässigkeit der Masse. Dieser Prozess schreitet je nach Schmelzpunkt der Bestandteile des betreffenden Tons fort. Überschreitet die Temperatur eine bestimmte Schwelle, kann der Ton schmelzen, was zum Zusammensacken des Objekts führt. Die Härte des gebrannten Tons versteht sich im Grad der Verglasung zwischen den schwerer schmelzbaren Partikeln, aber auch im Vorhandensein einer neuen Kristallstruktur, z.B. kristallinem Mullit

Philippe Clérin
Porträt mit gebranntem schamottisiertem Ton.
Die rauhe Bartpartie wurde mittels einer Modellierschlinge mit Schneide ausgekratzt, wogegen die glatten Gesichtspartien mit einem Modellierholz bearbeitet wurden, durch Hineindrücken der Schamottekörner in die Masse.

(Aluminiumsilikat) in Form von Nadeln. Die Tone verglasen bei Temperaturen, die von deren Zusammensetzung abhängig sind.

Der erste Brand (Schrühbrand) einer Tonplastik führt zu einem Stück, das man als «Biskuit» bezeichnet. In der Praxis werden die im Ofen zu brennenden Stücke aufeinander geschichtet, die schwereren unten und die leichteren oben. Die Stücke dürfen sich berühren. Der Ofenaufbau kann verschiedene Lagen mit keramischen Stützsockeln und Platten aufweisen, solange eine gute Luftzirkulation zwischen der zu brennenden Ware gewährleistet ist. Diese ist unabdingbar für eine gleichmässige Wärmeverteilung. Der Ofen wird geschlossen, wobei die Belüftungsöffnungen offen gehalten werden. Nun beginnt der Brennprozess durch kontinuierliches Aufheizen bis 600°C. Von da an kann der Temperaturanstieg beschleunigt werden; die Belüftungsöffnungen werden geschlossen. Die Maximaltemperatur ist während einiger Zeit einzuhalten, dann stellt man den Ofen ab und lässt ihn auf natürliche Weise abkühlen. Der Ofen soll erst bei Erreichen von Temperaturen von ca. 100°C geöffnet werden. Ein normaler Brand dauert eine Nacht (man rechnet 10 Stunden zum Aufheizen und Einhalten und 10 Stunden zum Abkühlen).

Elektrischer Schachtofen, aus verschiedenen Teilen aufbaubar. Man bemerkt die Lüftungsöffnungen und im Innern die Vertiefungen, in denen die Heizelemente liegen. Dieser Ofentyp wird von oben beschickt. Bei einem grossen und zerbrechlichen Stück werden die Teilelemente entfernt und dieses ins Basiselement gesetzt. Dann setzt man weitere Teilelemente sorgfältig aufeinander bis zur Höhe des Stückes.

Elektrischer Schrankofen. Im Ofeninnern sind zwei Etagen sichtbar, die von keramischen Stützsockeln getragen werden.

Die Öfen

Es gibt eine Vielzahl von Ofentypen. Sie unterscheiden sich durch die Form (Schachtöfen, Glokkenöfen, Schranköfen, Muffelöfen) und die Heizenergie (Holz, Gas, Öl, Elektrizität). Die am weitesten verbreiteten und im Handel in vielen Ausführungen erhältlichen Öfen sind die elektrisch oder mit Gas beheizten Schacht- und Schrank-(Kammer-)Öfen. Die Elektroöfen sind leicht bedienbar: sie benötigen keinen Kaminabzug, keinen Heizmaterialvorrat und sind sauber in der Anwendung. Ist der Ofen sehr gut ausgerüstet, geht der Brennprozess vollständig automatisch vor sich. Die neutrale Ofenatmosphäre beim Elektroofen kann nachteilig sein, wenn man die Ware emaillieren will (es ist schwieriger, Farb- oder besondere künstlerische Effekte im Brand zu erzielen, für die eine reduzierende oder oxydierende Atmosphäre erforderlich ist).
Die Temperaturmessung geschieht im Ofen mittels eines Pyrometers und/oder mit sogenannten Brennkegeln (Seger-, Ortonkegel). Es handelt sich um kleine kegelförmige Körper, die bei bestimmten Brenntemperaturen umsinken, bzw. mit den Spitzen die Standfläche berühren. Sie lassen sich während des Brandes durch Öffnungen im Ofen beobachten. Es werden in der Regel immer drei Kegel nebeneinander aufgestellt, die in der Temperaturanzeige hintereinander folgen.

Die Farbe des Tons

Die Eigenfarbe des Tons

Sie hängt von der Zusammensetzung ab: sie kann weiss oder schwarz sein oder kann alle Farbnuancen aufweisen: rot, gelb, braun, grau, rosa usw.

Färbung durch Engoben

Bei den Engoben handelt es sich um gefärbte Tonüberzüge für keramische Massen, auf Rohton oder Biskuitskörpern appliziert. Die Engobe setzt sich aus natürlichem Ton oder einer Mischung von Ton und Oxyden zusammen.

Ist das zu färbende Stück noch feucht, besteht kein Problem: die Engobe haftet gut an der Oberfläche, ob sie nun mit dem Pinsel, dem Malhorn, durch Begiessen, Tauchen oder Spritzen aufgetragen wird. Im trockenen Zustand (nach der Schwindung oder nach dem Brand) ist es riskierter aber nicht unmöglich, Engoben aufzutragen. Man muss dafür sorgen, dass die Trocken- und Brennschwindung der Engobe kleiner ist als diejenige des zu überziehenden Tons. Verschiedene, dem Töpferton zugesetzte Oxyde führen zu einer kräftigeren Farbwirkung der Engoben nach dem Brennen. Deren Farbeffekt ist matt. Die folgende Liste von zur Engobe zugesetzten Oxyden nach D. Rhodes zeigt folgende Farbwirkung:

2 % Eisenoxyd:	Färbung kastanienbraun
4 % Eisenoxyd:	Färbung braun
6 % Eisenoxyd:	Färbung dunkelbraun
1 % Eisenoxyd:	Färbung hellgrau
2 % Eisenchromat:	Färbung grau
1 % Kobaltoxyd	Färbung blau
2 % Eisenoxyd:	Färbung graublau
1 % Kobaltoxyd:	Färbung graublau
3 % Kupferoxyd:	Färbung grün
10 % Vanadiumfarbe:	Färbung gelb
6 % Mangandioxyd:	Färbung purpurbraun
3 % Mangan in Kornform:	Färbung gesprenkelt-braun
6 % Rutil:	Färbung milch-schokolade braun
3 % Eisenoxyd:	Färbung schwarz
2 % Kobaltoxyd:	Färbung schwarz
2 % Mangandioxyd:	Färbung schwarz

Die Färbung, die ein Oxyd bewirkt, hängt von der Brenntemperatur und der Ofenatmosphäre (oxydierend, neutral oder reduzierend) ab. Eine reduzierende Atmosphäre begünstigt das Aussehen von kalten Farbtönen, wogegen warme Farbtöne in oxydierender Atmosphäre erhalten werden. Die färbenden Oxyde können gemischt werden, wenn bestimmte Farbnuancen erzielt werden sollen. Wünscht man eine glänzende Oberfläche oder will man die Farben lebendiger gestalten, muss die Engobe mit einer transparenten *Glasur* überzogen werden.

Farbflecken lassen sich erzeugen, indem man dem Tonschlicker Färbemittel in Kornform (z. B. granuliertes Mangan oder gekörntes Ilmenit (Titaneisen), Ziegelgriess oder Schiefer) zugibt. Die Engobe kann (muss aber nicht) das Stück vollständig bedecken. Man kann sie jedoch in gewünschten Partien wegkratzen, damit die darunter liegende Farbe des Tons zum Vorschein kommt. Man kann die Skulptur auch mit mineralischen Pigmentfarben bemalen wie z. B. mit Siena- oder Umbra-Erden, Ocker (gelb oder rot), u. a. m. Diese Pigmente haften besser an der darunter liegenden Tonschicht, wenn sie als Gouaches eingesetzt werden. Weisse Gouache führt zur Weissfärbung, der gelbe Ocker gibt, wenn gebrannt, ein kräftiges Rotbraun, die Erden führen zu Brauntönen, die goldfarbige Gouache resultiert in einem metallischen matten Schwarz, das sich in ein transparentes Olivgrün umwandelt. Die anderen eingesetzten Farben haben nach dem Brand einzig eine weissliche Deckfarbe bewirkt.

Die Glasuren

Die Glasuren setzen sich im wesentlichen aus Kieselsäure (SiO_2) zusammen, der weitere Oxyde zur Herabsetzung des Schmelzpunktes und zur Färbung zugefügt werden. Die nach der Hochtemperaturschmelze des Gemenges erhaltene Glasur ist sehr glasähnlich; das mit der Glasur überzogene Stück ist wasserundurchlässig. Die Zugabe von Oxyden verschiedenster Art bezweckt in der Glasur folgendes: Herabsetzen der Schmelztemperatur (man nennt sie Flussmittel: Na_2O, K_2O, PbO,

Philippe Clérin
Frauenkopf aus weissem gebranntem Ton.
Hergestellt im Stampfverfahren, mit Farbstiften koloriert.

ZnO), Vergrössern der Viskosität (z. B. Al_2O_3), Färbungen und Verleihen eines matten, satinierten oder glänzenden Aussehens.

Bei einer Skulptur sind allzu glänzende Glasuren zu vermeiden, weil sonst deren Form nicht angemessen zum Ausdruck kommt bzw. unlesbar wird. In der Regel wird eine matte oder satinartige Glasur vorgezogen, die sich bei der Verwendung von Zinn- oder Bariumoxyd ergibt.

Die Glasuren sind in Pulverform erhältlich: sie werden in Wasser aufgelöst. Neben den Oxyden enthalten sie Gummi Arabicum, das die Verbindung zum Biskuit erleichtert. Während der Arbeit mit Glasur, muss diese ständig umgerührt werden, weil einige der Oxyde spezifisch schwerer sind (z. B. PbO) und zu sedimentieren drohen.

Anwendung der Glasuren

Die Glasuren werden auf verschiedene Arten appliziert, immer jedoch muss das Biskuit ganz, sauber sein. Man kann es durchs Wasser ziehen, dann trocknen, bevor die Glasur aufgebracht wird.

- **Mit dem Pinsel:** Diese Technik braucht Erfahrung und Geschick. Es ist recht schwierig, auf diese Weise eine gleichmässige Glasurschicht auf das ganze Objekt zu bringen. Das Verfahren bietet sich jedoch an, wenn das Biskuit nur an einigen Stellen zu dekorieren ist.

- **Durch Eintauchen:** Das Objekt wird in die flüssige Glasur getaucht, dann lässt man es abtropfen. Dieses Verfahren eignet sich nur für kleine Stücke.

- **Durch Besprengen:** Das Objekt wird allseitig mit Flüssigglasur besprengt, wobei die überschüssige Glasur im Gefäss, in das das Objekt gestellt worden ist, aufgefangen wird.

- **Durch Zerstäuben (Glasieren mit der Spritzpistole):** Mittels eines Zerstäubers (mit Munddüse oder Druckluft) werden feine Glasurtröpfchen auf die Biskuitoberfläche zerstäubt. Die Glasurschicht lässt sich sehr gleichmässig halten. Das Verfahren ist besonders dann empfehlenswert, wenn eine Engobe zu überziehen ist, ohne dabei Gefahr zu laufen, sie zu zerstören.

Will man mehrere Glasurschichten applizieren, muss man jeweils warten, bis die vorhergehende Schicht ganz trocken ist. Nach dem Glasieren darf man das Stück nicht mehr mit den Fingern berühren, weil sonst die Glasurschicht beschädigt und nach dem Brennen sichtbar würde.

Brennen der Glasuren

Der Brennprozess bezweckt die Umwandlung der löslichen Rohglasur in ein undurchlässiges, unlösliches Glas. Die Schmelztemperatur der Glasuren hängt von dem Gemenge der Oxyde ab, soll aber unter der Brenntemperatur des damit überzogenen Biskuits liegen.

In der Praxis muss das Brennen der glasierten Stücke sehr sorgfältig geschehen, insbesondere bei deren Einsetzen im Ofen. Bei der Handhabung ist darauf zu achten, dass man nirgends anstösst und die Glasur beschädigt. Auch dürfen sich die glasierten Stücke nicht berühren, weil sie sonst beim Schmelzen der Glasuren zusammenkleben. Sie dürfen auch nicht mit dem Ofen oder mit den Ofenplatten, auf denen sie stehen, in Berührung kommen. Man setzt sie auf kleine zugespitzte Halter oder man übertüncht die Ofenplatten mit einem Isolierschlicker. Die Stücke werden auf mehreren Etagen eingesetzt, deren Ofenplatten auf feuerfesten Stützen ruhen.

Ist der Ofen beschickt, wird er geschlossen, wie auch die Lüftungsschieber. Der oberste Schieber bleibt offen, damit die in der Glasur enthaltene Feuchtigkeit entweichen kann. Die Brenntemperatur kann so bedeutend schneller gesteigert werden. Der Schmelzprozess der Glasur schreitet schnell voran und beginnt schon bei recht tiefen Temperaturen. Das Aufkochen der Glasur im Laufe des Schmelzvorganges ist normal. Zahlreiche Glasuren schmelzen zwischen 940 °C und 1000 °C. Auch das Abkühlen kann schnell vor sich gehen, wobei der Ofen erst bei Temperaturen von ca. 100 °C geöffnet werden darf.

Die Patina der gebrannten Tone

Das Aussehen der fertigen Stücke aus gebranntem Ton lässt sich mit transparenten Farbstoffen modifizieren. Diese werden Schicht um Schicht appliziert, will man die Farbe des Tons verändern oder der Oberfläche mehr Transparenz oder Tiefe verleihen.

Persönlich empfehle ich, folgendermassen vorzugehen: Ich mache von einer verdünnten Farblösung einen Methanol-Auszug (in einer oder mehreren Schichten); dann verwende ich Farbstoffe (Typ «Firnis Kirchenfenster»), die mit Alkohol (white spirit) verdünnt sind. Ich appliziere diese Farben abwechselnd, bis der gewünschte Effekt erreicht ist, dann lasse ich sie trocknen. Zuletzt wachse ich das Stück mit einer Bürste tüchtig ein.

Oft genügt es, das Stück aus gebranntem Ton mit einem transparenten oder gefärbten Wachs zu behandeln oder es ganz einfach ohne Nachbehandlung zu belassen. Einfaches Abreiben des Stückes mit einem Schleifmittel kann die Farbe lokal leicht verändern.

Es kann reizvoll sein, die Skulptur aus gebranntem Ton mit einer Bleistiftzeichnung zu versehen – mit Graphitstiften, Rötel oder Farbstiften –, um gewisse Züge zu unterstreichen oder gewisse Partien zu färben, besonders wenn es sich um helle Skulpturen handelt.

Philippe Clérin
Kopf aus gebranntem Ton.
Nach dem Brand wurde der Kopf mit feinem Graphitpulver abgerieben.

Die Wachse

Wachse sind Stoffe, die beim Erwärmen weich werden und eine gelbliche oder weissliche und leicht durchscheinende Farbe aufweisen. Vom chemischen Standpunkt aus handelt es sich um Fettsäureester und Alkohole. Es sind in Wasser unlösliche, in Aceton und Benzon lösliche Fettstoffe (Lipide).
Man unterscheidet tierische Wachse (Bienenwachs), pflanzliche Wachse (Carnauba-Wachse) oder synthetische Wachse (mikrokristalline Wachse). Diese letzteren werden heute vom Plastiker am häufigsten verwendet.
Die Wachse werden zum Modellieren von vergänglichen Objekten gebraucht. Am häufigsten dienen sie als Wachsmodell für das Wachsausschmelzverfahren (Metallguss nach dem Prinzip der verlorenen Form) [siehe Kapitel «Metallguss»].
Wachse unterscheiden sich auch nach der Bearbeitung: die geschmeidigen Wachse dienen zum Modellieren, die harten Wachse zum Bearbeiten.

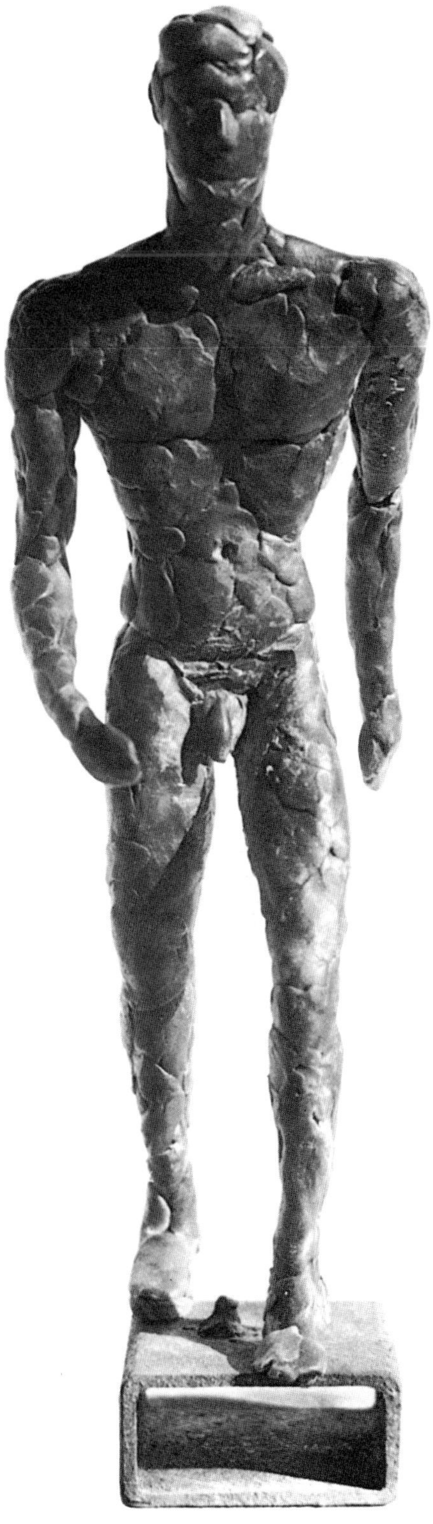

Kleine Figur aus modelliertem Wachs über einer Metallstütze.

Die Modellierwachse

Hier handelt es sich um die weichsten Harze; schon Handwärme genügt oft, um sie knetbar zu machen, doch geht es leichter, sie in einem warmen Wasserbad weich zu machen. Man kann sie auch in einem Glaskolben schmelzen, um sie anschliessend in eine flache Form aus Gips oder gebranntem Ton zu giessen. Man wartet mit der Bearbeitung, bis das Wachs genügend abgekühlt ist.
Wachs ist der Wunschwerkstoff für den Plastiker, da es ihm wegen seiner Geschmeidigkeit und Leichtigkeit grosse Freiheit erlaubt. Ist es einmal abgekühlt, erreicht es eine genügende mechanische Festigkeit. Es eignet sich vorzüglich für erste Entwürfe aber auch für die Verwirklichung von ausgereiften Werken.
Früher war die Zusammensetzung der Wachse komplex und jedes Atelier hütete seine Geheimnisse. Der Künstler modifizierte das Bienenwachs aus taktischen Gründen mit allerlei Zusatzstoffen, um je nach Verwendungszweck bestimmte mechanische Eigenschaften zu erzielen. So wurden ungewöhnliche Stoffe wie Mehl, Kreide oder Schweineschmalz in die Wachsmischungen eingebracht. Ganz allgemein erhöht der Zusatz von Olivenöl oder von tierischen Fetten (Schweineschmalz, Talg) die Güte und Geschmeidigkeit des Materials. Harzartige Zusatzstoffe wie Pech oder venezianischer Balsam (Terpentin) verleihen der Mischung höhere Zähigkeit und Klebrigkeit.

Die beiden untenstehenden Rezepte stammen von J. C. Rich:

Rezept Nr. 1

Bienenwachs	10 g
Burgunderpech	1 g
Schweineschmalz	1 g
Venezianischer Balsam	1 g

Rezept Nr. 2

Bienenwachs	16 g
Burgunderpech	2 g
Talg	1 g

Heute haben die mikrokristallinen Wachse auf Petrolbasis das zu teure Bienenwachs weitgehend ersetzt. Man fügt ihnen in der Regel Paraffin und Kolophonium (Geigenharz) zu nach folgendem Rezept:

Mikrokristallines Wachs	1 Teil
Paraffin	1 Teil
Kolophonium	1 Teil

Auf Wunsch kann das mikrokristalline Wachs in diesem Rezept ohne weiteres durch Bienenwachs ersetzt werden. Variiert man die Anteile, erhält man Mischungen verschiedener Konsistenz. Ein Überschuss an Paraffin macht die Mischung härter, ein Überschuss an Kolophonium zäher.

Wenn die Durchsichtigkeit des Wachses unerwünscht ist, kann eine dunkle, fettlösliche Pigmentfarbe zugesetzt werden, z. B. in Form von Pastellfettstäben. Man fügt diese dem geschmolzenen Wachs zu und rührt bis zu deren völligen Auflösen.

Das Wachs zum Bearbeiten

Diese Verwendung von Wachsen ist neueren Datums. Wie der Name sagt, handelt es sich um Wachse, die mit Werkzeugen (Federmesser, Spezialmesser, Linoleummesser, usw.) bearbeitet (behauen) werden.
Da die Plastizität in bestimmten Fällen ein Problem darstellt, wählt man mit Vorteil härtere Stoffe wie z. B. reinen Paraffin. Praktikabel ist auch eine Mischung zu gleichen Teilen von Bienenwachs und Carnauba-Wachs.
Will man kompakte Blöcke von Wachs herstellen, geht man folgendermassen vor: Das geschmolzene Paraffin wird in geölte Karton- oder Metallbüchsen gefüllt. Nach dessen Erhärtung zieht man den Karton ab bzw. erwärmt die Wände des Metallbehälters, stülpt diesen um, so dass der Wachskörper herausgezogen werden kann.

Nun beginnt die Bearbeitung des Blockes. Sie geht verhältnismässig leicht von der Hand, wobei zu heftiges Behauen das Paraffin brechen kann. Bei Rissen kann man warm gemachtes Paraffin aufpressen und fest mit der Masse verbinden.

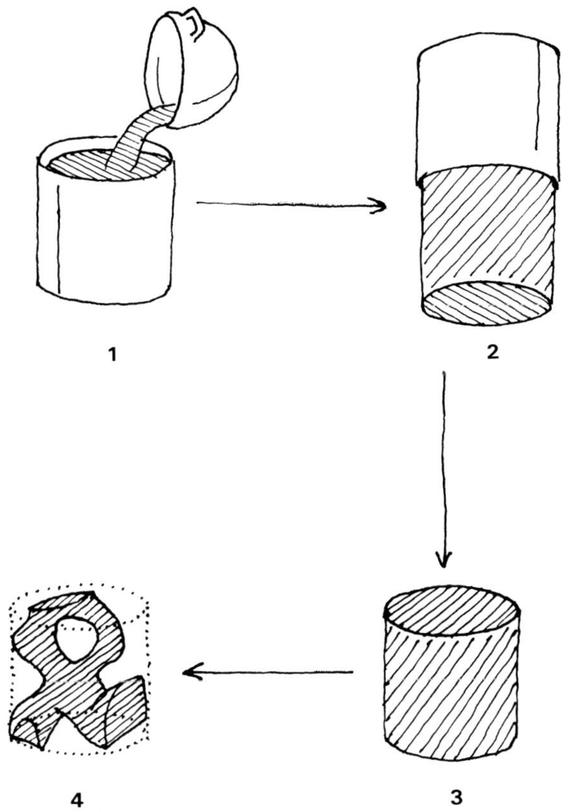

Die Wachsbildnerei

Das Wachs lässt sich auf verschiedene Weise formen.

Durch Modellieren

Weiche, formbare Wachskügelchen werden von Hand oder mit einem Werkzeug rund um eine Metallarmierung oder auf ein Skelett von Hartwachs aufgebracht. Bei kleinen Objekten ist keine Armierung nötig; die Statuette wird sukzessive aus Weichwachs aufgebaut.

Durch Verbinden von Wachstafeln

Wie beim Ton ist es möglich, verhältnismässig schnell grosse Objekte herzustellen, indem man dünne Wachstafeln miteinander verschweisst. Wegen der leichten Handhabbarkeit des Wachses wird diese Arbeit erleichtert. Die Tafeln werden mit dem Lötkolben zusammengeschweisst: man erwärmt die Verbindungsflächen und presst sie aufeinander. Mit ein paar Tropfen Flüssigwachs lässt sich eine bessere Verschweissung erzielen. Dann wartet man bis zur Abkühlung (die Erhärtung lässt sich beschleunigen, indem man das Objekt in kaltes Wasser taucht).
Wünscht man Wachstafeln von bestimmter Dicke herzustellen, giesst man das flüssige Wachs in eine flache Form aus angefeuchtetem Gips. Das abgekühlte Wachs lässt sich leicht von der nassen Gipsform trennen. Man kann auch Formen aus Silikonkautschuk verwenden (die kein Trennmittel erfordern) oder das Wachs auf mit Schmierseife behandelte Marmorplatten ausbreiten.

Einsatz von Wachsen für die Bearbeitungstechnik

1. Um einen Block aus Wachs zu erhalten, giesst man das geschmolzene Wachs in einen runden Metall- oder Kartonbehälter.

2. Nach dem Abkühlen des Wachses wird es ausgeformt.

3. Der Wachsblock kann nun bearbeitet werden.

4. Fertige Plastik nach der Bearbeitung und Entfernung des überflüssigen Wachses.

Man giesst das Flüssigwachs auf eine flache Form
(hier: aus Silikonkautschuk).
Nach dem Abkühlen wird die Wachstafel ausgeformt.

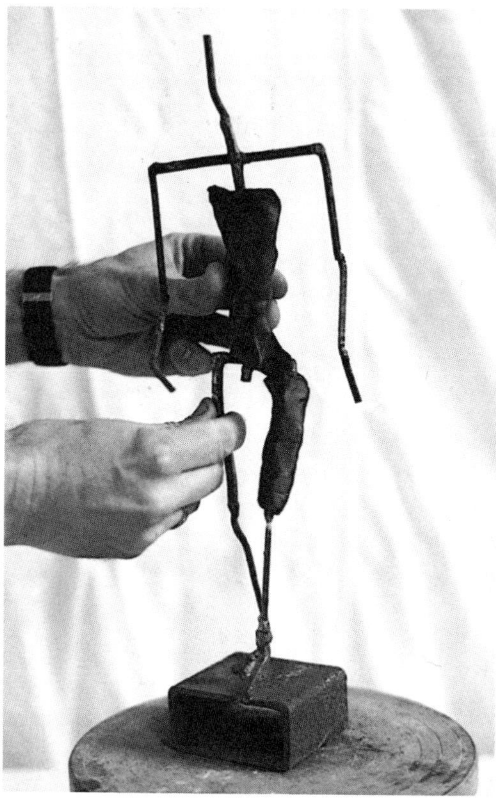

Das aufgeweichte Wachs
wird über eine Armierung aufgebaut.

Werkzeuge für die Bearbeitung von Wachs:
Lötkolben, verschiedene Instrumente
aus Metall.

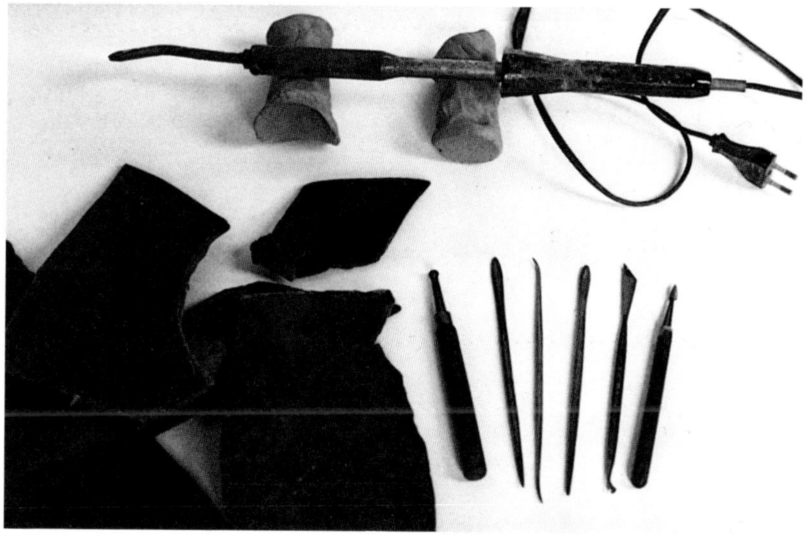

Geschmolzene Wachstropfen
werden auf die Verbindungsnaht aufgebracht,
um diese zu verstärken.

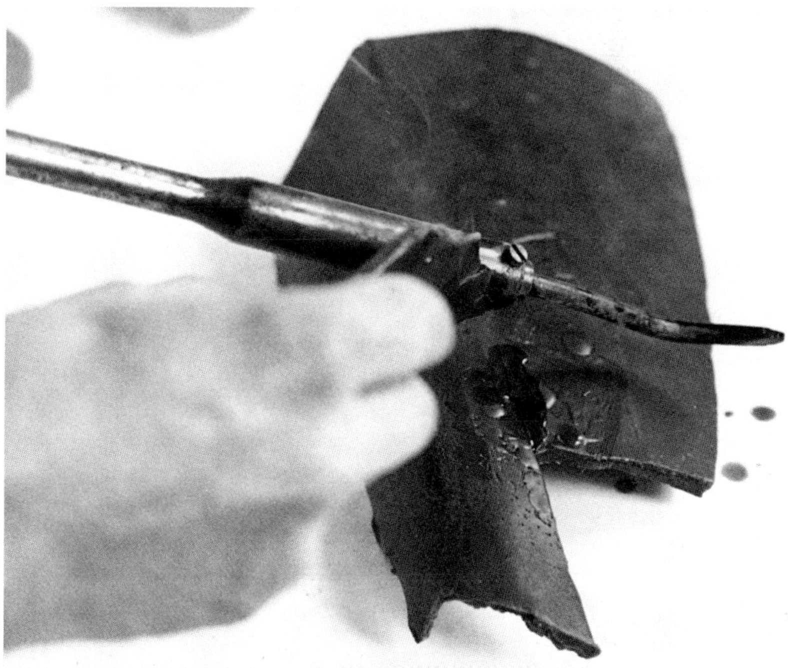

Mit dem Pinsel wird das Innere jedes Formteiles in mehreren Lagen mit Seifenlösung bestrichen.

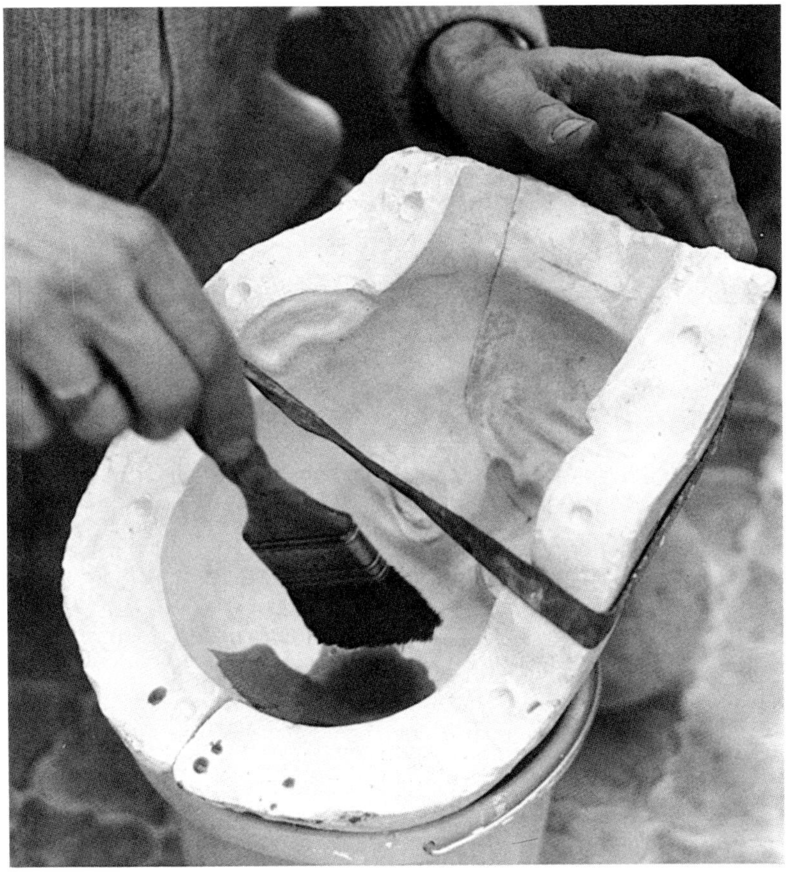

Das Flüssigwachs wird mit einem groben Pinsel formgetreu im Innern der Form aufgetragen. Auf diese Weise lassen sich mehrere Lagen aufbringen.

Man giesst das Wachs in die aus mehreren Teilen bestehende Form. Diese wird vollständig gefüllt, wobei nach einigen Minuten das überflüssige Wachs entfernt wird.

Ist das Wachs abgekühlt und hart geworden, wird das Stück ausgeformt.

Durch Erstabguss in einer Form

Es kann sich um Silikonformen handeln (bei denen kein Trennmittel erforderlich ist) oder um mehrteilige Formen aus Gips. Bei diesen sind die Formteile für längere Zeit im Wasserbad mit Wasser zu sättigen. Nach dem Abtropfen wird die Innenseite der Form sorgfältig mit einem Pinsel mit geschmolzenem Wachs ausgekleidet. Der Pinsel wird häufig in das Wachs getaucht, so dass dieses, in Tropfenform aufgelegt, die Innenform gleichmässig mit einer ersten Schicht überzieht. Eine zweite Schicht wird grosszügig mit der Pinselbreitseite aufgetragen. Die am meisten vorspringenden Partien werden mit einer zusätzlichen Wachsschicht versehen.

Nun setzt man die verschiedenen Formteile zusammen und schliesst die Form sorgfältig. Die Fugen zwischen den Formteilen werden gut mit Ton versiegelt.
Man lässt das Wachs schmelzen, lässt es leicht abkühlen (bis es an der Behälterwand zu haften beginnt) und giesst es sodann noch flüssig in die Form, bis diese gestrichen voll ist. Bleibt eine genügende Wachsschicht an der Innenwand der Form haften, ist der Zeitpunkt gekommen, um das überschüssige Wachs zu entfernen, indem man es in den Behälter zurückgiesst.
Sobald das Wachs ausgehärtet ist, wird das Stück ausgeformt. Dieses Verfahren wird häufig angewendet, um ein Wachsmodell zu erhalten, von dem

dann ein Metallguss abgenommen wird. Die Schichtdicke aus Wachs wird je nach dem anzufertigenden Metallguss und der Objektgrösse gewählt (siehe Technik des Wachsausschmelzverfahrens für Metallguss).

Durch Wachsaufbau über einem Tonkern

Über ein Stützelement wird eine Grundform aus Ton aufgebaut, die sodann in ein flüssiges Wachsbad eingetaucht wird. Der Tonkörper wird solange im Wachsbad belassen, bis sich darauf eine genügende Wachsschicht gebildet hat. Handelt es sich um eine grössere Plastik, die sich nicht auf einfache Weise in ein Bad tauchen lässt, wird das weiche Wachs mit einem Spatel oder einem Pinsel aufgebracht. Nach dem Abkühlen des Wachses wird die Plastik in zwei oder mehrere Teile zerschnitten und diese voneinander getrennt. Der Tonkörper im Innern wird sorgfältig entfernt und die Wachselemente mit dem Lötkolben verschweisst. Nun wird die Oberfläche mittels speziellen Instrumenten geglättet, wobei unter Umständen eine Erwärmung des Wachskörpers nötig ist.

Jean-Luc Parant
Kugeln aus grauem Wachs
Die Wachskugeln (Durchmesser 15 bis 40 cm) aus einem Gemisch von Paraffin, Flachs und Eiern werden zum Versiegeln von Weinflaschen verwendet.

Durch Wachsaufbau über einem feuerfesten Kern

Vorerst wird ein grobes Modell der Skulptur aus einer Mischung von Gips (1 Teil) und zerkleinertem Klinker (3 Teile) hergestellt. Das weiche Wachs wird auf diesem Kern aufgebaut und von Hand oder unter Zuhilfenahme von Werkzeugen modelliert. Wenn das Wachsmodell fertig ist, wird es für das Wachsausschmelzverfahren vorbereitet. Dieses Verfahren ist sehr alt und seit Jahrhunderten bekannt (z. B. in der Gegend von Benin).

Durch Montage von Einheitselementen

Flüssigwachs wird in Ton- oder Gipsformen gegossen um Grundformen herzustellen. Diese werden nun so aufgebaut und miteinander verbunden, dass eine Skulptur entsteht.

Anmerkung: Zum Polieren des Wachses kann man dieses leicht mit einem mit Terpentin getränkten Lappen abreiben.

Die Instrumente

Es werden Instrumente aus Holz (gut eingeölt, damit das Wachs nicht daran klebt) oder Metall verwendet. Instrumente aus Metall (feste und federnde Spateln, Schaber usw.) werden mit Vorteil vor Gebrauch über dem Bunsenbrenner erwärmt. Das Instrumentarium des Zahnarztes eignet sich vorzüglich für die Arbeit mit Wachs. Zum Aufbauen und Verbinden von Wachstafeln dient der Lötkolben.

Anmerkung: Eine Arbeit aus Wachs kann unter bestimmten Bedingungen konserviert werden. Sie ist vor Wärme und mechanischer Beanspruchung zu schützen, am besten in einer Vitrine. – Der italienische Plastiker Medardo Rosso ist sehr bekannt für seine impressionistischen Wachsplastiken.

Wünscht man eine mehrfarbige Plastik zu schaffen, ist es gut zu wissen, dass neben der Einfärbung der Wachsmasse auch die Möglichkeit besteht, das Wachs mit Ölfarbe zu bemalen.

Die Plastiline

Die Plastiline oder Modelliermaterialien sind halbhart werdende Stoffe, die sich nur teilweise verfestigen und sich jederzeit wiederverwenden lassen. Der Genuese Tschudi hat im 19. Jahrhundert das «italienische Plastilin» erfunden, dessen Zusammensetzung summarisch wie folgt beschrieben werden kann: Der Tonkomponente wird Talg und pulverförmiger Schwefel mit einem Farbstoff zugegeben.

Einige Rezepturen für Plastiline
(nach J. C. Rich)

Feste Bestandteile

Ton (pulverförmiger Kaolin)	67 Teile
Pulverförmiger Schwefel	33 Teile
oder:	
Kaolin	33 Teile
Schwefel	25 Teile
Lithopone (Zinksulfidweiss)	20 Teile

Diese festen Bestandteile – man nimmt davon 3 Teile – werden mit 1 Teil eines weichen Plastifiziermittels vermischt.

Rezepte von Plastifiziermitteln

Lanolin	60%
Glycerin	40%
Palmöl	80%
Lanolin	20%
Lanolin	60%
Palmöl	20%
Glycerin	20%

Die zugefügten Farbstoffe müssen fettlöslich und dürfen nicht giftig sein (die gelben Pigmentfarben, die fast alle toxisch sind, mit Ausnahme vom gelben Ocker, sind zu vermeiden). Soll das Plastilin verfestigt werden, stellt man es am einfachsten in den Kühlschrank. Mit dem Erhärten lässt sich die Oberfläche besser fertig bearbeiten.
Verschiedene Modellierpasten härten an der Oberfläche wegen der Oxydation des Plastifiziermittels, aber die meisten bleiben plastisch und können nach dem Kneten wieder verwendet werden.
Der verhältnismässig hohe Preis der Modellierpasten beschränkt deren Verwendung auf Kleinobjekte, Maquetten und Modelle.

Der Gips

Die Verwendung von Gips geht bis ins Neolithikum (ca. 8000 Jahre vor Chr.) zurück; er wurde zuerst in der Region vom Nahen Osten aufgefunden. Anfänglich hat man ihn als Verkleidungsmaterial im Hausbau eingesetzt. Es wurde auch Geschirr aus Gips aufgefunden, datiert vom Jahr 6500 vor Chr.

Die Ägypter kannten den Gips als Formmaterial: sie verwendeten ihn für Modelle ihrer Skulpturen, machten Gipsabgüsse vom Gesicht oder anderen Körperpartien. Man hat solche Masken in El-Amarna aufgefunden und datiert sie von 1370 vor Chr. Das erste Beispiel einer solchen Maske wurde in Saqquara entdeckt. Es handelt sich um die Totenmaske des Königs Téty der VI. Dynastie, gestorben im Jahre 2400 vor Chr.

Die Griechen haben den Gips sodann in der auch heute üblichen Weise eingesetzt. In der Tat geht der Ausdruck «Gips» auf das griechische Wort «Gypsos» zurück. Plinius schreibt die Entdeckung der Modellierkunst in Gips Lysistratos, dem Bruder des berühmten Bronze-Plastikers Lysippos zu. Plinius schreibt ihm auch die Erfindung des Abgussverfahrens von Statuen zu.

Während der Zeit der Römer hat Gips dazu gedient, Totenmasken der Vorfahren herzustellen, die von den römischen Rechtsgelehrten eifersüchtig konserviert wurden.

Die Technik mit Gips umzugehen, verlor sich mit dem Fall von Rom und trat erst wieder zur Zeit von Andrea del Verrochio (1435–1488) in Erscheinung. Er hat die Verwendung des Gipses für das Abformen von Statuen wiederentdeckt. Verrochio formte auch menschliche Körperpartien ab, die ihm dann als Modelle dienten. In dieser Zeit fand der Abguss der Totenmaske von Verstorbenen wieder Anklang.

Verschiedene Verwendungsarten von Gips

Der Gips ist aus mancherlei Gründen ein interessanter Werkstoff: Er entwickelt nach dem Anrühren eine kremige Konsistenz und bleibt während einer bestimmten Zeit geschmeidig bis zu seinem Abbinden. Er wird darum als Modelliermaterial (in der Regel mit Armierung) verwendet.
Anderseits lässt er sich im Zustand der flüssigen Krem auf Oberflächen verschiedenster Art ausbreiten, wobei er das Relief vor dem Erhärten abformt. Diese Eigenschaft hat aus ihm einen beliebten Werkstoff gemacht für die Herstellung von steifen Formen und zum Abziehen von Erstabgüssen oder Kopien durch Giessen in Formen.
Es kommt hinzu, dass der Gips in hartem Zustand recht gut bearbeitet werden kann.

Vor- und Nachteile des Pariser Gipses

Die Vorteile
- Er ist leicht zu beschaffen (bei den Lieferanten im Baugewerbe).
- Der Preis ist bescheiden.
- Er lässt sich leicht und rasch zubereiten.
- Er kann bearbeitet oder modelliert werden, je nachdem ob man ihn hart oder weich anwendet.
- Er dehnt sich beim Abbinden leicht aus und füllt die Formen vollständig aus.
- Man kann ihn leicht überarbeiten.

Die Nachteile
- Vollständiger Mangel an Elastizität.
- Man muss ihn ohne Verzug nach dem Anrühren verarbeiten, weil er rasch erhärtet.

- Sein grosses Gewicht für Plastiken oder grosse Formen.
- Sein Mangel an atmosphärischer Korrosionsbeständigkeit.
- Seine geringe mechanische Festigkeit.
- Sein wenig attraktives Aussehen.

Der Pariser Gips bewährt sich sehr gut, wenn das abzuformende Objekt einfach ist, ohne Formschrägen oder verborgene Falten (siehe Kapitel, das den Formen gewidmet ist). Man verwendet ihn auch zur Verstärkung von aus der Form gekommenen Giess-Modellen aus Kautschuk, Gelatine oder Agar-Agar.
Es gibt verschiedene Gipssorten auf dem Markt. Sie weichen in verschiedener Hinsicht voneinander ab: in der Festigkeit, Abbindezeit und Korngrösse. Die Plastiker ziehen in der Regel den sehr feinkörnigen Gips vor, damit jede Einzelheit des Modells getreulich reproduziert werden kann.

Chemische Zusammensetzung

Der Hauptbestandteil vom Gips ist das Halbhydrat von Calciumsulfat ($CaSO_4 \cdot 0.5\ H_2O$), das bei der Deshydratation von Rohgips ($CaSO_4 \cdot 2H_2O$) entsteht. Die Härte von Gips auf der Mohs'schen Skala beträgt 2. Es gibt ihn in verschiedenen Formen:

Der *Alabaster* ist ein feinkörniger Gips der Toskana: weiss, undurchsichtig bis halbundurchsichtig. Er ist weich und kann leicht bearbeitet werden.

Der *Selenit* ist eine Varietät mit Glimmeraspekt, aus grossen durchsichtigen Kristallen aufgebaut. Die meisten Gipsvorkommen gehen auf eine langsame Verdunstung von Meereswasser zurück, das sich mehr und mehr mit Mineralsalzen anreichert. Nach der Verdunstung von 75 bis 80% des Wassers lagert sich der Gips ab. Er wird in Bergwerken oder unterirdischen Steinbrüchen abgebaut, oft Silikate und Karbonate als Verunreinigungen enthaltend.

Aufbereitung

Gips erhält man durch teilweise Deshydratation von Rohgips bei Wärmeeinwirkung. Wird Rohgips unterhalb von 150 °C erhitzt, verliert er 75% seines Kristallwassers und wird nach der folgenden Reaktionsgleichung in Gips umgewandelt:

$$2\,(CaSO_4 \cdot 2H_2O) \xrightarrow{\text{Wärme}} (CaSO_4)_2 \cdot H_2O + 3H_2O$$

Die Umwandlungstemperatur beträgt etwa 60 °C, wobei die Deshydratation schon bei 40 °C beginnt. Bis 90 °C behält Gips seine Eigenschaften. Geht die Kalzination weiter bis über 300 °C, bildet sich das Anhydrit ($CaSO_4$). Der unvollständig gebrannte Gips ist wenig wasserlöslich.
Wird gebrannter Gips in Pulverform mit Wasser angerührt bis zur kremigen Konsistenz, nimmt er wieder 1½ Teile Wasser auf, die er vor der Kalzination besass. Die entstehende reaktionsträge Masse ist von gleicher chemischer Zusammensetzung wie das Ausgangsprodukt Rohgips. Mit dem Abbinden nimmt das Volumen der Mischung zu.

Verarbeitung des Materials

Das Anrühren von Gips

Unter dem Anrühren versteht man das sorgfältige Mischen des Gipses mit Wasser bis eine kremige und weiche Konsistenz erhalten wird. Der pulverförmige Gips wird immer portionenweise ins Wasser zugegeben und nie umgekehrt. Man gibt nicht grosse Gipsmengen auf einmal ins Wasser, sondern in einem feinen Geriesel, da sich sonst Klumpen bilden. Der Gips setzt sich am Boden des Behälters ab. Im Moment, wo er die Wasseroberfläche erreicht, gibt man wieder Gips zu. Wird ein Gips von fester Konsistenz gewünscht, fügt man in diesem Stadium nochmals ein wenig zu. Bevor man mit dem Umrühren beginnt, wartet man, bis der Gips gut durchfeuchtet ist.
Das Anrühren geschieht mit einem Spatel oder noch besser von Hand. Es ist einfacher, Klumpen mit der Hand zu eruieren und zu zerdrücken als mit einem Werkzeug.

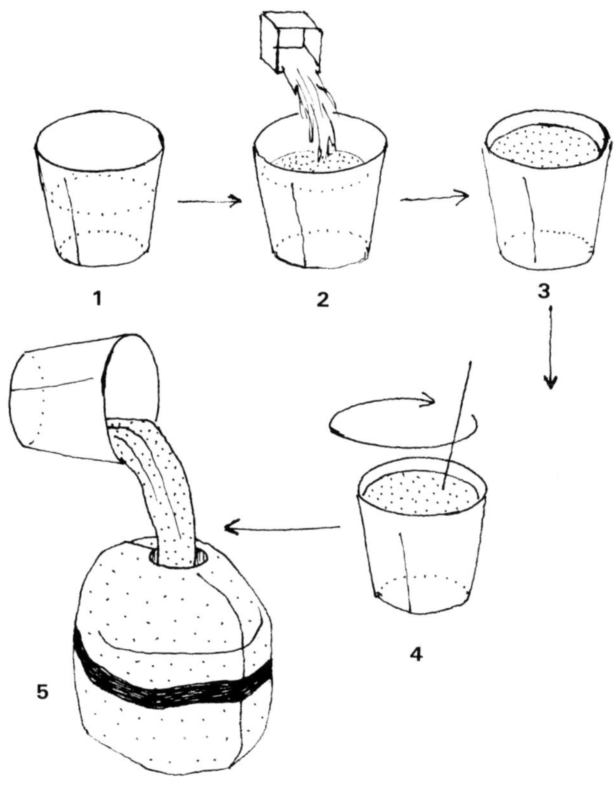

Das Anrühren von Gips

1. Der Eimer wird zur Hälfte mit Wasser gefüllt.
2. Der Gips wird in den Eimer eingerieselt.
3. Man gibt solange Gips zu, bis er die Wasseroberfläche erreicht.
4. Nun beginnt das eigentliche Anrühren.
5. Sobald der Gips eine kremige Konsistenz erreicht hat, wird er verwendet (hier wird er in eine Form gegossen).

Es ist darauf zu achten, dass nicht zu viele Luftblasen in die Masse geraten (durch ein Umrühren zur falschen Zeit), da diese nach dem Abbinden im Gips zurückbleiben. Um sie zu vermeiden, klopft man mit kurzen Schlägen auf den Eimer. Der Vorgang des Anrührens darf nicht zu langsam gehen, weil sonst der Gips abzubinden beginnt, bevor das Anrühren beendigt ist. Man beginnt unten zu mischen (wo die Klumpen sind) und bewegt die dichtere Masse von unten nach oben. Ein übermässiges Anrühren ist zu vermeiden. Der Gips erhärtet nicht konform, wenn das Anrühren nach dem Beginn des Abbindens fortgesetzt wird.

Bevor man den Gips aufbereitet, muss man das ungefähre Volumen, das benötigt wird, abschätzen, einmal um der Verschwendung vorzubeugen oder im Gegenteil – wenn das Volumen unterschätzt wird – ein zu häufiges Anrühren zu vermeiden. Damit diese Schätzung korrekt gemacht werden kann, muss man wissen, dass das Volumen des Anmachwassers ungefähr der Hälfte des Volumens des angerührten Gipses entspricht. Man wählt deshalb ein Wasservolumen, das weniger als die Hälfte des gewünschten Gipsvolumens beträgt.

Zum Anmachen von Gips in grossen Mengen werden elektrische Rührwerke mit langsamer Rührbewegung verwendet.

Kleine Gipsmengen werden im Gummischalen gemischt. Für das Anrühren grosser Massen sind Plastikeimer empfehlenswert. Diese Eimer sind einfach von Gipsresten an den Wänden zu reinigen. Ist der Gips angerührt, kann er sofort zum Modellieren verwendet oder zur Abnahme eines Reliefs oder eines Modells vergossen werden.

Der Vorgang des Abbindens

Wird der Gips mit dem gleichen Volumen Wasser tüchtig gemischt, ändert sich sein physikalischer Zustand langsam. Dabei durchläuft er eine flüssige Phase, wird dann kremiger und viskoser, bis er bei vollständiger Kristallisation fest wird. Die Abbindezeit hängt von der Gipssorte ab; sie variiert zwischen 7 und 30 Minuten. Der gewöhnliche Gips ist der langsamste, der Formgips der schnellste.

Beim Abbinden sind zwei Vorgänge feststellbar: die Rehydratation und die Rekristallisation vom gebrannten Gips. Der Gips, der einer gewissen Feuchtigkeit ausgesetzt wird, bindet schneller ab als der vollständig trockene.

Beobachtet man den Abbindevorgang unter dem Mikroskop, bemerkt man die ziemlich schnelle Kristallbildung. Die Kristalle verbinden sich untereinander: diese Verschweissung der Kristalle ist für die Festigkeit des Materials verantwortlich. Wird die Masse, die abzubinden im Begriffe ist, gestört, verbinden sich die Kristalle ungenügend und der Gips wird geschwächt. Es ist deshalb wichtig, die Masse während der kritischen Phase des Abbindens ruhen zu lassen. Diese ist beendigt, wenn die während des Kristallisationsvorganges abgegebene Wärme verbraucht ist. Diese Kristallisationswärme entspricht der Wärme, die nötig ist, um Rohgips in Gips umzuwandeln. Sie entzieht sich dem Gips kurz nach dem Abbinden und begünstigt die Verdunstung des nicht chemisch an den Gips gebundenen Wassers. Dieses entweicht dem Gips zuerst rasch, gut sichtbar als Dampf. Dann entweicht das überschüssige Wasser während des Trocknens nur mehr langsam.

Das Trocknen

Die Geschwindigkeit der Verdunstung des zurückbleibenden Wassers hängt von der atmosphärischen Feuchtigkeit, der Temperatur, den Windverhältnissen usw. ab. Sie kann mehrere Stunden bis zu mehreren Tagen in Anspruch nehmen. Die Feuchtigkeit im Gips findet sich in der Regel im Innern der Masse; man soll sich darum nicht vom äusseren Aussehen täuschen lassen. Je grösser das Volumen, desto länger ist die Trockenzeit. Im Laufe der Trocknung gewinnt der Gips an Festigkeit. Man kann durch leichtes Erwärmen bis maximal 50°C (mit einem Haarföhn z.B.) die Trock-

nung beschleunigen. Geht man über diese Temperatur hinaus, riskiert man, dass sich die Oberfläche leicht zersetzt.
Mit dem schnellen Trocknen wird der Rostbildung der eventuell im Gips vorhandenen Armierung vorgebeugt.
Wird der Gips in eine Form gegossen, lässt man die Masse vollständig abkühlen, bevor man das Gipsobjekt zur Form herausnimmt. Bei forcierter und ungleichmässiger Abkühlung können sich Frakturen bilden.

Beeinflussung der Gipseigenschaften

Beschleunigung des Abbindevorgangs

Normalerweise ist es nicht nötig, das Abbinden zu beschleunigen, es sei denn, es handle sich um Abgüsse von lebenden Modellen. Man kann folgendermassen vorgehen:

- Mit «hartem» Anrühren (mit einem Minimum an Wasser). Auf diese Weise wird der Gips stärker gemacht.

- Verwendung von warmem Wasser (das sicherste Mittel).

- Zufügen von kleinen Mengen von bereits abgebundenem Gips, trocken und pulverisiert, oder 1% Rohgips als Pulver.

- Zufügen von 2% Tafelsalz zu lauwarmem Wasser (ab 4% nimmt die Abbindezeit zu).

- Zufügen von Alaun (1 Kaffeelöffel pro Liter Wasser).

- Zufügen von Kaliumsulfat (verhindert die Ausdehnung): 1 Teil gesättigte Sulfatlösung auf 10 Teile Wasser.

- Zufügen von 0,25% Natriumbisulfit ins Wasser.

Verlangsamung des Abbindevorgangs

Es ist manchmal nützlich, wenn das Abbinden des Gipses verzögert werden kann. Wenn grosse Mengen Gips zu verarbeiten sind, ist der Gipser daran interessiert, die Gebrauchszeit des Materials zu verlängern. Das ist auch beim Modellieren der Fall; damit vermeidet man allzu öfteres Aufbereiten kleiner Mengen von Gips.
Es ist nicht zu empfehlen, die Verzögerung des Abbindens extrem vorzunehmen, weil sonst das Material zu zerbrechlich wird.

Die Verzögerung des Abbindens lässt sich folgendermassen bewerkstelligen:

- Verwenden von sehr kaltem Wasser (das einfachste und am wenigsten nachteilige Mittel).

- Aufbereiten eines «durchsichtigen» Gipses mit einem Überschuss an Wasser: indessen wird das Material dadurch geschwächt.

- Zufügen einer gesättigten Boraxlösung (1 Teil Lösung auf 10 Teile Wasser).

- Beimischen von Zimmermannskleister zum Wasser (verstärkt den Gips).

- Beifügen von ½ Kaffeelöffel gebrannten Kalks auf ¼ Liter Wasser.

- Zufügen von 1 bis 4% Eibischwurzel (diese härtet den Gips).

Aushärten und Verstärken des Gipses

Es können verschiedene Faktoren die relative Festigkeit von Gips beeinflussen.

Die Vielfalt der Gipssorten: je nachdem ob der Rohgips mehr oder weniger gebrannt worden ist, erhält man einen mehr oder weniger harten Gips.

Die Menge des Anmachwassers: dies ist wohl der wichtigste Faktor. Ein «hart» angerührter Gips (mit wenig Wasser) führt zu einem härteren Material als eine normale Mischung oder eine solche mit überschüssigem Wasser.

Der Kristallisationsgrad beim Abbinden: der Kristallisationsgrad wird herabgesetzt, wenn man den Gips während der kritischen Phase des Abbindens nicht ruhen lässt und «stört»; es resultiert eine Beeinträchtigung der Festigkeit des Gipses.

Der Zusatz von Faserstoffen: z.B. Baumwolle, Sisal, Hanf, Haar vom Pferd oder Ochs usw. Man nennt das Produkt oft «Fasergips».

Die Giessmethode für Gips: wird der flüssige Gipsbrei in der Form vibriert, entsteht ein dichtes Material ohne Luftblasen.

Die vollständige Trocknung des Gipses: auch diese erhöht die Festigkeit.

Der Einsatz von Stützelementen in der Gipsmasse: ist die Gipsplastik recht gross, empfiehlt sich die Anwendung von Armierungen aus Stäben aus Holz oder Metall (mit Vorteil nicht rostendes Metall), z.B. mit einem Metallgitter oder mit einem feuchten Jutesack.

Der Zusatz von chemischen Härtemitteln zum Wasser:

- Kalkwasser als Anmachwasser verfestigt den Gips. Kalkwasser (oder Kalkmilch) wird hergestellt, indem man Kalkbrocken ins Wasser gibt, gut umrührt bis zur Auflösung des Kalks.

- Magnesiumfluorsilikat (4 bis 5% zum Anmachwasser).

- Dextrin oder Gummi Arabicum, dem Anmachwasser zugesetzt: 1 Gewichtsteil auf 100 Teile Gips.

- 5% Portlandzement, der dem Gips zugefügt wird, erhöht dessen Festigkeit beträchtlich.

Die Anwendung von Härtemittel auf der Oberfläche:

- Borax (Natriumborat). Man bereitet eine warme gesättigte Lösung zu, die in mehreren Schichten mit dem Pinsel aufgetragen wird.

- Natriumbicarbonat als gesättigte Lösung

- Kalkwasser, in verschiedenen Lagen aufgetragen

- Magnesiumfluorsilikat oder Kaliumsilikat

- Aluminiumsulfat

- Alaun: mehrere Schichten einer warmen, gesättigten Lösung

- Paraffine, Wachse, Trockenöle (z.B. Leinöl) tragen wenig zur Verfestigung bei, machen die Gipsoberfläche jedoch wasserundurchlässig.

- Firnis, Lack: verstärken den Gips nur wenig.

Die Werkzeuge

Meissel und Hohlmeissel für die Gipsbearbeitung: Stahlwerkzeuge mit einer geraden Schneide (Meissel) oder einer abgerundeten Schneide (Hohlmeissel). Diese Werkzeuge dienen zum Schneiden und Aushöhlen des Materials.

Schaber (Kratzeisen): Diese Metallinstrumente, mit einer gezähnten, runden oder geraden Klinge ausgerüstet, dienen zum Egalisieren der Oberfläche durch Materialwegnahme (statt diesem Instrument kann man auch Sägeblätter verwenden).

Feilen: Metallwerkzeuge, deren flache oder runde Oberfläche mit einem regelmässigen Muster von kleinen, hakenförmigen Schneiden besetzt ist. Sie dienen zum grossflächigen Bearbeiten des Materials.

Riffelfeilen: Metallwerkzeuge, wie Bossierhölzer oder Schraffiermeisser geformt, parallel geriffelt wie die Feilen. Die Schäfte sind viereckig, rund, rechteckig oder dreikantig, während die Enden gerade, rund oder zugespitzt ausgebildet sind. Sie haben sehr verschiedene Formen, gerade oder gekrümmt, um auch schwer erreichbare Stellen bearbeiten zu können. Sie dienen zur Feinbearbeitung der Oberfläche.

Spateln: Spateln sind meistens aus Metall, federnd oder starr. Sie dienen zum Verteilen, Ausbreiten oder Glätten des Gipses (es wird empfohlen, sie einzuölen).

Sägen: zum Trennen der Gipsblöcke.

Grosse Gipsmesser: zum Abziehen des Gipses.

Eimer oder Schalen aus Kautschuk: zum Anrühren des Gipsbreies.

Metall- oder Holzstützen, Metallgitter: für die Armaturen.

Jutesäcke, Scheren, Schleifpapiere usw.

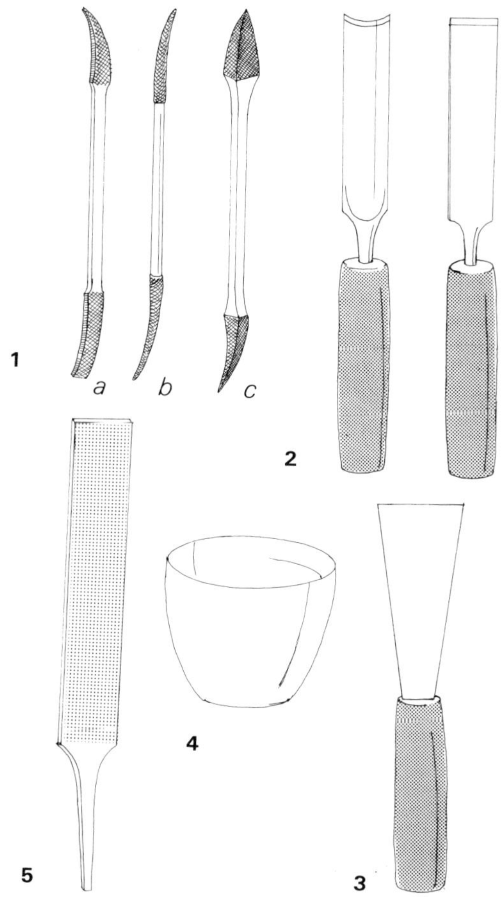

1. Drei Sorten von Riffelfeilen
   a) rechteckige
   b) runde
   c) dreikantige
2. Meissel- und Hohlmeissel für die Gipsbearbeitung
3. Grosses Gipsmesser
4. Kautschukschale zum Anrühren von kleinen Gipsportionen
5. Feile

Werkzeuge für die Gipsbearbeitung: Kautschukschale, Raspel für die grossflächige Bearbeitung, Spateln, Riffeleisen, Feile für Detailbearbeitung, Gipsmesser, Rundfeilen.

Das Arbeiten mit Gips

Zuschneiden des Gipses

Vorbereitung der Gipsblöcke für die Bearbeitung: wird der Gips in Kartonschachteln oder -röhren, die mit Öl oder Vaseline ausgestrichen worden sind, gegossen, erhält man nach dem Ausformen Gipsblöcke, die man schneiden kann. Es wird dabei feinkörniger Gips empfohlen, weil damit kompaktere Blöcke hergestellt werden können.

Schneiden des Gipses: der Block wird mit einer Säge getrennt. Man kann den Block grob behauen, wenn er noch feucht und nicht zu hart ist.
Verwendet man Gipsmeissel oder -hohlmeissel, muss der Gips nass sein, da er sonst unter den Schlägen zum Splittern und Ausbrechen neigt. Die Werkzeuge werden mit sanften Schlägen mit dem Holzhammer angesetzt.
Im Gegensatz dazu muss der Gips gut trocken sein, wenn er mit Raspeln, Feilen oder Schleifpapier bearbeitet wird. Diese Werkzeuge werden für die Feinbearbeitung eingesetzt.

Armierung einer Gipsplatte

1. Ein Metallgitter wird auf den frischen Gips gelegt.

2. Nachdem das Gitter mit weiteren Gipslagen bedeckt ist, werden dickere Metallstäbe eingelegt, den Rändern entlang und diagonal je nach dem gewünschten Verstärkungsgrad. Diese werden zuletzt mit weiteren Gipslagen vollständig zugedeckt.

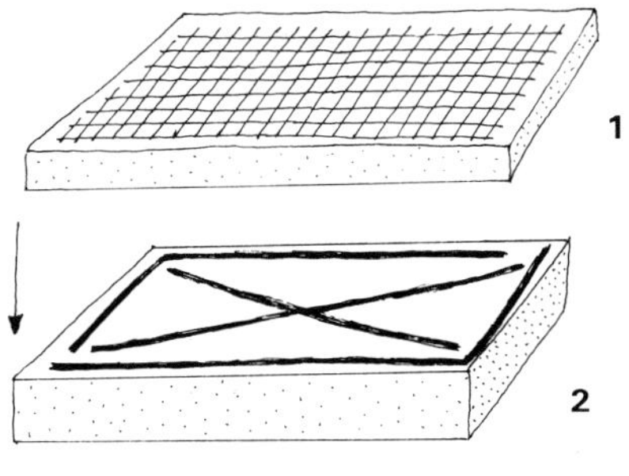

Modelliertechnik auf einer Metallarmierung

1. Man konstruiert eine grobe Form durch Verschweissen und Montieren von Metallstäben.

2. Das Skelett wird mit Metallgitter bedeckt.

3. Mit Gips getränkte Jutetücher werden auf der ganzen Oberfläche aufgebracht.

4. Schicht um Schicht wird der Gips bis zur gewünschten Form aufgebaut. Danach wird mit Feilen und Riffeleisen die Fertigbearbeitung vorgenommen.

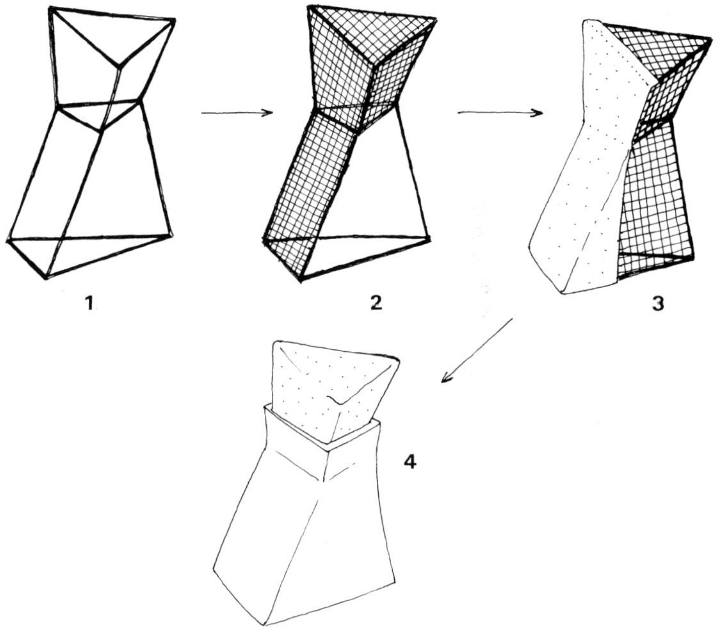

Das Modellieren von Gips

Es werden zwei Verfahren angewendet:
- Montieren der Form auf einem festen Sockel aus Gips oder um eine Metallarmierung. Dieses Verfahren eignet sich für mittelgrosse Plastiken.
- Montieren der Form auf einem Metallgitterskelett, wenn es sich um ein grosses Werk handelt.

Der Gips wird sofort verarbeitet, wenn er abzubinden beginnt und sich kleine Kugeln formen lassen. Wird kein Abbindeverzögerer verwendet, muss zügig und rasch gearbeitet werden. Für die Innenpartien ist ein harter Gips zu verwenden, während die folgenden Schichten mit zunehmend flüssigerem Gips aufgebaut werden.
Eine Mischung von Parisergips, Hanf und Stärkemehl hat sich bewährt.
Um grosse Stücke zu bauen, muss vorerst die Metallarmierung gefestigt werden: entweder aus Metallstützen (bei kleinen und länglichen Objekten). Auf diese Gitter werden in flüssigen Gips getauchte Jutesacktücher aufgebracht. Diese werden zuvor in Wasser getränkt und dann ausgewunden.

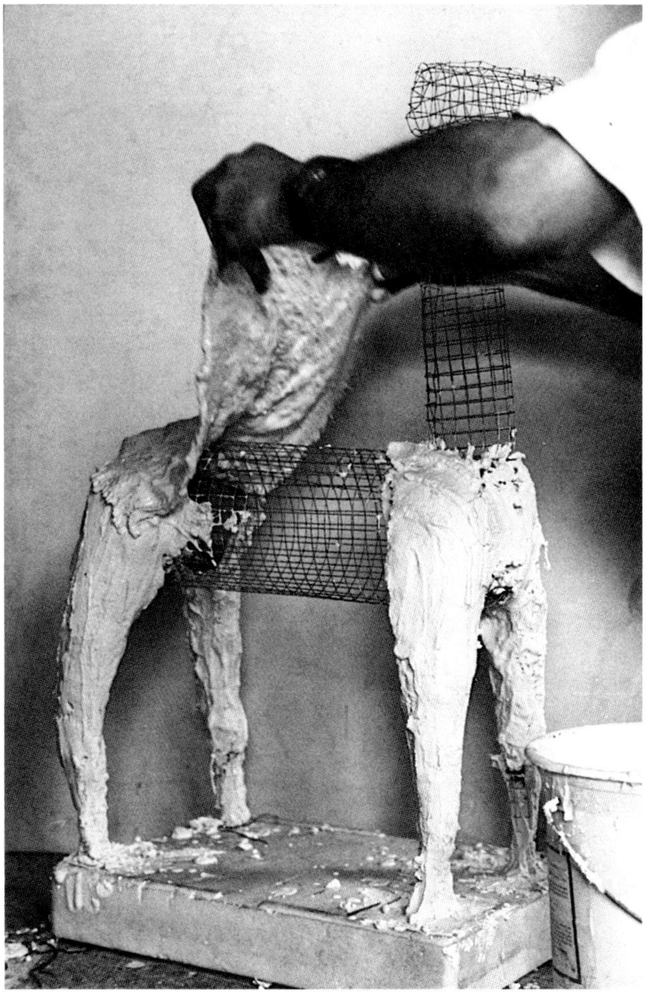 

Auf eine Form aus galvanisiertem Gitter wird ein mit Flüssiggips getränktes Jutesacktuch aufgezogen und zur ungefähren Form geformt. Darauf werden mehrere Gipsschichten gelegt.

Man kann für die Armierung auch Holzstäbe verwenden, die an den Enden festgemacht sind. Diese Holzstäbe gehen von verschiedenen Kernpartien der zukünftigen Skulptur aus und erstrecken sich bis zu deren Oberfläche wie die Speichen eines Velorads. Mit Gips getränkte Jutetücher werden auf den freien Enden der Stäbe aufgehängt, so dass sich die grobe Form abzeichnet. Dann baut man kompakte Gipslagen zur gewünschten Form auf und beendigt die Arbeit mittels Feilen.

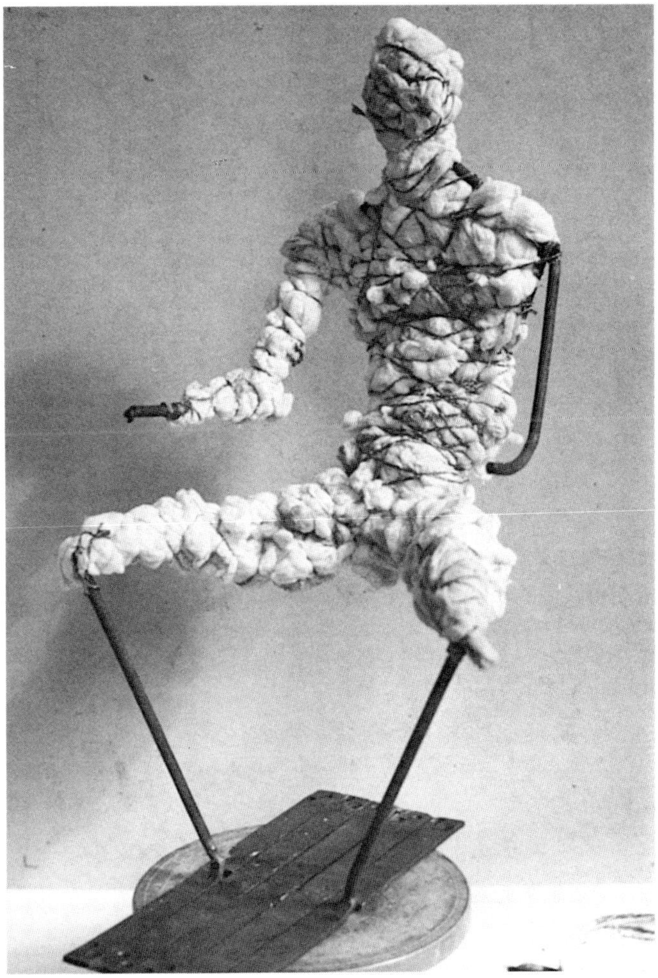

Eine Metallarmierung für eine sitzende Figur wird mit Baumwolle umwickelt, die mit einer kreuz und quer gespannten Schnur fixiert wird. Papier und Watte dient als weiteres Füllmaterial.

Probeguss aus Gips in einer Form

Siehe Kapitel «Formen»: Rasches Giessen von kleineren Plastiken, voll oder hohl. Sorgfältiges Ausgiessen von grossen Plastiken, hohl mit Armierung.

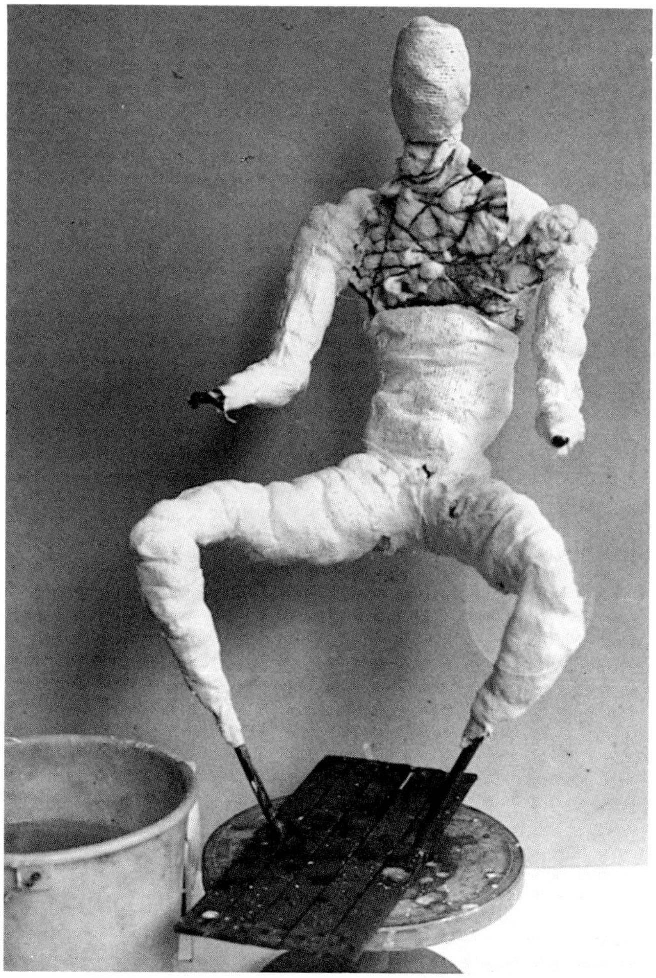

Um die vorgeformte Figur werden Gipslagen aufgezogen
(oder mit Gips getränkte Gaze).

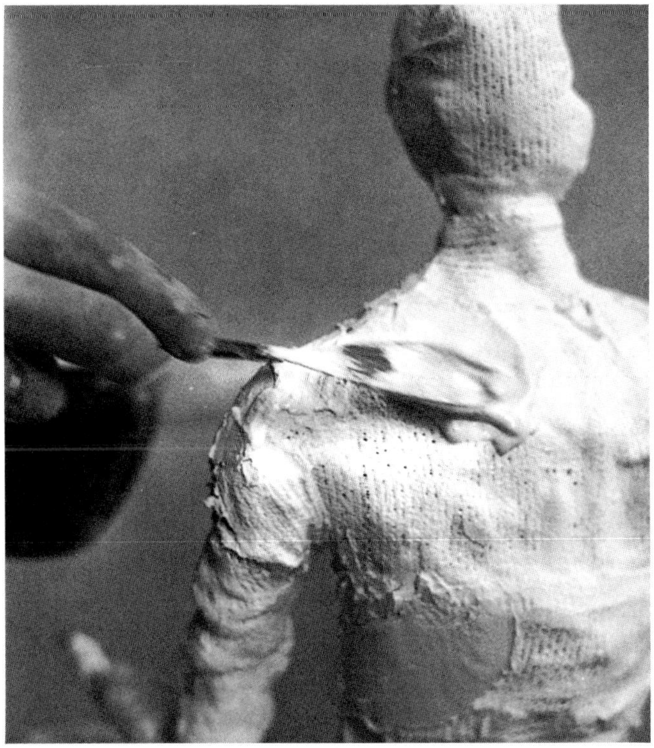

Man fügt mit dem Spatel oder der Hand zusätzlichen Gips bei und egalisiert die Oberfläche mit der Raspel.

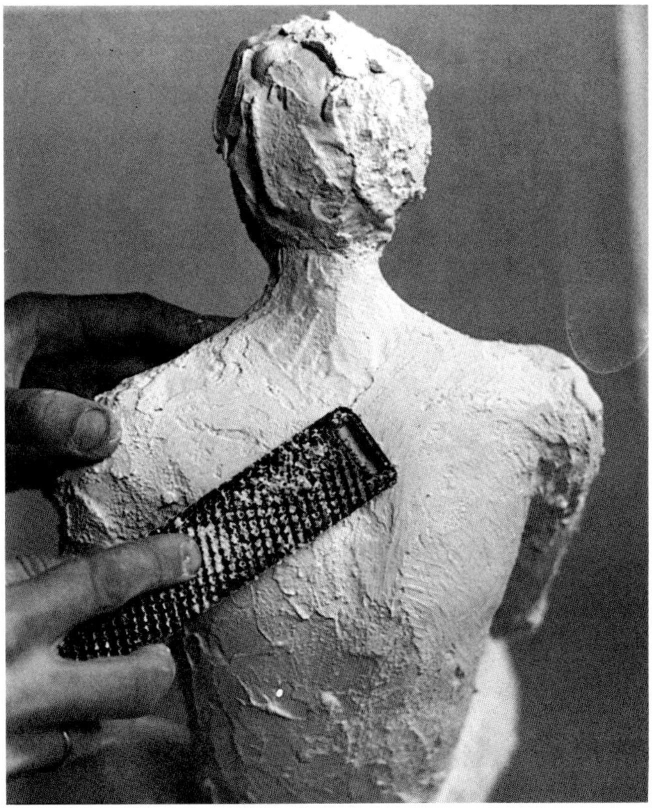

Retuschen und Reparaturen

Die Gipsformen müssen häufig ausgebessert werden: die Innenfläche ist oft mit Luftblasen durchlöchert und manchmal fehlen ganze Stücke, die sich gelöst haben und wieder angeklebt werden müssen (meistens passieren solche Fehler beim Ausformen).

Die zu retuschierende Gipsoberfläche muss sauber gereinigt und leicht aufgerauht werden, wenn sie zu glatt ist. Darauf wird sie mit einem Schwamm oder mit einem Zerstäuber benetzt, bis der Gips kein Wasser mehr absorbiert (ein kleines Objekt taucht man am einfachsten in Wasser). Ist der Gips nicht mit Wasser gesättigt, nimmt er vor dem Abbinden Wasser vom frisch zugesetzten Gips auf; dieser wird zerbrechlich und kreidig.

Um Retuschen anzubringen, bedient man sich eines Gipses, der mit einem Wasserüberschuss behandelt worden ist. Dieser «tote» Gips wird mit einem flexiblen Spatel oder mit den Fingern appliziert. Bevor er abbindet, wird mit einem nassen Schwamm darüber gefahren, um die ausgebesserte Oberfläche zu glätten. Danach lässt man gut trocknen und behandelt die retuschierten Stellen mit Schleifpapier.

Man kann zum Ankleben von Gipsstücken einen Zimmermannskleister verwenden, der auf beide zu klebende Flächen aufgebracht wird. Eine erste Kleisterschicht dient zum Schliessen der Poren. Bevor die zweite Schicht angestrichen wird, lässt man die erste gut antrocknen. Dann werden die Stücke ineinander gepasst und aufeinander gepresst, bis der Kleister vollständig trocken ist.

Reinigung des Gipses: verstaubte Gipsstücke werden gereinigt, indem man sie während einiger Stunden in reines Wasser taucht, bis sich der Gips mit Wasser vollgesogen hat. Diese Behandlung eliminiert den Staub und den Schmutz. Ist das Stück immer noch verunreinigt, hält man es unter fliessendes Wasser und reibt es leicht mit einer Bürste oder einem Schwamm ab.

Eine andere Methode, um eine Gipsplastik vom Staub zu befreien, besteht im Aufbringen eines Stärkebreis. Man lässt den «Umschlag» auf dem Objekt trocknen und entfernt ihn dann sorgfältig. Der Stärkebrei hat alle Verunreinigungen absorbiert.

Bemalter Gips lässt sich mit lauwarmem, weichem Seifenwasser reinigen.

Ausstellung von Gipsplastiken im Freien

Der unbehandelte Gips ist viel zu zerbrechlich, als dass er längere Zeit dem Wetter ausgesetzt werden kann, ohne Schaden zu nehmen. Folgende klimatischen Faktoren sind zu bekämpfen; die Durchdringung mit Feuchtigkeit und die auflösende Wirkung von Regenwasser (das gelöste atmosphärische Gase in Form von Säuren enthält); die Frosteinwirkung und die Temperaturschwankungen.

Wenn die Gipsplastik dagegen behandelt wird (wie nachfolgend beschrieben ist), kann die ausgesetzte Gipsplastik bedeutend länger überleben.

Sie muss zuerst ganz trocken sein, dann wird sie in mehreren Lagen mit einem Härtemittel überzogen, in Leinöl getränkt (auch mehrere Male) und eventuell mit Ölfarben oder Firnis bemalt. Es ist nicht empfehlenswert, die Gipsplastik auf dem gewachsenen Boden aufzustellen, weil sich die Bodenfeuchtigkeit auf das Material übertragen könnte.

Eine Gipsskulptur, die im Freien aufgestellt wird, ist mit Vorteil eine Vollplastik. Ist sie hohl, muss auch die Innenseite mit Wachs oder Leinöl behandelt werden.

Die Oberflächenbehandlung

Sie verfolgt mehrere Ziele: die Verstärkung und den Schutz der Oberfläche (Wasserundurchlässigkeit; die Dekoration; die Imitation von «edlen» Materialien).

Schutz der Oberfläche

Wenn trocken, wird der Gips mit einem der folgenden Produkte behandelt, zum Schliessen der

Poren, zum Schutz der Oberfläche vor Staub und Verunreinigungen und schliesslich zum wasserdicht machen.

Wachs

Wachs oder Paraffin wird im Wasserbad geschmolzen. In flüssigem Zustand wird ihm Terpentin zugesetzt, im Verhältnis 240 g Terpentin auf 30 g Wachs. Anschliessend wird die Flüssigkeit nochmals aufgewärmt und erneut gut vermischt. Die warme Lösung wird mit der Bürste auf die Skulptur appliziert, von oben nach unten. Handelt es sich um eine kleine Plastik, wird die Lösung vorgängig erwärmt und so über die Plastik gegossen oder man tränkt sie in der warmen Lösung. Die Behandlung wird in jedem Fall erleichtert, wenn die Skulptur vorgängig mit einem Haarföhn aufgewärmt wird. Abgekühlt hat die Skulptur ein marmorähnliches Aussehen; sie lässt sich mit einem weichen Lappen polieren. Die im Handel erhältliche Wachspaste kann mit einem Lappen appliziert werden; da sie nur langsam trocknet, besteht die Gefahr, dass Staub auf der Oberfläche kleben bleibt.

Gummilack

Aufgelöst in Methylalkohol, ist der Gummilack ein ausgezeichneter Porenschliesser. Die Lösung wird in mehreren Lagen mit der Bürste aufgebracht. Jede Lage soll während 30 Minuten trocknen, bevor sie mit einer neuen Lage überdeckt wird. Die Anzahl Applikationen hängt von der Konzentration des Gummilacks ab (normalerweise löst man 60 g Gummilack in ½ l kaltem Methylalkohol auf). Ist die Oberfläche trocken, wird sie mit einem weichen Wollappen poliert.

Öl

Leinöl oder andere trocknende Öle sind weniger empfehlenswert als Wachs oder Gummilack, weil sie die Farbe des Gipses unangenehm verändern können; in der Tat dunkelt das Öl nach, indem es oxidiert. Anderseits, wenn die Porosität vom Gips nicht überall gleich ist, wird das Öl ungleichmässig absorbiert und hinterlässt Flecken auf der Oberfläche. Diese Unannehmlichkeiten treten nicht auf, wenn man sich für die Bemalung der Skulptur entscheidet. Zum Einölen kleiner Plastiken tränkt man diese im warmen Öl während mehrerer Stunden. Sind sie mit Öl vollgesogen, nimmt man sie zum Ölbad heraus und lässt das überschüssige Öl abtropfen.
Ist die Skulptur aber zu gross zum Eintauchen in ein Ölbad, wird warmes Öl mit der Bürste in mehreren Lagen aufgebracht, wobei nach jedem Anstrich eine Trocknungszeit nötig ist. Das Trocknen soll in einem staubgeschützten Raum stattfinden. Danach wird die Oberfläche mit einem Seidentuch poliert.

Färbung der Oberfläche

Man kann die Färbung in der Gipsmasse oder nur an der Oberfläche vornehmen.

Färben der Masse

Dem Anmachwasser wird eine bestimmte Menge von einem pulverförmigen und wasserlöslichen Pigment beigemischt. Das Pigment wird vorerst mit wenig Wasser angerührt, um einen homogenen Brei zu erzeugen. Dann gibt man diesen in einen Beutel aus feinem Musselinstoff und taucht den verschlossenen Beutel in das Anrührwasser bis die gewünschte Farbe erreicht ist. Man kann das Farbpulver auch direkt im Gips fein verteilen, indem man 1 Teil Pigmentpulver auf 4 Teile Gips einwägt. Das Gemenge wird sorgfältig zerkleinert und gemischt, der restlichen Gipsmasse beigefügt und nochmals homogenisiert. Diese Arbeit muss mit aller Sorgfalt ausgeführt werden, damit eine gleichmässige Färbung entsteht.
Gibt man den Gips in das gefärbte Wasser, wird die Farbe stark aufgehellt. Aus diesem Grund muss das Wasser viel intensiver gefärbt sein als die gewünschte Färbung vom Gips. Die Färbung der Gipsmasse ist angenehmer und beständiger als diejenige auf der Oberfläche.

Die stabilsten Pigmentfarben sind die natürlichen Erden (die Siena- und Umbraerde, Ocker) und die Metalloxyde.
Gewisse Pigmente oder deren Verunreinigungen können das Abbinden des Gipses beschleunigen. Es ist deshalb empfehlenswert, vor jeder definitiven Farbapplikation einen Versuch mit einem Muster anzusetzen.

Färben der Oberfläche

Es gibt eine ganze Anzahl geeigneter Farben für diesen Zweck: Ölfarben, Acrylfarben, Tempera, Metallpulver, usw.
Der zu färbende Gips muss vorerst gut getrocknet werden, bevor die Vorbehandlung vorgenommen werden kann; nur so haftet die applizierte Farbe gleichmässig. Es eignen sich folgende Produkte für die Vorbehandlung: Leinöl (das einzige Vorbehandlungsmittel bei Ölfarben), in Methanol gelöster Gummilack, Klebemittel oder eine verdünnte Lösung von Kasein (für alle anderen Farben). Am besten ist Gummilack.
Die Oberflächenfarbe ist spröde und lässt sich leicht abkratzen.
Die Ölfarbe, mit Terpentin gestreckt, wird in leichter Malerei auf die Gipsskulptur aufgetragen.
Eine mit Gummilack behandelte Gipsoberfläche kann anschliessend mit einer identischen Lösung, der Pigmente zugesetzt werden, behandelt werden. Diese Pigmente lassen sich auch in reinem Alkohol auflösen.

Imitation anderer Materialien auf Gips

Dieses Verfahren entbehrt nicht der Kritik, weil es das materialgerechte Aussehen von Gips zu überdecken trachtet. Wir erwähnen es trotzdem, da es gebräuchlich ist und besonders bei Maquetten aus Gips das Material der fertigen Skulptur vortäuschen soll.

Imitation von Marmor: Der Marmoraspekt lässt sich erzielen, indem wiederholt Milch auf die Gipsskulptur gegeben wird. Nach jeder Behandlung muss man diese trocknen lassen. Der Zusatz von Magermilch zum Anmachwasser führt zu einem Gips, der nach dem Trocknen poliert werden kann.

Imitation von Bronze: Man bestreicht die Gipsskulptur mit Fischleim, dann mit einer dünnen Schicht «Goldleim» (man mischt dem Leim Goldpulver zu). Nach dem Trocknen bemalt man die Skulptur mit Bronzepulver. Das überschüssige Bronzepulver wird mit einem weichen Lappen abgerieben. Eine andere Methode besteht in der Behandlung der Skulptur mit einem Lackkitt. Sobald dieser die Klebwirkung erreicht hat, wird er mit Bronzepulver bestreut.
Eine dritte Methode besteht darin, den Gips mit einer Lösung von Gummilack zu überziehen, diese trocknen zu lassen und eine Applikation von Gummilacklösung mit Bronzepulver vorzunehmen, wobei mehrere Anstriche erforderlich sind. Man kann für die letzten Anstriche eine Erde (z.B. Umbraerde) oder andere Pigmentfarben (z.B. blau, grün, rot) zufügen.
Ist die Bronzierung abgeschlossen, wird die Plastik eingewachst.

Silberimitation: Diesen Effekt erhält man durch Zufügen einer Mischung von Quecksilber und Zinkwismut 1:1. Anschliessend wird eine Firmis- oder Lackschicht aufgebracht. Achtung: Quecksilber ist giftig!

Vergoldung: Eine Schicht «Goldkleber» wird zuerst appliziert, bevor dünne Goldplättchen aufgebracht werden.

Holzimitation: Es wird eine Lösung von 50 g Bitumen in 100 g Terpentin auf die Gipsoberfläche aufgetragen. Im Handel erhältliche, färbende Wachse eignen sich ebenfalls dazu.

Lagerung des Gipses

Da der Gips sehr hyroskopisches Verhalten zeigt (und Feuchtigkeit aus der umgebenden Luft absorbiert), muss er sehr trocken gelagert werden. Ist diese Forderung nicht erfüllt, tritt rasche Veränderung und Klumpenbildung ein.

Mit einfachen Massnahmen ist dies indessen vermeidbar: die Säcke mit Gips werden nicht direkt auf den Boden gestellt, sondern auf einen Holzrost; sie werden auch nicht an Mauern gelehnt. Der Gips kann in den Papiersäcken verschlossen oder in hermetisch verschlossenen Behältern in einem trockenen Lager aufbewahrt werden.
Um den Gips auf seine Qualität zu prüfen, genügt das Anrühren einer kleinen Menge und die Kontrolle des Abbindens, ferner des Härtegrades nach dem Trocknen. Wenn alles normal verläuft, ist der Gips in einwandfreiem Gebrauchszustand.

Einige Abkömmlinge vom Gips

Der Stuck: es handelt sich um ein Material, das im Aussehen an Marmor erinnert und sich sehr gut zum Polieren eignet. Er lässt sich wie Gips modellieren, formen und bearbeiten, obschon er härter ist als dieser. Der Stuck ist seit der Antike bekannt und weit verbreitet, insbesondere im dekorativen Innenausbau. Er leidet unter Klimaschwankungen. Es gibt mehrere Varianten, deren Zusammensetzungen leicht voneinander abweichen. Alle enthalten Marmorpulver, dem man entweder mit Fischleim angemachten Gips («Marmorstuck»), gelöschten Kalk oder Kreide («Stucco duro») zugibt. Auch Sand, geronnene Milch oder Blut können für bestimmte Effekte zugefügt werden.
Ist der Stuck ganz trocken, wird er mit einem in Wachs oder Farbe getränkten Lappen poliert.

Der «Staff» (= Stützgewebe mit Gips): wurde 1848 von A. de Sachy erfunden. Dieses Material besteht aus losen, mit Gips oder Kleister getränkten Gewebebahnen, die bis zu einer Dicke von 6 bis 7 mm aufeinander geschichtet werden. Dieses in trockenem Zustand feste und leichte Material wird mit Vorteil für das Abgussverfahren und die Konfektion von kurzlebigen Dekorationen verwendet. Anstelle von Gewebe wird auch etwa Hanf eingesetzt, wobei dem Gips auch Zement und Glycerin beigefügt werden können.

Philippe Clérin
Kopf mit Helm (1983) aus Polyester
Der Helm ist ein Teil der Gipsform, die um den Kopf gelegt war. Diese Form wurde ihrerseits in einem zweiteiligen Gipsmantel geformt. Bei der Realisation des Polyesterpositivs wurden die Formstücke vom Gesicht wieder an die Stelle der vorderen Gipskappe eingesetzt.

Die Abgusstechniken

Schematische Darstellung der Abgusstechniken

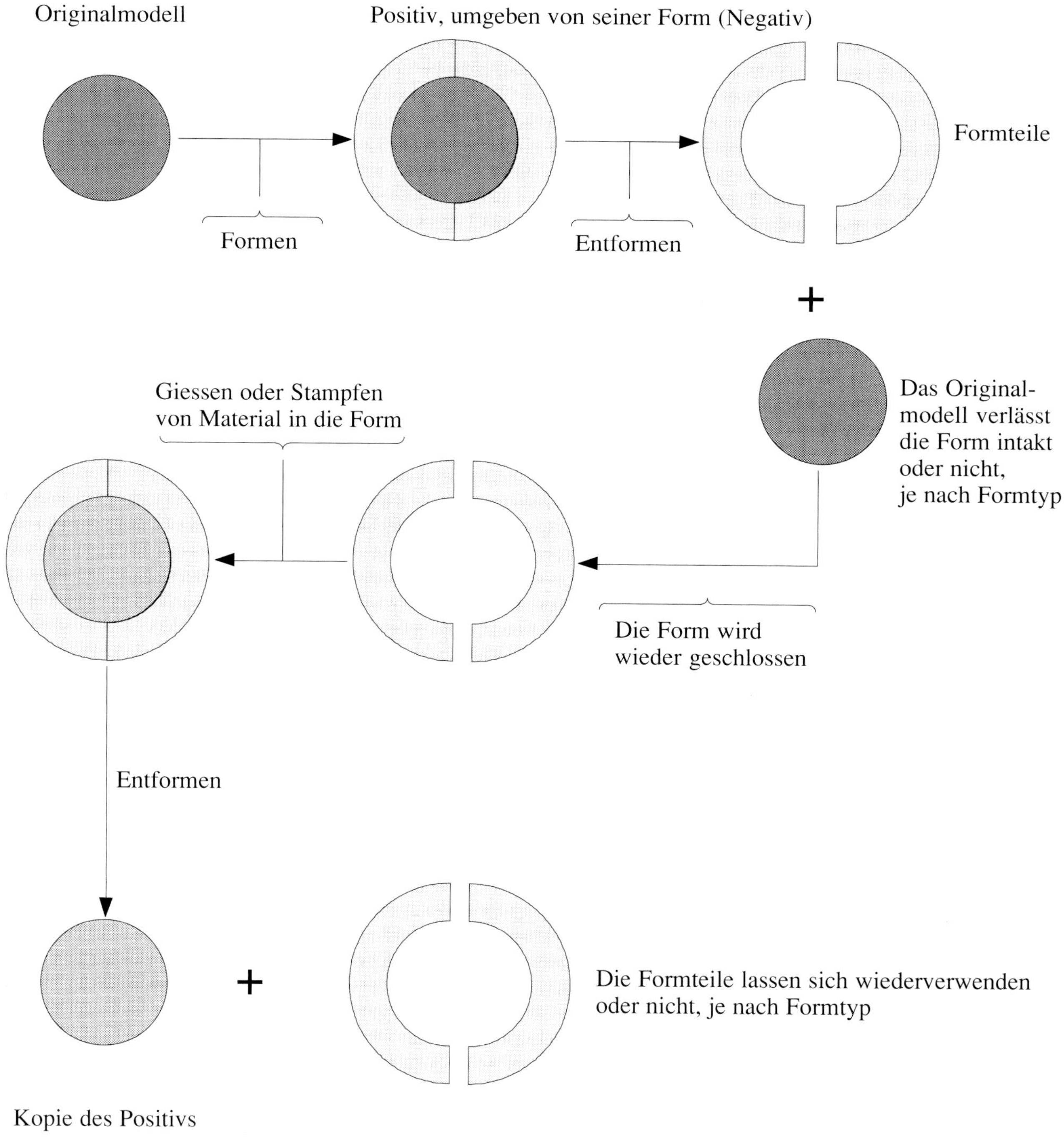

Die Formen

Definitionen

Die Abgusstechnik ist älter als die Bronzezeit. Der Jäger seiner Zeit führte stets eine Form für Pfeilspitzen (aus Metall oder Stein) mit sich. Je nach Bedarf konnte er neue giessen. Die Verwendung von Giessformen war bereits in den alten Töpferkulturen verbreitet, zur Reproduktion von Töpferware nach dem Stampfverfahren.

Die **Form** umfasst alle Teile aus geeigneten Materialien wie Gips, Gelatine, Erden, etc., mittels derer ein Abdruck durch Ausgiessen einer flüssigen oder schlickerähnlichen Substanz genommen werden kann. Nach dem Verfestigen entsteht eine Reproduktion der Skulptur, die als Modell gedient hat.

Die Form besteht aus einem Teil oder mehreren Teilen. Man spricht von einem «Monoblock», wenn der Abguss aus einem Stück besteht.

Der **Abdruck** im Inneren der Form entspricht der äusseren Form des Modells. Konvexe Partien beim Modell entsprechen konkaven Partien beim Abdruck und umgekehrt.

Das Prinzip des Abformens bleibt sich immer gleich, welches Formenmaterial man auch verwendet. Man baut eine **Negativ**form um das Originalstück auf. Dieses wird sodann aus der Form genommen (wobei es seine Originalform bewahrt oder nicht). Die Formteile werden wieder zusammenmontiert (wenn es sich nicht um eine Monoblockform handelt) und das Material wird in die Form gegossen. Es entsteht so die Kopie oder das **Positiv**. Das Material nimmt die Innenform genau an, härtet nach einer bestimmten Zeit und wird ausgeformt. Manchmal wird die Form beim Ausformen der Kopie zerstört.

Die Formen können aus flexiblen oder starren Materialien gemacht sein.

Die **flexiblen Formen** bestehen aus: Gelatine, Kautschuk, Agar-Agar, usw. Sie weisen oft eine starre äussere Formkappe auf (aus Gips oder Epoxyharz). Die flexiblen Formen können Monoblockformen aus Latex sein; häufiger bestehen sie aus zwei Teilen.

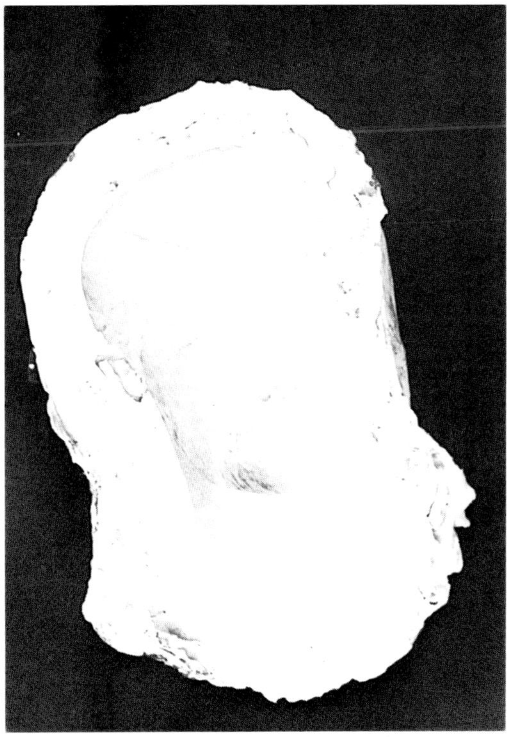

Die Hälfte einer Silikonform in ihrem Gipsmantel. Dieser erlaubt der (deformierbaren) Form die ursprüngliche Gestalt wiederzuerlangen.

Die **starren Formen** (aus Gips, Polyester) können einen Teil oder zwei Teile umfassen, wenn es sich um eine einfache Plastik handelt. Häufiger sind mehrere Formteile. Diese müssen ihrerseits durch einen Gipsmantel zusammengehalten werden, damit beim Wiedermontieren der Form für jeden Formteil der richtige Platz gefunden wird. Um ein Beispiel zu geben: eine Kopfplastik erfordert den Aufbau von 15 Gipsteilen, ohne den Gipsmantel mitzuzählen.

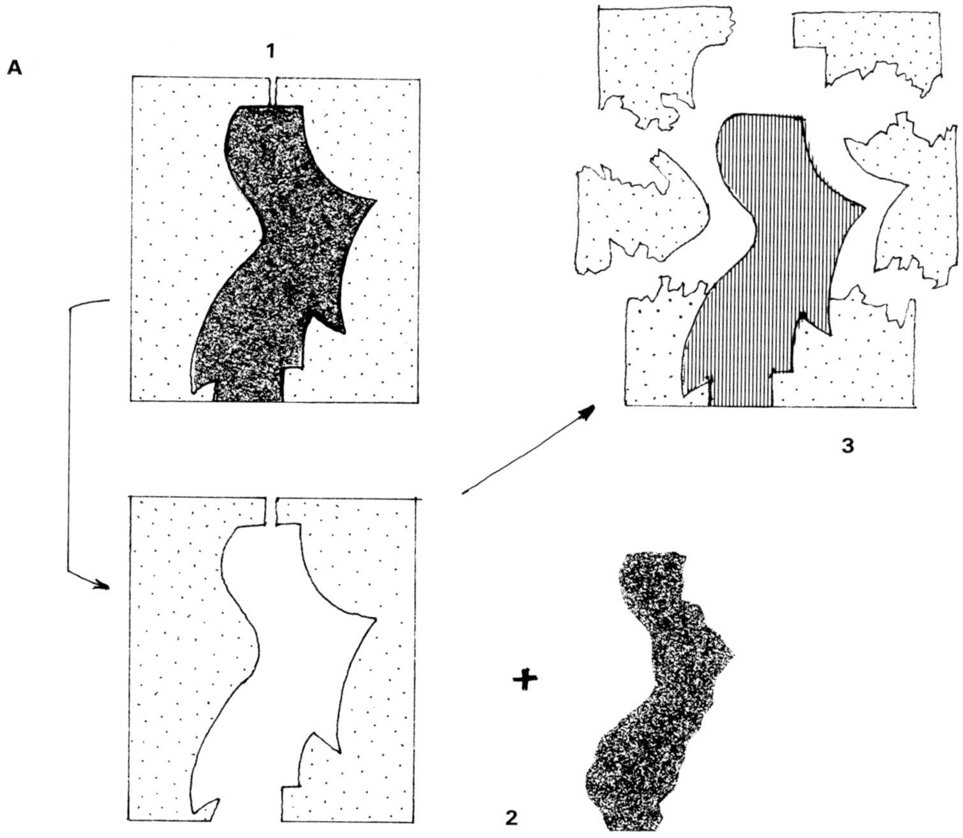

Das Abformen mit verlorener und mit erhaltener Giessform

A. Abformen mit verlorener Giessform

1. Das Originaltonmodell wird von seiner zweiteiligen Gipsform umgeben.
2. Nach dem Entfernen der Form sind die zwei Teile der Form verfügbar. Das Tonmodell wird beim Ausformen beschädigt.
3. Nach dem Einbringen des festen Materials in die Form (Gips oder Zement) muss die Form zerstört werden, um die Kopie freizumachen.

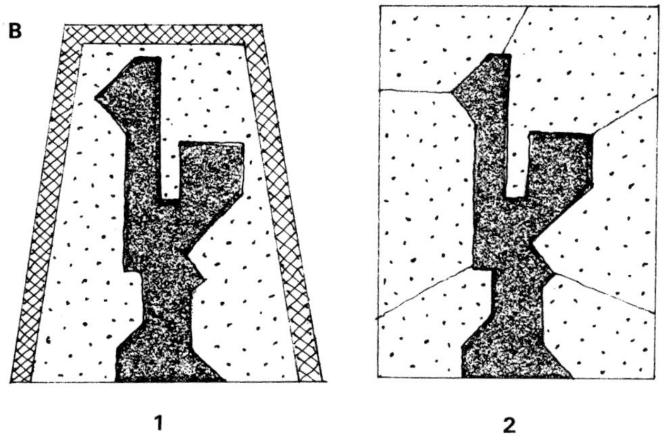

B. Abformen mit erhaltener Giessform

1. Das Originalmodell wird von einer flexiblen Form umgeben, die ihrerseits von einem steifen Gipsmantel zusammengehalten wird.
2. Das Modell wird von einer Form aus mehreren Teilen umgeben, die alle leicht aus der Form gehend ausgebildet sind.

In beiden Fällen bleiben Modell und Form unbeschädigt und lassen sich wiederverwenden.

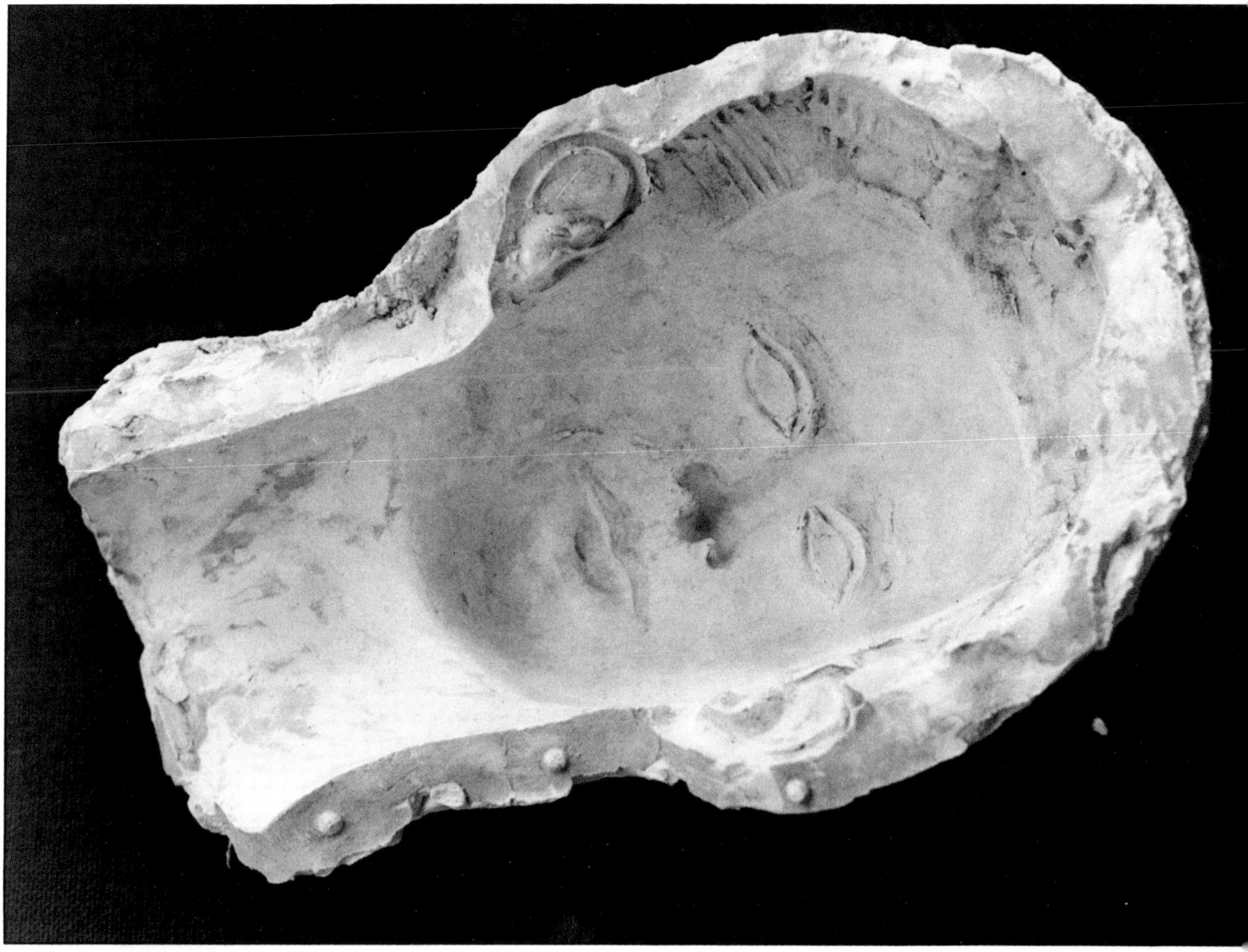

Eines der Stücke mit verlorener Form.

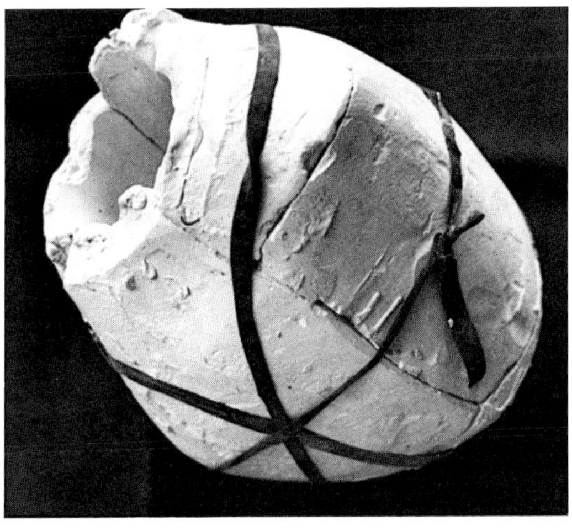

Mehrteilige, wieder aufgebaute und geschlossene Form,
zusammengehalten von Gummibändern,
die man beim Zerschneiden eines Veloschlauchs erhält.

Die meisten Formteile sind im Formmantel wieder eingesetzt. Nun wird Ton eingestampft oder Polyester eingegossen.

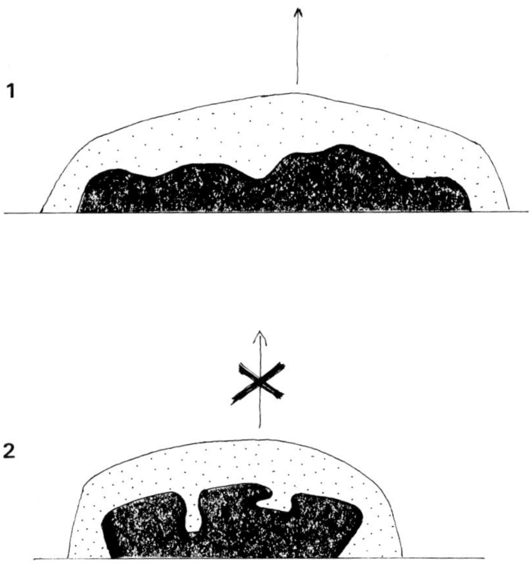

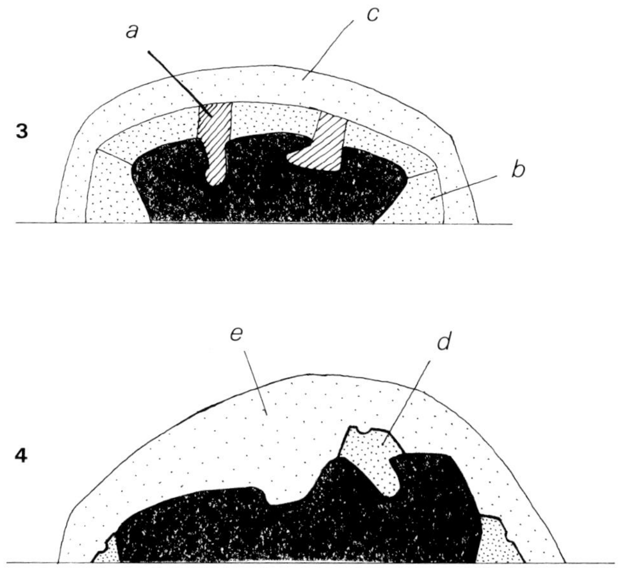

Prinzip der leichten Ausformbarkeit und der Formschräge

1. Das Modell ist überall leicht aus der Form gehend. Die Form kann ohne Schwierigkeiten entfernt werden.

2. In diesem Fall weist das Modell mehrere Teile (Ränder und verbreiterte Vertiefungen) mit Formschräge auf. Die so ausgelegte Form kann nicht vom Modell gelöst werden, ohne dieses zu zerstören.

3. Diese mehrteilige Form weist «verlorene Teile» (a) auf. Diese müssen beim Ausformen der Kopie zerstört werden. Die Form lässt sich deshalb nur einmal verwenden, und das Originalmodell muss aus Ton bestehen (um das Ausformen zu ermöglichen). Die einzelnen Teile (b) werden von einem Formmantel (c) festgehalten.

4. In diesem Fall werden die Partien mit Formschräge durch die Teile (d) geformt, die vom Modell abgehoben werden können, ohne dieses zu zerstören. Diese Teile sind so ausgebildet, dass sie in bezug auf den Formmantel (e), der sie und teilweise das Modell überdeckt, eine Formschräge aufweisen.

Die Form, die verloren geht: sie wird beim Herausnehmen der Kopie zerstört, ist also nur einmal verwendbar. Das Verfahren hat den Vorteil, nur zwei Formteile zu verwenden und damit auch weniger Nahtstellen auf der Oberfläche der Kopie aufzuweisen (die Nahtstellen sind feine, reliefartige Spuren, die dort entstehen, wo die Formteile aufeinanderstossen). Mit der verloren gehenden Form, die um das Originalmodell aufgebaut wird, lässt sich ein Unikat herstellen, das man als «Epreuve originale» bezeichnet.

Die Form, die erhalten bleibt: sie ist mehrere Male verwendbar und erlaubt die Mehrfachreproduktion von einem Modell, weil sie nach dem Herausnehmen der Kopie nicht zerstört wird. Für diese Fälle hat man die Bezeichnung «Epreuve de série». Besonders gut eignen sich dazu die Formen aus Gelatine und Silikon, die wegen ihrer Biegsamkeit keine Ausformprobleme stellen. Aber auch die mehrteiligen Formen aus Gips und Polyester sind zu empfehlen. Sie setzen sich aus zahlreichen Elementen zusammen, die von einem oder mehreren Gipsmänteln (Gipskappen) zusammengehalten werden. Jeder Teil lässt sich leicht herausziehen ohne das Original zu beschädigen, weil er keilförmig ausgebildet ist.

Das Prinzip der Formschräge

Man sagt von einem Modell, das Vertiefungen aufweist, deren Grund breiter ist als die Öffnung, dass es eine Formschräge aufweist. Zum Abformen dieses Modells sind mehrere Gipsteile herzustellen, oder man verwendet eine flexible Form.
Ein Modell wird hingegen als «leicht aus der Form gehend» bezeichnet, wenn seine Vertiefungen keine Verstärkungen aufweisen, die breiter sind als die Öffnung. In diesem Fall erfolgt das Abheben des starren Formteils, der das Modell überdeckt, ohne dieses zu beschädigen. Die in die verbreiterten Vertiefungen des Modells eingreifenden Formteile werden «verlorene Teile» genannt, denn beim Ausformen der Kopie werden diese Teile durch Zerstörung entfernt.
Ein Flachrelief ist in der Regel leicht aus der Form gehend, denn es kann mit einer starren Form in einem Stück geformt werden. Diese kann ohne Schwierigkeiten ausgeformt werden. Bei einer Rundplastik besteht die Form, wenn sie starr ist, immer aus mehreren Teilen. Vor dem eigentlichen Formen muss die Form «durchdacht» werden. Dieser Vorgang besteht darin, die Oberfläche der Skulptur in Abschnitte aufzuteilen, die alle leicht aus der Form gehen.
Der Werkstoff des Modells bestimmt zusammen mit anderen Faktoren die Art der zu verwendenden Form. Wenn das Modell aus frischem Ton oder aus irgendeinem anderen weichen Material besteht, kann das Formverfahren mit verlorenem Kern angewendet werden. Das Modell wird beim Ausformen unvermeidlicherweise zerstört, wenn eine Formschräge vorhanden ist, und die Form wird beim Ausformen der Kopie aus hartem Material zerstört.
Wünscht man das Tonmodell intakt zu erhalten oder besteht das Originalmodell aus einem harten Werkstoff, muss das Verfahren mit der «erhaltenen Form» (richtige Hohlform) angewendet werden. In diesem Fall bleibt die Form intakt und ist wiederverwendbar für mehrere Kopien.

Die Trennmittel

Bei den Trennmitteln handelt es sich um Stoffe, die die Poren auf der Innenfläche der Form schliessen und die ein Kleben zwischen Form und Gussmasse verhindern. Auch die Formteile werden vor dem Einformen mit einem Trennmittel überzogen.
Die Trennmittel wirken wie ein Schmiermittel und erleichtern das Ausformen der Kopie. Sie müssen einen feinen Film bilden, damit die Qualität der Formoberfläche und damit auch diejenige des Positivs keinen Schaden erfährt.

Weiche Seife: die Seifenlösung wird als «Seifenlikör» wie folgt zubereitet: man lässt 250 g weiche Seife in 1 l Wasser kochen. Vor dem Gebrauch lässt man die Lösung abkühlen. Wird Gips als Gussmasse in einer Gipsform verwendet, ist die Seifenlösung das ideale Trennmittel. Man appliziert die Seifenlösung in einer Schicht oder in mehreren Schichten mit dem Pinsel. Dann lässt man sie während 10 bis 20 Minuten einwirken. Nach der Behandlung mit Seifenlösung kann man einen dünnen Ölfilm aufbringen, um die Trennung noch wirksamer zu machen.

Ton: ein Überzug aus Ton auf der Innenseite der Form ist das beste Trennmittel für Formen aus Gips, Zement oder Beton. Der Tonschlicker wird mit einem Pinsel in einer Schicht oder zwei Schichten aufgetragen. Es kann auch eine Mischung von Tonschlicker und Seifenlösung verwendet werden. Diese eignet sich sehr gut als Trennmittel Gipsform/Gipsgussmasse.

Gummilack und Wachs: diese Trennmittel werden bei Polyester verwendet als Trennmittel Gips/Polyester und Polyester/Polyester.
Wachs allein wird für Polyesterformen eingesetzt (es gibt für diesen Zweck Spezialwachse, von denen sich die Silikonwachspaste sehr gut eignet: sie wird mit einem Lappen aufgetragen und leicht eingerieben bis zum Glänzen).
Handelt es sich um Gipsformen, in die Polyester eingegossen wird, trägt man eine Lösung von Gummilack in Methanol (60 g Gummilack auf ½ l Methanol) in zwei bis drei Lagen auf die Innenfläche der Form auf, um die Poren zu schliessen. Man lässt sie zwischen zwei Behandlungen 1 Stunde antrocknen. Dann wird eine reine Flüssigwachsschicht aufgepinselt.
Man kann über die Wachsschicht noch eine Schicht Polyvinyl-Trennmittel ziehen.
Diese Technik (Gummilack dann Wachs) kann auch angewendet werden bei Zement, der in eine Gipsform gegossen wird.

Trennmittel auf Basis Polyvinyl: geeignet als Trennmittel Kunstharz/Gips oder Polyester. In der Regel über eine erste Wachsschicht aufgezogen.

Talk: Talk ist ein gutes Trennmittel für Gelatineformen, aber auch bei Formen aus Gips oder anderen Materialien (selbst Ton) mit Ton als Gussmasse.

Graphit: Graphit findet Verwendung als Trennmittel beim Giessen von Blei in eine Form aus Formerde (Gips und verstampfte Ziegelmasse). Siehe «Metallgiesstechnik».

Öl: Trennmittel um Gips von Gips oder Holz zu trennen oder auch Zement von Gips und Holz.

Trennmittel für Gipsformen

Trennung Gips/Gips:
- mit Gummilack, dann Schmieröl
- mit Bienenwachs: 1 Teil mit 9 Teilen Tetrachlorkohlenstoff verdünnt (während 2 Tagen)
- mit weicher Seifenlösung (dann ev. mit Öl)
- mit Töpferkitt (Risiko der Verfärbung des Positivs)
- mit einem Gemisch von Gummilack (10 Teile), Borax (5 Teile) und heissem Wasser (100 Teile), das man nach 2 Tagen der Einweichung verwendet.

Trennung Gips/plastischer Ton: es ist unumgänglich, ein Trennmittel zuzusetzen, doch nur unter der Voraussetzung, dass das Original aus Ton gut feucht ist. Ist dies nicht der Fall, kann man es vor dem Formen leicht mit Wasser benetzen, damit das Gipswasser nicht vom zu trockenen Ton absorbiert wird.

Trennung Gips/Marmor: man trägt auf den Marmor eine Schicht Wachs auf (weisses Bienenwachs, in Terpentin gelöst und heiss appliziert). Diese Wachsschicht kann man mit einem mit Terpentin getränkten Lappen wieder abtupfen.

Trennung Gips/rohes Holz: das Holz wird mit einer Lösung Gummilack angestrichen. Anschliessend wird die Lackschicht mit reinem Alkohol entfernt.

Trennung Gips/poliertes Holz: das polierte Holz wird wie der Marmor mit einem Gemisch Wachs/Terpentin behandelt.

Trennung Gips/menschliche Haut: vor der Behandlung mit Vaseline oder einem Hautöl, müssen die Körperhaare soweit möglich abrasiert werden.

Materialien, die kein Trennmittel benötigen:
- Agar-Agar (ausser bei Agar-Agar selber)
- feuchter Ton (feuchte Erden)
- Silikonkautschuk (ausser bei Silikonkautschuk selber). Modelle, die in eine Silikonform abgegossen werden, müssen mit Wachs bepinselt werden.

Die Grundmaterialien für Formen

Steife Formen

Gips: Gips führt zu steifen, recht schweren Formen, die kostengünstig und in der Regel mehrere Male (3–4mal) verwendbar sind. Sie erfordern Trennmittel und weisen eine gute mechanische Festigkeit auf, besonders wenn sie armiert sind, und lassen sich über längere Zeit aufbewahren.

Wachs: Wachs wird nur selten verwendet. Das Material ist steif bis halbsteif, leicht, von guter mechanischer Festigkeit und dauerhaft, wenn es vor Wärmeeinwirkung geschützt ist. Das empfehlenswerte Trennmittel ist Talk. Weil wiederverwendbar, ist die Wachsform wirtschaftlich.

Polyester: Polyester führt zu steifen und leichten Formen mit hoher mechanischer Festigkeit. Polyester ist deshalb ein Wunschmaterial für grosse Objekte. Der Preis ist verhältnismässig hoch, um so mehr als der Rohstoff nicht wieder verwendbar ist. Anderseits lassen sich zahlreiche Kopien aus einer einzigen (qualitativ guten) Form abgiessen. Auch hier sind Trennmittel nötig: Silikonwachs, Mittel auf Polyvinylbasis. Die Formen sind unbegrenzt haltbar.

Gebrannter Ton: gebrannter Ton fand vor allem im Altertum (Griechenland, Mesopotamien) für die Herstellung von starken Formen mit hoher mechanischer Festigkeit Verwendung.

Holz: Holz wird selten verwendet. Mit dem Messer bearbeitetes graviertes Holz gibt bestimmte Gravureffekte auf Ton und Stuck.

Metall: Metallformen werden in der Industrie für den ausgewählten Metallguss eingesetzt.

Stein: Stein wurde als Formmaterial im Altertum für den Metallguss verwendet. Der Stein wurde bearbeitet und ausgehöhlt. In der Regel setzte sich die Form aus zwei Steinhälften zusammen.

Sand: Sand wird im Metallguss als Gusssand eingesetzt (siehe Kapitel Guss mit Sand).

Mischung von Gips mit Ziegelpulver (Formerde): diese Mischung wird beim Metallguss verwendet (siehe Kapitel «Giesstechnik nach dem Wachsausschmelzverfahren»).

Schwefel: Gips wird nur selten als Formmaterial verwendet, ausser beim Abguss von Medaillen und Münzen.

Ägyptische Form aus Stein
Musées royaux d'art et d'histoire, Brüssel
© A.C.L. Brüssel

Flexible Formen

Gelatine: ein biegsames Material, das einen Gipsmantel erforderlich macht. Die Gelatineformen sind leicht, recht kostengünstig (wenn man bedenkt, dass die Formen wiederverwendbar sind) und gestatten den Abguss von einer begrenzten Zahl von Kopien. Man benötigt ein Trennmittel auf dem Abdruck (Talk dann Rüböl), ferner auch einen Härter (damit kann das Schmelzen der Gelatine durch die entstehende Wärme vom eingegossenen Gips vermieden werden; die Schmelztemperatur der Gelatine liegt bei ca. 55 °C). Der Härter besteht aus einer Alaunlösung. Die mechanische Festigkeit der Gelatineform ist beschränkt; sie lässt sich nicht für längere Zeit aufbewahren.

Agar-Agar: eine pflanzliche Gelatine, die bei ca. 98 °C schmilzt und bei 43 °C gerinnt. Die Agar-Formen sind biegsam, leicht, von geringer Festigkeit, preislich im Rahmen (weil das Material wiederverwendet werden kann). Es ist kein Trennmittel erforderlich. Agar-Agar-Formen eignen sich für das Giessen von Gips und Zement, sind aber ungeeignet für das Einstampfen von Ton, weil sie nicht genügend Wasser absorbieren. Man muss sie aussen mit einem Gipsmantel verstärken.

Korogel: es handelt sich um ein dehnbares und biegsames Material, das wiederverwendet werden kann und sehr dauerhaft ist. Sein Preis ist hoch, doch ist zu bedenken, dass von einer Form zahlreiche Kopien aus Gips oder Zement gemacht werden können. Talk mit Vaseline oder einem Schmieröl sind die geeigneten Trennmittel.

Plastisol oder PVC-Formen: flexible Monoblock-Formen, deren flüssiges Ausgangsmaterial bei Temperaturen von ca. 145 °C polymerisiert. Das Modell muss diese Temperatur aushalten und grössenmässig in einen Ofen hineinpassen. Der Preis des Materials ist ziemlich hoch, es lässt sich nicht wiederverwenden. Man kann mehrere Exemplare von einer Form abziehen. Der Vorteil liegt darin, dass die Kopie keine einzige Naht aufweist.

Silikonkautschuk: das flüssige Ausgangsmaterial polymerisiert bei Zimmertemperatur zu einem flexiblen Stoff, der beim Ausformen kein Trennmittel nötig hat (ausser auf dem Original: Wachs). Seine mechanische Festigkeit ist gut als dicke Schicht oder wenn mit losem Tuch (Jute, Gaze usw.) verstärkt. Die Form muss mit einem Gipsmantel verstärkt werden. Der Preis ist hoch und das Material lässt sich nicht einschmelzen. Dagegen ist es dauerhaft und man kann zahlreiche Exemplare in allen Materialien (Gips, Zement, Wachs, Kunstharze) von einer Form abziehen.
Einige Typen sind bis zu 200 °C temperaturfest, so dass selbst Blei und andere Metalle mit tiefem Schmelzpunkt als Giessmaterial verwendbar sind. Silikonkautschukformen eignen sich nicht für Ton, weil sie kein Wasser absorbieren.

Polyurethan: Polyurethan ist eine synthetische, flexible Masse, die bereits kalt polymerisiert. Die zu formenden, nicht porösen Stücke müssen mit Wachs oder Vaseline behandelt werden. Die anderen Stücke werden mit einem Porenschliesser (Gummilack) angestrichen. Beim Abziehen von Kopien (aus Gips, Zement oder Harz) muss die Form mit Silikonwachs behandelt werden.

Latex: natürlicher Latex ist Milchsaft Kautschuk liefernder Pflanzen (z. B. der Hevea brasiliensis). Dieser koaguliert an der Luft und wandelt sich in einen elastischen Stoff, den Naturkautschuk, um. Der Latex wird in mehreren ganz dünnen Lagen auf das Modell aufgebracht. Das Material ist wegen seiner Widerstandsfähigkeit und Elastizität beliebt und eignet sich gut für die Realisation einer Strumpfform aus einem Stück.

Formen mit Metalldraht (mit verlorener Form)

1. Das Tonmodell wird mit einem aufgelegten Metalldraht in zwei gleiche Hälften von oben nach unten geteilt. Man lässt die Drahtenden mit einem gewissen Abstand vom Objekt ausfahren.

2. Schematischer Schnitt in der Senkrechten (auf den Draht bezogen): a = Draht, b = erste, gefärbte Gipsschicht, sogenannter Warngips, c = Modell.

3. Eine Art Widerlager aus Gips (d) wird über dem Draht mit Normalgips aufgebaut.

4. Bevor der Gips abbindet, wird der Draht hochgezogen. Die Widerlagerhälften müssen voneinander getrennt bleiben.

5. Eine letzte, dicke Schicht von armiertem Gips (e) wird auf jeder Formhälfte aufgebracht, von der einen Widerlagerhälfte zur anderen.

1
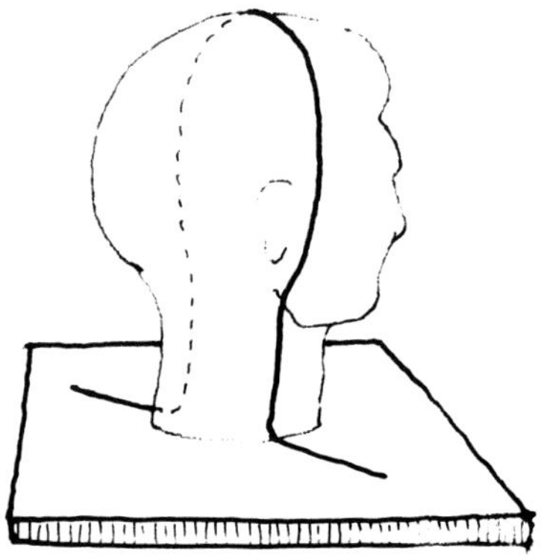

2
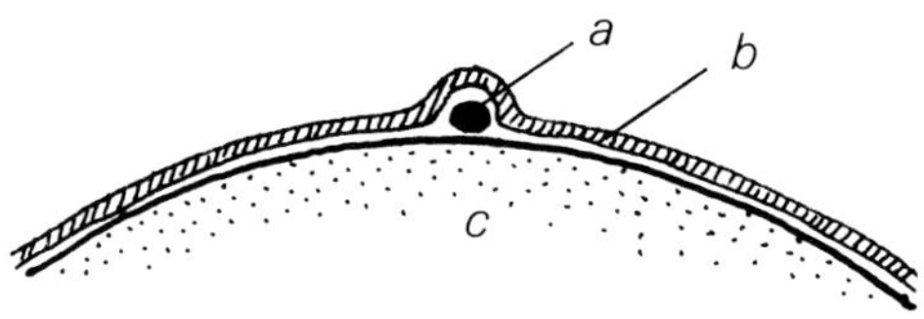

3
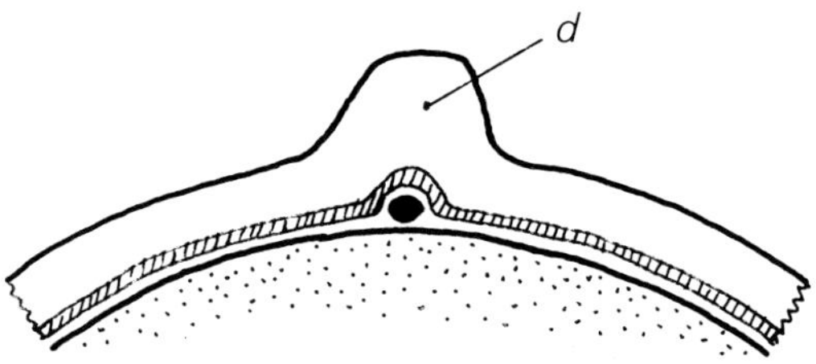

4
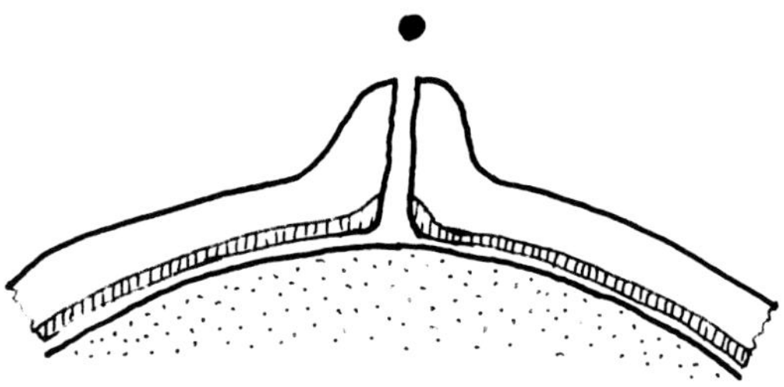

5
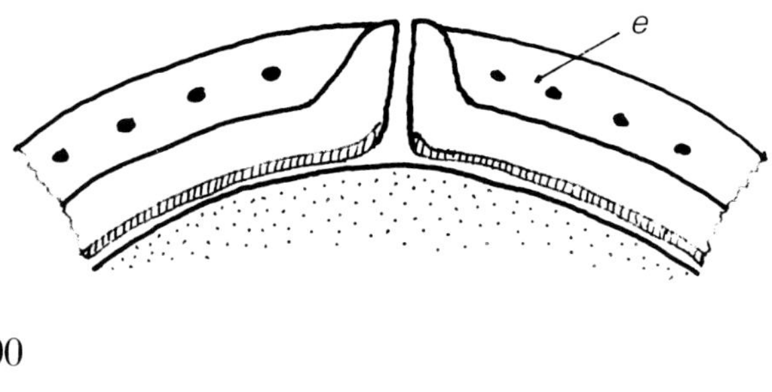

Die wichtigsten steifen Formen

Aus Gips

Verfahren mit verlorener Giessform

Diese Verfahren finden Anwendung bei Modellen aus weichem Material (plastischer, noch feuchter Ton, Wachs), die Teile mit Formschräge aufweisen.
Sie weisen folgende Nachteile auf: das Originalmodell wird beim ersten Ausformen teilweise beschädigt; die Form muss beim zweiten Ausformen zertrümmert werden; man erhält also nur einen einzigen Abguss.
Läuft das Abformen nicht rund, kann das Original endgültig unbrauchbar gemacht werden.
Der Vorteil des Verfahrens liegt in seiner Einfachheit und Schnelligkeit im Vergleich zu anderen Formtechniken.
Handelt es sich beim Modell um ein Flachrelief, wird nur eine Form aus einem Stück (Coquille) benötigt. Bei der Rundplastik sind es dagegen mindestens zwei Coquillen. Wenn das Modell sehr komplexe Partien aufweist, müssen mehrere «verlorene Teile» vorgesehen werden, die von einem umfassenden Gipsmaterial umgeben sind. Es gibt zwei Verfahren um eine Rundplastik mit verlorener Giessform aufzubauen.

Formen mit Metalldraht *(bei verlorener Form)*
Das Vorgehen ist folgendes: man legt einen eingeölten Draht auf die oberste Partie des Modells, so dass dieses in zwei gleiche Hälften geteilt wird. Der Draht wird entlang der Seitenflächen bis zum Sokkel und von da in einem bestimmten Abstand nach aussen geführt, so dass er nach der Applikation von Gips leicht auffindbar bleibt.
Nun trägt man mit dem Pinsel eine erste Schicht von sehr flüssigem, ocker oder blau gefärbtem Gips von 1 mm Dicke auf. Man bezeichnet diese Schicht als «Gips zum Vorwarnen»: er signalisiert die Nähe des Modells.
Ein der Dicke der Formteile entsprechender Gipswulst wird über dem Draht aufgebaut. Die nachfolgende Gipsschicht, die den gefärbten Gips zudeckt, ist bedeutend dicker. Der Draht wird vor dem Fertigstellen der Form hochgezogen. Der Augenblick, wann das geschieht, ist sehr wichtig: wird es zu früh ausgeführt, schliessen sich die zwei Hälften wieder. Geschieht es zu spät, kann man den Draht nicht durchziehen bzw. man beschädigt die Form. Aus diesem Grund ist es ein heikler Schritt, der Erfahrung braucht.
Die letzten Gipsschichten werden nach dem Entfernen des Drahtes auf eine zur Verstärkung eingelegte Metallarmierung aufgetragen.
Es werden beide Hälften simultan nach diesem Verfahren bearbeitet.

Formen mit Tonstreifen

Der Draht wird durch einen ca. 3 cm langen und 0,5 cm dicken Tonstreifen ersetzt, der auf dem Plastikrand aufgebaut und mit Tonbatzen gestützt wird. Es ist empfehlenswert, das Modell aufzustellen (nicht zu legen) und die Tonstreifen senkrecht zum Sockel zu befestigen, da sie sich sonst wegen des Eigengewichtes ablösen können. Der Vorteil dieser Methode liegt darin begründet, dass sich **Schlösser** und **Gegenschlösser** verwirklichen lassen, die ein genaues Einpassen der Gipsschalen (Coquillen) ermöglichen.
Die Form wird in zwei Etappen gemacht, eine Hälfte nach der anderen.
(Weitere Einzelheiten über diese Technik sind dem Kapitel «Formen mit erhaltener Form» zu entnehmen.)
Statt der Tonstreifen können auch dünne Metallamellen oder Celluloseazetat verwendet werden.
Ist der Gips ausgehärtet, werden die beiden Formhälften voneinander getrennt, das Tonmodell wird entfernt, wobei es teilweise oder ganz zerstört wird. Die Tonreste, die am Formenabdruck kleben bleiben, werden mit einer Bürste oder durch Ausspülen mit Wasser entfernt.

1

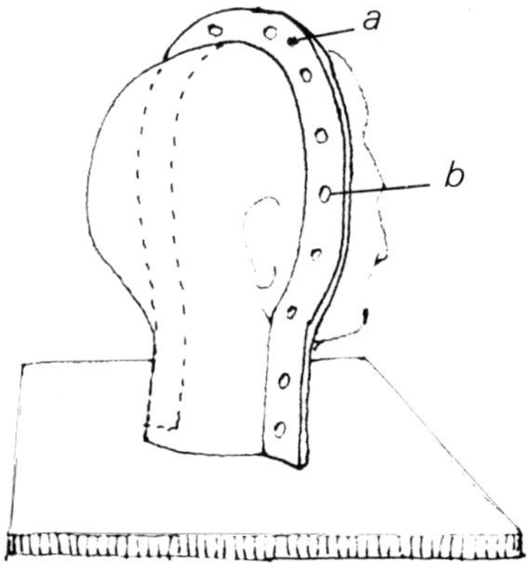

2

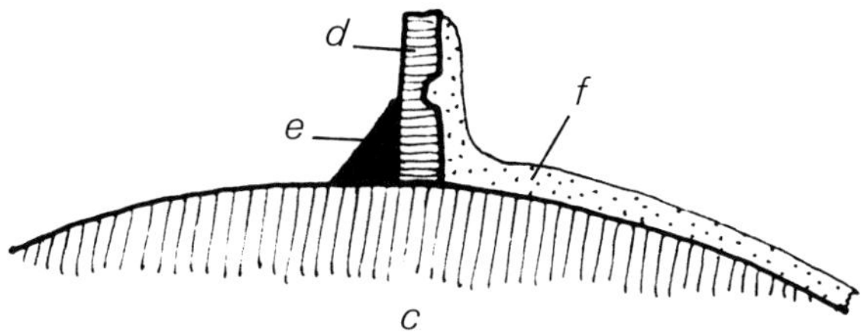

3

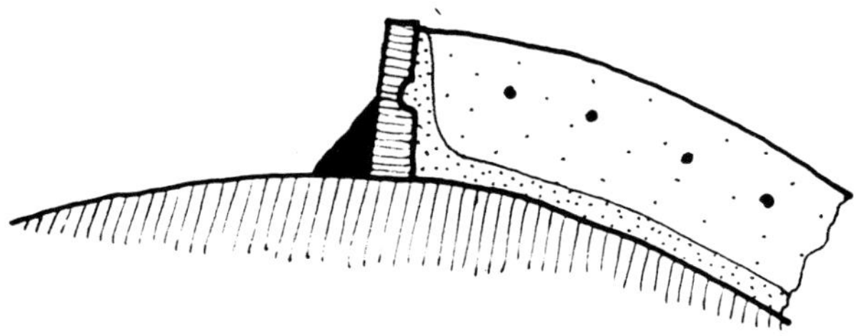

4

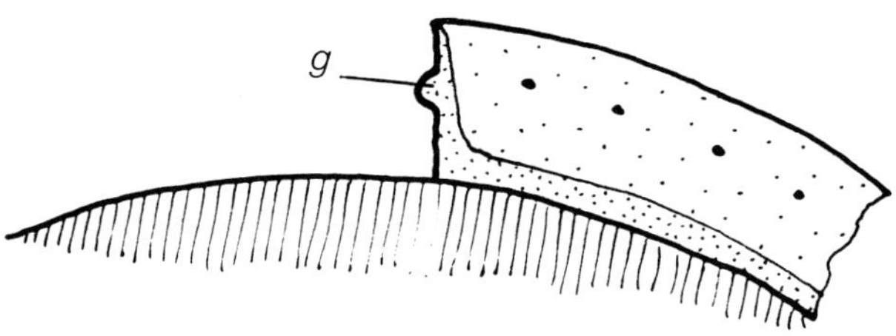

5

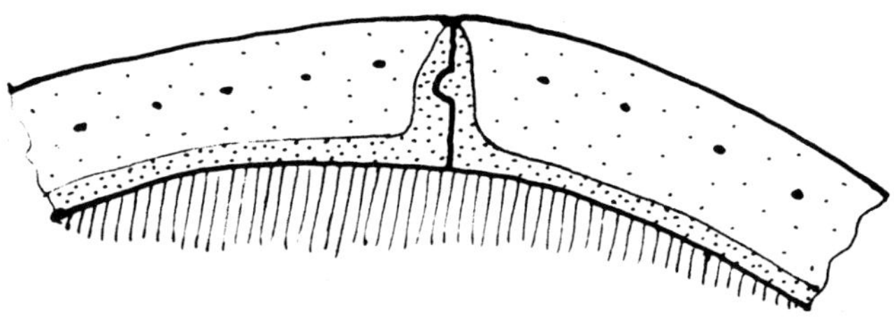

Formen mit Tonstreifen (bei verlorener Form)

1. Das Tonmodell wird mit einem aufgesetzten Tonstreifen (a) in zwei Hälften getrennt; jene sind mit Gegenschlössern (b) versehen. Die Form wird in zwei Etappen, eine nach der anderen, aufgebaut.

2. Schematischer Senkrechtschnitt, auf den Tonstreifen bezogen: (c) = Modell, (d) = Tonstreifen, gestützt von einem Tonkeil (e); (f) bezeichnet die erste Gipsschicht.

3. Nun werden schrittweise mehrere Gipsschichten aufgetragen, wobei die letzten armiert sind.

4. Der Tonstreifen ist entfernt worden. Dem im Tonstreifen ausgehöhlten Gegenschloss entspricht ein Schloss (g) nahe an der ersten Gipsschicht. Die Kontaktoberfläche mit dem zweiten Formteil wird mit Töpferton verkittet.

5. Der zweite Formteil wird analog wie der erste konstruiert.

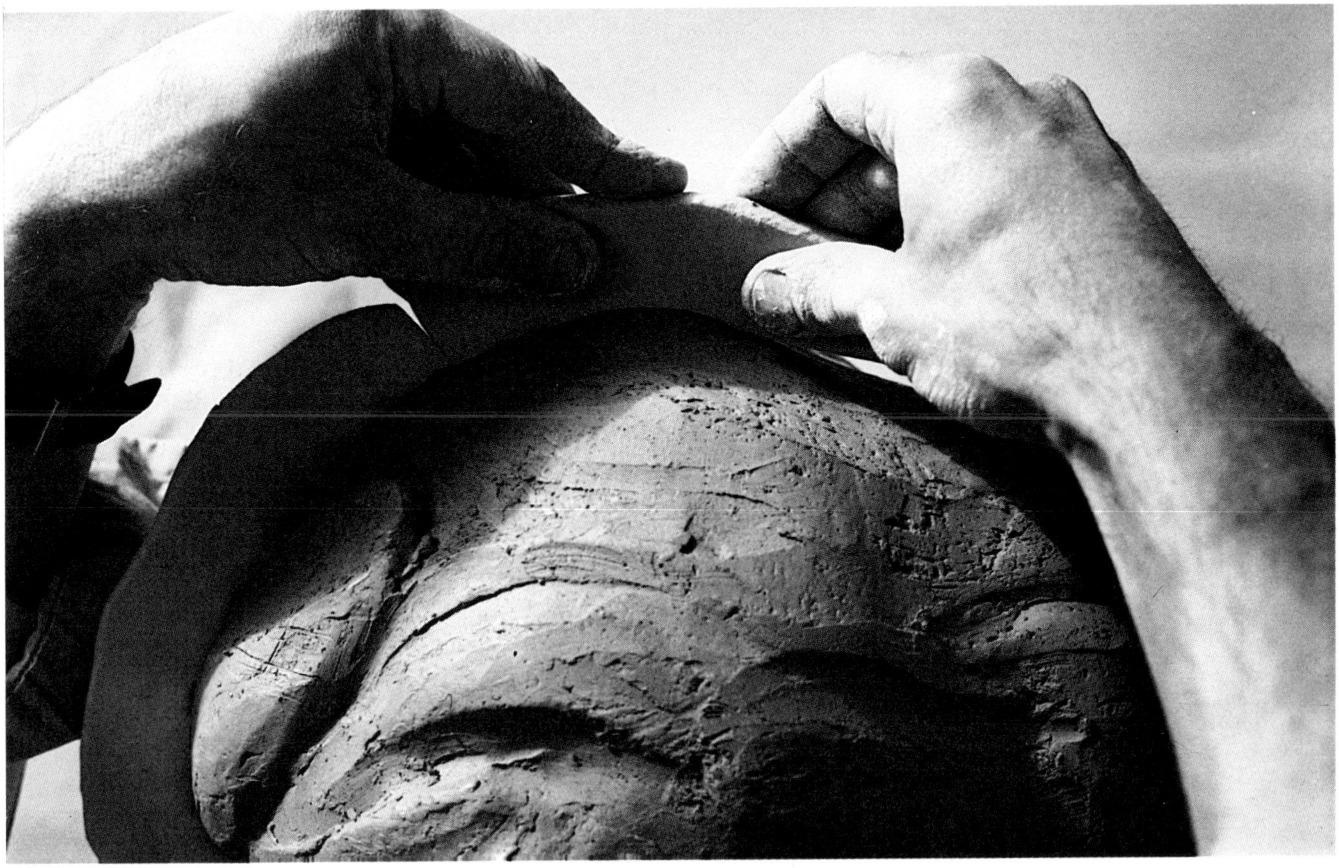

Die Tonstreifen werden auf dem Modell in der Mitte aufgebaut.

Eine Tonwurst wird von Hand flachgedrückt und der Länge nach aufgeschnitten, so dass zwei gleichartige, einige Zentimeter lange Tonstreifen entstehen. Die vollkommen plane Längsfläche des Tonstreifens begrenzt das Formelement. Die Schmalseite wird auf die Modelloberfläche aufgeklebt.

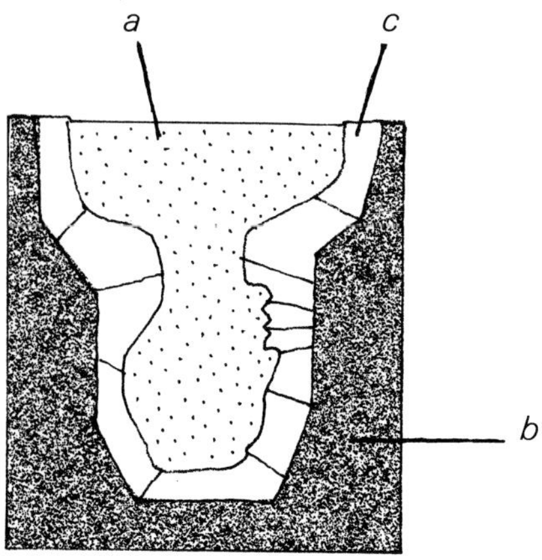

1

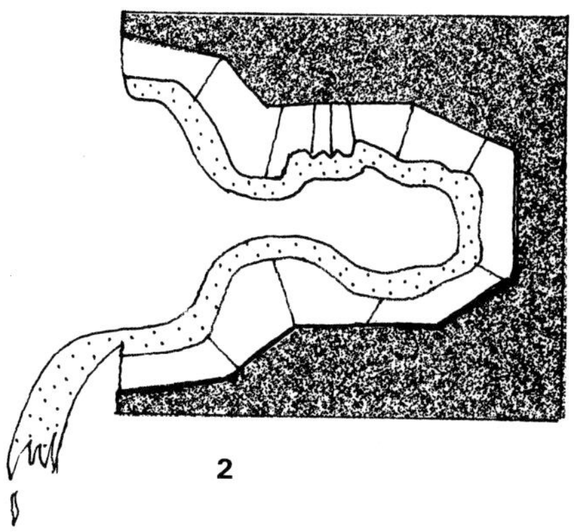

2

Schnelles Giessen

1. Die Form ist vollständig mit Material gefüllt (Gips, Zement) (a). Dieses bleibt in der Form bis es ausgehärtet ist. Nun entfernt man den Gipsmantel (b) und die Formteile (c).

2. Schnelles Giessen mit Umstülpen. Man verfährt wie in 1, aber wartet die vollständige Härtung des Materials nicht ab. Sobald die Randpartien abzubinden beginnen, kippt man die Form um. Damit kann überschüssiges Material vermieden werden.

Ausführung eines Abdrucks

Sobald die Form sauber und trocken ist, wird die Innenseite mit dem Trennmittel eingestrichen (weiche Seifenlösung, Leinöl). Das Material der gewünschten Kopie kann nach folgendem Verfahren eingefüllt werden:
- durch schnelles Giessen von Vollkopien oder hohlen Kopien
- durch sorgfältiges Giessen von hohlen und verstärkten Kopien von grossen Modellen.

Schnelles Giessen

Um eine Vollkopie (z.B. in Gips) zu erhalten, montiert man die beiden Formschalen zusammen und giesst auf einmal die nötige Menge Gips hinein. Man vibriert die Form, damit die Luftblasen entfernt werden.
Wird eine hohle Kopie von einem kleinen Modell gewünscht, giesst man den flüssigen Gips in die Form und wiegt ihn hin und her, bis der Gips überall die Form bedeckt. Man wartet, bis diese Schicht abzubinden beginnt und fügt eine weitere Portion Gips zu. Dieses Prozedere wiederholt man bis die gewünschte Schichtdicke erreicht ist. Überschüssigen Gips entfernt man durch Umstülpen der Form. Diese Technik nennt man *«schnelles Giessen mit Umstülpen»*.

Sorgfältiges Giessen

Es wird bei grossen Objekten angewendet. Dabei werden die Formhälften nicht sofort zusammenmontiert. Ein erster, sehr flüssiger Gipsbelag wird mit dem Pinsel aufgetragen, gefolgt von einer zweiten Schicht mit Gips höherer Konsistenz. Dann verstärkt man diese Schicht mit Flachs oder mit in Gips getränktem Jutegewebe, ferner mit einer Armierung aus Metall oder Holz, alles wird gut mit Gips überzogen. Erst dann schliesst man die Form und giesst Gips hinein, so dass beide Hälften der Kopie gut aneinander haften. Die Haftung kann unterstützt werden, indem man Gips auf die Kontaktflächen der Form aufträgt, bevor man sie zusammenpresst.

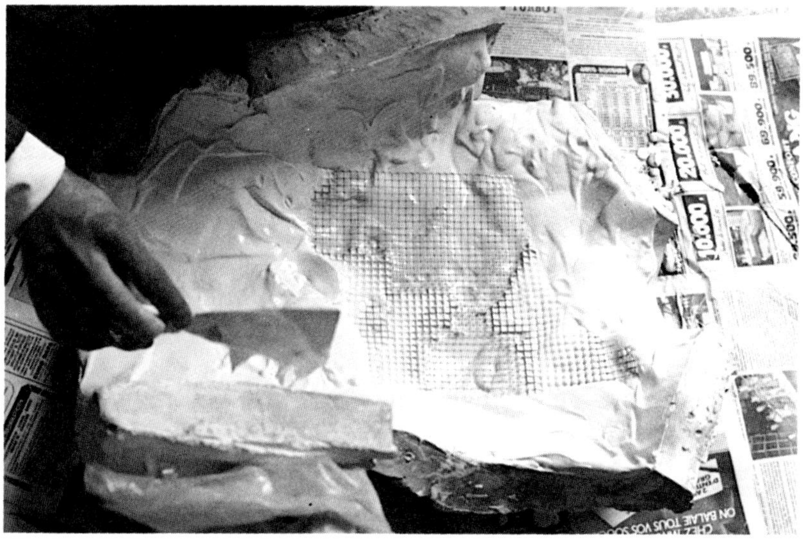

Abziehen einer hohlen Gipskopie in einer mehrteiligen Gipsform. Es wird eine erste Schicht Gips in die vorher mit Seifenlösung behandelte Form gegossen. Dann werden mehrere Lagen Gips übereinandergeschichtet; ein Metallgitter wird zwischen zwei Lagen zur Verstärkung eingelegt.

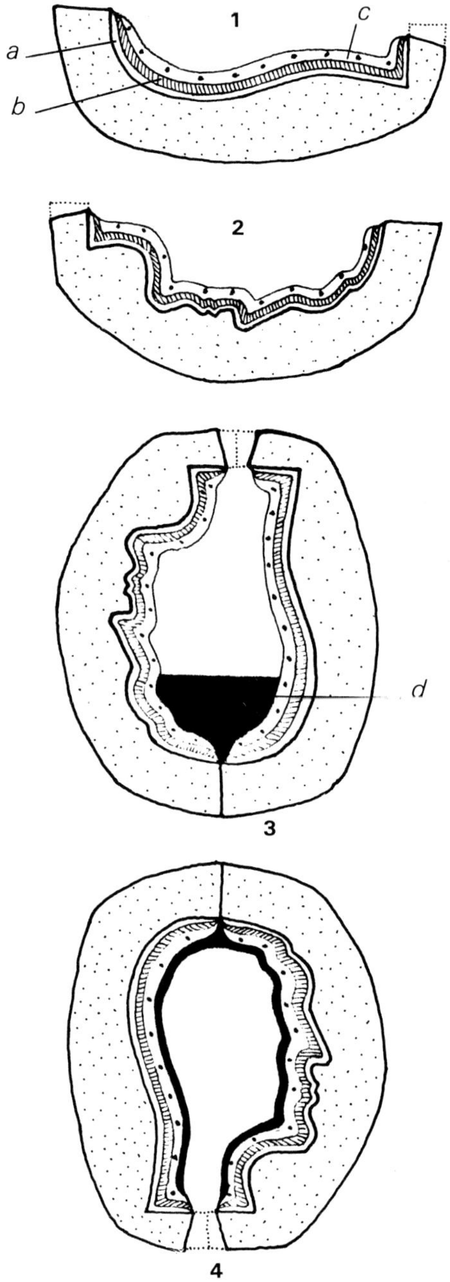

Sorgfältiges Giessen

1.+2. Innenseite von zwei Formhälften, die mit drei Gipsschichten belegt sind:
(a) Eine erste Lage Flüssiggips,
(b) eine zweite Lage Gips mit eingelegtem Jutegewebe,
(c) eine letzte Schicht mit Metallarmierung.

3. Die zwei Formhälften werden zusammenmontiert und flüssiger Gips eingefüllt (d). Dann bewegt man die Form in alle Richtungen, damit der Gips in die Zwischenräume der Formteile fliesst.

4. Die Form wird wieder umgekehrt, so dass der überschüssige Gips abfliessen kann. Wenn die Gipsschicht hart ist, beginnt man mit der Ausformung der Kopie.

Sobald der Gips trocken ist, zerstört man die Form mit Meissel und Holzhammer (den man senkrecht zur Formoberfläche ansetzt), um die Kopie frei zu kriegen. Wenn die Schicht vom farbigen «Warngips» erreicht ist, ist Vorsicht beim vollständigen Befreien der Kopie am Platz. Bei der Herstellung der Form lässt sich die Schicht «Warngips» von den anderen ihn überlagernden Gipsschichten trennen, indem man sie, wenn trocken, mit einer dünnen Tonmasse als Trennmittel überzieht.
Bei diesem Vorgehen haftet die gefärbte Gipsschicht nicht an den anderen Gipsschichten, was die Arbeit erleichtert. Dieses Verfahren lässt sich nur beim «Formen mit Tonstreifen» anwenden, weil dabei die Schicht vom gefärbten Gips vor dem Überzug mit Tonschlicker trocken sein muss (was nicht möglich ist beim «Formen mit Draht»).

Abformen auf dem menschlichen Körper

Gips eignet sich auch für sehr formgetreue Abgüsse von Teilen des menschlichen Körpers (lebendig oder tot).
Das Abnehmen der Totenmaske ist ein sehr altes Verfahren, das bis ins Altertum zurückgeht. Wie bereits im Kapitel über den Gips ausgeführt, nahmen schon die Ägypter die Totenmaske ihrer verstorbenen Pharaonen ab, die Römer umgaben sich ihrerseits mit den Totenmasken ihrer Vorfahren; in neuerer Zeit, während der Renaissance, wurde der Brauch, die Maske der Toten abzunehmen, wieder aufgenommen.
Die Totenmaske muss ohne Verzug von einem Verstorbenen abgenommen werden, bevor der Körper erkaltet und die Gesichtszüge sich verändern (schrumpfen).
Vor dem Abguss des Gesichtes einer lebenden Person sind ernsthafte Vorsichtsmassnahmen zu treffen, um einem Ersticken der Person vorzubeugen und zu vermeiden, dass die Gesichtshaare (Bart, Schnurrbart, Wimpern, Augenbrauen) und die Kopfhaare ausgerissen werden. Die Person muss während der ganzen Abgussarbeit die Augen geschlossen halten; die Atmung wird mittels Röhrchen in den Nasenlöchern gewährleistet. Die Haare werden reichlich mit Vaseline bestrichen. Ohne diese Vorsichtsmassnahme würde die Behaarung (besonders die stark hervortretende) mit dem Entfernen der Maske ausgerissen, was für die Person sehr schmerzhaft wäre.
Man verwendet Gips von normaler Konsistenz, angerührt in lauwarmem Wasser (um einerseits das Abbinden zu beschleunigen und andererseits eine Temperatur des Gipses zu halten, die von der Person als angenehm empfunden wird).
Wird gewünscht, dass das Positiv aus Gips seine natürliche Farbe behält, ist es empfehlenswert, das Anmachwasser für die Gipsform zu färben, damit der Gips der Kopie vom Positiv unterschieden werden kann. Will man indessen das Positiv in der Masse färben, muss der Gips der Form in seiner natürlichen Farbe belassen werden.
Sobald der Gips eine kremige Konsistenz erreicht hat, wird er sorgfältig mit einem weichen Pinsel oder mit den Händen auf das Gesicht aufgetragen. Es werden mehrere Schichten aufgebaut, bis die Formdicke ca. 3–4 cm beträgt. Man lässt den Gips abbinden bis es zur Dampfbildung kommt (was nach 15 bis 25 Minuten der Fall ist), dann entfernt man die Form mit zarter Hand und spült die Innenseite mit heissem Wasser aus. Das ist auch der Zeitpunkt, um Retuschen vorzunehmen, z.B. durch das Zumachen der Nasenöffnungen. Man lässt gut trocknen, bevor ein Abguss genommen wird. Die Kopie kann aus verschiedenen Materialien bestehen: aus Gips, Zement, Wachs, Ton, Polyester, als Hohl- oder als Vollkopie.
Wenn das Gesicht besonders hervorstehende Partien (z.B. ausgeprägter Jochbogen, Kinnlade) enthält, die ein leichtes Ausformen erschweren, ist eine zweiteilige Form nach dem Drahtverfahren zu verwenden. Man legt den Draht über die Mitte von Nase, Mund und Kinn und zieht ihn vor dem vollständigen Abbinden des Gipses hoch.
Für das Abformen grosser Körperpartien (Arme, Beine, Torso) bleibt sich das Verfahren gleich. Es ist unumgänglich, die abzubildende Körperpartie so gut wie möglich vor dem Einstreichen mit Vaseline zu rasieren. Sobald der Körperteil vollkommen ruhig liegt, wird der breiige und lauwarme Gips aufgetragen (zu dünnflüssiger Gips ist zu vermeiden, weil er auf der eingefetteten Haut abrutscht). Wenn nötig baut man eine zweite Gips-

schicht auf, bevor das in flüssigem Gips getränkte Jutegewebe eingelegt wird. Man glättet dieses Gewebe auf der Körperoberfläche, um eventuelle Luftblasen, die sich darunter gebildet haben, zu entfernen. Die Form wird sodann durch weitere Gipslagen verstärkt, bis die Dicke der bedeckten Oberfläche entspricht. Sobald der Gips abzubinden beginnt, muss der Körperteil vollkommen unbeweglich bleiben, ansonst sich Risse in der Form bilden.

Das Ausformen soll nicht stattfinden, bevor sich «Dampf» entwickelt, d. h. vom Moment an, wo die Kristallisationswärme vom Gips einen Teil des Wassers verdunsten lässt. Die Arbeit des Ausformens ist heikel, sie muss in vollkommener Harmonie zwischen Kunsthandwerker und Person vor sich gehen und darf nie brüsk sein.

Mit diesem Verfahren ist es nur möglich, Körperpartien zu formen, die wenig oder keine Formschräge aufweisen, der relativen Weichheit der menschlichen Körperform Rechnung tragend. Hinzu kommt, dass die Person eine liegende Stellung einnehmen muss, da der Gips die Tendenz hat abzufliessen.

Eine andere Formtechnik auf dem lebenden Körper als die oben erwähnte (die auch andere Stellungen der zu formenden Körperteile zulässt) besteht in der Verwendung von in Gips getränkten, sehr dünnen Gazebandagen. Diese Gazebinden werden in der medizinischen Bruchversorgung eingesetzt und sind in Sanitätsgeschäften erhältlich. Diese in verschiedenen Breiten käuflichen Binden werden auf die gewünschte Länge geschnitten, wieder aufgerollt und für einige Sekunden in lauwarmem Wasser getränkt. Sie werden dann aus dem Wasser gezogen, abgerollt, auf die rasierte und mit Vaseline behandelte Haut aufgelegt und um den zu formenden Körperteil bandagiert. Es werden auf diese Weise mehrere Schichten übereinandergelegt, wobei das Bandagieren kreuzweise geschieht. Hat die sehr rasche Trocknung stattgefunden, schneidet man die Form mit einer Schere auf, so dass der Körperteil von dieser befreit werden kann.

Die trockenen Formteile werden innen mit einer Schicht flüssigen Wachses bestrichen, dann wieder mit in Wasser benetzten Gipsgazestücken zusammengesetzt, die rittlings auf die äusseren Nahtstellen der Formteile aufgesetzt werden. Die auf diese Weise erhaltenen Hüllen werden mit Gips und Armierung aufgefüllt, indem man (bei einem vorgängigen Abguss des ganzen Körpers) bei den Beinen beginnend, von unten nach oben verfährt. Ist der Gips trocken, entfernt man die Bandagenform und befreit die Gipskopie.

Die Teil- oder erhaltene Form

Sie bietet den Vorteil des unbeschädigten Originalmodells. Dieses kann aus einem plastischen oder starren Material bestehen. Ein anderer Vorteil ist darin zu sehen, dass mehrere Exemplare ab der erhaltenen Form gezogen werden können.

Der erste Schritt besteht im genauen Abklären der zukünftigen Form: wie ist das Modell beschaffen? Anzahl der Formteile? Wo und wie ist die Teilung der Form vorzunehmen? Diese Vorbereitung ist wesentlich, ist Voraussetzung für einen guten Abgussablauf mit möglichst wenigen Formteilen, die sich nach dem Guss leicht abheben lassen. Um diese Bedingung zu erfüllen, muss die Wahl der Trennlinien so gelegt werden, dass keine Partien mit Formschräge entstehen. Ist das Modell sehr kompliziert aufgebaut, kann es vorkommen, dass einige hundert Formteile erforderlich sind (in einem solchen Fall ist eine bewegliche Form empfehlenswert). In Sonderfällen kann das Modell in mehrere Stücke getrennt werden, die dann separat zu formen sind. Die aufgeschnittenen Formteile sind zu markieren, damit man sie wieder korrekt zusammenstellen kann.

Hat man einmal das Verfahren festgelegt, werden die Trennlinien auf der Modelloberfläche markiert (mittels eines Bleistiftes oder Kohlenstiftes bei einem harten Modell oder mit einer Nadel bei weichem Material). Ist man mit dem Verfahren «Teilformen» vertraut, ist die Markierung nicht notwendig.

Dann beginnt man mit der Konfektionierung der Formelemente, eines nach dem anderen. Man beginnt mit den Vertiefungen und Einbuchtungen. Sind es viele Teile, so werden sie numeriert.

Ist ein Modell aus feuchtem Ton aufgebaut, ist es nicht nötig, ein Trennmittel zu applizieren. Die die verschiedenen Teile der Form voneinander abtrennenden Trennriegel sind aus Ton gefertigt oder bestehen aus Lamellen (Kupfer- oder Aluminium- oder Celluloseazetatlamellen), die auf den Trennlinien zwischen dcn Formteilen in das Modell gedrückt werden.

Diese Lamellen decken sich teilweise, so dass die Abtrennung an allen Stellen miteinander vorgenommen werden kann, was bei den Riegeln aus Ton nicht möglich ist, wo nur ein Teil nach dem anderen ablösbar ist.

Besteht das Modell aus Gips oder, allgemeiner gesagt, aus einem Hartstoff, müssen die Abtrennungen mit Tonriegeln erfolgen, nachdem die ganze Oberfläche mit einem Trennmittel behandelt worden ist (siehe Kapitel Trennmittel).

Man stellt Tonleisten von ca. 3 cm Höhe und 0.5 cm Breite her, indem man gut vermischten und mit dem Wallholz ausgewallten Ton in Streifen schneidet. Diese Leisten werden senkrecht auf den Trennlinien der Modelloberfläche aufgebaut, so dass die glatte Seite der Tonstreifen auf die Innenseite der zukünftigen Form zu liegen kommt. Der Rand der Leiste muss genau dort sein, wo sich die Trennlinie befindet, während die glatte Tonfläche gegen die Innenseite der zukünftigen Form orientiert ist. An der Basis der Riegel werden Tonwürste befestigt, um die Haftung der Riegel und deren Stützung von der Gegenseite zu verstärken. Die Tonstreifen sind unbedingt senkrecht aufzubauen, weil sonst das Risiko besteht, dass der Gips sich wegen seines Eigengewichtes losreisst.

Jeder Formteil wird durch die Forderung, ihn leicht aus dem Verband der anderen Formteile herausnehmen zu können, begrenzt. Die Trennleisten aus Ton, die einen Formteil bestimmen, werden je nachdem ob sie bei diesem nach innen oder aussen geneigt sind, zuerst oder zuletzt ausgeformt.

Gegenschlösser werden auf der Innenseite der Tonkeile, in regelmässigen Abständen ausgebohrt. Dann trägt man mit dem Pinsel eine erste Schicht flüssigen Gips auf, wobei man den Gips sorgfältig in alle Zwischenräume «tupft» (eher als mit grossen Pinselstrichen), damit die Bildung von Luftblasen vermieden werden kann. Dann fügt man Schichten mit Gips höherer Konsistenz zu und verstärkt sie mit auf die Objektgrösse zugeschnittenen Metallgittern und mit gekreuzten Stahlstäben.

Sobald die gewünschte Gipsdicke erreicht ist, lässt man den Gips abbinden und zieht nach einer gewissen Zeit die Tonleisten heraus.

Wenn man die Gegenschlösser in den Tonstreifen vergessen hat, kann man diese im frischen Gips nachholen. Mit einer gerundeten Messerspitze werden seitlich Vertiefungen im Tonstreifen ausgehöhlt.

Darauf behandelt man die Seitenflächen der Gipsformteile mit Tonschlicker und stellt die Tonleisten auf, die den nächsten Formteil begrenzen. Man höhlt ebenfalls Gegenschlösser aus und beginnt wieder mit demselben Vorgang wie vorher.

Man arbeitet so schrittweise aufs Ziel zu, bis die Form fertig ist. Man lässt sie über Nacht oder länger trocknen.

Der erste Formteil ist abgegrenzt. Dieser Teil (Hinterkopf) ist leicht aus der Form gehend und kann gut ohne Beschädigung des Originals herausgenommen werden. Auf diese Weise kann jeder Formteil ohne Probleme ausgeformt werden. Es werden Formschrägen in die Tonleisten gebohrt; sie dienen zum Einpassen der Formteile bei der Wiederverwendung der ganzen Form.

Nachdem mit dem Pinsel eine erste Gipsschicht aufgetragen ist, um einen perfekten Abguss der Oberfläche abzunehmen, gibt man eine zweite, dickere Schicht von Hand hinzu. Die Arbeit von Hand ist nur dann unerlässlich, wenn die zu formende Oberfläche senkrecht ist. Ist sie horizontal, genügt es, Gips auf die erste Schicht aufzuschütten.

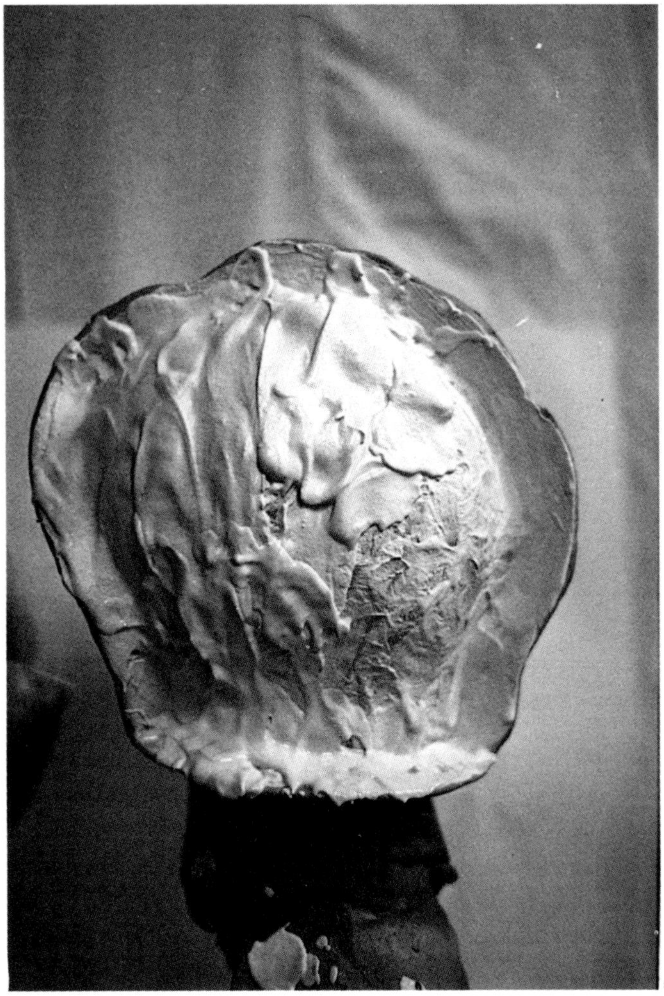

Dann wird ein Metallgitter aufgelegt, das man in eine weitere Gipsschicht einbettet. Sobald der erste Formteil ausgehärtet ist, entfernt man die ihn begrenzende Tonleiste.
Man kann hier feststellen, wie der Tonstreifen auf der Gegenseite von Tonbatzen gestützt wird; sie werden gleichzeitig gegen die Tonleiste und das Modell gepresst.

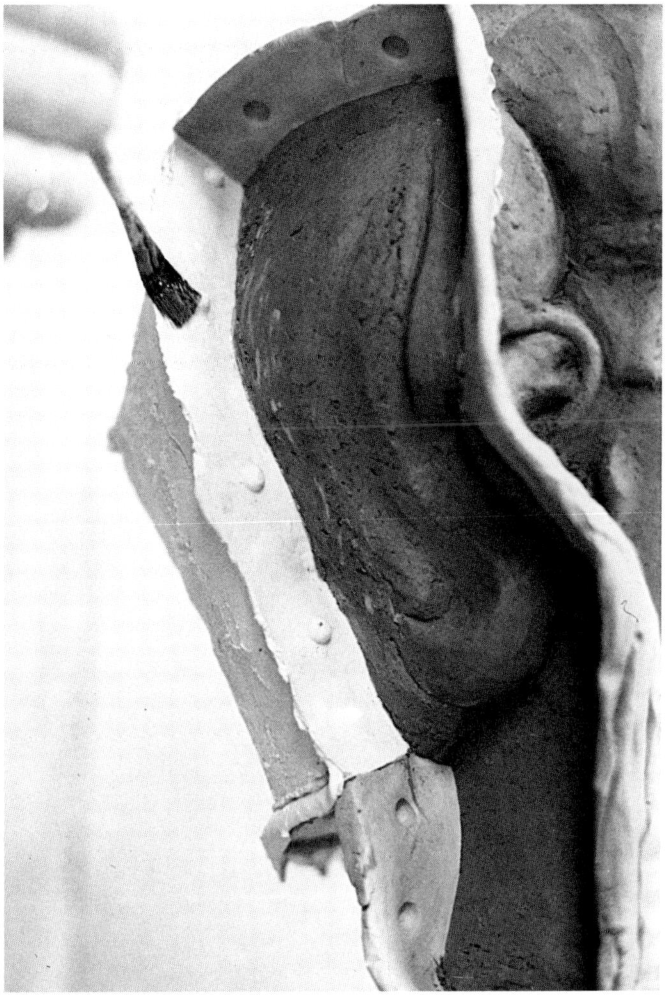

Ein neues, leicht aus der Form gehendes Stück, das sich an das angrenzende legt, wird mit der Tonleiste begrenzt. Die Abschlussleiste des ersten Stückes, die mit Einpasslöchern versehen ist, wird mit Töpferton behandelt, damit der Gips der zweiten Lage sich gut mit der ersten verbindet. Dann wird erneut eine erste Schicht Gips mit dem Pinsel aufgetragen.

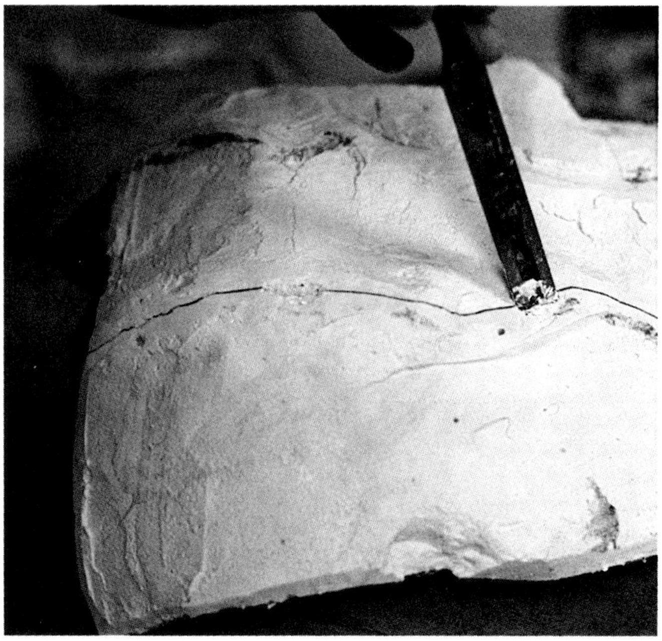

Öffnung der fertigen Form. Nach 1 oder 2 Tagen, wenn der Gips ausgehärtet ist, kann man versuchen, sie zu öffnen. Zuerst muss man die Trennfugen der verschiedenen Formteile freilegen (sie werden durch die braune Färbung des Tonkitts sichtbar). Dann klopft man die ganze Form leicht mit einem Holzhammer ab. Mit der Schneide eines Holzmeissels versucht man zwischen zwei Formteile zu gelangen und stösst mit kleinen Holzhammerschlägen hinein. Dann bedient man sich eines Hebels zum Trennen der Teile. Diese Arbeit muss an verschiedenen Stellen der zu demontierenden Form ansetzen, wobei sehr sorgfältig vorzugehen ist, damit die Form nicht zerstört wird. Es kann nun Wasser zwischen den Formteilen eingeführt werden, um die Haftung zwischen Form und Ton zu reduzieren. Die verschiedenen Formteile werden nun schrittweise entfernt.

Wenn trocken, legt man die oft vom Gips zugedeckten Trennlinien der Formteile frei. Mit Meissel und Holzhammer werden kleine Portionen Gips abgetragen, bis die Trennlinien an den braunen Spuren der Tonschicht sichtbar werden. Man öffnet die Form sorgfältig mit der Schneide eines Holzmeissels zwischen zwei Formteilen, auf der Höhe der Trennlinien, die freigelegt werden. Hat man die zwei Formteile um einige Zehntel Millimeter geöffnet, führt man durch diesen Spalt Wasser ein, damit sich die Form leichter vom Modell ablösen lässt.

Dann wäscht man die Formteile unter dem Wasserhahnen mit Hilfe einer Bürste und macht die nötigen Retuschen. Man lässt sie getrennt trocknen oder man schliesst die Form mit den verschiedenen, ineinander verpassten Formteilen wieder.

Wünscht man ein Abgussexemplar zu ziehen, bestreicht man die Forminnenseite mit einem Trennmittel und geht dann (wie beschrieben) weiter vor im Schnellguss oder schrittweisen Gussverfahren.

Setzt sich die Form aus zahlreichen Teilen zusammen, ist eine Mantelform vorzusehen, d.h. eine zweite Form aus zwei Teilen, die die erste Form vollständig bedeckt. Sie dient dazu, die Formteile der ersten Form in der richtigen Stellung zu halten (wenn die Form eingesetzt wird). Die Formteile werden vom Gipsmantel mit einem Trennmittel abgesondert. Zudem muss die Oberfläche der Form sorgfältig egalisiert werden, um jegliche Formschräge zu vermeiden und das Herausnehmen des Gipsmantels zu erleichtern.

Aufbau eines Gipsmantels um eine Form. Man egalisiert die Formoberfläche mit einer Raspel und verstopft die Zwischenräume zwischen den Formteilen mit Ton.
Ein Tonstreifen trennt die Form in zwei leicht aus der Form gehende Hälften, die man mit Seifenlösung oder Tonschlicker benetzt.

Dann legt man mehrere Gipsschichten übereinander, in die letzte wird ein Metallgitter eingelegt. Ist der erste Mantelteil fertig, entfernt man den Tonstreifen und fertigt die zweite Hälfte des Mantels. Der Mantel wird nach dem Aushärten mit Meissel und Holzhammer geöffnet.

Öffnung der Form und Befreiung des Positivs in Gips. Das feine Netz von Nähten, die den Zwischenräumen zwischen den Formteilen entsprechen, ist gut sichtbar.

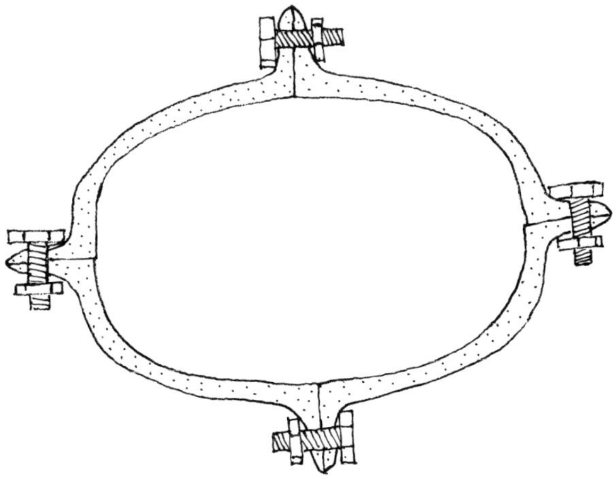

Schematische Darstellung einer Polyesterform (Querschnitt). Die vier mit Naben versehenen Formteile werden mit Schraubenmuttern zusammengehalten.

Formen aus Polyester

Das Prinzip des Abformens ist grundsätzlich dasselbe wie beim Verfahren mit erhaltener Form aus Gips.
Das gut trockene Original (in der Regel aus Gips) wird mit mehreren Lagen Flüssigwachs angestrichen. Der letzte Anstrich erfolgt mit einer Lage von pastenförmigem Silikonwachs. Man kann auch mehrere Lagen Gummilack aufbringen vor der Silikonbehandlung. Die Abgrenzung der Formstücke geschieht mit Tonstreifen (diese werden mit einer Aluminiumfolie abgedeckt, um den Polyester vom im Ton enthaltenen Wasser abzuschirmen) oder mit Wachs; in beide Materialien werden Gegenschlösser gebohrt (siehe weiter oben).
Jeder Formteil wird einzeln aufgebaut. Der Prozess geht langsamer vor sich als beim Gips, weil der Polyester eine längere Abbindezeit benötigt; man muss zudem mehrere Stunden warten, bis eine neue Schicht gelegt werden darf.
Eine erste Schicht von einem katalytischen Gel wird mit dem Pinsel auf der Oberfläche des Modells und den Trennleisten der zukünftigen Formteile verteilt. Man wartet, bis die erste Schicht erhärtet, dann fügt man eine zweite Schicht Gel zu, die man mit Glasmatte als Verstärkungselement der Form bedeckt. Man bettet die Glasmatte gut im Gel Coating ein und lässt diese zweite Schicht hart werden. Der nächste Schritt besteht im Einlegen eines engmaschigeren und dichteren Glasgewebes, das auf die Dimensionen der Formteile zugeschnitten ist. Es ist Sorge zu tragen, dass keine Luftblasen unter der Glasgewebeoberfläche zurückbleiben. Es werden danach weitere verstärkte Polyesterschichten aufgebaut, bis die gewünschte Dicke erreicht ist.

Die Dicke hängt von der Grösse der zu formenden Skulptur ab, doch ist sie in jedem Fall geringer als bei vergleichbaren Formen aus Gips. In den letzten Polyesterschichten kann man einen Anteil Gips oder eines anderen Füllstoffes (zerstampfte Backsteine, Sand, Zement, u.a.) beifügen, der das Material verstärkt und gleichzeitig billiger macht (siehe Kapitel «Polyester»).
Ist der erste Formteil fertig, nimmt man den anschliessenden in Arbeit, nachdem die Ton- oder Wachsleisten entfernt worden sind, die den ersten Teil begrenzen. Dessen Polyesterleisten werden mit Silikonwachs oder Carnaubawachs behandelt. Nun setzt man die Trennwände für den nächsten Formteil und verfährt in gleicher Weise. Die Arbeit wird so Schritt für Schritt weitergeführt, bis die Skulptur vollständig mit Formteilen abgedeckt ist.
Vor dem Ausformen werden in die Leisten Löcher gebohrt, um Schrauben einzuführen. Mit diesen werden die Formteile positioniert, dann wird die Form vollständig geschlossen. Die Löcher werden senkrecht zu den Seitenwänden mit einer elektrischen Bohrmaschine gebohrt.
Vor dem eigentlichen Ausformen wird die Form leicht mit einem Holzhammer angeschlagen, dann führt man die Schneide eines Holzmeissels vorsichtig in den Spalt zwischen den Formteilen ein und versucht diese mit Hebelwirkung voneinander zu lösen. Sobald sich die Form vom Original zu lösen beginnt, bemerkt man eine leichte Farbveränderung der Form, dann nämlich, wenn sich eine dünne Luftschicht zwischen den beiden Wänden aufbaut. Das allerdings ist nur dann zu beobachten, wenn die Form durchsichtig ist.
Hat man die Formteile entfernt, behandelt man die Innenseite mit einem Trennmittel, das je nach Material der späteren Kopien variiert: Wachspaste (bei Polyester), Gips, Zement oder Seifenlösung (bei Wachs) und Talk (bei Ton).
Muss das Material für die Kopie gegossen werden (z.B. Gips), setzt man die Form zusammen, schliesst sie, indem die Schraubenmuttern fest angezogen werden. Dann wird das Material durch die dafür geschaffene Öffnung (die sich meistens beim Sockel der Skulptur befindet) eingegossen.
Andernfalls, wenn das Material in die Form gedrückt (z.B. Ton) oder in Lagen (z.B. Polyester, Zement) aufgebaut werden muss, wird die Form nicht ganz geschlossen. Erst wenn das Material auf diese Weise eingebracht ist, schliesst man die Form.
Der Vorteil der Polyesterformen im Vergleich zu Gipsformen liegt in ihrer Leichtigkeit; sie erlauben das Formen von grossen Objekten. Die Zahl der möglichen Kopien liegt zudem höher (mehrere Dutzend gegenüber einem Dutzend bei Gipsformen).
Der Hauptunterschied ist der hohe Preis des Materials. Wenig vorteilhaft ist die Tatsache, dass die Formarbeit nur verhältnismässig langsam vor sich gehen kann.

Formen aus Wachs

Wachs kommt dann zum Einsatz, wenn Werke von grossem Wert oder sehr zerbrechliche Objekte abzubilden sind.
Das Original muss sorgfältig mit sehr feinem Talkpuder eingestäubt werden, der als Trennmittel dient. Jeder fertige Formteil ist ebenfalls mit Talk einzupudern, wobei ein Gipsmantel um die Wachsformteile herum zu legen ist, damit diese richtig positioniert werden können.

Mischung für die Konfektion von Wachsformen
Bienenwachs .... 500 g
Schweineschmalz .... 500 g
Leinöl .... ¼ l
Diese Substanzen werden auf kleinem Feuer erwärmt, mit 1 kg Mehl versetzt und gut durchmischt.

Ein weiteres Rezept
Paraffin .... ⅓
Olivenöl .... ⅓
Spanischweiss .... ⅓
Das Gemenge aus diesen Substanzen wird geschmolzen, auf eine Marmor- oder Glasplatte ausgegossen und gut geknetet, bis die Masse gleichmässig plastisch ist.

Andere Formen

Formen aus gebranntem Ton

Diese Formen waren in Griechenland und Mesopotamien beliebt, bis sie von Gipsformen abgelöst wurden. Es handelte sich um zweiteilige Formen nach dem Prinzip der «erhaltenen Form», in denen mehrere Kopien von kleinen und mittleren Skulpturen aus gebranntem Ton (nach der Einstampfmethode, z. B. Figurine von Tanagra im hellenistischen Griechenland).

Formen aus geschnittenem Holz

Selten verwendet, werden Holzformen manchmal den Teilformen aus Gips vorgezogen, um besondere Effekte bei Abgüssen in Ton oder Stuck zu erzielen.

Formen aus Schwefel

Selten verwendet, weil leicht zerbrechlich, dienen diese Formen hauptsächlich zum Abbilden von Medaillen und Münzen. Man schmilzt pulverförmigen Schwefel (8 Teile) und Eisenspäne (1 Teil) und giesst diese Masse auf die vorher eingeölten Objekte.

Die flexiblen Formen

Es handelt sich um Monoblock-Formen aus einem Stück oder aus zwei Teilen angepasst an Modelle, die mit Formschrägen geformt wurden. Die Materialien sind natürlich-organischen Ursprungs (Agar-Agar, Gelatine, Latex) oder synthetisch hergestellt (Silikonkautschuk, Korogel, Polyurethan).

Formtechnik mit Agar-Agar
(nach J. C. Rich)

Agar-Agar, ein pflanzliches Kolloid, aus Meeresalgen vom Pazifischen oder Indischen Ozean extrahiert, hat nach der Lösung in heissem Wasser und Wiederabkühlen in Pulverform den Aspekt einer weissen, ziemlich spröden Gelatine. Das Gemisch Wasser/Agar schmilzt bei 98 °C und verfestigt sich bei 43 °C. (Es kann daher als Formmaterial auch auf lebenden Teilen des menschlichen Körpers verwendet werden.)
Die Flexibilität des Materials gestattet es, Modelle mittlerer Grösse mit Formschrägen zu formen. Der Nachteil der Agar-Formen ist ihre geringe mechanische Festigkeit, was grosse Sorgfalt im Umgang mit solchen Formen benötigt.
Aus diesem Grund ist ein Gipsmantel um die Agar-Formen herum unentbehrlich. Immerhin lassen sie sich auch verstärken mit anderen Zusatzstoffen (Bindemitteln). Da es sich beim Agar um einen organischen Stoff handelt, müssen auch Zusatzstoffe gegen Bakterienfrass beigefügt werden.
Agar wird seit ungefähr dem Ersten Weltkrieg als Formmaterial verwendet.
Agar lässt sich mit Flüssiggips oder -zement strekken, nicht aber mit Ton, weil dessen Feuchtigkeit vom Agar nicht absorbiert wird.

Rezept für die Zubereitung von Agar-Agar (nach Clarke im Buch von Rich)

Agar in Pulverform	120 g
Wasser	3 l
Borax oder Zinkoxyd	30 g
Sulfat vom Oxychinolin	0.6 g
Glycerin	30 g
Medizinische Watte	15 g
Baumwolle	0.9 g
Kautschukzement	120 g

Bei der Zubereitung von Kautschukzement löst man 15 g Kautschuk in 750 g Benzol während voller 3 Tage.

Agar wird bei Zimmertemperatur mit ¾ der obigen Wassermenge (2.250 l) gemischt; dann lässt man das Gemisch aufgehen. Danach erhitzt man es auf dem Wasserbad bis zum vollständigen Auflösen.

Im letzten Viertel Wasser (0.750 l) löst man die restlichen Stoffe (ausser Kautschukzement) unter ständigem Umrühren zum Ablösen der Watte und Baumwollfasern. Diese Lösung wird langsam unter Rühren in die auf 100°C erhitzte Agar-Lösung gegossen. Dann lässt man die Masse bis zum Verfestigen (ca. 43°C) abkühlen und setzt vorsichtig den Kautschukzement zu (Achtung: dieser ist leicht entzündbar, keine offene Flamme in der Nähe!). Das Benzol verdunstet und lässt die Mischung aufschäumen. Sobald die Verdunstung abgeschlossen ist, giesst man die Masse zum Abkühlen in ein Emailblech. Nach dem Erhärten schneidet man die Mischung in kleine Würfel, die getrocknet werden, bis durch Anpressen kein Wasser mehr entweicht. Die Substanz ist nun gebrauchsfertig.

Ein anderes, einfacheres Rezept lautet folgendermassen:

Agar-Agar	180 g
Wasser	1 l
Glycerin	1360 g
Carbonsäure	einige Tropfen

Zuerst wird das Wasser mit Agar im Wasserbad warm gemischt. Ist das Agar geschmolzen, fügt man das Glycerin hinzu und erwärmt so lange bis fast alles Wasser verdunstet ist. Dann werden einige Tropfen Carbonsäure zugesetzt und die Verdunstung zu Ende geführt. Was entsteht, ist eine kautschukähnliche Masse, die in kleine Würfel geschnitten wird; diese werden trocken aufbewahrt bis zu deren Verwendung. Die Innenfläche der Form aus Agar wird verstärkt durch einen Anstrich aus Alaun.

Für die eigentliche Formtechnik mit Agar wird auf den nächsten Abschnitt verwiesen: Formtechniken mit Gelatine.

Formtechnik mit Gelatine

Die Gelatineform ist älter und verbreiteter als die Agarform. Sie wurde 1844 von Hippolyt Vincent erfunden.

Man erhält die Gelatine durch Auskochen von organischem Gewebe, das reich an Kollagen ist (Knochen, Sehnen, Knorpel, etc.). Im Handel ist das Produkt in Form trockener Blätter erhältlich und wird als reine weisse Gelatine bezeichnet, die auch in der Ernährung eine Rolle spielt. Sie ist aber auch als hellbraunes durchscheinendes Granulat käuflich. Es ist ratsam, nur reine Gelatine, ohne Verunreinigungen zu verwenden.

Die Gelatine ist löslich in heissem Wasser. Sie schmilzt bei ca. 55°C.

Um sie geschmeidiger zu machen, kann wenig Glycerin beigemischt werden. Es sollten auch antiseptische Stoffe zugefügt werden, um die Haltbarkeit zu erhöhen. In der Tat hält eine Form aus reiner Gelatine nur einige Tage (Gelatine ist ein guter Nährboden für Bakterien). Ein Zusatz von Melasse zur Gelatine erhöht deren Elastizität.

Die Gelatineformen sind sehr genau, müssen aber wegen ihrer ungenügenden Festigkeit mit einem Gipsmantel umschlossen werden. Sie lassen sich nur für eine begrenzte Zahl von Abgüssen (im Durchschnitt 3) verwenden. Andererseits ist es vorteilhaft, dass sich das Material wiederverwenden und schmelzen lässt, um daraus neue Formen herzustellen.

Aufbereitung der Gelatine

Steht die Gelatine nicht als Granulat zur Verfügung, muss sie zuerst in kleine Stücke zerkleinert werden, die man in einen grossen Kolben mit Schnabelausguss gibt. Man deckt die Gelatine mit kaltem Wasser zu und lässt die Masse über Nacht (12 Stunden) aufgehen. Dann wird sie langsam im Wasserbad unter Umrühren zum Schmelzen gebracht; sie schmilzt in der Regel bei ca. 55°C. Sind keine Knollen mehr vorhanden, soll die Mischung sirupähnlich und ziemlich viskos sein. Die richtige Konsistenz ist erreicht, wenn die Masse von einem darin eingetauchten und wieder herausgezogenen Holzstab tröpfelt, die letzten Tropfen aber an diesem haften bleiben. Wenn die Gelatine zu dickflüssig ist, kann man unter Umrühren ein wenig heisses Wasser zufügen. Ist sie dagegen zu flüssig, kocht man sie ein wenig länger. Hat sie die gute Konsistenz, lässt man sie auf eine Temperatur von ca. 40°C erkalten, die für die auf die Aussenwand des Kolbens gehaltene Hand gerade noch zu ertragen ist. Man kann das Abkühlen beschleunigen, indem man den Kolben in einen Eimer mit kaltem Wasser taucht und ständig umrührt. Nach der Fingerprobe (wenn der nasse Finger in die Mischung getaucht und deren Wärme ertragen wird) wird es Zeit, die Masse in einem Zug in die Form zu giessen. Macht man dies nur portionenweise, verbinden sich die verschiedenen Gussschichten nicht genügend miteinander und hinterlassen Spalten in der Form.

Wiederverwendung des Basismaterials
Nach der Verwendung in der Form, kann die Gelatine zurückgewonnen werden. Man schneidet sie in Stücke, die man im Wasserbad zum Schmelzen bringt. Dann giesst man die viskose Flüssigkeit auf ein eingeöltes Blech, so dass eine Schicht von ca. 0.5 cm Dicke entsteht. Man lässt sie abkühlen, schneidet sie in Würfel und lässt sie mehrere Tage auf einem Gitter trocknen.
Sobald die Würfel trocken und zerbrechbar sind, werden sie in einer luftdichten Büchse an einem trockenen Ort aufbewahrt. Eine gealterte Gelatine, die bei der Konfektion von Formen Verunreinigungen aufgenommen hat, kann als Kleister mit grosser Klebkraft verwendet werden.

Aufbewahren der Gelatineformen
Sie müssen in ihrem Gipsmantel, geschlossen und auf den Kopf gestellt aufbewahrt werden, an einem durchlüfteten und feuchten Standort (weil ein Austrocknen der Gelatine zu Deformationen in der Form führt). Sie lassen sich nicht länger als einige Tage lagern.

Herstellung von Gelatineformen

Formen aus einem Stück mit einem zweiteiligen Mantel
Man erstellt zuerst eine «Sohle» aus Ton von ca. 1 cm Dicke, in die man den Sockel der Skulptur ca. 0.5 cm tief einbettet. Die Sohle soll die Basis der Skulptur um einige Zentimeter umschliessen. Man egalisiert ihre Oberfläche und deckt sie mit Seidenpapier zu. Dann wird die Skulptur mit Flüssigwachs oder Rapsöl (in sehr kleiner Dosierung) angestrichen.
Nun bedeckt man die Skulptur mit einer ca. 1 cm dicken Tonschicht: diese Tonschicht wird später durch Gelatine ersetzt. Die Aussenfläche wird leicht aus der Form gehend aufgebaut, sie enthält im oberen Teil einige konische Abzweiger aus Ton, von denen der zentrale für die Giessöffnung bestimmt ist (zum Eingiessen der Gelatine). Die anderen Abzweiger sind als Luftlöcher ausgebildet, durch die die Luft beim Giessvorgang entweichen kann. Sie sind dort angeordnet, wo beim Einfüllen der Gelatine am ehesten Luft gefangen bleiben kann. Die Nebenabzweiger sind kleiner als der zentrale Konus.
Die beiden zukünftigen Gipsmantelteile werden mit im Ton eingelassenen Lamellen abgetrennt, um die Masse in zwei ungefähr gleich grosse Hälften zu teilen.
In der Tonsohle wird eine Abflussrinne ausgespart, rund um die im Ton eingebettete Skulptur. Man kann zusätzlich einige Vertiefungen in der Sohle bohren, damit die Mantelteile beim Verschliessen der Form mit entsprechenden Naben genau positioniert werden können.
Der ganze Tonaufbau wird mit einer geölten Kartonmanschette (in der Höhe leicht über die Skulpturhöhe hinausgehend) umgeben, die ausserhalb der Abflussrinne und eventuellen Vertiefungen für den Gipsmantel in die Tonsohle eingedrückt wird. Sie wird aussen mit Tonwürsten gestützt.
Nun wird auf beiden Seiten der in Ton eingebetteten Skulptur eine senkrechte Trennwand aus geöltem Karton um die beiden Kartonmantelteile zur Aufnahme des Gipses zu trennen. Der eine Rand der Trennwand stützt sich auf die Lamellen, der andere auf die Manschettenwand. Das Ganze wird zusammengehalten indem die Trennwand auf die Tonsohle eingepresst wird.
In die eine Mantelhälfte wird ziemlich dickflüssiger Gips gegossen. Der Gips muss die konischen Abzweiger gut umfassen, soll aber nicht bis zu deren Öffnung reichen. Die Manteldicke soll mindestens 2.5 cm betragen.
Hat der Gips abgebunden, entfernt man die Manschette, die Trennwand aus Karton und den Lamelleneinsatz.
Die Füllung der ersten Mantelhälfte, die in Berührung mit der zweiten Mantelhälfte kommt, wird egalisiert. Man bohrt Gegenschlösser und bestreicht diese Fläche mit Ton. Dann wird die

Manschette aus geöltem Karton wieder aufgesetzt, positioniert und füllt die zweite Mantelhälfte mit Gips. Man lässt den Gips aushärten und öffnet die Form. Der die Skulptur umgebende Ton wird entfernt, ohne die Sohle zu berühren, von der man einzig das Seidenpapier entfernt.

Die beiden gut getrockneten Mantelhälften werden mit mehreren Schichten Gummilack überzogen und trocknen gelassen. Dann wird das Mantelinnere mit Vaseline eingefettet, die Skulptur und die Tonsohle leicht eingeölt.

Man umschliesst die Skulptur mit beiden Mantelhälften und positioniert sie wieder gemäss der Angussrinne und den Vertiefungen in der Sohle.
Die Form wird nun luftdicht verschlossen: an der Basis mit einer Tonwurst und auf der Seite mit in Gips getränktem Jutegewebe.
Auf der Giessöffnung wird ein abgestumpfter Kegeltrichter aufgesetzt. Er wird aus dickem Karton oder mit einer Konservenbüchse geformt. Er soll mindestens 3 cm hoch und 4 bis 5 cm im Durchmesser sein und wird mit Gips auf der Form befestigt.

Monoblockform aus Gelatine

a) Tonsohle

b) Tonüberzug

c) Giessöffnung

d) Luftloch

e) Lamelle

f) Abflussrinne in der Sohle

g) Manschette aus geöltem Karton

h) Tonwurst

i) Trennwand aus geöltem Karton

i) Erste Mantelhälfte aus Gips

k) Objekt, umgeben von zwei Mantelhälften

l) Tonwurst

m) In Gips getränktes Jutegewebe

n) Trichter in der Giessöffnung

o) Eingiessen der Gelatine

p) Tonzapfen zum Verschliessen der Luftlöcher

q) Mit dem Messer aufgeschlitzte Gelatineform

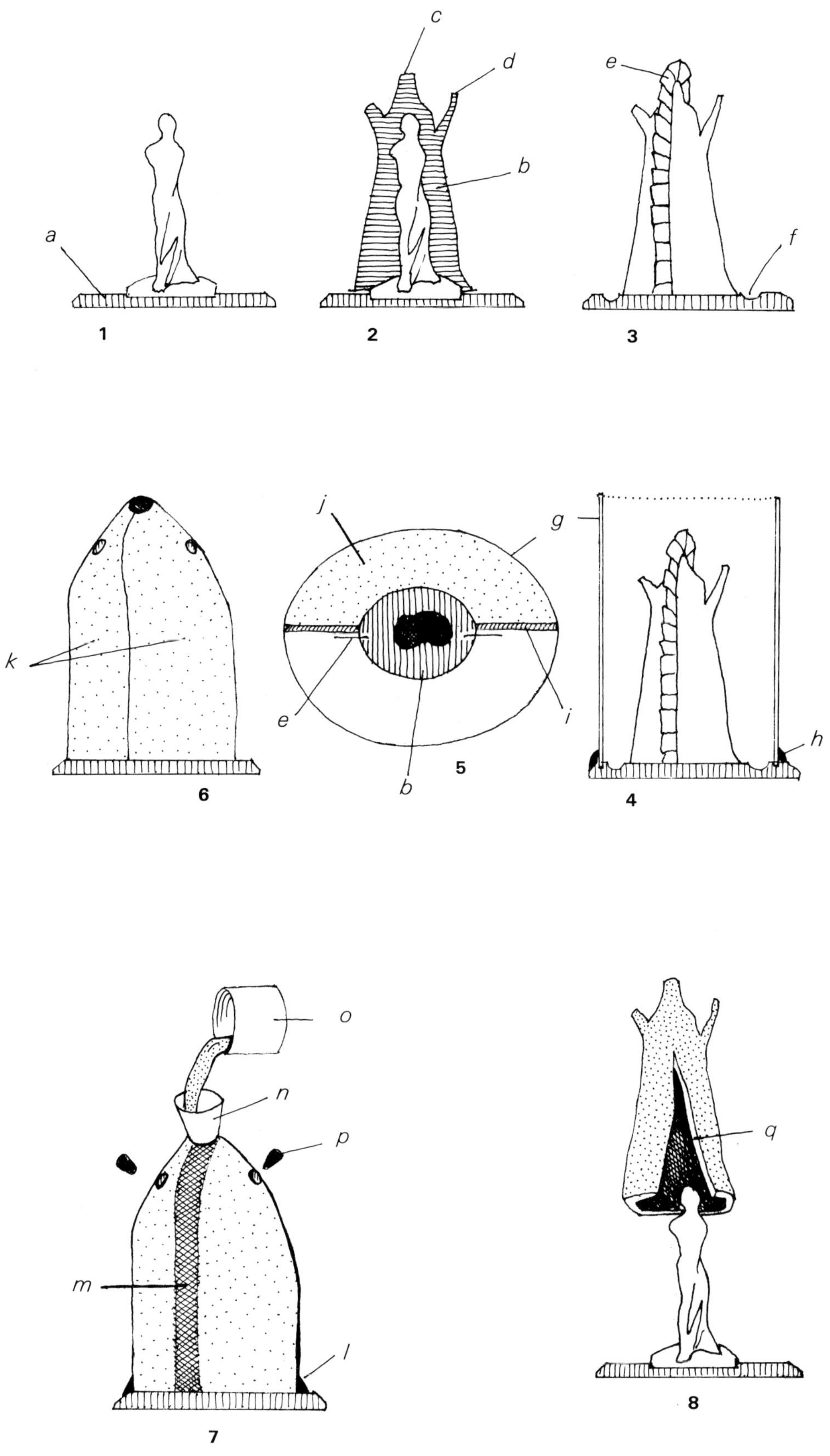

a
c
d
b
e
f
1
2
3
j
g
k
e
i
b
h
6
5
4
o
n
p
m
l
q
7
8

Die aufbereitete Gelatine wird von ziemlich hoch oben, in einem Zug, ohne anzuhalten, aber langsam in den Trichter gegossen. Sobald die Gelatine bei den Luftlöchern austritt, müssen diese mit vorbereiteten Tonpfropfen zugestopft werden. Man kann fast den ganzen Trichter mit Gelatine auffüllen, weil diese sich beim Abkühlen zurückzieht.
Man muss mindestens 6 Stunden mit dem Öffnen der Form zuwarten; am besten lässt man sie über Nacht liegen.
Der Trichter wird durch leichtes Abdrehen entfernt, dann schneidet man den Gelatinekonus ab. Man öffnet die Form, indem man die beiden Mantelhälften voneinander trennt. Um die Skulptur von der Gelatineform zu befreien, schlitzt man diese von oben nach unten mit einem Messer an einer Stelle auf und entfernt die Skulptur.

Zur Vorbereitung der Gelatineform vor dem Giessvorgang, bepinselt man deren Innenfläche mit Talk. Überschüssiger Talk wird abgeblasen. Der Talk bindet das Öl oder das Wachs, das die Form vom abgeformten Objekt mitbekommen hat. Es darf sich jedoch kein Talk ablagern.
Es folgt sodann die Behandlung mit stechender Alaunlösung (es handelt sich um die Lösung von Alaunpulver in genügender Menge kochenden Wassers; im Zungentest muss die Lösung brennen!). Diese Behandlung macht die Innenfläche der Form härter.
Man lässt während 12 Stunden trocknen und streicht sie mit einer dünnen Schicht Rapsöl an.
Dann wird die Gelatineform wieder in die zwei Mantelhälften aus Gips gestellt, dabei ist darauf zu achten, dass die Formenden gut eingepasst werden. Nun giesst man nicht zu flüssigen Gips unter ständigem Umrühren in den ganzen Formenaufbau, bis er ganz voll ist und presst eine Armierung darauf, wenn der Gips abzubinden beginnt.
Man muss frühzeitig mit dem Ausformen anfangen, bevor der Gips sich zu stark erwärmt, weil man sonst das Risiko eingeht, dass die Gelatine schmilzt. Deshalb ist die Kopie kurz nach dem Abbinden des Gipses herauszunehmen (man kann dabei auf das Abbinden des Gipses, der nach dem Anmachen im Eimer zurückbleibt, abstellen).
Jedesmal, wenn eine neue Kopie gezogen wird, ist die Form mit Alaunlösung und Rapsöl zu behandeln.

Zweiteilige Form mit dreiteiligem Gipsmantel

Für das Abformen komplizierter Stücke (z. B. das Abbinden von einem Kopf aus Gips) muss zuerst eine Gipsrondelle gefertigt werden, die den Abdruck der Objektbasis aufnimmt. Dazu muss dieses auf den Kopf gestellt werden, so dass die Basis oben zu liegen kommt. Um die Basis wird ein Boden aus Ton auf gleicher Ebene wie die Objektbasis aufgebaut, in der Grösse auf die Gipsrondelle abgestimmt. Man bohrt verschiedene Vertiefungen in die Basis und überzieht sie mit Tonschlicker. Dann deckt man diese Fläche mit Gips von ca. 3 cm Dicke ab. Wenn der Gips abgebunden hat, entfernt man den Boden aus Ton und schrägt die Rondelle seitlich ab. Zudem werden vier Gegenschlösser in die Rondelle gebohrt, einerseits auf der Seite der Skulptur und andererseits aussen an der Rondelle, dort, wo die Gipsmantelteile hinkommen. Das Profil dieser Rondelle muss regelmässig und leicht aus der Form gehend sein, um die Mantelteile problemlos aufbauen zu können. Die Gipsrondelle wird vollständig mit Tonschlicker angestrichen.
Dann legt man das Stück seitlich ab und dreht es so, dass eine zu formende Gesichtshälfte nach oben schaut. Man unterstützt das Stück in dieser Position mit einer dicken Tragschicht aus Gips oder Ton, die gleichzeitig den zu formenden Teil der Skulptur abgrenzt (die Skulptur sollte zwei mehr oder weniger gleich grosse Teile aufweisen). Damit die Skulptur nicht an der Tragschicht haften bleibt, legt man ein Seidenpapier dazwischen. Zusätzlich wird der ganze Umfang der Skulptur mit Seidenpapier abgedeckt.
Dann trägt man auf die sichtbare Partie eine 1 cm dicke Tonschicht auf; sie entspricht der Gelatineschicht, die später ihren Platz einnehmen wird. Die Tonoberfläche muss so aufgebaut sein, dass sie leicht aus der Form geht.
Auf ihren erhaltenen Partien werden Tonkeile aufgebaut, die als Giessöffnung (in der Mitte, zuoberst) oder als Luftlöcher dienen.
Der Umfang der ganzen Skulptur, ausser der Basis, ist von einer gleichmässigen Tonschicht umgeben.
Dann werden Gegenschlösser in die Tragschicht gebohrt, und man setzt 4 Tonbatzen von der Grösse von 1 cm auf die Aussenfläche der Tragschicht (diese bilden kleine Höhlen im Gipsmantel,

was das Öffnen der Mantelteile mit einem Meissel erleichtert). Die Gipsoberflächen werden mehrere Male mit Tonschlicker angestrichen.

Man bedeckt den ganzen Aufbau mit Gips, zuerst mit dem Pinsel, dann von Hand oder mit einem grossen Spatel. Mit Metallstäben wird der Gips armiert, der auf eine Dicke von 3 bis 4 cm kommen soll. Die obersten Tonkeile werden nicht mit Gips bedeckt.

Man kehrt die aufgebaute Halbform um und verfährt in analoger Weise für die Herstellung der zweiten Mantelhälfte. Man befestigt das Ganze in horizontaler Stellung mit Tonkügelchen. Nun wird die Tragschicht entfernt und man glättet die Gipsoberfläche (wenn erwünscht, kann man jetzt Gegenschlösser in den Gipsmantel bohren, falls man vergessen hat, solche in der Tragschicht zu machen).

Man bedeckt die sichtbare Skulpturhälfte mit einer gleichmässigen Tonschicht wie zuvor. Auch diesmal werden Tonkonen für den Giessvorgang mit Gelatine (Giessöffnung, Luftlöcher) vorgesehen, und man vergisst die um die Skulptur gehende Tonwurst nicht.

Die Gipsoberfläche wird mit Tonschlicker bestrichen und dann mit Gips, um die zweite Mantelhälfte zu formen. Man armiert diese und lässt dann abbinden.

Ist der Gips ausgehärtet, trennt man die beiden Gipsmantelhälften, indem man einen Holzmeissel in die vorgesehenen Höhlen einführt und ihn sorgfältig als Heber betätigt.

Man entfernt den die Hälfte der Skulptur bedekkenden Ton, ferner auch das Seidenpapier auf dem Ton. Man egalisiert die sichtbare Oberfläche vom Ton rund um das Modell (von der anderen Seite), das von seiner Mantelhälfte umgeben ist (man kann auch Gegenschlösser hineinbohren, wenn die Stärke des Tonstreifens es erlaubt).

Man bestreicht die Innenseite des Mantelteils, den sichtbaren Teil der Rondelle und die Trennfläche der Mantelhälfte mit Seifenlösung. Dann trägt man eine dünne Schicht Rapsöl auf. Man ölt (oder wachst) auch den Ton und das Objekt damit ein.

Nun wird die zweite Mantelhälfte wieder aufgesetzt und beide Hälften werden mit Klammern zusammengespannt. Zudem werden sie mit in Gips getränkten Jutegeweben oder mit Ton versiegelt.

Herstellung einer Gelatineform mit Gipsrondelle

1. Um die Basis des Gipsmodells (a) wird ein Tonboden (c) aufgebaut. Es werden Gegenschlösser (b) in die Basis gebohrt.

2. Man stellt das Stück auf den Kopf und breitet eine Gipsschicht von einigen Zentimetern Dicke auf dem Tonboden und der Skulpturbasis aus. Man bezeichnet die Gipsschicht als Rondelle (d).

3. Das Ganze wird auf die Seite gelegt und zur Hälfte in eine Tragschicht aus Ton (e) eingebettet. In der Rondelle werden Gegenschlösser gebohrt. Die Oberfläche der Tragschicht wird mit einem Seidenpapier (f) abgedeckt. Die Modelloberfläche wird mit einer gleichmässigen Tonschicht (g) bedeckt, während Konen aus Ton (h) die hervorspringenden Partien der Skulptur überragen. Beim obersten Punkt wird der wichtigste Konus plaziert: die spätere Giessöffnung. Ein Wulst aus Ton (i) umgibt das Stück.

4. Ein Mantel aus Gips (j) bedeckt den Ton, indem er sich auf die Rondelle abstützt, die zuvor mit Tonschlicker behandelt worden war.

5. Man kehrt das Ganze um und entfernt die Tragschicht. Es werden Gegenschlösser in die Rondelle, in den Ton und in den Gipsmantel gebohrt. Die Gipsoberflächen werden mit Tonschlicker angestrichen.

6. Die zweite Formhälfte wird genau gleich hergestellt.

7. Eine Mantelhälfte ist entfernt, ebenfalls der Ton. Die Gipsoberflächen werden mit einem Trennmittel eingestrichen. Die Mantelhälfte wird wieder aufgesetzt und die Giessöffnung wird mit einem mit Gips befestigten Trichter (k) versehen.

8. Sobald die Gelatine (1) hart ist, wird das Ganze umgedreht und der Giessprozess wiederholt.

9. Die Form ist geöffnet worden, das Gipsmodell wird entfernt, die Form wieder geschlossen. Von nun an kann eine Kopie aus Gips in dieser Form abgezogen werden.

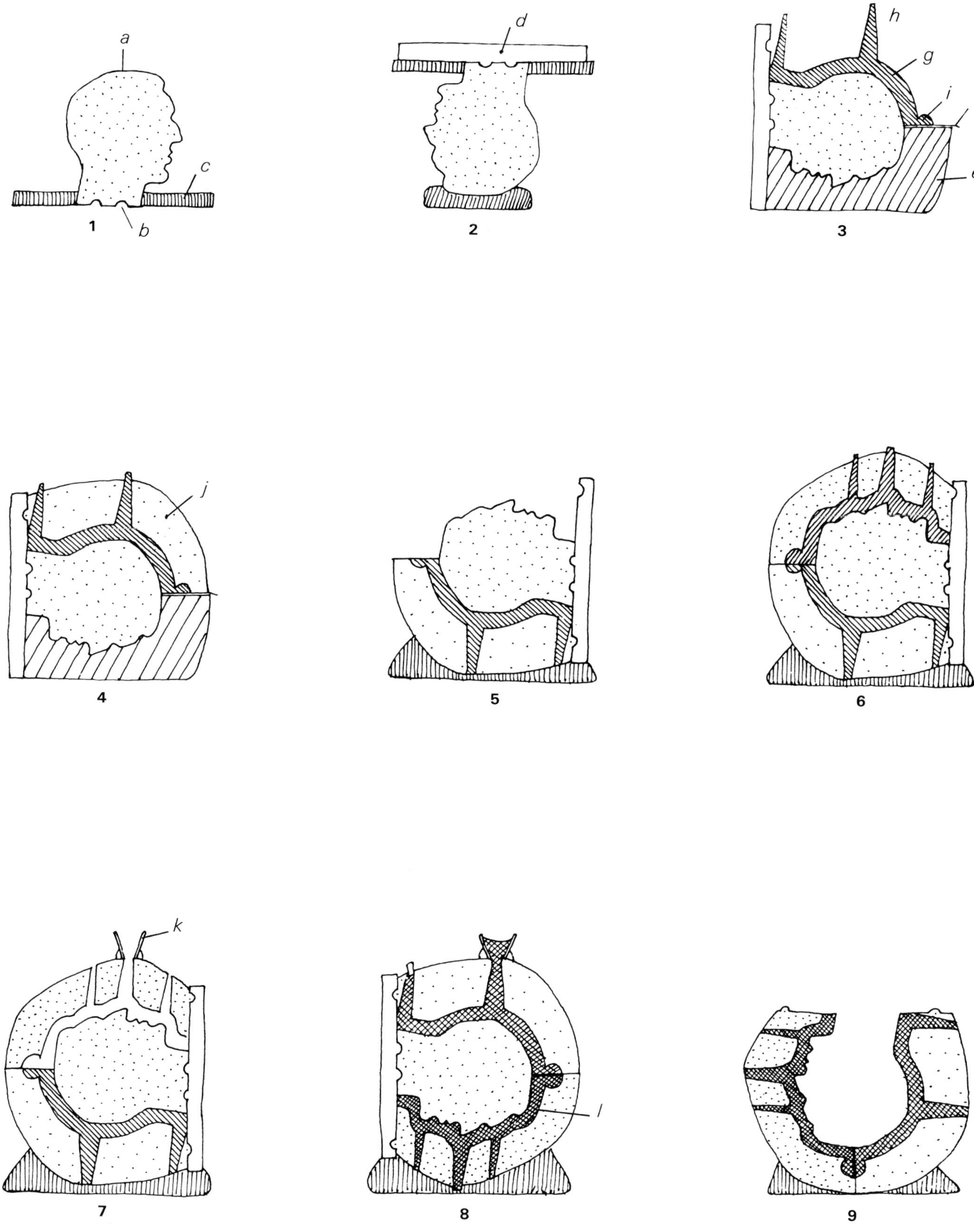
a
b
c
1
d
2
h
g
i
f
e
3
j
4
5
6
k
7
l
8
9

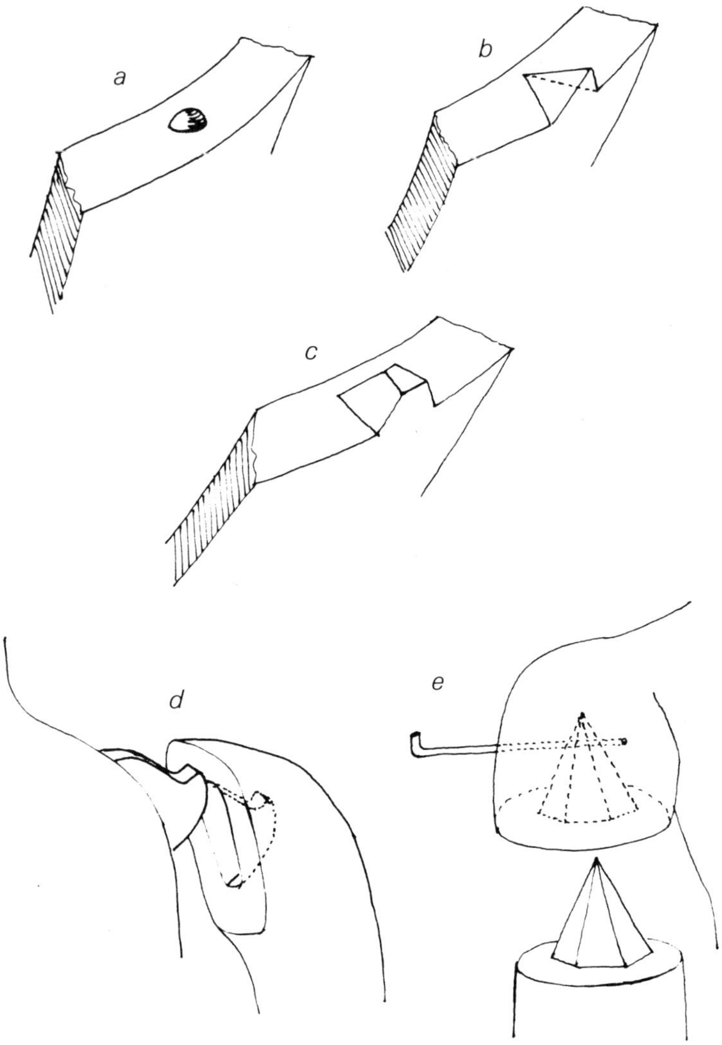

a, b, c = drei Typen von Schlössern
d, e = Verband nach römischer Art

Man befestigt einen Einfülltrichter mit Ton auf der Giessöffnung (Achtung: es darf kein Gips in die Giessöffnung gelangen!). Es sind Tonkügelchen vorzubereiten, um die Luftlöcher während des Giessvorgangs zu verstopfen.
Nun lässt man die Gelatine in einem Guss, ohne anzuhalten, einfliessen.
Nach 6 Stunden kehrt man die Form um und entfernt die eine Mantelhälfte und verfährt in gleicher Weise wie bei der ersten Mantelhälfte. Man giesst die Gelatine ein, lässt erhärten, formt aus und entfernt die Skulptur aus den zwei Formhälften aus Gelatine.
Um eine Gipskopie aus dieser Form zu ziehen, muss die Form (wie bereits ausgeführt) mit Talk, Alaun, Rapsöl, behandelt werden. Man ölt auch die Mantelteile und die Gipsrondelle ein.

Man trägt eine erste Schicht sehr flüssigen Gipses auf die Oberfläche der beiden Formhälften mit dem Pinsel auf. Dann baut man mehrere Schichten mit dem Spatel auf und armiert diese. Die letzten noch flüssigen Gipsschichten setzt man auf die Trennflächen und schliesst die Form unmittelbar. Man positioniert die beiden Mantelhälften und drückt sie fest aufeinander. Man kann auch Flüssiggips durch die Öffnung der Gipsrondelle (die noch nicht in Stellung gebracht worden ist) hinzufügen, solange er noch keine Wärme entwickelt hat. Sobald dies der Fall ist, muss zur Ausformung geschritten werden.

Ist die Skulptur gross (60 bis 90 cm), wird das Hohlgussverfahren angewandt, wobei die gleichmässige Schichtdicke ca. 3 cm mit Armierung betragen muss. Ist sie klein, kann sie aus Vollguss bestehen. Wenn das zu formende Modell sehr kompliziert ist, kann es in verschiedene Teile, die separat abgegossen werden, aufgeteilt werden. Es gibt verschiedene Möglichkeiten, um die Kopieteile ineinander einzupassen: mit Zapfen und Zapfenlöchern verschiedenster Ausbildung, ein Verband, der als «Verband nach römischer Art» bezeichnet wird.

Formen aus Latex

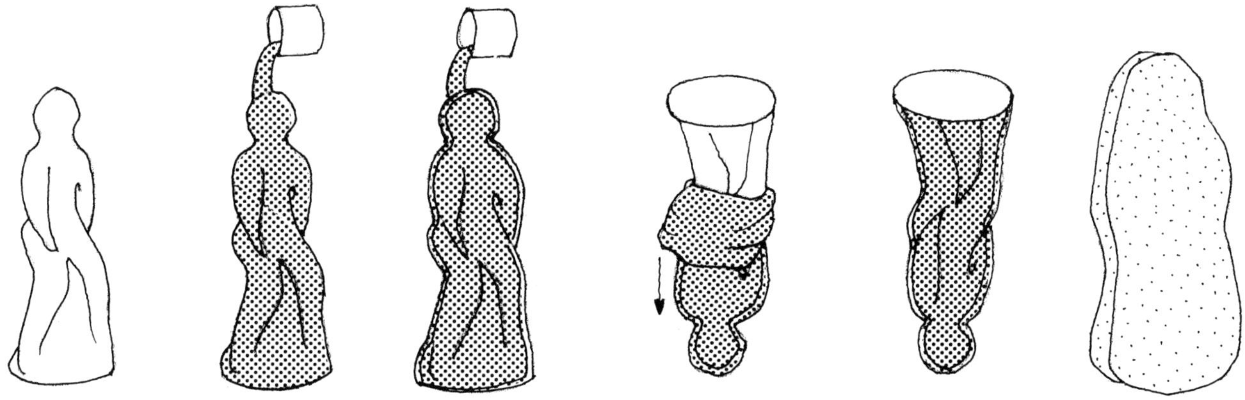

1 2 3 6 5 4

Form «Chaussette» (Strumpfform)

1. Das abzugiessende Objekt wird mit einem Trennmittel angestrichen.

2.+3. Mehrere Schichten Latex oder Silikon werden übereinander aufgebaut bis zu einer genügenden Schichtdicke.

4. Um das Modell wird ein Gipsmantel angelegt.
5. Nach dem Ausformen wird das Objekt auf den Kopf gestellt.
6. Die Form wird wie ein Handschuhfinger umgestülpt und so das Modell befreit.

Latex ist eine milchartige Flüssigkeit, die im Saft der Hevea (Gummibaum) löslich ist. Latex ist ein verhältnismässig kostengünstiges Formmaterial. Bei kleinen Objekten mit zahlreichen Partien mit Formschräge kann er sogar als Material der ersten Wahl bezeichnet werden, weil man hunderte von Kopien abgiessen kann. Zudem erlaubt seine gute mechanische Festigkeit den Aufbau von «Strumpfformen» im Monoblock.
Im Handel sind die Latexprodukte in der Regel mit Zusatzstoffen vermischt, die eine Qualitätsverbesserung herbeiführen: Stabilisatoren (sie verhindern die Koagulation von Partikeln: Ammoniak, Kasein), Konservierungsmittel (sie verhindern die Zersetzung von organischen Stoffen: Phenol), Abbindemittel (sie erleichtern oder beschleunigen die Vulkanisation: Magnesiumsulfat, Schwefelblumen), Füllstoffe (die dem Produkt Körper verleihen: Spanischweiss, Talk, Baumwollfasern, Zinkoxyd, Kaolin), Antioxydantien (Phenyl-alpha-Naphthylamin).

Trennmittel: In Latexformen kann jedes Material geformt werden. Einzig bei porösen Materialien wie Gips müssen die Poren mit Gummilack geschlossen werden, der gut antrocknen muss. Dann wird eine dünne Schicht Öl oder Flüssigwachs aufgepinselt. Ein Modell aus Ton benötigt kein Trennmittel. Plastilin verdunstet mit dem Zusatz von Gummilack. Andere Materialien (Metall, Stein, Holz) können vor dem Abformen leicht eingewachst werden.

Herstellung einer Form aus Latex

Mit einem Pinsel werden dünne Schichten von Latex auf das Modell gelegt. Es sind zwölf Lagen nötig, um eine genügend feste Form zu erhalten. Bevor eine weitere Schicht aufgepinselt wird, muss die vorhergehende Schicht trocken sein, was 15 bis 45 Minuten in Anspruch nimmt (je nach Schichtdicke). Beim Trocknen wird der Kautschukfilm durchsichtig.
Die letzten Schichten lassen sich mit Füllstoffen mischen, was das Material pastoser macht.
Verwendet man zum Ausbreiten des Latex einen Pinsel, muss man diesen vorher in Wasser einlegen und auf einer weichen Seife reiben, damit die Haare nicht koagulieren. Nach Gebrauch wird der Pinsel ausgewaschen und von restlichem Latex befreit. In Pastenform (mit Füllstoffen angereichert) wird Latex mit dem Pinsel aufgetragen.
In den letzten Schichten kann die Latexform mit Gazebinden oder in Latex getränktem Flanellgewebe armiert werden.
Ist die Form fertig, lässt man sie während zwei Tagen trocknen.

Die Formen (Monoblock oder mehrteilige Formen) werden mit zwei Gipsmantelhälften abgedeckt.
Vor dem Aufbau des Mantels wird die Innenseite der Form mit verdünnter Salzsäure (25%) oder mit Gummilack angestrichen, um den in der Mischung vorhandenen Ammoniak zu neutralisieren (dieser kann das Abbinden des Gipses verhindern).
Der Trocknungsvorgang lässt sich durch ein leichtes Brennen bei 43 bis 48°C beschleunigen.
Bei der Herstellung einer zweiteiligen Latexform geht man in gleicher Weise vor wie bei derjenigen einer Gipsform, nämlich nach dem Verfahren der verlorenen Form. Man bedeckt beide leicht aus der Form gehenden Latex-Formhälften mit je einer Gipsmantelhälfte.
Im Falle der Monoblockform wird das Modell oder der Abguss durch Umstülpen der Formhaut herausgenommen (siehe Strumpfform), oder durch einen Längsschnitt aus der Form befreit.
Vor dem Abgiessen einer Kopie wird die Innenseite der Form mit Gummilack oder mit einer Mischung von Glycerin (10 Teilen) und Äthylalkohol (1 Teil) ausgestrichen.
Latexformen halten sich sehr lange und dienen zum Abgiessen von zahlreichen Kopien.

Flexible Formen aus synthetischem Material

Formen aus Koragel (nach J.-C. Rich)

Der Handelsname Koragel bezeichnet einen kautschukähnlichen elastischen Stoff, der für flexible Formen verwendbar ist. Diese erlauben Kopien aus Gips und Portlandzement. Koragel wird wie Gelatine eingesetzt, ist nicht wasserlöslich, schwindet nicht und wird beim vielen Gebrauch der Form nicht deformiert. Die Formen sind sehr lange haltbar ohne irgendeinen Schaden zu nehmen. Der Vorteil der Koragelform liegt in der grossen Anzahl möglicher Kopien. Sie lässt sich unendlich oft einschmelzen und wieder für andere Formen verwenden.

Koragel wird geschmolzen und im flüssigen Zustand gegossen. Dabei sind einige Vorsichtsmassnahmen zu beachten: man muss einen emaillierten Behälter zum Schmelzen verwenden (geschmolzenes Koragel darf nicht mit Metall in Berührung kommen) und man darf es nicht über eine Temperatur von 148 °C erhitzen (um eine Überhitzung zu vermeiden, ist ein Thermometer zu verwenden). Es ist empfehlenswert, Koragel in kleinen Mengen, auf kleinem Feuer zu schmelzen. Ist das meiste Material geschmolzen, wird der Rückstand mit einem Holzlöffel eingemischt (damit vermeidet man ein Anbrennen auf dem Behälterboden). Wenn alles geschmolzen ist, wird die Heizung abgestellt und man lässt die Masse ohne umzurühren ruhen, damit die Luftblasen entweichen können. Man kühlt die Masse auf ca. 121 °C ab und giesst die noch flüssige Masse in den Gipsmantel (siehe Formtechnik mit Gelatine) und lässt während mehrerer Stunden abkühlen, bevor das Ausformen vorgenommen wird.

Koragel eignet sich als Formenmaterial für Objekte in Gips, Holz, Metall, Zement. Hingegen ist es ungeeignet für Modelle aus Wachs, Plastilin oder Ton (wegen seines hohen Schmelzpunktes).

Modelle aus Gips oder Zement müssen vor dem Aufbau des Koragels vollkommen trocken sein. Als Trennmittel hat sich eine Mischung zu gleichen Teilen von Vaseline und Kreide bewährt. Dieses wird mit einem breiten Pinsel als feine Schicht aufgetragen. Auch ein Schmieröl eignet sich dafür. Es darf nicht vergessen werden, dass auch die Innenseiten der Mantelhälften mit einem Trennmittel zu behandeln sind.

Die Kosten für Koragel liegen bedeutend höher als für Gelatine, sind aber angesichts der grossen Zahl von damit herstellbaren Formen zu verantworten.

Bemerkung: Koragel, ein Produkt der Firma B. F. Goodrich in Akron (Ohio, USA) ist in Europa zur Zeit noch nicht erhältlich.

Formen aus Polyvinylchlorid

Plastisol: Plastisol ist der Handelsname für PVC, das sich im warmen Zustand zu elastischen Formen verarbeiten lässt. Für die vollständige Polymerisation ist eine Temperatur von 145 °C notwendig. Das zu formende Modell muss deshalb diese Temperatur aushalten können. Es wird vorgewärmt, bevor es in ein Bad von flüssigem Plastisol eingetaucht wird. Sobald sich auf dem Modell eine ausreichende Schicht von Plastisol aufgebaut hat, wird es aus dem Bad entfernt.

Sind die kautschukähnlichen Eigenschaften ausgebildet, wird die Ausformung vorgenommen, entweder durch Umstülpen der Formhaut oder durch Längsschnitte entlang den Formseitenflächen.

Poröse Modelle sind vorgängig mit Gummilack zu behandeln und einzuölen.

Bevor Kopien gezogen werden, sind die Forminnenflächen mit einem Trennmittel auszustreichen. Man kann für die Abgüsse irgendein Material wählen, solange die exothermen Reaktionen (Freiwerden von Wärme während des Abbindevorganges) nicht Temperaturen von 80 °C überschreiten. Man kann selbst Metalle mit sehr tiefem Schmelzpunkt verwenden.

Die Zahl der Kopien, die mit einer solchen Form realisierbar ist, kann recht hoch sein.

Formen aus Polyvinylkautschuk
(vina moulds, nach J.W. Mills)

Es handelt sich um einen Feststoff, der in einem Aluminiumeimer bei 120 bis 170 °C geschmolzen wird, ohne dabei mit der Wärmequelle direkt in Berührung zu kommen. Da das Erwärmen im Wasserbad von 100 °C nicht genügt, um das Material zu schmelzen, ist ein Wärmeluftkissen besser geeignet. Dafür stehen elektrisch beheizte Aluminiumpfannen zur Verfügung.
Das Material wird in kleine Stücke geschnitten und unter ständigem Umrühren in den Behälter gefüllt, bis es zu einer homogenen Masse geschmolzen ist. Es wird sodann auf ähnliche Weise wie die Gelatine für eine zweiteilige Form verwendet, umgeben von zwei Gipsmantelhälften.
Monoblockformen werden folgendermassen aufgebaut: Man umgibt das Modell mit einer Manschette aus Linoleum, trägt geschmolzenes Polyvinyl auf das Modell auf und wartet, bis dieses erhärtet. Nach dem Abkühlen entnimmt man das Modell der Form, indem man diese der Länge nach, von unten nach oben, aufschlitzt.

Kalthärtende synthetische Formen

Formen aus Silikonkautschuk

Die Silikone sind «thermohärtende Harze, deren Skelett aus einer Verkettung von Silizium- und Sauerstoffatomen besteht, wobei die freien Valenzen mit organischen Radikalen gesättigt sind.»
Die für den Formenbau in Frage kommenden Silikone werden flüssig oder pastenförmig verarbeitet. Das zu formende Modell (aus Gips, Wachs, Metall, Stein, Holz, Harzen, etc.) muss vollkommen staubfrei sein. Ist das Modell von poröser Struktur (Gips, Holz, Zement), muss es vorgängig mit in Methanol aufgelöstem Gummilack behandelt werden. In jedem Fall muss das Modell mit einem Trennmittel angestrichen werden (Silikonwachs oder in Aceton verdünnte Vaseline).
Beim Silikonkautschuk handelt es sich um eine mehr oder weniger viskose Masse, der wenig (ca. 2%) eines Katalysators zugesetzt wird, um das Material in eine feste, elastische Masse überzuführen. Kurz vor Gebrauch werden diese Substanzen gemischt, wobei Sorge zu tragen ist, dass keine Luftblasen eingeführt werden. Ist die Masse homogen, wird sie über das Modell gegossen. Will man jegliche Luftblasenbildung vermeiden, muss unter Vakuum gearbeitet werden.
Die Abbindezeit beträgt bei Silikonen zwischen wenigen Minuten und 72 Stunden, je nach Silikontyp. In der Regel ist die Polymerisation nach 1 bis 2 Stunden beendigt.

Man kann sowohl Monoblockformen oder mehrteilige Formen, Massivformen oder «Formhäute» verwenden.
In solchen Formen lassen sich Kopien aus Gips, Stuck, Wachs, Polyester, Epoxyharz oder selbst aus Metallen mit tiefen Schmelzpunkten (max. 250 °C) abgiessen. Im letzten Fall ist es ratsam, das Innere der Form mit Graphit oder Molybdän zu pudern (damit sich entwickelnde Gase leichter entweichen können).
Giesst man Epoxyharze, werden die ein rascheres Abbinden bewirkenden Katalysatoren sukzessive von der Form absorbiert; sie sind für ein Kleben der Kopie an der Form verantwortlich. Um das zu vermeiden genügt es, die Form während 8 Stunden in einem belüfteten Dampfbad (bei 150 °C) zu erhitzen, so dass der Katalysator verdunsten kann.
Wünscht man Silikon als Giessmaterial in eine Giessform einzubringen, ist es nötig, die Berührungsflächen mit einem Trennmittel (z.B. aus Silikonwachs) einzustreichen.
Die Silikonkautschuke zeigen ein leichtes lineares Schwinden, wenn sie bei Zimmertemperatur verarbeitet werden.
Es ist bekannt, dass Schwefel das Abbinden hemmt; es muss daher jeder Kontakt mit Schwefel vermieden werden. Insbesondere darf Silikonkautschuk nicht mit Ton oder Naturkautschuk, die Schwefel enthalten, in Berührung kommen.
Bestimmte Materialien aus Plastik (ausgenommen Celluloseazetat, Teflon, Polyäthylen und Mylar), wie auch gewisse Stoffe, die metallorganische Salze enthalten, können zu Überraschungen führen (zögert man, ist es empfehlenswert, einen Vorversuch durchzuführen, bevor man das Material definitiv einsetzt).

Dreiteilige Silikonform, um das Gipsmodell geführt.
Jeder flexible Formteil aus Silikon wird von einem starren Gipsmantel gestützt.

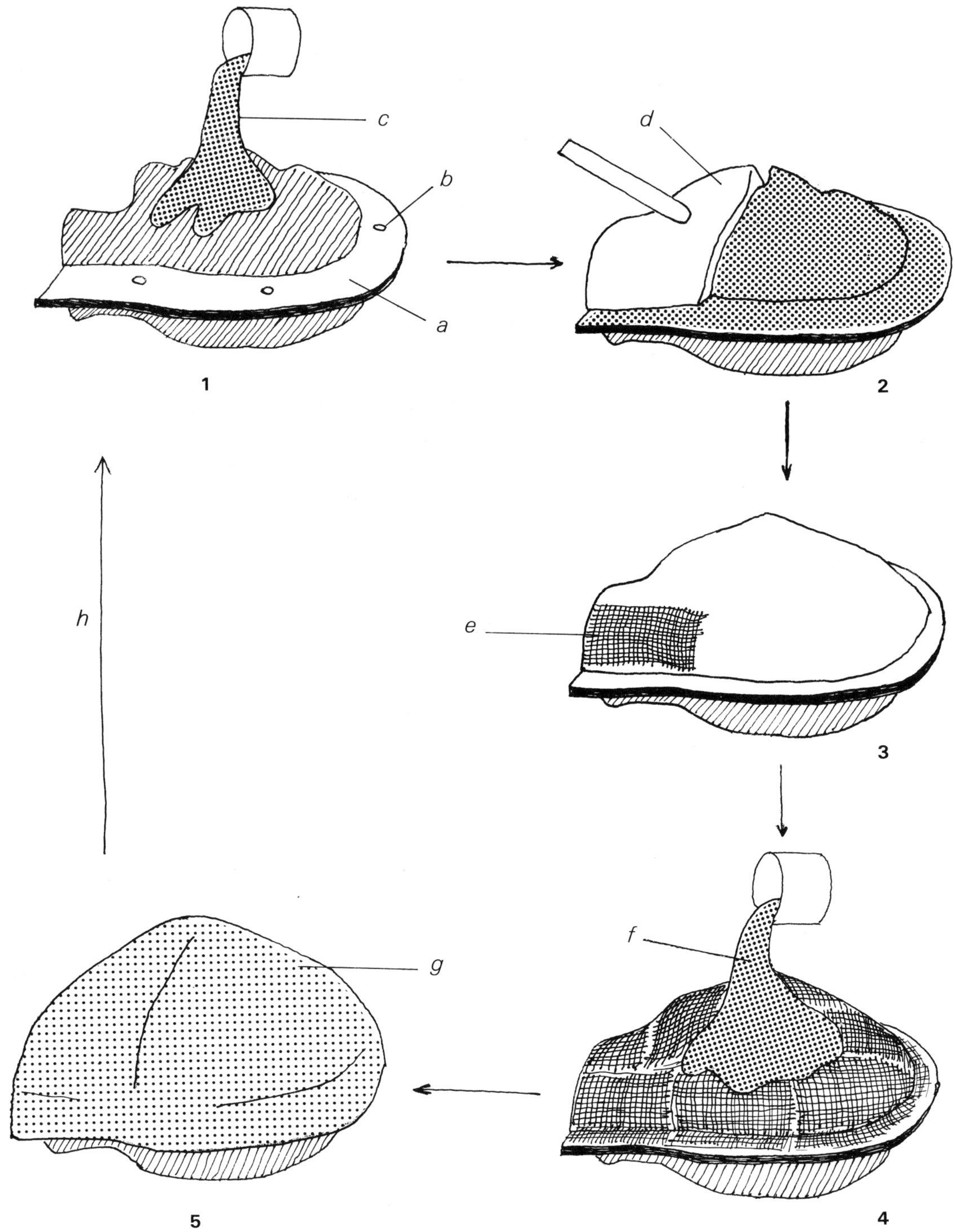

Fabrikation einer Silikonformhaut

a) Tonstreifen, der das zu formende Objekt in zwei Hälften teilt.

b) Gegenschloss.

c) Giessen einer ersten Silikonschicht.

Formen aus Häuten

Dünnwandige, verstärkte oder nicht verstärkte Formen

Fabrikation einer Monoblock-Strumpfform
Dieser Typ von Formen eignet sich gut für kleine und einfache Modelle; der Kautschuk wird dabei nicht mit Fasermaterialien verstärkt.
Das Modell wird mehrere Male mit dem Flüssigharz übergossen, bis die Schichtdicke genügend ist. Nach dem Abbinden wird ein zweiteiliger Mantel um die Form aufgebaut. Das Ausformen geschieht einfacherweise so, dass die breitere Formhaut an der Basis nach oben aufgerollt wird (wie ein Handschuhfinger): der Modellabdruck befindet sich dann auf der Aussenseite. Bevor die Kopie abgegossen wird, wird die Formhaut wieder zurückgerollt und in den Gipsmantel gestellt.

Fabrikation einer verstärkten Formhaut

Grosse Skulpturen, bei denen ein Abguss in einer massiven Form zu aufwendig ist, lassen sich mit einer verstärkten Formhaut gut bewältigen. Diese besteht in der Regel aus mindestens zwei Teilen, ausser bei Reliefabgüssen.
Man teilt das abzuformende Modell in zwei gleiche Hälften mittels eines Trennstreifens aus Ton, in dem man Gegenschlösser ausspart. Das Modell wird so in Position gebracht, dass die Tontrennstreifen horizontal zu liegen kommen. Nun wird eine erste Schicht flüssigen Harzes auf die eine Hälfte des Modells gegossen. Nach deren Erhärten, wird eine zweite Schicht aus dickflüssigem Harz appliziert. Vor dem Aushärten bedeckt man sie mit Lappen aus Jutegewebe, Gaze oder Glasmatten und achtet darauf, dass sie sich gut überlappen und in die Harzschicht eingepresst sind (Achtung: es ist ratsam, bei dieser Arbeit Handschuhe zu tragen!). Dann lässt man das Silikonharz abbinden und bedeckt es mit einer weiteren Schicht von Flüssigharz.
Bevor man den Gipsmantel (oder Polyestermantel) darüber giesst, muss man darauf achten, dass die Silikonformoberfläche so ausgebildet ist, dass sie leicht aus der Form geht. Ist dies nicht der Fall, sind die Hohlräume gut mit dickflüssigem Kautschuk auszufüllen.
Die Verstärkung, wenn gut eingearbeitet, verhindert die Rissbildung beim Entformen.
Ist die erste Hälfte der Form beendet, kehrt man den ganzen Aufbau um, entfernt den Tonstreifen und bestreicht die Trennwand mit Silikon und seine Schlösser mit Silikonwachs. Gleichzeitig wird auf die Manteltrennwand und die Schlösser ein Trennmittel (Tonschlicker) aufgetragen. Anschliessend geht man genau gleich vor wie bei der ersten Formhälfte.

Bemerkungen: In der Regel kann die Vulkanisationszeit durch eine Temperaturerhöhung verkürzt werden. Dies kann im Laufe des Abbindens mit einem Haarföhn oder einer Infrarotlampe geschehen.
Es gibt auch einen Silikonkautschuktyp, den man auf dem menschlichen Körper applizieren kann, da er rasch abbindet. Dieses Produkt wird von Zahnärzten und in der Gesichtschirurgie verwendet.

d) Zweite Silikonschicht aus viskoser Silikonmasse, mit einem Spatel aufgetragen.

e) Jutegewebe-, Gaze- oder Glasmattelappen werden vor dem Aushärten auf die Silikonschicht gelegt.

f) Giessen einer neuen Schicht mit flüssigem Silikon.
g) Gipsmantel.
h) Die Form wird umgekehrt und die zweite (obere) Formhälfte in gleicher Weise aufgearbeitet.

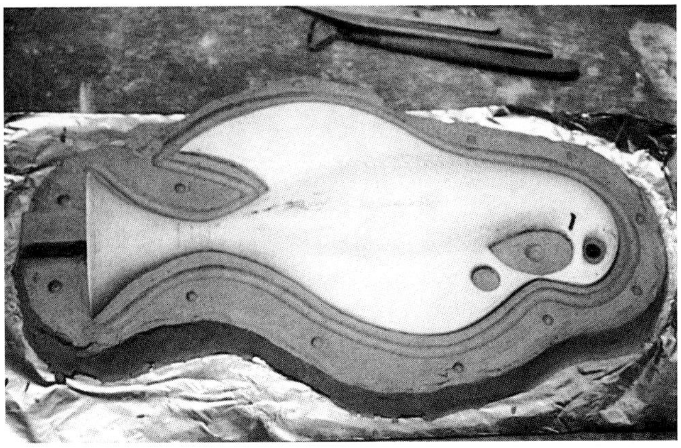

Herstellung einer dünnen Formhaut aus verstärktem Silikon.

Das abzuformende Stück wird bis zur halben Tiefe in eine Tonsohle eingedrückt, in die man am Aussenrand Gegenschlösser graviert. Dabei ist auch die Öffnung, durch die Material für die Kopie eingegossen wird, vorzusehen; sie befindet sich, wie meistens, an der Basis der Skulptur in einem Tonwulst.

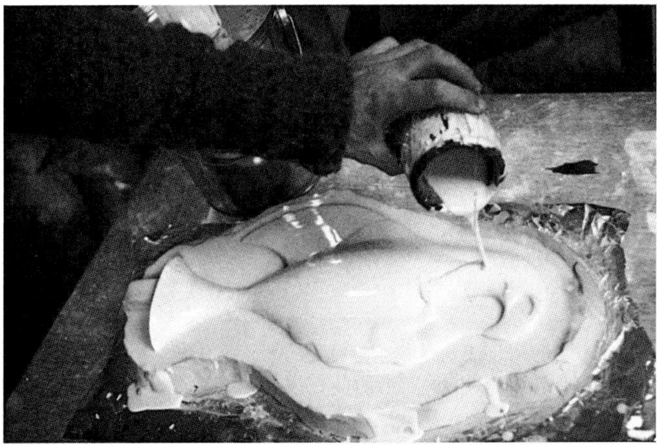

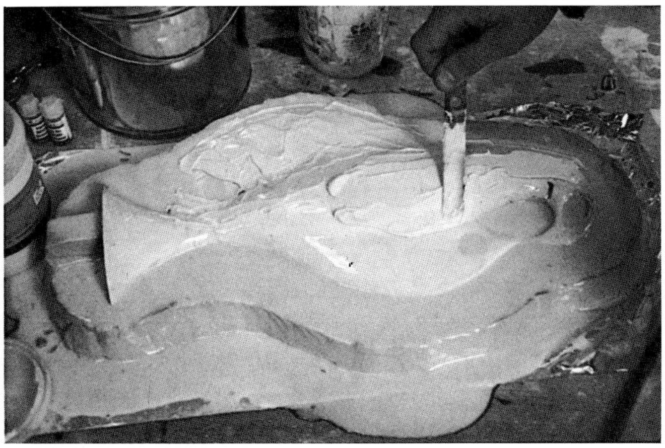

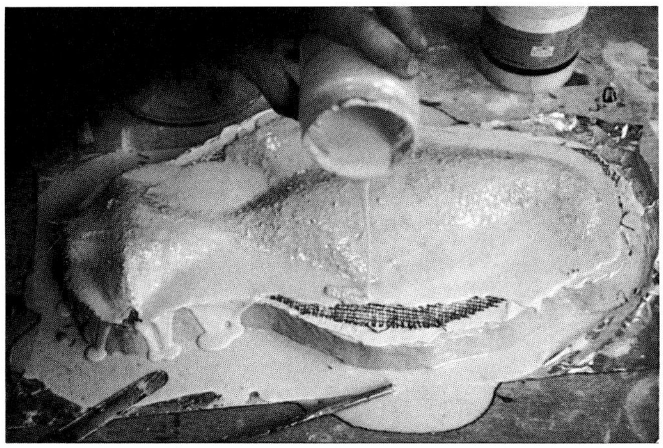

Aufbereitung und Giessen der ersten Schicht aus Flüssigsilikon. Die Modelloberfläche wurde vorgängig mit Wachs bestrichen. Nach dem Erhärten (Polymerisation) trägt man mit einem Spatel eine dickflüssigere Silikonschicht auf. Es ist darauf zu achten, dass die Oberfläche leicht aus der Form gehend ausgebildet ist. Bei den senkrechten Partien (z. B. an der Basis in unserem Beispiel) fügt man zusätzlich pastoses Silikon zu, um eine angemessene Neigungsfläche (Böschung) zu erzielen. Pastoses Silikon behält in etwa seine Form ohne zu zerfliessen.

Bevor das pastose Silikon anhärtet, breitet man auf der Oberfläche ein Stück Jute oder Glasmatte aus. Dieses wird mit einem Spatel gut in die Silikonkautschukmasse eingebettet.

Eine letzte Flüssigschicht bedeckt dann die vorgängige, armierte Lage.

Das Ganze wird mit einer Gipsschicht abgedeckt, die der flexiblen Form aus Silikon Halt gibt.

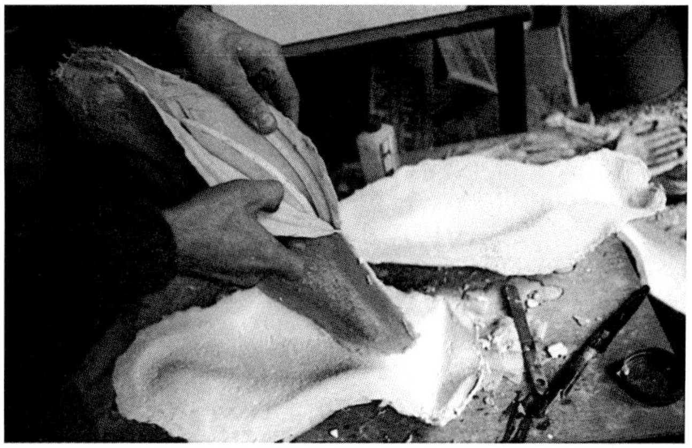

Der ganze Aufbau wird umgedreht, die Tonsohle entfernt und die Oberfläche unter fliessendem Wasser gewaschen. Wenn sie trocken ist, behandelt man sie mit einem dünnen Film von Flüssigwachs, bevor man zur Herstellung der zweiten Formhälfte schreitet.

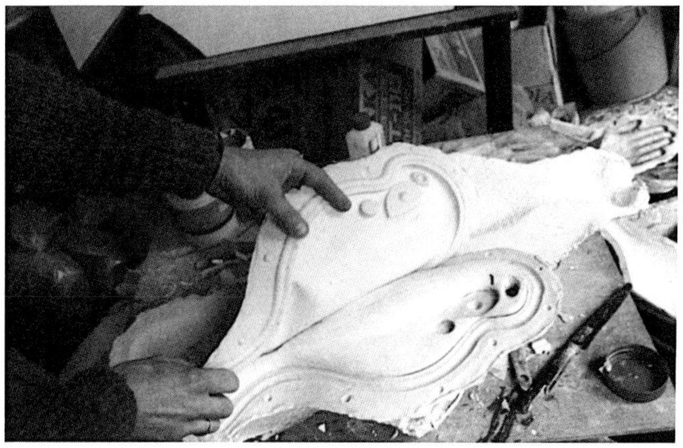

Ist die zweite Silikonformschale fertig, wird der Gipsmantel entfernt und die Form halb geöffnet.

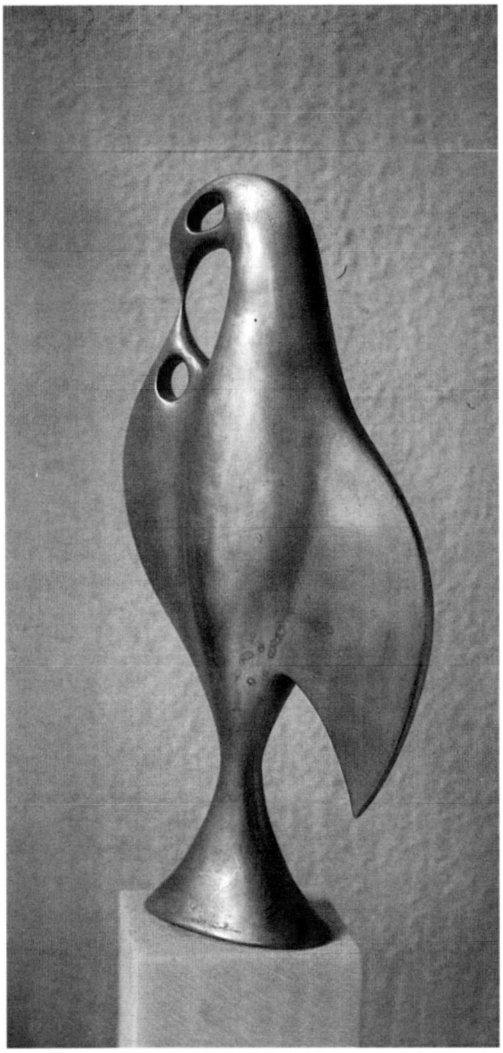

Marin Gillet
Vogel
Kupfer auf Polyester plattiert. Über die Silikonform aufbereitet, wird das Objekt in Polyester abgezogen. Die entstehende Kopie wurde sodann durch eine Spezialfirma mit einer dünnen Kupferhaut überzogen.

Massive Formen

Es handelt sich um dickere Formen, die sich für den Abguss von mittleren oder kleineren Modellgrössen eignen. Sie bestehen mit oder ohne Mantelaufbau aus zwei Hälften.

Herstellung

Erste Methode: Sie ist identisch mit derjenigen zur Herstellung von Gelatineformen in zwei Hälften, mit Gipsmantel und -rondelle. Wird Silikonkautschuk verwendet, braucht man Silikonwachs als Trennmittel. Andererseits ist es beim sich leicht verschmelzenden Silikon nicht notwendig, das Eingiessen in einem Zug zu realisieren.

Zweite Methode: Man konstruiert um das Modell einen Verschlag aus Holz oder Karton oder eine Manschette aus Celluloseacetat. Ist sie aus Holz, Karton oder Gips, muss die Innenfläche mit Wachs behandelt werden. Der zylinderförmige Verschlag soll ca. 2 cm Abstand vom Modell haben.
Die Silikonacetathülse ist einfach aus einem Acetatblatt herstellbar, das man um das Modell, in einem Abstand von 2 cm, rollt. Sie übertrifft in der Höhe leicht das Modell und wird in eine Tonsohle eingebettet. Die Ränder der Hülse werden mit Klebstreifen oder Aceton miteinander verklebt. Das mit dem Katalysator versetzte Silikon wird der Wand der Hülse entlang in diese gegossen, bis das Modell genügend überdeckt ist. Nach dem Aushärten entfernt man die Hülse, macht in der Form von oben nach unten einen Einschnitt, um das Modell herausnehmen zu können.

Anmerkung
Es sei beigefügt, dass verschiedene Materialien aus Plastik nicht mit Trennmitteln behandelt werden dürfen: Celluloseacetat, Teflon, Polyäthylen, Mylar. Das Silikonmaterial alter Formen kann für neue Formen wiederverwendet werden. Auf diese Weise lassen sich die Kosten senken. Man muss die alte Form während 1 Stunde auf 287° C erhitzen, bevor man sie in kleine Stücke schneidet. Diese kann man dem frischen Material bis zu 30 % Anteil beifügen. Gerissene Formen sind mit lufthärtendem Silikonkautschuk reparierbar (man verwendet diesen auch zum hermetischen Abdichten von Sanitärapparaten oder Fenstern, z. B. mit dem Typ «Silirub»). Um die Menge Silikon, die für die Formfüllung erforderlich ist, abzuschätzen, füllt man trockenen und feinen Sand in die Form mit dem Modell und wägt diesen ab. Sein Gewicht entspricht ungefähr demjenigen der nötigen Silikonmenge.

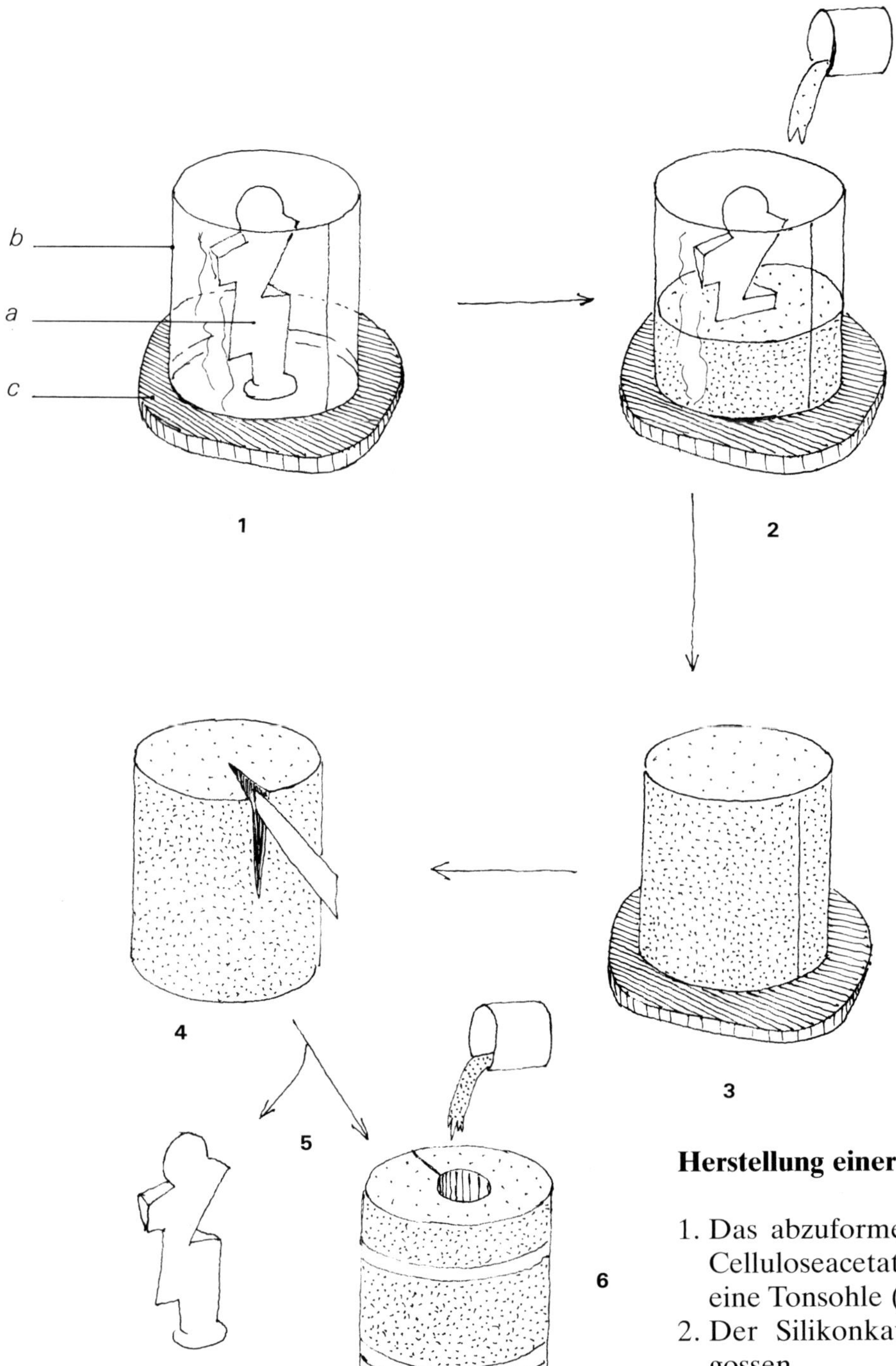

Herstellung einer massiven Form aus Silikon

1. Das abzuformende Objekt (a) wird von einer Celluloseacetathülse (b) umfasst, deren Basis in eine Tonsohle (c) eingebettet ist.
2. Der Silikonkautschuk wird in die Form gegossen.
3. Ist der Kautschuk hart, entfernt man die Hülse und die Tonsohle.
4. Die Form wird der Länge nach (nur auf einer Seite) aufgeschnitten.
5. Das Objekt wird aus der Form genommen.
6. Die Form wird umgekehrt und mit Gummibändern zusammengehalten. Von nun an kann das gewünschte Material für die Kopien eingegossen werden.

Fabrikation einer massiven Form aus Silikonkautschuk.

Das Modell (ein kleiner Tonkopf) wird mit Flüssigwachs überpinselt.

Auf einer Unterlage wird eine Tonsohle ausgebreitet.
Darin wird im Abstand von wenigen Zentimetern vom Modell eine Celluloseacetathülse eingebettet.

Aufbereitung des Silikonkautschuks. Er muss höhere Temperaturen (ca. 200° C) aushalten. Diese Form dient zum Abgiessen von Kopien aus Blei.

Das mit dem Katalysator versetzte Silikon wird auf das horizontal gehaltene Modell (Kopf aus Ton) gegossen, damit die heikelsten Öffnungen/Vertiefungen (Nase, Mund, Augen) vollständig ausgefüllt werden.

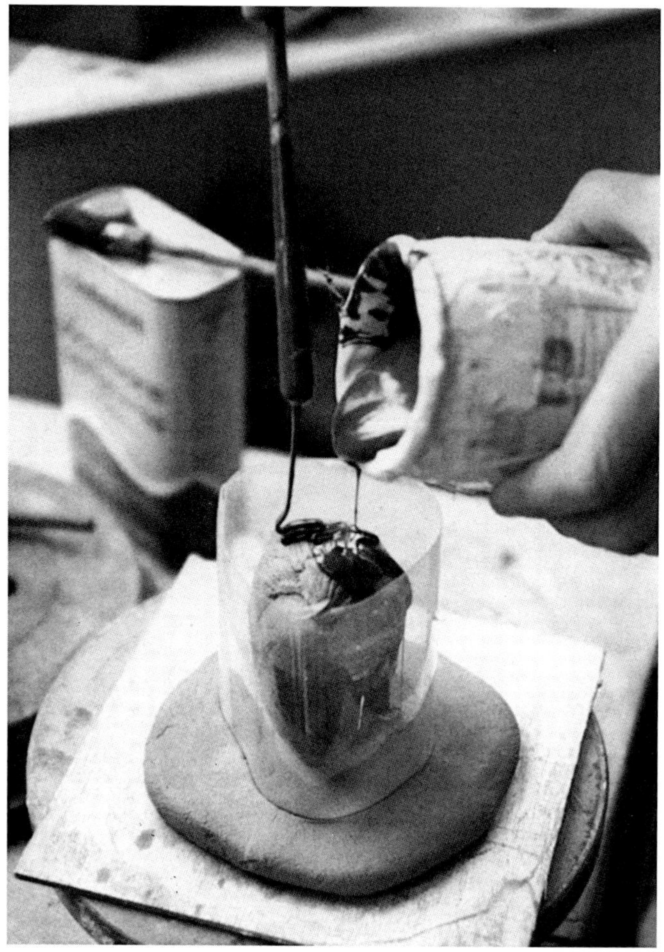

Die Figur wird sodann in der Cellulosenhülse leicht in die Tonsohle eingebettet und Silikon darüber gegossen, bis sie vollständig bedeckt ist.

Sobald das Silikon ausgehärtet ist, wird die Tonsohle entfernt und die Cellulosemanschette abgerollt.

Herstellung eines Gipsmantels um die Silikonkautschukform: Anbringen der Trennwand aus Ton, erste Mantelhälfte gefertigt, Form (mit beiden Mantelhälften) fertig.

Öffnen der Form. Die beiden Mantelhälften werden mit einem Holzmeissel voneinander getrennt.

Die Silikonform wird auf der ganzen Länge aufgeschnitten und das Modell aus gebranntem Ton herausgenommen.

Formen aus Polyurethan

Es handelt sich bei den Polyurethanformen – wie bei den Silikonformen – um einen flexiblen Formentyp. Polyurethan hat zwei Komponenten in flüssiger Form, die man während 1 Minute innig miteinander vermischen und dann sofort auf das Modell vergiessen muss (das mit einem Katalysator versetzte Polyurethan ist nur während 30 Minuten verarbeitbar). Das Modell aus Gips, Holz, Metall oder Plastik, etc. muss in jedem Fall vorgängig mit Wachs behandelt werden. Handelt es sich um ein poröses Material, müssen zuerst die Poren mit Gummilack verschlossen werden, bevor Silikonwachs aufgetragen wird. Zum nicht katalysierten Polyurethan können Füllstoffe zugesetzt werden; sie machen das Material pastos und kostengünstiger. Es handelt sich dabei um fein gemahlene, trokkene und billige Stoffe wie: Sand, Gips, etc., die man bis zu einem Anteil von 30 % vor der Katalyse zufügt. Die Abbindezeit beträgt 16 Stunden bis zum vollständigen Abbinden bei Zimmertemperatur. Vor dem Abgiessen einer Kopie ist die Forminnenfläche gut mit Silikonwachs auszustreichen. Diese kann aus Gips, Zement, Wachs oder Kunstharz sein.

Die Zementbindemittel

Allgemeines

Der Zement

Der Zement ist ein Bindemittel für den Maurer, das schon bei den Römern weit verbreitet war. Der Ausdruck «Zement» stammt vom lateinischen Wort «Coementum», was Mörtel bedeutet. Immerhin unterscheidet sich der Zement der Römer vom heutigen Zement: jener bestand aus einer Mischung von Kalk und pulverisiertem Backstein. Vor dieser Zeit wurden die Bindemittel für den Bau aus Gips, später aus Kalk, der durch Ausglühen von Kalkstein gewonnen wurde, gemacht. Der eigentliche Zement vom Typ «Portland» wurde zuerst in England, im 18. Jahrhundert auf empirischem Weg, gefunden. Vom Franzosen Vicat (1817) und dem Engländer Johnson (1845) stammen die ersten wissenschaftlichen Arbeiten über gelöschten Kalk (Kalkhydrat). Der Tonerdezement wurde von Bied im Jahre 1908 erfunden. Der Zement wird durch Kalzination von Kalkstein- und Tonmischungen bei ca. 1450°C erhalten. Im Portlandzement setzt man nach der Kalzination noch etwas Gips zu. Die spezifischen Eigenschaften des Zements gehen auf die Hydratation der Silikate und der Calciumaluminate zurück. Das Tricalciumsilikat (3 CaO, SiO_2) ist die vorherrschende Verbindung im Portlandzement, hauptverantwortlich für dessen Festigkeit. Die Hydratation der Tri- und Bicalciumsilikate führt zu kristallförmigem Monocalciumsilikathydrat (CaO, 2 SiO_2, 3 H_2O), das dem Zement hauptsächlich die Härte verleiht. Der Tonerdezement wird durch Schmelzen von Kalkstein mit Bauxit gewonnen. Dabei erhält man einen wichtigen Anteil Monocalciumaluminat, das in Gegenwart von Wasser zu Kristallen hydratisiert. Der Zement wird im Moment der Verarbeitung oft mit Zuschlagstoffen vermischt, wie Kieselsteine, Kies, Sand. Damit erhält man: Mörtel (Mischung von Sand und Zement), Beton (Mischung von Sand, Kieselsteinen oder Kies und Zement). Wird der Zement mit Wasser versetzt, reagiert er chemisch zu einer Mischung, die sich nach einer gewissen Zeit verfestigt und zum Hartstoff wird. Während sie plastisch ist, kann die Mischung Zement und Wasser durch Modellieren oder durch Pressen in eine Form geformt werden. Einmal erhärtet, lässt sich die Form nicht mehr verändern, es sei denn durch Bearbeitung mit feinen Meisseln. Der Portlandzement ist kostengünstiger als der Tonerdezement und eignet sich wegen seiner grossen Festigkeit und Homogenität besser für Skulpturen. Der Zement ist charakterisiert durch eine Abbinde-, Härte- und Aushärte-(Reife) Phase.

	Abbinden	Erhärten	Aushärten
Portlandzement	10 Std.	3 Std.	21 Std.
Spezialzement	10 Std.	24 Std.	7 Std.
Tonerdezement	3 Std.	7 Std.	24 Std.

Die Zuschlagstoffe

Es handelt sich um Stoffe, die dem Zement zugesetzt werden, um ihn härter zu machen oder ihm eine besondere Eigenschaft zu verleihen. Sie dienen auch dazu, den Gestehpreis des Bindemittels zu senken. Bewährte Zuschlagstoffe sind: Sand, Kies, Kieselsteine, etc., Geröll, gebrochene Felsstücke (Marmor, Granit, Quarz), gebrochene und gebrannte Tonstücke, Talk, Marmorpulver, Kieselerde, etc. Die Zuschlagstoffe werden je nach der Natur des zu schaffenden Werkes und der gewünschten Oberfläche nach verschiedenen Brech- und Mahlverfahren zerkleinert. Weil der

Zement die Zuschlagstoffe unter sich verbindet, muss er in der Mischung proportional zur Oberfläche der Zuschlagstoffe vorhanden sein. Je feiner diese sind und je grösser die Kontaktoberfläche zum Zement ist, desto grösser muss der Zementanteil in der Mischung sein. Die groben Zuschlagstoffe werden im Verhältnis 1 (Zement) zu 6 (Zuschlagstoffe) vermischt. Eine normale Mischung mit Sand weist ein Verhältnis von 1 zu 3 (Sand) auf und im Falle von feinen Zuschlagstoffen (Bimsstein- oder Backsteinmehl) mischt man Zement und Zuschlagstoffe im Verhältnis 1 zu 1. Die letzteren werden für sehr feine Reproduktionen beim Giessen in Formen verwendet. Es ist allerdings ratsam, zur Erhöhung der Festigkeit Glasfasern einzulegen. Körnige Zuschlagstoffe eignen sich besser als glatte. Die Mischungsbestandteile werden trocken gemischt. Es ist aus diesem Grund empfehlenswert, eine Staubmaske zu tragen. Dann fügt man unter ständigem Umrühren langsam Wasser zu, bis die Masse genügend plastisch ist. Es ist danach zu trachten, dass keine Knollen von Trockenmischung, vor allem am Boden des Mischers, zurückbleiben. Setzt man zu viel Wasser zu, kann dies die Härte des Materials ungünstig beeinflussen. Eine Mindestmenge von Wasser führt zu einem harten und resistenten Zement. Hier einige Mischrezepturen von Zement mit einem oder mehreren Zuschlagstoffen (nach J.C. Rich und J.W. Mills):

Zementformel mit Marmormehl
Marmormehl: .... 2 Teile
Weisser Portlandzement: .... 8 Teile

Mischformel mit feinen Zuschlagstoffen
1 Teil Zement + 1 Teil Bimssteinmehl
1 Teil Zement + 1 Teil Backsteinmehl
1 Teil Zement + 1 Teil Mischung aus Backstein- und Marmormehl

Mischformel mit groben Zuschlagstoffen
1 Teil Zement + 3 Teile Sand
1 Teil Zement + 1 Teil Marmormehl
3 Teile Marmorstücke von 6 mm im Durchmesser
1 Teil Zement + 3 Teile fein zerkleinerter, gebrannter Ton
1 Teil Zement + 3 Teile zerkleinerte Portlandsteine

Beschleuniger

Calciumchlorid wird oft zum rascheren Abbinden des Zements verwendet. Der Beschleuniger wird im Anmachwasser aufgelöst. Man darf ihn nie mit den Trockensubstanzen vermischen. Es ist empfehlenswert, den Anteil Beschleuniger von 60 g auf 300 g Zement nicht zu überschreiten.

Verschiedene Formen, in die Zement gegossen werden

Formen aus Sand: in diesem Fall wird dünnflüssiger Zement verwendet. Dieser wird in die fest gestampfte und absorbierende Sandform gegossen.

Formen aus Holz (Verschalungen): vor allem für industrielle Zwecke.

Formen aus Gelatine: finden Verwendung bei verhältnismässig kleinen Stücken.

Formen aus Gips: es sind die am häufigsten verwendeten Formen. Diese starken Formen vermögen grosse Zementmengen aufzunehmen; sie lassen sich für grosse Objekte einsetzen. Die Form wird vorgängig mit Gummilack ausgestrichen um alle Poren zu schliessen, dann wird ein dünner Ölfilm aufgetragen.

Zement und Gipsformen

Erste Methode

Diese Methode eignet sich für einen Zement mit Zuschlagstoffen von ca. 3 mm im Durchmesser. Der Oberflächenfinish wird nach diesem Verfahren nicht sehr fein. Das Hauptinteresse gehört der Farbe der Zuschlagstoffe. Diese werden beim Abschleifen der Oberfläche sichtbar. Man appliziert vorerst das Trennmittel (wie oben aufgeführt, oder man gibt sich zufrieden mit dem Auftragen einer Schicht von Tonschlicker). Man taucht die Form ins Wasser, bis sie sich voll gesogen hat (es muss ein Wasserfilm auf der Oberfläche haften bleiben, wenn man die Form aus dem Wasser nimmt). Man bereitet nun die Mischung mit Zement und den Zuschlagstoffen nach Wahl auf und fügt unter ständigem Rühren Wasser zu, bis eine homogene Masse von glattem Aussehen entsteht. Man trägt eine Schicht dieses Zements im Innern der Form auf und presst sie gleichmässig und überall glatt. Die senkrechten Partien der Form sind schwierig mit Zement zu bedecken, ohne dass dieser sich unter seinem Eigengewicht ablöst. Um dieses Problem zu vermeiden, kleidet man zuerst die horizontalen Teile der Form aus und wartet bis zum Abbinden. Dann kehrt man die Form um, so dass die vertikalen Partien horizontal zu liegen kommen und bedeckt sie mit Zement. Man appliziert Zement bis zum Rand der Form und deckt das Ganze während des Abbindens des Zements mit feuchten Tüchern ab. Wenn der Zement in den verschiedenen Formteilen abgebunden hat, reinigt man die Fugen gründlich und legt die Formen ins Wasser. Dann trägt man eine Schicht von reinem Zement auf die Fugen in der Weise auf, dass er bis über den schon geformten Zement hinausragt. Die Form wird darauf geschlossen, indem man die verschiedenen Teile fest gegeneinander presst. Der überschüssige Zement wird sodann entfernt. Die Formteile werden fest zusammengehalten. Die Öffnung der Form wird mit nassen Lumpen zugedeckt und man lässt dem Ganzen genügend Zeit zum Abbinden und Erhärten. Danach folgt die Entformung und die Fertigstellung der Arbeit.

Zweite Methode

Diese Methode wird mit reinem Zement oder mit einer Mischung Zement und feinem Zuschlagstoff, armiert mit Glasfasern, angewendet. Der Zement wird flüssiger angemacht als bei der ersten Methode. Er wird mit der Bürste auf die Oberfläche der Form aufgetragen, wobei eine Schichtdicke von ca. 3 mm zu erreichen ist. Die Formteile werden auf dieselbe Weise behandelt wie bei der ersten Methode. Auf diese frische Schicht wird vorerst eine dünne Glasmatte gepresst, dann folgt eine zweite Zementschicht. So wird alternierend mit einer Zement- und Glasschicht fortgefahren bis eine genügend dichte Schicht (ca. 1 cm) vorhanden ist. Die Innenfläche wird mit einem Spatel sorgfältig geglättet. Die Kontaktflächen der Formteile werden mit einem Zement gleicher Zusammensetzung – aber noch flüssiger – wie der im Innern der Form verwendete Zement bestrichen. Sodann werden die Formteile fest gegeneinander gepresst und in diesem Zustand mit nassen Tüchern gehalten. Bei dieser Technik können auch senkrechte Partien dank den eingelegten Glasmatten mit Zement behandelt werden. Zudem ist es auf diese Weise leichter, eine gleichmässige Schicht zu erzielen, was das Risiko der Rissbildung herabsetzt. Das Werk lässt sich mit Stahlstäben von 5 mm Dicke oder mit einem Metallsieb verstärken.

Dritte Methode

Bei dieser Methode wird die Gipsform mit Zement voll gegossen. Sie wird bei kleinen oder mittelgrossen Plastiken angewendet. Der Zement muss einvibriert werden, damit er überall eindringt und die Luftblasen entweichen. Man verwendet vorzugsweise feine Zuschlagstoffe, weil gröbere zum Absinken auf den Formenboden tendieren.

Wilfrid Moser
Der blaue Brunnen, Zürich
Beton, Polyester, Polyurethanfarbe
710 × 550 × 450 cm

Serge Gangolf
Betonrelief (mit gegossenem Beton) zur Dekoration der Frontpartie des «Théâtre du Centre culturel de Marche», Belgien (1979)

Charakteristische Eigenschaften von Zement

Das Abbinden und Erhärten

Zement ist ein «hydraulisches» Bindemittel, das unter Wasser hart wird. Alle Portlandzementsorten binden bei gleicher Geschwindigkeit ab, aber die Zeit der Erhärtung variiert von einigen Tagen bis zu einer Woche und mehr.

Das Aushärten (Reifung)

Mit dem Aushärten erhält der Zement seine grösste Festigkeit. Das Aushärten ist das Resultat einer chemischen Reaktion zwischen Zement und Wasser, wobei die Plastik mindestens während 10 Tagen mit nassen Tüchern feucht zu halten ist.

Das Trocknen

Ist die Aushärtung beendet, muss das noch im Zement enthaltene Wasser durch Trocknen, geschützt vor Wettereinflüssen, entfernt werden. Das kann 2 Wochen in Anspruch nehmen. Die Plastik darf nicht im Freien aufgestellt werden, bevor sie nicht vollkommen trocken ist. Nach dem Trocknen kann die Zementplastik wie ein Kalkstein oder Steinzeug behandelt werden.

Das Schwinden

Nach dem Giessen des Zements in die Form schwindet die Masse langsam. Die Schwindung geht weiter bis der Zement ganz trocken ist. Bei zu schnellem Trocknen kann die Schwindung zu Schäden führen: es können Risse auftreten, besonders bei nicht ganz homogener Masse. Solche Spalten lassen sich mit Frischzement zufüllen (mit dem Spatel). Ein trockener Zement geht leicht auf, wenn er mit Wasser gesättigt ist und schwindet dann wieder beim Trocknen. Diese Veränderungen halten sich jedoch in engem Rahmen.

Das Modellieren

Der Zement ist kein plastisches Material wie etwa frischer Ton, trotzdem lässt er sich für grosse Formen auf einer Armierung modellieren. Diese werden um ein Metallgitter, das mit Gaze oder einem feinen Baumwolltuch bedeckt ist, fassoniert. Das Modellieren von Zement ist nicht einfach, da er wegen seines Eigengewichtes zum Zusammenfallen neigt. Es ist deshalb unumgänglich, die Plastik von der Basis aufzubauen. Das Material «Zement» fordert einfache und kompakte Formen.

Die Festigkeit

Der Zement besitzt eine grosse Druckfestigkeit, jedoch nur eine ziemlich schwache Zugfestigkeit. Aus diesem Grund sind kleine und nicht senkrechte Formen zu vermeiden. Wenn man unbedingt vorspringende Formen schaffen will, muss man sie sorgfältig abstützen und mit Stahlstäben oder Eisengittern (armierter Beton)verstärken. Das Material weist bessere Festigkeitswerte auf, wenn das Verhältnis Wasser/Zement herabgesetzt wird. Bei der Aufbereitung ist daher jeder Wasserüberschuss zu vermeiden. Es gibt Zementsorten, die mit weniger Wasser als der Portlandzement gemischt werden, und schneller hart werden. Um den Härteprozess zu beschleunigen, kann man 60 g Calciumchlorid pro Sack Zement zusetzen.

Die Färbung

Zement kann nach verschiedenen Methoden gefärbt werden: entweder durch Färben der Masse oder durch Bemalen des Fertigproduktes mit der gewünschten Farbe. Die Einfärbung der Masse geschieht mit farbigen Zuschlagstoffen oder mit Färbepulvern oder mit einer Mischung von beiden. Sie werden vor dem Zusatz von Wasser in trockenem Zustand innig miteinander vermischt. Die Pulverkomponente macht ungefähr 10 % vom Zementgewicht aus. Der so aufbereitete Zement ist mit der Maurerkelle vor Gebrauch gut zu homogenisieren. Wünscht man eine ganz bestimmte Farbe, ist eine Bemusterung unumgänglich. Nur so lässt sich der Anteil der Pigmentstoffe exakt bestimmen. Die Muster müssen ganz trocknen, bevor die Farbe beurteilt werden kann: es ist zu bedenken, dass der Zement beim Trocknen aufhellt. In der Regel werden Pigmente auf der Basis von Anilin und organische Farbpigmente vermieden, weil sie zu unstabil sind. Empfehlenswert sind anorganische Pigmente auf Basis von Blei oder Kupfer, auch solche mit Zinksulfaten. Die dauerhaftesten Pigmente sind die Erden (Sienaerde, Umbraerde, gelber Ocker, etc.) Die Färbung der Masse ist ratsam, wenn das Objekt im Freien zu stehen kommt.Es kommt vor, dass die Färbung mit der Zeit verbleicht; es ist dies eine Folge der Bildung eines Calciumcarbonat-Films. Die äussere Bemalung von Zement geschieht mit verdünnten Farben (z. B. mit wässerigen Acrylfarben).

Der Finish (Polieren)

Vor dem Finish müssen mindestens 10 Tage seit dem Giessen vergangen sein. Man bedient sich feiner Meissel, um bestimmte Details herauszuarbeiten, oder um die Fugen (von den Formteilen herrührend) abzuarbeiten und auszuglätten. Hat es Luftblasen an den Oberflächen, können diese mit reinem Zement ausgefüllt werden. Man kann die Oberfläche rauh belassen oder kann sie glätten und polieren. Diese Arbeit geht leichter von der Hand, wenn feine Zuschlagstoffe verwendet worden sind. Der Poliervorgang geschieht vorerst mit groben Siliziumkarbid-Handrutschern, unter Wasserzuführung. Dann geht man schrittweise zu feinen Schleifsteinen über.

Die äussere Verstärkung von Zement

Die äussere Zementschicht lässt sich nach dem Trocknen durch eine Behandlung mit einer wässerigen Lösung von Zinkfluorsilikat oder Magnesium verstärken. Die erste Behandlung erfolgt mit einer Konzentration von 60 g pro Liter Wasser, dann steigert man die Konzentration bei den nächsten Anstrichen auf das doppelte. Zwischen jedem Anstrich lässt man das Objekt gut trocknen. Die nach der letzten Behandlung auf der Oberfläche erscheinenden weissen Kristalle lassen sich mit Wasser abwischen.

Schutz vor Wettereinflüssen

Die Zementskulpturen, die längere Zeit im Freien aufgestellt werden, müssen den Wetterunbilden trotzen können. Idealerweise wäre der Zement sehr kompakt und wenig porös. Sind jedoch die Poren verbreitet, kann das Wasser in diese eindringen und auf die Dauer die Kalkkomponenten des Zements auflösen, was die Widerstandsfähgkeit reduziert. Die Poren lassen sich durch die Wachsbehandlung des trockenen Zements verschliessen. In der Folge muss die Zementskulptur regelmässig (alle 6 Monate) eingewachst werden. Ein unerwünschter Nebeneffekt: das Wachs macht die Zementfarbe dunkler. Um die Skulptur wasserundurchlässig zu machen, kann man sie in ein Bad von Ammoniumstearat (30 bis 60 g pro 34 l Wasser) eintauchen, wenn sie in ihren Ausmassen nicht zu gross ist.

Aufbewahren der Zementsäcke: an einem trockenen Ort! Zement, der nicht sofort verwendet wird, kann in luftdicht verschlossenen Behältern aus Plastik oder Metall aufbewahrt werden.

Kreideabguss

Dieses Material wird in der Regel zur Dekoration im Flachrelief auf Holz verwendet. Man appliziert es warm und modelliert es rasch vor dem Abkühlen. Nach dem Erhärten lässt es sich mit Schneidemessern bearbeiten, dann mit Schleifpapier polieren. Hier zwei Zusammensetzungen:

- Spanischweiss + Pergamentkleister
- Spanischweiss + Kleister + Leinöl + Kunstharz

Kalkmörtel

Er setzt sich zusammen aus gelöschtem Kalk, Sand und Wasser. Man kann eine interessante Masse erzielen, die vor Gebrauch gut gemischt wird:

- 100 Teile Marmorpulver, sehr fein
- 15 Teile Glaspulver, sehr fein
- 7 Teile frisch gelöschter Kalk

In einer Form setzt man dieser Mischung eine schwache Lösung von Natriumsilikat zu. Man wartet vor dem Ausformen mindestens 4 Stunden bis zum Aushärten (Rezeptur von C. D. Clarke).

Tonerdezement

Der im Handel erhältliche Tonerdezement wird für Ofenreparaturen, etc. verwendet. In knetbarer (viskoser) Form lässt er sich leicht modellieren. Wenn trocken, wird er bei Temperaturen bis zu 1200°C gebrannt. Im gebrannten Zustand ist er sehr fest und kompakt, von hellgrauer Farbe. Um den Einstandspreis zu senken, kann man ihm eine bestimmte Menge frischen Tons (bis 50 %) zumischen, was auch farblich einen interessanten Aspekt ergibt. Vom Preis her ist der Tonerdezement für kleine Skulpturen geeignet. Andererseits kann er für Reparaturen bei Tonobjekten, die beim Trocknen oder Brennen beschädigt worden sind, eingesetzt werden.

Papiermaché (verformbares Hartpapier)

Geles Cabrera
Papel Periodico (1985)
173 × 72 cm

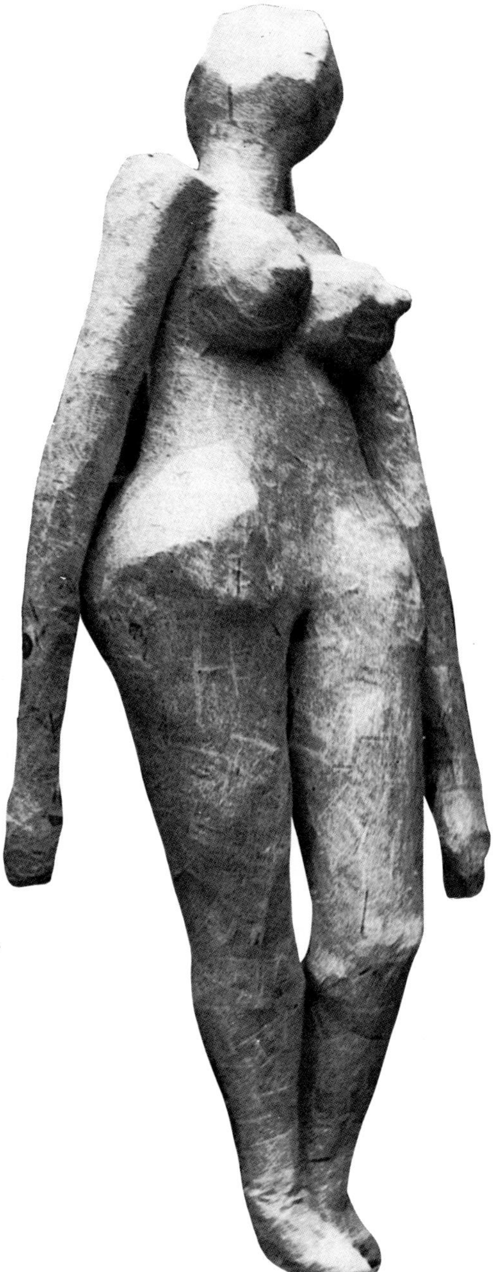

Die Fertigung von Skulpturen aus Papier geht weit zurück. Papier wurde zu diesem Zweck vor Jahrhunderten in Persien, Japan und China eingesetzt, nach Europa kam es später. Papiermaché wurde immer schon bis auf den heutigen Tag für die Fertigung von Masken und am Karneval für den Aufbau von Figuren verwendet. Das ziemlich spröde Material ist unter günstigen Bedingungen recht lange haltbar. Fast jede Papiersorte lässt sich dazu verwenden, z. B. auch gewöhnliches Zeitungspapier. Nur wenn die Grossbedruckung beim Zeitungspapier stört, kann weisses Papier gewählt werden. Das Japanpapier ist erfahrungsgemäss das beste, aber auch das teuerste. Alles hängt natürlich davon ab, was daraus entstehen soll! Das Papier wird grundsätzlich mit einem Kleister verarbeitet.

Aufbereitung des Papiermaché

Das in Fetzen zerkleinerte Papier wird im Wasser getränkt, bis die Masse eine homogene, breiartige Konsistenz annimmt. Das Aufkochen beschleunigt die Faserabscheidung. Zur feuchten Masse gibt man Cellulosekleister (Tapeziererkleister) und eine kleine Menge eines Konservierungsmittels. Um die Härte zu verbessern, kann man der Mischung Gips zufügen.

Verwendbarkeit

Man kann Papiermaché auf verschiedene Arten anwenden:

- durch Pressen in Gipsformen,
- durch Applizieren von mehreren Schichten auf eine Armierung,
- durch Modellieren.

Pressen in eine Gipsform

Die Oberfläche der Form muss mit einem Porenschliesser vorbehandelt werden: z. B. mit Gummilack in 2 bis 3 Schichten. Dann wird ein Trennmittel aufgetragen: entweder ein Öl oder ein Weichwachs. Die Pülpe vom Papiermaché wird fest in die Form gepresst. Nach einer anderen Methode werden in Wasser und Kleister getränkte Papierblätter in eine Form gepresst. Es werden mehrere Papierschichten aufeinander aufgebaut, bis die gewünschte Dicke erreicht ist. Vor dem Ausformen lässt man die Masse gut trocknen.

Aufbau einer Papiermaché-Form über einer Armierung

Auf eine Armierung aus Eisendraht (bei kleinen Objekten) oder aus Metallgitter (bei grösseren Objekten) werden mehrere Lagen von Papiermaché sukzessive montiert. Die ersten Lagen können aus nicht beleimter Pülpe bestehen; darüber legt man Pülpe, der man Kleister zugemischt hat.

Modellieren

Zuerst bereitet man aus Papierfetzen, die mit Wasser versetzt werden, die Pülpe auf. Man lässt sie vorerst trocknen, zerkleinert sie bis auf Pulvergrösse. Diesem Pulver fügt man Kleister und eine kleine Menge Kaliumhydroxyd zu. Man mischt mit Wasser bis zum Erreichen einer feinen und glatten Masse, die nach Belieben modellierbar ist.

Svava Björnsdottir
Säulen (1985)
260 × 25 × 30 cm

Trocknen

Die Trocknung muss langsam vor sich gehen, bei nicht zu hohen Temperaturen, damit sich die Masse nicht deformiert.

Konservierungsmittel

Konservierungsmittel verhindern die Entwicklung von Mikroorganismen und Pilzen, für die die Mischung Papier/Kleister ein ausgezeichneter Nährboden ist. Man kann kleine Mengen Formalin, Oxychinolinsulfat, Salicylsäure oder Carbonsäure im Laufe der Aufbereitung der Pülpe zusetzen.

Imprägnierung

Durch Hinzufügen von Eiweiss oder Kalk zum Papierbrei wird dieser ziemlich wasserundurchlässig. Nach dem Trocknen kann das Objekt auch mit Öl, Firnis oder Lack behandelt, oder mit Ölfarbe bemalen werden.

Feuerfestmachen

Ein Zusatz von Gips, Kalk, Spanischweiss, Borax, Bimssteinmehl oder Asbest reduziert die Brennbarkeit des Materials.

Die Kunststoffe (Plastische Werkstoffe)

Seit 1913 wird in der französischen Sprache der Ausdruck «matières plastiques» zum ersten Mal verwendet. Die meisten dieser Materialien wurden anfangs des 20. Jahrhunderts synthetisiert; ihre Erfindung entsprang den Fortschritten der organischen Chemie, insbesondere in der Entwicklung von Derivaten vom Kohlenstoff und vom Erdöl. Die Stoffe treten in verschiedenen Formen auf: als Halbfabrikate (Blätter aus PVC, Plexiglas oder Celluloseacetat, blockförmige Schaumstoffe aus Polyurethan oder Polystyrol, Kunstharzplatten und -blöcke) oder auch als Flüssigkeiten (Polyester, Epoxy). Ihre Verwendung durch den Plastiker geht auf das Jahr 1915 zurück (Verwendung von Celluloid durch Naum Gabo).

Definition

Ein plastischer Kunststoff besteht aus einem Anteil organischer Makromoleküle, deren plastische Eigenschaften (d.h. ihre Verform- bzw. Knetbarkeit) in der Regel durch verschiedene Zusätze verbessert wird.

Je nach Herkunft unterscheidet man:

- **Die natürlichen plastischen Stoffe:** Kautschuk
- **Die halbsynthetischen plastischen Stoffe:** ausgehend von natürlichen Makromolekülen (pflanzlichen oder tierischen Ursprungs), Stoffe, die einer chemischen Behandlung unterworfen worden sind (Galalit, Celluloid)
- **Die synthetischen plastischen Stoffe:** ausgehend von kleinen Molekülen, durch Polymerisation oder Kondensation: Polyester, Epoxy, Silikon, Polyurethan, Polystyrol, etc.

Man unterscheidet zwei Kategorien von plastischen Stoffen:

- **Die Thermoplaste:** Sie sind in der Wärme reversibel: erweichen beim Erhitzen und erhärten beim Abkühlen.
- **Die Duroplaste:** Einmal zur Form gebracht, bleiben sie irreversibel hart beim Erhitzen.

Die Varietäten der Plastikstoffe

Halbsynthetische Plastikstoffe

Duroplaste

Kasein-Formaldehyd (Galalit): Von Dr. Spitteler erfunden, wird dieser Stoff durch Mischen von Formalin mit Milchkasein erhalten. Dieser leuchtend weisse Stoff wird vom Plastiker nur selten angewandt, da er Feuchtigkeit absorbiert und zum Verformen neigt.

Thermoplaste: *Sie werden durch Behandlung von Cellulose erhalten:*

Cellulosenitrat (Celluloid): Von den Gebrüdern Hyatt 1868 erfunden, ist dieser Stoff das älteste plastische Material, erhalten durch die Reaktion von Kampfer mit Nitrocellulose. Der Stoff hat ein schuppen- oder elfenbeinartiges Aussehen und kommt in Blätterform in den Handel. Das Material wird im Wasser auf 80–90°C erwärmt, kommt dabei zum Erweichen und kann geformt werden. Es ist sehr entflammbar.

Celluloseacetat: Es wird in dünner Blattform durch Reaktion von Essigsäure mit Cellulose erhalten.

Rhodoid: Ein Kunststoff auf Basis Celluloseacetat.

Synthetische Plastikstoffe

Thermoplaste

Polystyrol: Es wurde 1938 zum ersten Mal durch Polymerisation von Styrol erhalten. Im Handel ist es als Schaumstoff in Platten- oder Blockform erhältlich. Es lässt sich sägen oder mit einem elektrisch aufgeheizten Draht schneiden, ist mit einem Spezialleim klebbar.

Polymethylmetacrylat: 1927 von Röhn durch Polymerisation von Methylmetacrylat (Plexiglas) erhalten. Im Handel in Blatt-, Platten- oder Blockform erhältlich. Es ist schneid- und formbar, erweicht zwischen 80 und 125°C.

Polyvinylchlorid (PVC): 1927 durch Polymerisation von Vinylchlorid erhalten, in Blattform schneid- und formbar. Plastilin ist ein flüssiges PVC, das in der Formenfabrikation von elastischen Formen Verwendung findet (siehe Formen).

Polyvinylacetat: 1936 durch Polymerisation von Vinylacetat erhalten, dient zur Herstellung von Farbstoffen für Zement, Metall und Holz.

Polyurethan: 1938 durch Reaktion von Diisocyanat mit einem zweiwertigen Alkohol erhalten. Dieser flüssige Kunststoff dient zur Herstellung von elastischen Formen oder von Schaumstoffen, die expandieren und dann hart werden. Polyurethan wird auch in der Fabrikation von Firnis, Lack und wetterfesten Farben verwendet.

Duroplaste

Phenolharze: 1906 durch Baekeland (daher der Name Bakelit) als ältester vollsynthetischer Kunststoff entwickelt. Sie werden in Anwesenheit eines Katalysators (Milchsäure oder Alkohol) durch Kondensation von Phenol mit Formalin erhalten. Diese Kunstharze werden als Binder für Giessereisand eingesetzt. Man kann sie auch für Skulpturen verwenden, da der Preis günstig ist. Das harte Material ist widerstandsfähig, leicht, unentzündbar und absorbiert wenig Feuchtigkeit.

Polyester: Sie werden durch Polykondensation von polyfunktionellen Säuren und Alkoholen erhalten. Dank dem Zusatz eines Katalysators (in der Regel ein Peroxid) und eines Polymerisationsbeschleunigers (Kobaltsalz), härten die Polyester schon bei Zimmertemperatur. Sie eignen sich für Abgüsse von Modellen und für stark beanspruchte Formen.

Epoxyharze: Auch sie entstehen durch Polykondensation. Im Handel in flüssiger Form, werden sie durch den Zusatz eines Katalysators (Härter) in einen Feststoff umgewandelt. Sie sind durchscheinend und von mehr oder weniger dunkler Farbe. Sie dienen als Grundstoff von mehreren guten Klebern.

Silikone: Es handelt sich um Kunstharze, deren Skelettaufbau eine Verkettung von Silizium- und Sauerstoffatomen darstellt, wobei die freien Valenzen durch organische Radikale besetzt sind. Einige Typen (in flüssiger Form) eignen sich für die Herstellung von elastischen Formen (siehe Formen).

▷
Philippe Clérin
Torso (1985)
Polyester mit Eisenstaub als Füllstoff
Ein nackter Torso wurde mit Polyester und Eisenstaub imprägnierten Kleidern versehen. Nacheinander wurden mehrere Schichten von der Mischung Polyester-Eisenstaub aufgetragen. Nach dem vollständigen Aushärten wurde die Skulptur mit Schleifpapier abgeschliffen, einige Zeit im Freien stehen gelassen, bis sich der oberflächliche Eisenstaub in Rost umgewandelt hatte. Einige Partien (z. B. T-Shirt) wurden anschliessend poliert, um ein metallisch-glänzendes Aussehen zu erhalten.

Vorteile der plastischen Kunststoffe

- Geringes Gewicht.
- In der Regel gute chemische, physikalische und biologische Resistenz.
- Vielfalt im Aussehen: je nach Kunststofftyp und je nach Zusätzen (Farben, Füllstoffe).
- Möglichkeit der Bearbeitung durch Polieren (für einige unter ihnen).
- Transparenz einiger Materialien: Polyester, Plexiglas.
- Grosse mechanische Festigkeit (von einigen unter ihnen), Stabilität.
- Mässiger Preis (im Vergleich zu demjenigen der «Nobelstoffe»).

Die Zusätze

Es gibt zahlreiche Zusatzstoffe zu den Harzen, deren Eigenschaften sich damit modifizieren lassen. Es seien folgende genannt:

- **Katalysatoren:** in kleinsten Mengen zugefügt, aktivieren sie die Polymerisation, d.h. die Bildung von Makromolekülen.
- **Plastifiziermittel:** (Phosphate oder Phtalate, 10–20 %) werden vor allem den Thermoplasten zugefügt, um ihren Verflüssigungsgrad im warmen Zustand zu erhöhen, bzw. ihre Geschmeidigkeit im kalten Zustand.
- **Füllstoffe:** eine Vielfalt von festen und chemisch inerten Stoffen. Den Harzen zugefügt, verbessern sie deren Qualität, modifizieren ihr Aussehen und senken ihren Einstandspreis. Sie werden meistens als Pulver zugesetzt: Graphit, Silikate (Quarz, Kaolin, Talk, Glimmer), Calciumcarbonat, Gips, Holzmehl, Metallpulver, Glaskügelchen, etc.
- **Lösungsmittel:** flüssige und flüchtige Substanzen, die gewisse Kunstharze auflösen und strekken, z.B. wenn sie mit der Spritzpistole appliziert werden.
- **Stabilisatoren:** verhindern die Umwandlung eines Thermoplasts (z.B. PVC) im Laufe der Zeit, nach seiner Formgebung. Bestimmte Stabilisatoren (z.B. Tinuvin von Ciba-Geigy) neutralisieren die verheerende Wirkung von ultravioletten Strahlen auf Polyester.
- **Pigmente:** mineralische oder organisch-mineralische Stoffe, pulverförmig, unlöslich in Kunstharzen, denen sie eine undurchsichtige Färbung verleihen. Achtung: Gewisse Pigmente verlangsamen oder verhindern gar die Polymerisationsreaktionen!
- **Farbstoffe:** im Kunstharz lösliche Farbstoffe, die eine nicht opake Färbung bewirken.
- **Löschmittel:** sie machen das Material nicht brennbar oder zum mindesten selbstlöschend.

Die Verarbeitung von Plastikmaterialien

Die Plastikmaterialien werden auf verschiedene Arten verarbeitet:

- **durch Schichtbildung** (Polyester, Epoxyharze): diese Technik bezweckt die Verstärkung mit Faserstoffen der Kunstharzschichten, die im Innern der Form aufgebaut, bzw. auf eine Oberfläche aufgelegt werden. Diese Fasermaterialien (Glas-, Asbest- oder Kohlenstoff-, Silizium- oder Quarzfasern) werden im noch flüssigen oder pastosen Harz eingebettet. Die Verstärkung lässt sich auch mit organischen Faserstoffen (Flachs, Jute, Sisal, Baumwolle) oder mit feinem Metallgitter durchführen. Am gebräuchlichsten sind mehr oder weniger dichte Glasgewebe oder Glasmatten (Glasfilz). Diese Technik eignet sich für kleine, hohle Objekte.

- **durch Formen** (Celluloseacetat, Plexiglas, etc.): das Material wird durch Schneiden, Bohren, Montieren und Kleben in die gewünschte Form gebracht. Die Warmformung geschieht durch Erwärmen. Das Vakuumformen resultiert durch kombinierte Anwendung von Wärme und hohem Druck.

- **durch Giessen** (Flüssigharze: Polyester, Epoxyharze) werden die Materialien in die Form gegossen; es entstehen dabei volle Abgüsse.

- **durch äussere Bearbeitung** (Plexiglas, Polyester, Polyurethan) können die Materialien mehr oder weniger leicht mit dem Meissel und Spitzmeissel oder mit einem beheizten Instrument (Polystyrol) bearbeitet werden.

- **durch Imprägnieren** können poröse Materialien verstärkt werden. Dafür eignen sich Flüssigharze wie Polyester oder Epoxyharze.

Montieren von plastischen Kunststoffen

Mechanisches Montieren: mit Nieten, Zapfen, Bolzen, etc.

Kleben mit Lösungsmitteln: das Verfahren wird bei Thermoplasten angewandt. Als Lösungsmittel dient das monomere Molekül vom vorliegenden Polymer (Aethyl- oder Methylchlorid, Methylmetacrylat, etc.). Es wird mit dem Pinsel aufgetragen, unter Zuhilfenahme einer Pipette oder Injektionsspritze.

Kleben mit einem die Oberflächen nicht auflösenden Kleber: das Verfahren eignet sich nur bei Duroplasten. Die Epoxyharze gehören zu den besten.

Montieren durch Schweissen: die Thermoplaste lassen sich mit dem Warmluftföhn, mit beheizten Instrumenten aller Art, mit Hochfrequenz- und Reibungsapparaten, verschweissen.

Polyester

Allgemeines

Die Harze auf Polyesterbasis

Die Polyester sind Duroplaste: einmal unter Wärmeeinwirkung polymerisiert, werden sie irreversibel hart und unlöslich. Vor der Polymerisation ist das Material flüssig, sirupähnlich oder pastos. Soll sich die Reaktion bei Zimmertemperatur abspielen, sind ein Beschleuniger (Kobaltsalz) und ein Katalysator (Peroxyd) in genau dosierter Menge zuzufügen. Der Beschleuniger ist in der Regel im Handelsprodukt bereits enthalten. Bei den Katalysatoren handelt es sich meistens um Peroxyde (Cyclohexanonperoxyd, Benzoylperoxyd oder Methylaethylketonperoxyd). Die Dosierung variiert mit den folgenden Faktoren: Umgebungstemperatur, Dicke des abzugiessenden Objekts, relativer Feuchtigkeitsgrad und gewünschte Abbindezeit.

Vorteile der Polyester

- Sie sind chemisch resistent gegen Lösungsmittel, Säuren und Basen.
- Sie werden durch biologische Stoffe/Einflüsse nicht angegriffen (Insekten, Pilze, Bakterien, etc.), so dass die Plastiken im Freien aufgestellt werden können.
- Sie erfüllen hohe Anforderungen an die mechanische Festigkeit. Werden Polyester mit Glasfasern oder Füllstoffen verstärkt, nimmt die Festigkeit mit dem Faktor 7 zu (die Festigkeit ist dann vergleichbar mit derjenigen von Stahl).
- Sie sind leicht, was die Bearbeitung und Handhabung von Grossobjekten erleichtert.
- Sie widerstehen Temperaturen bis zu 121°C (einige sogar bis 200°C) und weisen oft Selbstlöscheigenschaften auf.
- Sie sind in verschiedenen Formen, für verschiedene Anwendungszwecke erhältlich: flüssig, pastos, opak, transparent, kittartig, etc.
- Sie weisen sehr verschiedene Aspekte im Aussehen auf, je nach Füllstoffen
- man kann sie auf verschiedene Weise färben
- sie lassen sich leicht bearbeiten
- sie sind preislich annehmbar.

Ihr Einsatz bei Plastiken

- **Fabrikation von widerstandsfähigen Formen aus mit Glasfasern verstärktem Polyester:** siehe Kapitel über die Formtechnik.
- **Imprägnierung von porösen Materialien** wie: Gips, Zement, Holz, gebrannter Ton, Karton, Textilgewebe, etc. Für diese Fälle ist eine ganze Anzahl von flüssigen Polyestern, die wenig Paraffin enthalten (damit die Polymerisation normal beim Kontakt mit Luft vor sich geht), geeignet: Polyester für Oberflächen oder «top coat». Der Polyester lässt sich wenn nötig mit Glasfasern verstärken.
- **Giessen von Vollskulpturen:** transparente oder nicht transparente, in Gips-, Silikon- oder Polyesterformen. Es ist wesentlich, den zuzufügenden Katalysator sehr genau zu dosieren. Ist die

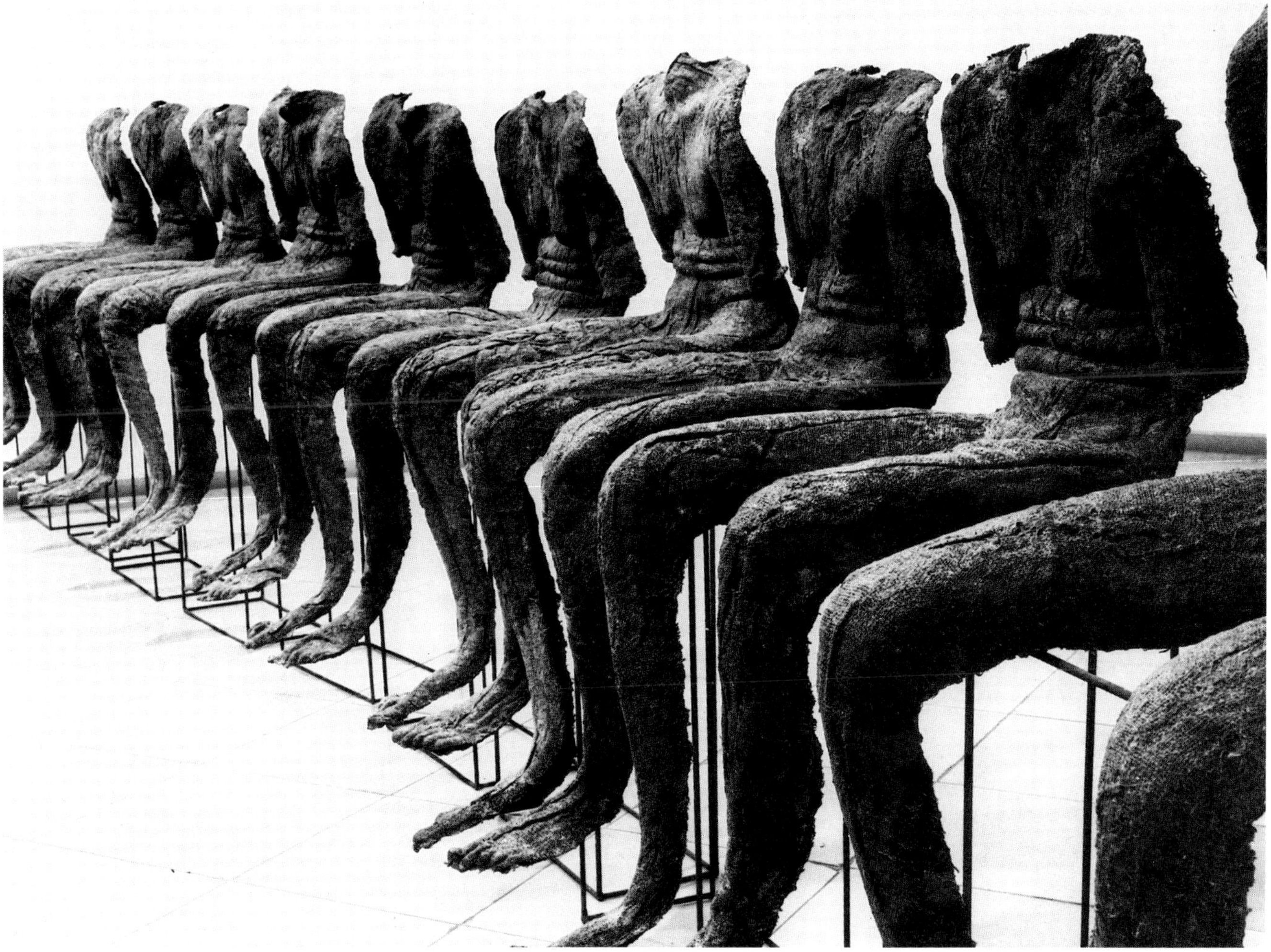

Magdalena Abakanowicz
Sitzende Figuren (1974–1976)
Fragment von einem Zyklus mit 18 lebensgrossen Figuren aus Polyester und Jutegewebe.
Museum für Moderne Kunst, Nürnberg. Photo A. Starewicz.
Beispiel der Imprägniertechnik bei porösen Materialien (hier: Jute) mit Polyester. Das Ganze wird in eine vom menschlichen Körper abgenommenen Form gestampft.

Dosis zu klein, geht das Abbinden zu langsam oder überhaupt nicht. Bei einer Überdosis dagegen riskiert man eine Überhitzung im Zentrum der Masse, was zu Ausbrüchen, Rissen und irreversiblen Deformationen führen kann.

- **Herstellen von Hohlskulpturen:** nach dem Verfahren der Schichtbildung werden alternierend eine Schicht Polyester und eine Schicht Glasfasern im Innern der Form gelegt. Dieses Verfahren führt zu sehr widerstandsfähigen, leichten und grossformatigen Skulpturen, aber lässt keine Transparenz zu.

- **Modellieren:** mit Polyesterkitt lässt sich direkt und vor dem Erhärten modellieren, möglicherweise über eine Armierung.

Der Prozess des Abbindens

Damit die Polymerisation von Duroplasten stattfindet, muss Wärme zugeführt werden. Bewahrt man sie an einem warmen Ort, über längere Zeit auf, riskiert man spontanes Erhärten. Dies tritt in der Tat auf, wenn sich die Aufarbeitung der Harze verzögert: nach 6 Monaten bis 1 Jahr werden sie unbrauchbar. Aus diesem Grund ist es nicht ratsam, grosse Mengen zum voraus zu lagern, wenn die unmittelbare Verwendung nicht gesichert ist. Zur Verkürzung des Aushärtens oder zum Beschleunigen der Polymerisation sind dem Harz ein Beschleuniger und ein Katalysator zuzusetzen. Die Kombination dieser beiden Produkte ist exothermisch, d.h. sie macht Wärme frei, was die Polymerisationsreaktion begünstigt. Wenn einmal angelaufen, setzt sie sich automatisch fort, weil sie selber exotherm ist. Die freiwerdende Wärme hängt von der Menge des zugefügten Katalysators ab. Es ist notwendig, dass sich zwischen der im Zentrum der Reaktionsmasse produzierten Wärme und der an der Oberfläche abgegebenen Wärme ein Gleichgewicht einstellt. Ist die erste im Vergleich zur zweiten zu gross, riskiert man eine Überhitzung der Masse (besonders im Zentrum), die zu Schäden wie Rissbildung, Deformationen, etc. führt. Werden im Falle von Vollskulpturen grosse Harzmengen gegossen, muss die Dosierung des Katalysators auf ca. 0.1 % reduziert werden. Beim Verfahren der Schichtbildung oder der Imprägnierung, wo das Volumen im Verhältnis zur Oberfläche reduziert ist, muss die Katalysatordosierung auf ca. 1 % erhöht werden, sonst riskiert man ein zu langsames oder mangelhaftes Abbinden (klebende Oberfläche). Die Erwärmung des Harzes kann im Laufe der Polymerisation 232°C erreichen. Normalerweise ist die Dosierung des Katalysators auf dem Behälter angegeben, doch wird der Anwender, je nach klimatischen Bedingungen, selber die optimale Dosierung herausfinden. Bei kaltem und feuchtem Wetter ist die Dosierung zu erhöhen. Einige Zusatzstoffe (metallische Füllstoffe, Pigmente) stören die Wirkung des Katalysators, indem sie die Reaktion beschleunigen oder verhindern. Bestimmte Füllstoffe (Glas, feuerfeste Materialien) absorbieren einen grossen Teil der abgegebenen Wärme und vermindern dadurch das Risiko der Überhitzung, hervorgerufen durch einen Katalysatorüberschuss.

Man unterscheidet drei Stufen in der Erhärtung des Harzes:

Die gelartige Phase (½ bis 1 Std.): während dieser geliert das ursprünglich flüssige Harz. In diesem Stadium weist es eine gewisse Flexibilität auf. Man kann es gerade noch mit einem Schneidemesser oder Skalpell schneiden.

Die Phase der Primärerhärtung (von einigen wenigen Stunden bis 24 Std.): in diesem Stadium kann das Werk ausgeformt werden, hält seine Form. Das Material lässt sich sogar noch mit Bimsstein abschleifen, aber die Polymerisation ist noch nicht abgeschlossen.

Die Phase der Endaushärtung (von einigen Tagen bis zu 1 Woche): die Polymerisation ist dann abgeschlossen. Das Wasser kann in diesem Stadium keine Verfärbung (bleichen, rot färben) der Oberfläche mehr bewirken, wie das im vorhergehenden Stadium noch der Fall war.

Die Dauer der drei Phasen hängt einerseits von den atmosphärischen Bedingungen und anderseits von der zugefügten Katalysatormenge zum Harz ab.

Die Katalysatoren sind in der Regel in flüssiger Form verfügbar, einige wenige als Pulver oder Paste. Sie sind sehr giftig und entflammbar, besonders in flüssiger Form (sie können sogar explodieren, weshalb zu starke Schläge zu vermeiden sind). Eine frisch gegossene Skulptur darf nie in einem Ofen erwärmt werden, weil die heftige Zersetzung explosiv vor sich gehen könnte.

Verdünnung der Polyesterharze

In seltenen Fällen kann eine leichte Verdünnung der Harze nützlich sein, dann nämlich, wenn die Imprägnierung von leicht porösen Materialien wie Holz oder Gips angestrebt wird. In diesem Fall soll dem Harz nicht mehr als 15 % monomeres Styrol zugesetzt werden. Verdünnt man zu stark, wird das Harz spröd. Die Menge des Katalysators muss mit der Verdünnung ebenfalls erhöht werden. Zur Reinigung der Bürsten und der anderen Utensilien verwendet man Aceton.

Die Füllstoffe

Sie haben verschiedene Funktionen: sie verstärken das Material, modifizieren das äussere Aussehen, erhöhen die Qualität der Oberflächenhaftung (Adhäsion), machen das Material kostengünstiger, vermindern die Schwindung, vermeiden die Überhitzung, etc. Man kann dem Harz bis zu 40 % Füllstoff beimischen ohne es zu schwächen. Im Gegenteil, der Füllstoff erhöht die mechanische Festigkeit des Harzes. Die Natur der Füllstoffe ist sehr verschieden, bei allen handelt es sich aber um chemisch inerte Stoffe, in Pulver- oder Granulatform. Hier einige Beispiele: Kaolin, Talk, kolloides Silizium, Asbest, frischer oder gebrannter Ton, mehlförmiger Bimsstein, Steinmehl, Sand, Zement, Gips, Kohlestaub, Kreide, Kalk, Spanischweiss, Glaskügelchen, zerkleinerte Glasscherben, zerhackte Glasfasern, synthetische Fasern, natürliche Fasern, Holzmehl, Metallpulver, Eisenspäne, zerkleinerte Muschelschalen, Korn, winzige Hohlkugeln (z.B. Hohlkugelbakelit, das das Material leicht und porös macht), etc.

Verstärkung der Harze

Am gebräuchlichsten sind Materialien auf Basis von Glasfasern wie:

- **Glasgewebe:** Es handelt sich um mehr oder weniger eng gewobene Glasfasern, je nach Einschuss. Das Glasgewebe ist widerstandsfähig und geschmeidig und kann mit guten Scheren oder Stanzen zugeschnitten werden. Polyesterharze in flüssiger oder Gel-Form imprägnieren das Gewebe vollständig, indem sie zwischen die Fasern eindringen. Im Handel werden die Glasgewebe nach Gewicht klassiert.

- **Glasmatten:** Glasmatten haben im Vergleich zu Glasgeweben den Charakter eines Filzes, der aber leichter und unregelmässiger ist. Er lässt sich gleich wie Glasgewebe schneiden und wird ebenfalls nach Gewicht gehandelt. Seine Dicke ist anpassbar: eine zu dicke und steife Matte lässt sich in verschiedene dünne und biegsame Lagen auftrennen.

- **Gehäckelte Glasfasern:** diese werden im Spritzverfahren angewendet: man mischt sie dem katalysierten Polyester zu, bereit zum Auftrag in Formen oder auf Flächen mit der Spritzpistole.

Färbung von Polyester

Im Handel sind **Pigmente** erhältlich, mit denen die Kunstharze in der Masse gefärbt und undurchsichtig gemacht werden. Sie stehen entweder als Paste mit hoher Färbekraft zur Verfügung (man braucht deshalb nur eine kleine Dosierung), oder als feines Pulver (das sorgfältig eingemischt werden muss, um eine gleichmässige Färbung zu erzielen). Pigmentpulver lassen sich gut lagern, wogegen die Pasten nach einer gewissen Zeit zum Hartwerden neigen (in der Praxis werden sie dem monomeren Styrol beigemischt).

Die transparenten flüssigen Farbstoffe: diese färben die Polyester ohne sie undurchsichtig zu machen. Es handelt sich um mit Methylalkohol verdünnte Tinten. Von mit Wasser verdünnten Tinten ist abzuraten, da sie die Polymerisation verhindern. Ausser den im Spezialhandel erhältlichen Pigmenten kann man auch das Risiko eingehen, andere Pigmente einzusetzen. In einem solchen Fall sind Vorabklärungen und -tests unabdingbar, um sich zu vergewissern, dass sie keine unerwünschten Auswirkungen auf die Polymerisation haben. Alle Farbstoffe färben die Polyester in der Masse. Am besten ist es, wenn sie dem Harz vor dem Katalysatorzusatz beigemischt werden. Handelt es sich um einen pulverförmigen Farbstoff ist es ratsam, die entsprechende Dosis mit wenig Harz innig zu mischen, bevor sie der ganzen Masse zugefügt werden. Auf diese Weise erzielt man eine homogene Mischung. Wird eine grosse Skulptur in mehreren Etappen aufgebaut, ist es empfehlenswert, die Menge Farbstoff für die ganze Arbeit zum voraus bereitzustellen. Verfährt man in Etappen, hat man die liebe Mühe, wieder den gleichen Farbton zu bekommen. Das Abschleifen der Skulptur mit Bimsstein hellt die Farbe oft auf, doch wird die ursprüngliche Farbe nach dem Polieren und Einwachsen wieder zurückgewonnen. Neben der Färbung der Masse ist es natürlich möglich, die Skulptur z.B. mit Farben auf Basis Polyurethan oder Acryl zu bemalen. Vor dem Anstrich ist die abgegossene Skulptur mit Aceton gut zu entfetten, um eine maximale Farbhaftung zu gewährleisten.

Die verschiedenen Harztypen

- **Polyesterharze für die Oberflächenbehandlung** (Top Coat): sie sind flüssig, transparent und enthalten wenig Paraffin. Sie verbinden sich mit der Oberfläche während der Polymerisation, bilden einen Film, der die darunter liegende Schicht vor Lufteinwirkung schützt (Luft kann teilweise die Polymerisationsreaktion verzögern). Die auf diese Weise geschützte Oberfläche härtet sehr gut aus; mit einem normalen Polyester bliebe die Oberfläche klebrig. Diese Harze eignen sich gut für die Imprägniertechnik und für die letzten Auftragsschichten.

- **Normales Flüssigharz:** das Normalharz ist gleich flüssig und transparent, jedoch leicht gefärbt (rosa-violett). Man verwendet dieses Harz im Verfahren der Schichtbildung in den Formen. Es imprägniert die Glasgewebe und -matten sehr gut. Schwere Füllstoffe (wie Sand, Steinmehl, etc.) können in der Masse nicht in Schwebe gehalten werden und dekantieren.

- **Gel-Film:** dieses gelartige Harz ist durchscheinend und leicht gefärbt (rosa-violett). Es haftet an senkrecht stehenden Oberflächen recht gut und wird in der Regel für die erste Schicht verwendet. Die zugesetzten Farbstoffe und Füllstoffe bleiben in Suspension ohne abzusinken. Es wird beim Verfahren der Schichtbildung angewendet.

- **Thyxotropes Harz:** dieser Harztyp ist pastos und behält die ihm verliehene Form. Er enthält meistens kolloidales Silizium als Füllstoff. Die Paste lässt sich einfärben und kann ziemlich grobe Füllstoffe aufnehmen, ohne dass diese dekantieren. Man trägt das Harz mit dem Spatel auf, sei es im Innern der Form oder auf einer Armierung.

- **Transparentes Harz:** es wird im Schichtverfahren für durchscheinende Harzlagen oder für das Giessen von transparenten Kleinskulpturen angewendet. Das Harz ist flüssig, man kann es leicht färben und verschiedene Stoffe (z.B. Glas) einbauen. Meistens wird bei diesem Harz nur eine kleine Dosis Katalysator verwendet.

- **Mastix-Polyester:** das Harz hat die Konsistenz von Mastix (Harz der Pistazie), dem ein pastoser Katalysator beigemischt wird. Im Prinzip handelt es sich um eine hellfarbige pastose Masse, die modelliert oder direkt auf eine Armierung

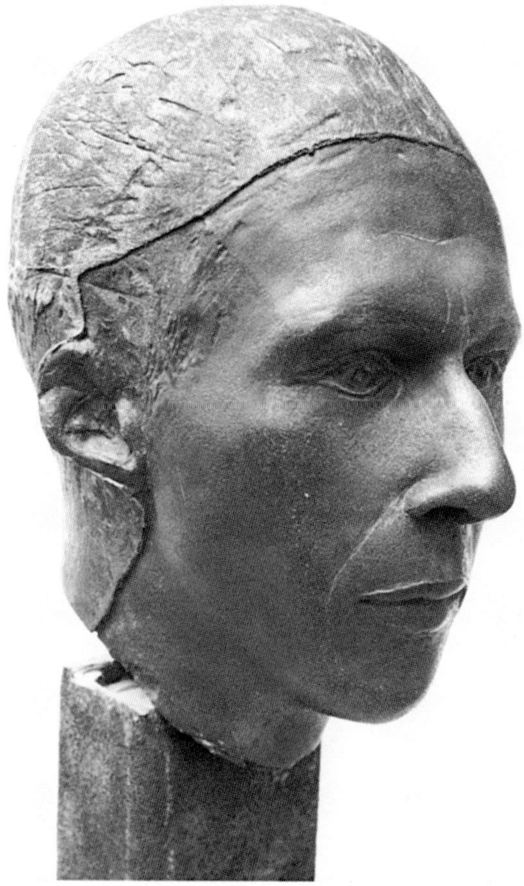

Philippe Clérin
Selbstporträt
Polyester mit Eisenspänen
Dieses in einer mehrteiligen Gipsform abgegossene Werk zeigt deutlich die Verbindungsfugen zwischen den Formteilen.

aufgetragen werden kann. Sobald sie ausgehärtet ist, lässt sie sich gut bearbeiten, entweder mit der Feile oder mit Schleifpapier. Sie eignet sich gut für Reparaturarbeiten.

Anwendungstechniken von Polyester

Technik der Schichtbildung

Die Technik besteht aus dem alternierenden Aufbau einer Schicht Polyester (transparent oder undurchsichtig) und einer Schicht Verstärkungsmaterial (Glasmatte oder -gewebe, etc.). Diese Lagen können im Innern der Form oder auf dem Kernobjekt (Armierung) auf der Oberfläche gelegt werden, mit Hilfe von Pinseln oder Spritzpistolen.

Technik der Schichtbildung auf einem Kern

Dieser kann aus irgendeinem festen Material bestehen, das gegen Styrol widerstandsfähig ist und keine Feuchtigkeit enthält, z.B. Gips, Stahl, Holz, Zement, etc. Für eine Grossskulptur wählt man vorteilhaft leichte Materialien wie Karton, Holz vom Balsabaum oder Schaumstoff aus Polyurethan. *In keinem Fall jedoch darf geschäumtes Polystyrol verwendet werden, weil es sich im Styrol auflöst!* Beharrt man trotzdem auf Polystyrolschaumstoff für den Kern, muss dieser mit einer

Schutzschicht, zur Isolation des Polyesters (z. B. einer Schicht Epoxyharz), überzogen werden. Der Kern kann auch aus einem feinen Metallgitter, das mit einem Gewebe oder mit Papiermaché bedeckt ist, bestehen. Auf den Kern wird das flüssige oder gelförmige Harz mit dem Pinsel aufgetragen. Dann bedeckt man das Harz vor dem Abbinden mit einer feinen Glasmatte. Man wartet einige Stunden bis zum Hartwerden und legt eine neue Schicht Harz + Glasmatte. So verfährt man, bis die gewünschte Dicke erreicht ist. Gegen Schluss kann die Glasmatte durch ein Glasgewebe ersetzt werden. Sobald die Form steht, bearbeitet man die Oberfläche mit einer Feile, dann mit Bimsstein und Schleifpapier. Dann wird eine letzte Schicht Harz gelegt, wobei der Harztyp für Oberflächenbehandlung (Top Coat) verwendet wird, der problemlos aushärtet. Zum Schluss kann die Oberfläche mit immer feinerem Schleifpapier bearbeitet, bemalt oder einfach patiniert und eingewachst werden.

Schichtbildung durch Aufspritzen

Katalysiertes Harz mit zugesetzten feinen Glasgewebepartikeln wird mit der Spritzpistole auf einen Kern oder in eine Form aufgetragen. Mit diesem Verfahren können rasch grosse Skulpturen aufgebaut werden.

Technik der Schichtbildung in Formen

Die Formen können aus Gips, Silikon, Polyurethan oder Polyester sein. Alle diese Formmaterialien – mit Ausnahme von Silikon – müssen vor dem Auftragen von Polyester mit einem Trennmittel behandelt werden, wobei eine oder mehrere Schichten (z. B. Silikonwachs) nötig sind. Die porösen Gipsformen brauchen zusätzliche Vorbereitungsarbeiten. Vor dem Einsatz ist sicherzustellen, dass sie vollständig trocken sind, da sonst das Restwasser die Polymerisation des Harzes verhindern kann, was zu einer klebrigen oder unvollständig ausgehärteten Oberfläche führt. Sind die Formen nicht trocken, kann man sie in einem Ofen bei 100° C langsam trocknen. Die Poren vom Gips müssen mit mehreren Schichten von in Methanol verdünntem Gummilack verschlossen werden. Anschliessend ist Wachs aufzutragen. Es ist wesentlich, vor Arbeitsbeginn die Arbeitsetappen festzulegen. Zuerst müssen alle Arbeitsutensilien in Griffnähe sein: Formen, Polyester, Gel Coat, Füllstoffe, Farbstoffe, Lappen, Plastikbehälter (z. B. Plastikflaschen mit entferntem Flaschenhals, Eimer), Spatel aus Holz zum Mischen der Bestandteile, Bürsten, Pinsel zum Auftragen des Harzes in der Form, zwei zur Hälfte mit Aceton gefüllte Bechergläser, Glasmatte und -gewebe, ein Schneidwerkzeug, Scheren, mehrere Paare Plastikhandschuhe, eine Zange zur Haarentfernung, eine Schutzmaske, graduierte Gefässe. Man schützt die Hände mit Plastikhandschuhen und bereitet die ganze Menge von Gel Coat mit Farb- und Füllstoffen auf, die für die Ausführung des Werkes nötig ist. Man bewahrt diese Mischung in einem geschlossenen Behälter auf.

Einen Teil dieser Mischung giesst man in einen kleineren Plastikbehälter und setzt den notwendigen Katalysator zu (im Mittel 2 %). Im graduierten Messzylinder kann die Menge genau dosiert werden, aber mit ein wenig Übung geht es auch ohne.

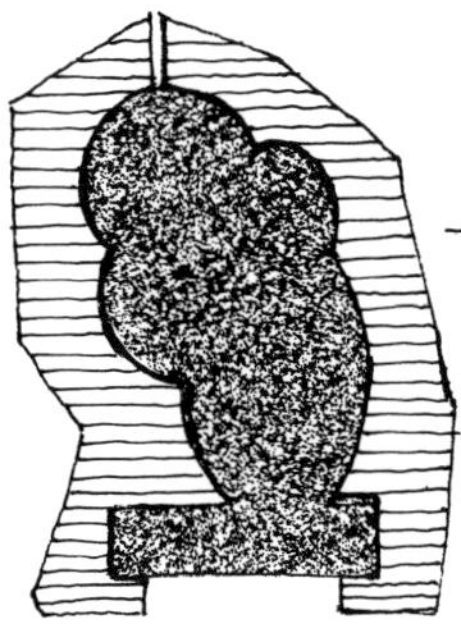

1

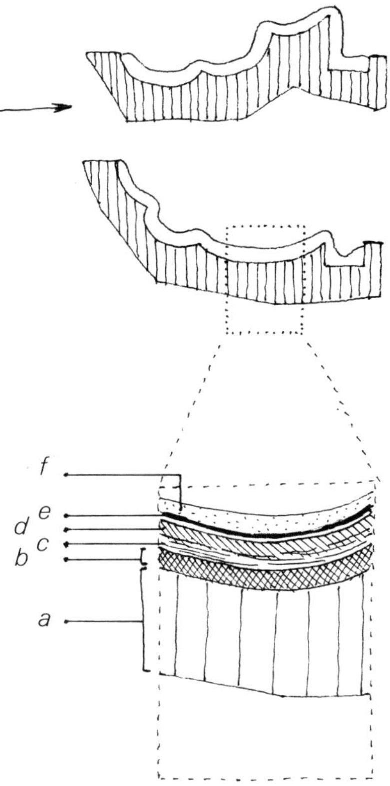

2

Technik der Schichtbildung

1. Das abzugiessende Modell ist in seine Form eingepackt.

2. Nach dem Ausformen wird der Abdruck in den beiden Formteilen (a) sukzessive mit folgenden Materialschichten bedeckt:
   - eine feste Schicht Gel Coat (b)
   - Glasmatte (c)
   - flüssiges Polyesterharz (d)
   - Glasgewebe (e)
   - eine letzte Schicht flüssiges Polyesterharz (f)

3. Dann werden die beiden Formteile wieder zusammengefügt und Polyester eingefüllt.

4. Wenn der Polyester ausgehärtet ist, wird die Form geöffnet.

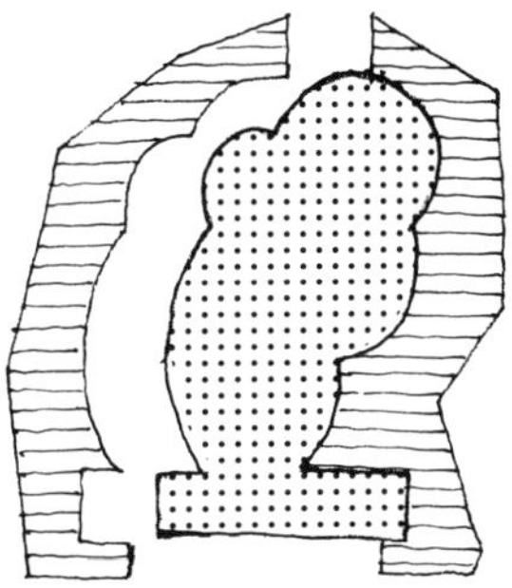

4

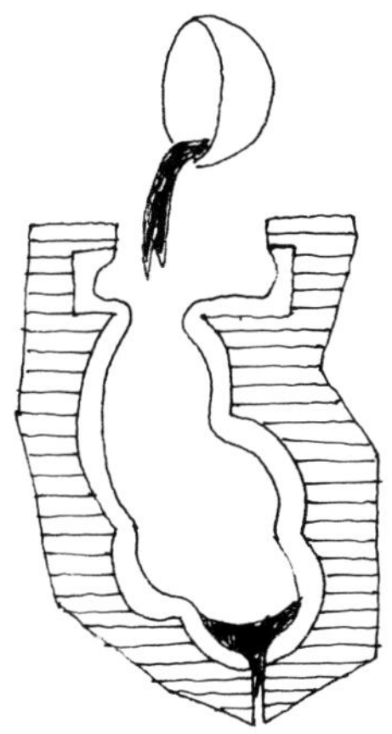

3

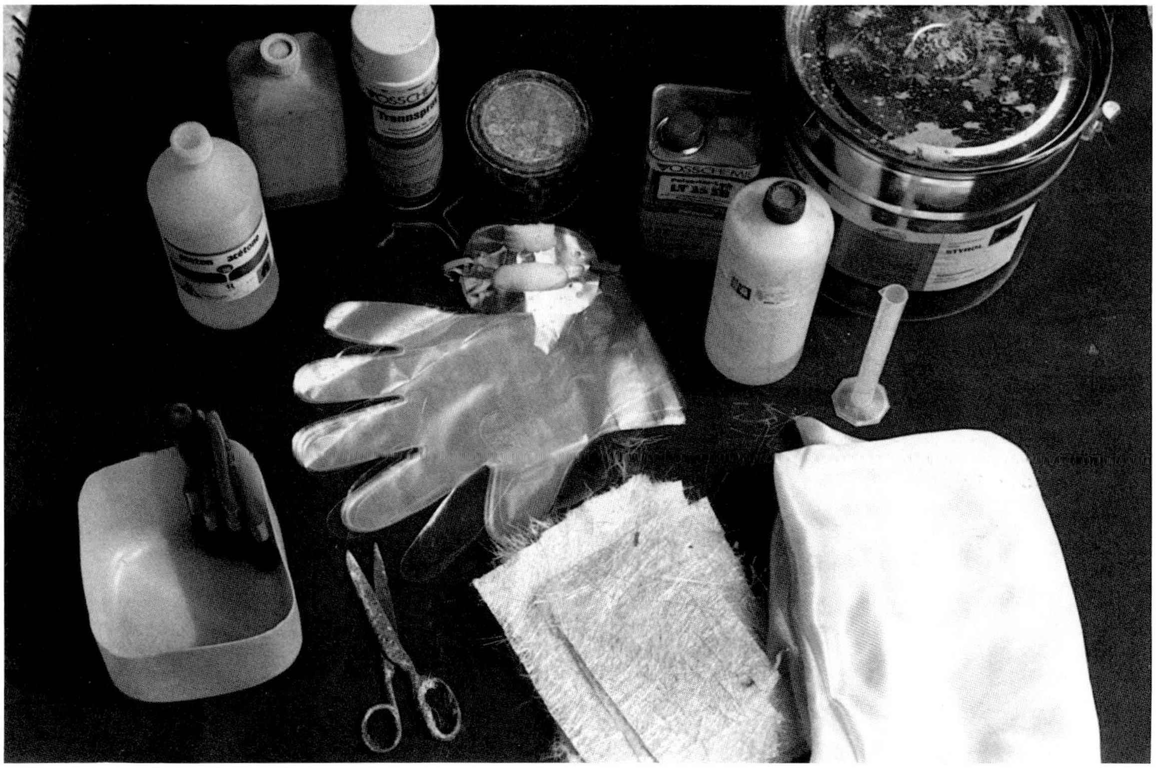

Basismaterial, um eine Schichtung in Polyester zu verwirklichen. Vorne: eine Plastikschale mit Pinseln, Schere, Plastikhandschuhe, Glasmatte und -gewebe. Hinten: eine Flasche mit Aceton, Lösung mit Gummilack, ein Trennspray, eine Büchse mit Farbpaste, eine Atemmaske, eine Büchse mit flüssigem Polyester, eine Flasche mit Katalysator, eine Trommel mit Gel Coat, ein Messzylinder aus Plastik.

Der Katalysator wird mit einem Holzspatel ins Harz gemischt. Dann wird das Innere der Form unmittelbar mit dem katalysierten Harz mittels eines Pinsels ausgestrichen. Ist die Applikation beendigt, reinigt man den Pinsel in einem mit Aceton gefüllten Becherglas, um den grössten Teil des Füllstoffes zu entfernen. Der so gereinigte Pinsel wird in einem anderen Becher in Aceton aufbewahrt bis zur nächsten Anwendung. Man muss die erste Schicht Gel Coat abbinden lassen, bevor man zu den folgenden Applikationen schreitet. Die erste Schicht ist entscheidend, weil sie nach dem Ausformen des Stückes von aussen sichtbar wird. Darum muss vermieden werden, dass Pinselhaare im Harz zurückbleiben; tritt dies trotzdem ein, müssen sie mit der Pincette vor dem Abbinden entfernt werden. Wünscht man besondere Farbeffekte (Polychrome Skulptur), müssen sie in dieser ersten Schicht verwirklicht werden. Man trägt zuerst das gefärbte Harz im Innern der Form auf, und zwar dort, wo man die Färbung wünscht.
Man wartet, bis diese Schicht geliert: von diesem Moment an lässt sie sich wegschneiden, falls die Farbkontur nicht sauber ist. Bevor Schwindung und Härtung stattfinden, legt man eine zweite Harzschicht von anderer Farbe neben die erste und lässt sie ineinander übergehen. So verfährt man auch mit den anderen Färbungen. Die erste Lage von Gel Coat kann ziemlich dick sein, besonders wenn man die Oberfläche nachzubearbeiten wünscht (mit der Feile, dem Bimsstein oder mit der Graviernadel).

Abziehen einer Abgusskopie in laminiertem Polyester in einer verlorenen Gipsform.

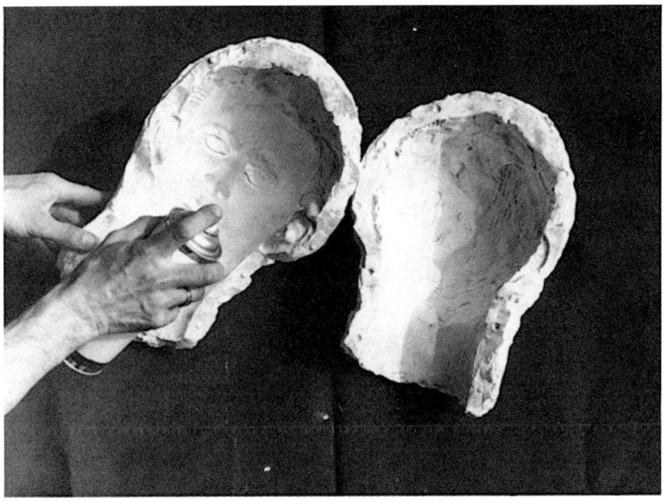

Nachdem die beiden Formteile mit einer Gummilacklösung behandelt worden sind, wird das Trennmittel als Spray aufgetragen.

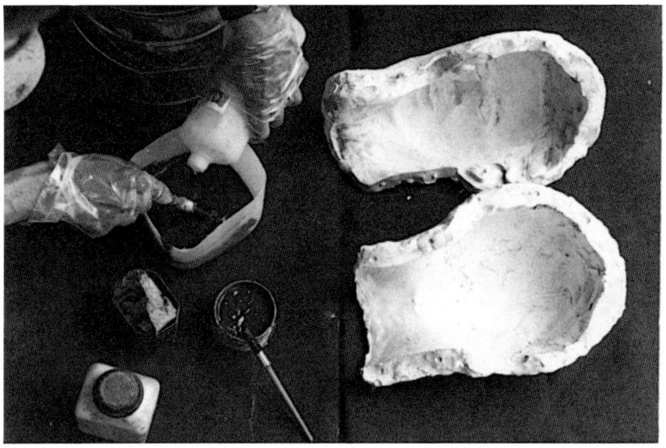

Eine Mischung von Gel Coat und Füllstoff wird aufbereitet. In diesem Fall besteht der Füllstoff aus Kupferpulver und Eisenspänen. Wegen der späteren Arbeiten ist es ratsam, Plastikhandschuhe zu tragen. Die Mischung wird anschliessend katalysiert und homogenisiert.

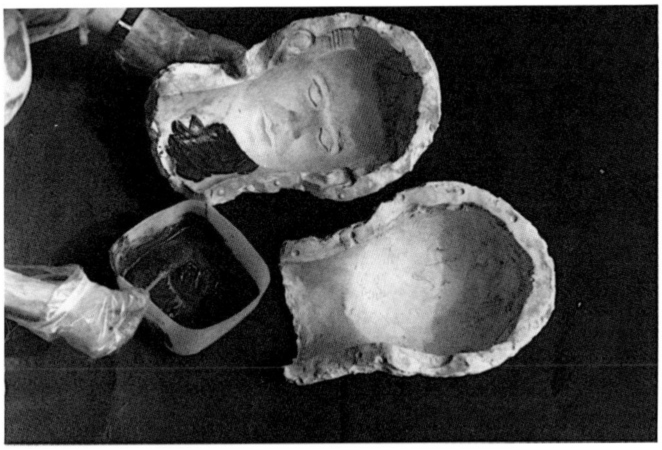

Eine erste Schicht von katalysiertem Gel Coat wird mit dem Pinsel auf das Innere der Form aufgetragen (wenn der Pinsel Haare verliert, muss man sie raschmöglichst entfernen).

Es werden verschieden grosse Glasmattelappen mit der Schere zugeschnitten und zum voraus in genügender Anzahl vorbereitet. Nach dem Abbinden der ersten Schicht wird eine zweite Schicht Gel Coat mit Katalysator darüber gelegt. Anschliessend werden Glasmattelappen mit Hilfe eines Pinsels darin eingebettet. Auf diese Weise werden mehrere Folgeschichten aus Glasmatte auf die ganze Innenfläche der Form appliziert. Für die letzten Schichten kann flüssiger Polyester den Gel Coat ersetzen und Glasgewebe tritt an den Platz von Glasmatten.

Sobald die erste Schicht – oder die ersten Schichten bei polychromen Skulpturen – eine gelartige Konsistenz angenommen hat (sie darf nicht mehr fliessen, aber auch noch nicht hart sein), geht man über zur eigentlichen Schichtung. Es werden mit der Schere Stücke von Glasmatte zugeschnitten (Achtung: Atemmaske tragen!). Deren Grösse hängt von den Dimensionen der Skulptur ab; in der Regel sind es quadratische Stücke von 10 bis 20 cm Seitenlänge. Ist die Glasmatte zu dick und zu steif, kann sie in zwei oder drei dünnere und geschmeidigere Lagen aufgetrennt werden. In dieser Ausführung lassen sie sich viel leichter in die Form einpassen, besonders wenn die Innenfläche ausgeprägte Vertiefungen aufweist.

Die beiden Formhälften werden auf die gewünschte Dicke geschichtet. Was über den Rand des Abdruckers hinausgeht, wird mit einem Schneidemesser oder Skalpell so schnell wie möglich entfernt, solange der Polyester noch nicht hart ist.

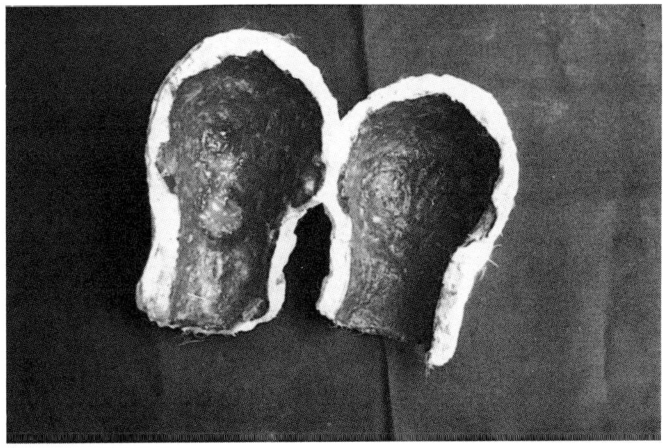

Die beiden Formhälften werden zusammengefügt.

Polyester mit Füllstoff wird bis auf das Niveau der Fugen zwischen den beiden Formteilen gegossen, um die beiden Hälften der Abgusskopie zusammenzuschweissen.

Auf die Oberfläche der vorhergehenden wird eine neue Schicht aus Gel Coat gelegt und Glasmatte aufgedrückt, bevor das Aushärten des Harzes beginnt. Gel Coat kann durch flüssiges Polyesterharz, in kleinen Mengen zugegeben, gestreckt werden, um die Glasfasern gut darin einzuziehen. Diese werden gut im Harz eingebettet, indem man sie mit dem Pinsel eindrückt. In der Regel ist es nicht ratsam, grössere Harzmengen auf einmal zu katalysieren, weil man sonst ein frühzeitiges Abbinden vor dem vollständigen Aufbrauchen des Harzes riskiert. Es gibt verschiedene Typen von Polyesterharzen, die nach der Zugabe des Katalysators mehr oder weniger schnell abbinden. Man tut gut daran, bei grossen Objekten ein langsam abbindendes Polyesterharz zu wählen, so dass man nicht zu häufig kleine Harzmengen zubereiten muss.

Nachdem mehrere Lagen Gel Coat + Glasmatte aufgebaut sind, wird das Glasgewebe appliziert. Es werden wiederum kleine Stücke des Gewebes zugeschnitten und auf die vorher gelegte Flüssigpolyesterschicht gedrückt. Das Gewebe wird gut eingebettet und so positioniert, dass es nicht über den Formenrand hinausreicht. Über das Gewebe wird eine weitere Polyesterschicht aufgetragen und man entfernt eventuell eingeschlossene Luftblasen unter den Gewebemaschen. Auf diese Weise werden nun mehrere Lagen aufgebaut, bis die gewünschte Dicke erreicht ist (diese hängt natürlich von der Grösse des Objektes ab). Während des Aufbaus der Schichten ist darauf zu achten, dass kein Harz auf die Formränder, wo sich die Schlösser und Gegenschlösser befinden, zu liegen kommt, da diese nach dem Erhärten das Positionieren der Formteile und deren Verschluss erschweren. Sind Harzresten oder Faserstücke an diesen Stellen im Weg, muss man sie herausziehen oder abschneiden, ohne dabei die Form zu beschädigen. Mit dem Schneidmesser werden auch die Ränder der Polyesterkopie verputzt, um ihre Umrisse sauber herauszuarbeiten. Das lässt sich verhältnismässig leicht bewerkstelligen, solange das Harz noch nicht erhärtet ist, was bedeutet, dass diese Arbeit rasch ausgeführt werden muss. Ist diese beendet, kann die Form wieder geschlossen werden.

In der nächsten Etappe müssen die verschiedenen Partien der Kopie, die in separaten Formteilen reproduziert werden, zusammengefügt werden.

Zu diesem Zweck wird die ursprünglich zubereitete Gel Coat-Mischung reichlich katalysiert (wenn die Masse zu wenig fliesst, gibt man manchmal wenig Flüssigpolyesterharz zu), giesst sie in die Form bis zum Niveau der Fugen der verschiedenen Teile der Kopie. Dort, wo man hingelangt, fügt man über der flüssigen Harzschicht Glasmatten zu, damit die einzelnen Teile gut miteinander verbunden werden. Man lässt das Ganze über Nacht ruhen, bevor man zum Ausformen schreitet. Beim Aushärten unterliegt das Polyesterharz einem leichten Schwund, der einen unproblematischen Ablauf gewährleistet. Das Ausformen geschieht mit Holzmeissel und Holzhammer. Die Meisselschneide wird zwischen die Nahtstellen der Formteile eingeführt; mit Hebelwirkung werden die Formteile voneinander getrennt. Ist die Kopie ausgeformt, stellt man oft ein enttäuschendes Aussehen fest: die Oberfläche zeigt Mängel (Löcher, Risse, klebrige Stellen). Die Nähte zwischen den Formteilen hinterlassen auf der Oberfläche der Kopie reliefartige Unebenheiten. Zudem haften manchmal Formstücke an der Kopie. Alle diese Fehler lassen sich aber durch eine sorgfältige Fertigbearbeitung ausmerzen.

Nach dem vollständigen Aushärten über Nacht wird die Kopie ausgeformt, indem man die Form mit Meissel und Holzhammer zerschlägt.

Fertigbearbeitung: die Nahtstellen werden abgefeilt, die Löcher verschlossen und die Oberfläche mit Bimsstein behandelt.

Giesstechnik bei Vollskulpturen

Wünscht man eine volle und transparente Skulptur, giesst man flüssiges transparentes Polyesterharz in die Form, dem nur wenig Katalysator (ca. 0.2 %) zugemischt wird. Ein Überschuss an Katalysator bewirkt eine Überhitzung während der Polymerisation, die irreversible Schuppen oder Spalten hervorrufen kann. Möchte man an dieser Schuppenbildung festhalten, die zum Effekt der Lichtreflexion führt, gibt man einen kleinen Katalysatorüberschuss zu. Soll jedoch die Überhitzung vermieden werden, kann ein Teil der Wärme durch einen geeigneten Füllstoff absorbiert werden; zerkleinerte Glasscherben eignen sich für diesen Zweck sehr gut, ohne die Transparenz zu beeinträchtigen. Als Formenmaterial eignet sich: Gips, Silikon, Polyester oder Polyurethan. Mit Ausnahme der Silikonformen müssen vorgängig alle diese Formen mit einem Trennmittel behandelt werden. Vor dem Giessen muss die Wasserdichtheit der Form geprüft werden. Man versiegelt die Fugen zwischen den verschiedenen Formteilen mit Gips, wenn es sich um Gipsformen handelt, oder einem Silikonzement bei den anderen Formen. Vor dem Verschliessen und Abdichten ist es empfehlenswert, eine Schicht katalysierten Harzes auf die Innenfläche der Form aufzutragen, um jegliche Luftblasen zu vermeiden. In diesem Fall kann die Dosierung des Katalysators erhöht werden. Es geht darum, die Luftblasenbildung im Zentrum der Masse zu vermeiden. Das kann einmal dadurch geschehen, dass man beim Zusetzen vom Katalysator nicht brüsk rührt; dann muss beim Giessen des Materials in die Form darauf geachtet werden, dass dies langsam vor sich geht, entlang einem Glasstab der in den Fond der Form taucht. Auf diese Weise wird keine Luft durch eine Gegenströmung gebildet. Es muss auch darauf geachtet werden, dass in den Vertiefungen der Skulptur keine Lufttaschen entstehen, die zu Mängeln führen. Um das zu vermeiden, macht man an diesen Stellen Luftlöcher, durch die die gefangene Luft entweichen kann. Man kann solche Fehler auch dadurch vermeiden, dass man die Skulptur in mehreren Etappen macht. Man giesst das Polyesterharz so in die Form, dass die Taschen zuerst aufgefüllt werden. Man wartet, bis das Harz abbindet und füllt dann alle noch verbleibenden Ecken auf. Erst dann erfolgt der hauptsächliche Giessprozess. Die letzte Operation muss vor Beginn der Schwindung in der Hauptmasse stattfinden. Damit werden Harzinfiltrationen zwischen die Formwand und der schon ausgehärteten Polyestermasse vermieden. Um das Giessvolumen der Skulptur und damit das Harzvolumen, das aufzubereiten ist, abzuschätzen, kann man die Form mit Sand, den man gut verfestigt, füllen. Der Sand wird sodann in einen Messzylinder gefüllt. Bei kleinen Skulpturen kann der Giessvorgang in einem Guss erfolgen. Hat die Skulptur ein grosses Volumen, ist es in der Regel ratsam, in verschiedenen Etappen zu verfahren. Damit werden zu grosse Harzmischungen vermieden (im Moment, wo der Katalysator zugemischt wird), was das Risiko der Rissbildung vermindert. Man darf indessen wegen der Schwindung auch nicht zu lange zuwarten zwischen den Aufbereitungen, da sie sich nach einer gewissen Zeit in der bereits gegossenen und gehärteten Masse auswirkt. Man muss so lange warten, bis das Harz gelartig ist; erst dann darf ein weiterer Guss gemacht werden. Wird dies nicht befolgt, besteht die Gefahr, dass das Flüssigharz zwischen Trennwand der Form und Masse, die bereits der Schwindung unterlag, eindringt. Die Menge des zuzusetzenden Katalysators hängt von verschiedenen Faktoren ab, die simultan

▷
Yole Paterniani Travassos
Projektion (1985)
Höhe 34 cm
Das Werk wurde zuerst in Gips ausgeführt, dann in Silikon abgeformt. Das Harz wurde sodann in die Form gegossen. Einige Partien des Werkes wurden sandgestrahlt, um eine durchscheinende Oberfläche zu erhalten.

in Rechnung zu stellen sind. Vorerst spielt das Volumen oder die Dicke der abzugiessenden Skulptur eine Rolle. Auch der Katalysatortyp ist wichtig, wie auch die Temperatur und der Feuchtigkeitsgrad der Skulptur. Wenn man über keine Erfahrung verfügt, ist es ratsam, sich vom Lieferanten beraten zu lassen. Form und Inhalt lässt man während 24 Stunden ruhen, bevor das Ausformen vorgenommen wird. Die Nahtstellen sind abzufeilen und die Oberfläche ist mit immer feinerem Schleifpapier zu bearbeiten, bis eine tadellos glatte Oberfläche erreicht ist. Nach dieser Arbeit ist die Skulptur nicht mehr transparent, sondern durchscheinend.
Wünscht man die Transparenz wiederherzustellen, muss man wie folgt vorgehen:

- man reibt die Oberfläche mit immer feineren Schleifmitteln ab, dann wird sie mit Polierpaste auf einer elektrischen Filzscheibe bei grosser Drehzahl poliert;

- man überzieht die Oberfläche mit einem Firnis oder poliert eine letzte Schicht Polyester;

- man wachst die Skulptur nach dem Polieren gut ein.

Anmerkung: die beschriebene Technik eignet sich für abstrakte Skulpturen mit reinen und einfachen Formen, da die Transparenz grosse Partien des Modells zu verwischen neigt.

Imprägniertechnik für poröse Materialien

- Um flexible Werkstoffe wie Gewebe, Netze, Jutesäcke, Schwämme, Karton, Leder, etc. fest zu machen.

- Um die Oberfläche von Feststoffen wie Holz, Gips, Zement, Polyurethan, etc. zu verstärken oder zu schützen.

- Um die Oberfläche dieser Materialien mit anderen Stoffen oder Objekten wie Puder jeglicher Art, Sand, Papier, etc. zu verkleben.

In allen diesen Fällen verwendet man mit Vorteil Polyester für Oberflächenbehandlung oder Top Coat.

Man verwendet in der Praxis hauptsächlich folgende zwei Imprägnierungsverfahren:

- **Imprägnieren durch Tränken:** gemäss der Volumenberechnung des zu tränkenden Objektes wird eine bestimmte Menge Harz aufbereitet. Das Objekt wird in das flüssige Harz getaucht und nach der Sättigung wieder herausgezogen. Hat das Objekt keine ausgeprägte Eigenform, wird ihm eine solche verliehen, indem man es in eine Form setzt oder auf einer Armierung aufbaut. Bei dieser Arbeit ist es ratsam, sich von Kopf bis Fuss zu schützen und Plastikhandschuhe zu tragen.

- **Imprägnieren durch Applikation:** das katalysierte Harz wird mit Pinsel auf die Werkstoffoberfläche aufgetragen. Ist diese sehr porös, muss man bis zum Erreichen der Sättigung mehrere Schichten legen. Sind die Poren sehr fein, ist das Harz leicht zu verdünnen, damit es besser eindringen kann (man fügt max. 10 % monomeres Styrol hinzu).

▷
Francesco Somaini
Prima Traccia e Matrice: Antropoammonite (1978)
Weisser Polyester
135 × 92 × 500 cm
Photo F. Somaini

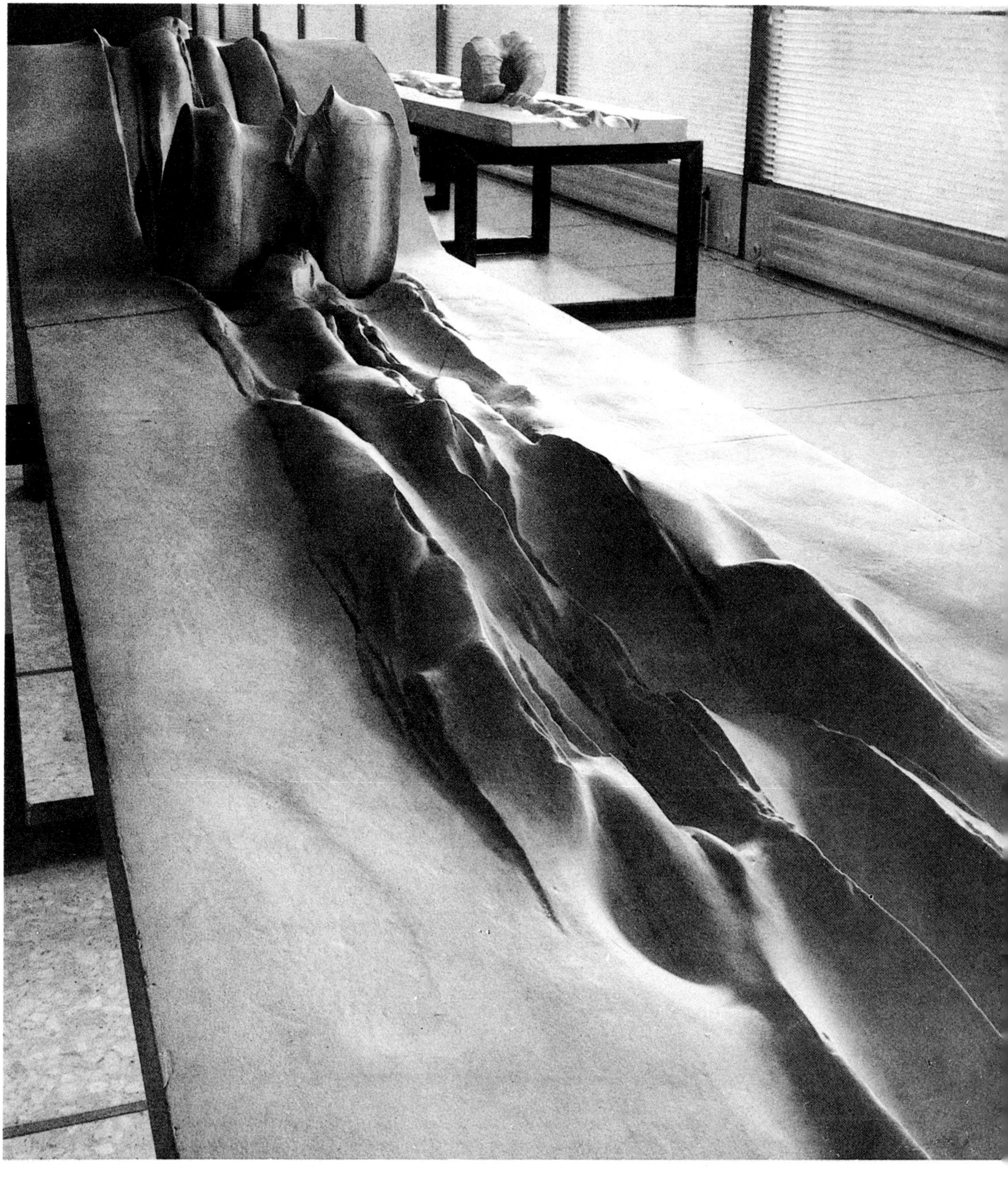

Roland Jung
Kreuzungen (Croisements) (1985)
Metallgitter und Polyesterblatt
154 cm

Modelliertechnik

Die Pasten oder Mastix-Harze haben eine genügende Konsistenz, um die Form, die man ihnen gibt, zu halten; es sind im doppelten Sinn des Wortes plastische Materialien! Einige Typen trocknen ohne Katalysatorzusatz an der Luft. Anderen muss man wenig Katalysator in Pastenform zusetzen, den man vor Gebrauch der Masse gut einmischen muss. Diese Pasten oder Mastix-Harze können direkt modelliert oder über eine Armierung, oder jede andere entfettete Oberfläche aufgebaut werden. Nach dem Aushärten kann das Harz leicht mit der Feile, oder dem Bimsstein bearbeitet, poliert oder bemalt werden.

Die Fertigbearbeitung

- **Reparaturarbeiten:** die Ausbesserung besteht im Ausmerzen von unerwünschten Unebenheiten (z. B. Nahtstellen) mittels Raspel und Feile, aber auch im Verschliessen von Löchern und Rissen mit Polyester. Wird die Objektoberfläche bemalt, können die Löcher mit Mastix Polyester zugestopft werden. Andernfalls braucht man den Rest der aufbereiteten Mischung (Gel Coat + Füllstoff/Farbstoff), die als erste Schicht verwendet wurde, auf (siehe Schichtungstechnik).Gegebenenfalls bearbeitet man den Skulptursockel mit einer Handschleifmaschine.

- **Ausbessern der Oberfläche:** diese Ausbesserung zielt darauf ab, kleine Unebenheiten und Mängel an der Oberfläche mit Feilen und groben Schleifpapier auszumerzen. Man arbeitet von Hand und unter Wasserzusatz. Bleibt die Oberfläche klebrig, legt man ein in Aceton getränktes Tüchlein auf, das den grössten Teil des nichtpolymerisierten Harzes aufnimmt. In diesem Fall lohnt es sich, einige Tage zuzuwarten, bevor die Arbeit mit Schleifpapier aufgenommen wird.

- **Polieren:** poliert wird mit sukzessive feiner werdendem Schleifpapier, mit Schleifpaste und feinem Polierstein. Wünscht man eine glänzige Oberfläche, bearbeitet man das Objekt mit einer elektrischen Gewebe- oder Filzscheibe.

- **Patinieren und Färben:** damit möchte man dem Werk einen lebendigen Aspekt verleihen. Die Oberfläche lässt sich moirieren (Flammeffekt), indem subtile Farbtöne so appliziert werden, dass das Relief (Vertiefung und Erhebungen) besonders hervorgehoben wird. Die Hohlräume werden in der Regel stärker gefärbt als die Relieferhebungen, aber auch die gegenteilige Applikation hat ihren Reiz. Die Patina kann auf verschiedene Art erreicht werden:

Färben mit Firnis, Farbstoffen, Tinten: es ist in jedem Fall ratsam, vorher an einem Muster oder am Sockel der Skulptur einen Versuch durchzuführen, wenn man seiner Sache nicht ganz sicher ist. Diese Färbungen sind transparent; auch bei der Überlagerung von verschiedenen Farbtönen kann die Transparenz beibehalten werden.

Färben mit Polyurethan-Farben: diese Einfärbungen geben der Skulptur Glanz und eignen sich nur für reine Formen und ganz glatte Oberflächen.

Färben mit Acrylfarben: diese Farben eignen sich sehr gut für die Färbung von Polyester. Sie werden in dicken oder dünnen Schichten aufgetragen und sind mit Wasser verdünnbar. Die Überlagerung von mehreren dünnen Lagen – evtl. mit verschiedenen Farbtönen – erlaubt schrittweise den gewünschten Effekt zu erzielen. Zwischen jedem Auftrag reibt man die Skulptur mit einem Tuch ab, um die Reliefpartien herauszuheben. Die Färbung ist sehr gut haltbar und haftet problemlos am Polyester, vorausgesetzt, man entfettet vorgängig gut mit Aceton. Sie verleiht der Skulptur ein eher mattes Aussehen (was niemend daran hindert, durch Einwachsen einen glänzigen Aspekt zu erzielen).

Färbung mit Bleistiften, Markierstiften, Farbstiften, Rötel, etc.: diese Farbstoffe, in der Form von Farbpulvern oder -stiften, werden auf die Skulpturoberfläche appliziert, mit einem Tuch eingerieben oder mit einem harten Pinsel eingebürstet (manchmal ist sogar eine Metallbürste angezeigt). Diese Pigmente haften weniger gut am Kunststoff als die vorhergehenden; man darf sie daher nicht im Freien aufstellen. Eine körnige Oberfläche eignet sich besser als eine feine, glatte Oberfläche der Skulptur. Um dic Haftung der Farbpartikel zu verbessern, kann nach Beendigung der Färbung ein Fixativ aufgespritzt werden.

Gefärbte Epoxy- oder Polyesterharze führen auch zu guten Resultaten. Im Falle von Polyester verwendet man den Polyestertyp für die Oberflächenbehandlung, um eine harte Schicht zu erhalten.

Lackieren, Wachsen: diese Nachbearbeitung ist angebracht, wenn man eine Glanzoberfläche wünscht.

Probleme, wie sie häufig auftreten

- **Klebrige Oberfläche, ungleichmässiges oder unvollständiges Abbinden:** der Grund kann darin liegen, dass zu wenig Katalysator zugesetzt, oder dass das Harz ungenügend gemischt worden ist. Die klebrige Oberfläche ist oft darauf zurückzuführen, dass an der Oberfläche eine unerwünschte Einwirkung von Luft oder Feuchtigkeit stattgefunden hat (z. B. durch unvollständig getrocknete Gipsformen). Um diese Mängel zu vermeiden, soll mehr Katalysator zugesetzt, besser gemischt und der Polyestertyp für Oberflächenbehandlung verwendet werden, wenn der Auftrag mit Luftkontakt geschieht. Eventuell müssen die Gipsformen vor Gebrauch in einem Ofen getrocknet werden.

- **Risse, Spalten und Deformationen:** fügt man zuviel Katalysator zu, entstehen diese Mängel. Um sie zu vermeiden, ist die Katalysatordosierung besser anzupassen oder es sind wärmeabsorbierende Füllstoffe einzusetzen.

- **Luftblasen:** diese werden dann eingeführt, wenn der Katalysator ins Harz gemischt oder wenn das Harz in die Form gegossen wird. Man muss daher zu brüskes Mischen vermeiden und das flüssige Polyesterharz beim Giessen einem Glasstab entlang führen.

- **Ausbleichen der Oberfläche:** diese Erscheinung tritt dann auf, wenn Wasser oder Feuchtigkeit auf eine nicht vollständig polymerisierte Oberfläche einwirkt. Man kann dem entgegenwirken, indem man die Skulptur einige Tage zum voraus nicht mit Wasser wäscht und sie an einem trockenen Ort aufbewahrt.

Anmerkung: Nach jedem Ausformen und vor dem Wiedergebrauch müssen die Formen wieder neu mit Trennmittel behandelt werden.

Hygienische Vorsichtsmassnahmen

- *Im Atelier ist eine gute Lüftung zu gewährleisten:* die entweichenden Dämpfe von Katalysatoren, und Lösungsmitteln, etc. sind giftig und entflammbar. Das Atelier muss deshalb mit einer guten Luftumwälzung ausgerüstet sein; ideal wäre eine Lufterneuerung von 6 mal pro Stunde.

- *Tragen von Plastikhandschuhen:* damit vermeidet man den Hautkontakt mit den verwendeten Produkten. Die Glasfasern können zu Hautallergien führen.

- *Tragen einer Nase-Mund-Maske:* arbeitet man mit Glasmatte oder -gewebe oder sägt, schleift oder bearbeitet man Polyester mit Bimsstein, können die entstehenden Stäube sehr irritierend sein. Die Schutzmaske schützt vor den feinen Schwebestoffen in der Luft, die in die Lunge eindringen und dort nur schwer zu entfernen sind.

- *Gute Abtrennung des Ateliers von den Wohnräumen:* so vermeidet man, dass die schädlichen

Dämpfe und unangenehmen Düfte in den Wohnbereich gelangen.

- *Tragen von Schutzbrillen:* bearbeitet man den Polyester mit einem elektrischen Werkzeug (Säge, Schleifscheibe, etc.), können kleine Partikel mit grosser Geschwindigkeit in alle Richtungen spritzen.

- *Vermeiden von offenen Flammen oder Verbrennungsreaktionen:* wenn offene Behälter mit Katalysator oder Lösungsmitteln herumstehen, durfen keine solchen Heizquellen vorhanden sein, besonders bei ungenügender Lüftung und erhöhten Temperaturen nicht.

- *Vermeiden der zu grossen Erwärmung der Skulptur:* bei wichtigen glasartigen Partien der Skulptur ist die Sonne mit Rolläden oder Vorhängen abzuschirmen. Eine Erhöhung der Temperatur hat die Verdampfung von flüchtigen Stoffen zur Folge und man riskiert, dass sie sich entzünden.

- *Nie Katalysator und Beschleuniger (oder Auslöser) direkt mischen:* die Mischung dieser beiden Produkte kann zur Explosion führen.

- *Gut Verschliessen aller Behälter für:* Harz, Katalysator, Lösungsmittel (nach Gebrauch), um das Verdunsten zu vermeiden.

- *Falls giftige oder irritierende Stoffe in die Augen gelangt sind:* auswaschen unter fliessendem Wasser, während 15 Minuten, bevor man den Arzt konsultiert.

Die Epoxyharze

Jedes Molekül das mehr als eine Gruppe Epoxyde (besondere Gruppierung von Kohlenstoff- und Sauerstoffatomen) enthält, neigt zur Umwandlung in eine nicht schmelzbare Form. Epoxyharze beinhalten das Harz in flüssiger und fester Form.

Charakteristik

Sie sind leicht verschieden von den Polyesterharzen, im Gebrauch jedoch ziemlich ähnlich.

- Es sind die dauerhaftesten Harze: ihre mechanischen Festigkeiten sind erstaunlich. Sie haben eine viel grössere Stoss- und Druckfestigkeit als Polyesterharze.
- Es sind hervorragende Klebestoffe: man macht daraus die besten Klebemittel.
- Sie weisen während des Abbindens nur eine kleine Schwindung auf: weniger als 0.5 %.
- Sie sind transparent: aber in der Regel mit einem Gelb- oder Braunstich.
- Sie sind leicht.
- Sie binden nach dem Zusatz des Härters bei Zimmertemperatur ab (dieser wird in viel grösseren Mengen zugefügt als im Falle der Polyesterharze).
- Sie lassen sich tönen, färben und mit Füllstoffen versetzen.
- Sie sind nach dem Aushärten resistent gegen Lösungsmittel.
- Sie sind leider sehr teuer.
- Wie bei den Polyesterharzen sind einige Vorsichtsmassnahmen bei der Verarbeitung von Epoxyharzen am Platz: Tragen von Plastikhandschuhen, von Schutzmasken, gute Lüftung im Atelier, etc. Die Harze können Hautreizungen hervorrufen.

Das flüssige Epoxyharz wird durch den Zusatz eines Härters (z.B. ein Amin: 1 Teil Härter auf 2 Teile Harz) in den festen Zustand übergeführt. Die Epoxyharze lassen sich wie die Polyester auf verschiedene Art anwenden:

- **Zusammenfügen von verschiedenen Objekten, Collagen:** die Epoxyharze können irgendwelche Objekte, die fest und nicht fettig sind, verbinden. Vor dem Verkleben und Montieren müssen die Objekte mit Aceton entfettet werden, ihre Oberfläche muss aufgerauht sein.

- **Schichtung mit Glasmatte und -gewebe:** in einer Form oder über einen Kern (Armierung).

- **Modellieren mit Epoxypasten:** direktes Modellieren über einer Armierung oder durch Pressen in einer Form.

- **Giessen von transparenten Formen in Giessformen**

Epoxyharz greift Polystyrol-Schaumstoff nicht an, ganz im Gegensatz zu Polyester. Man kann es deshalb direkt auf Formen aus diesem leichten Material applizieren. Anschliessend wird die Skulptur mit mehreren Lagen Harz und Glasgewebe verstärkt. Weitere Einzelheiten über die Arbeitstechnik mit Epoxyharzen sind dem Abschnitt über Polyester zu entnehmen.

Die Metacrylharze

Charakteristik

Es handelt sich um Methylpolymetacrylate. Die thermoplastischen Harze werden weich, wenn sie erhitzt werden. Als Flüssigkeit treten diese Acrylate bei der Herstellung der Acrylfarben in Erscheinung. Als Feststoffe sind sie in Blattform, als Tafeln, Blöcke, Rohre und Stäbe erhältlich. Diese Harze sind in der Regel transparent, doch können sie auch getönt, gefärbt und opak gemacht werden. Es gibt ferner mit einem fluoreszierenden Farbstoff versetzte Harze. Im Handel sind ebenfalls Plexispiegel vorhanden. Die Acrylate tragen je nach Herkunftsland verschiedene Namen: *Altuglas* (Frankreich), *Plexiglass, Acrylite, Lucite, Oraglass* (USA), *Perspex* (England).

Diese Harze sind zweimal leichter als Glas und sind viel widerstandsfähiger gegen Schlag (6- bis 17 mal als verstärktes Glas). Der Nachteil des Materials ist die leichte Ritzbarkeit (es lässt sich leicht zerkratzen). Andererseits lädt es sich teilweise durch Reiben mit statischer Elektrizität auf und zieht den Schwebestaub in der Luft an. Es ist wasser- und wetterfest, ferner resistent gegen zahlreiche Chemikalien wie Basen und nicht oxidierende Säuren. Dagegen wird es von organischen Lösungsmitteln (Benzol, Toluol, Terpentin, Aceton, Ketone, Verdünner, etc.) sowie von Alkohol (Aethyl- und Methylalkohol) angegriffen.

Die Plexiglasblätter werden aus der Mischung von flüssigen Monomeren, denen ein Katalysator zugesetzt wird, durch Anwendung von Wärme und Druck hergestellt. Die Mischung wird zwischen zwei Glasplatten gegossen. Die flüssigen Farben

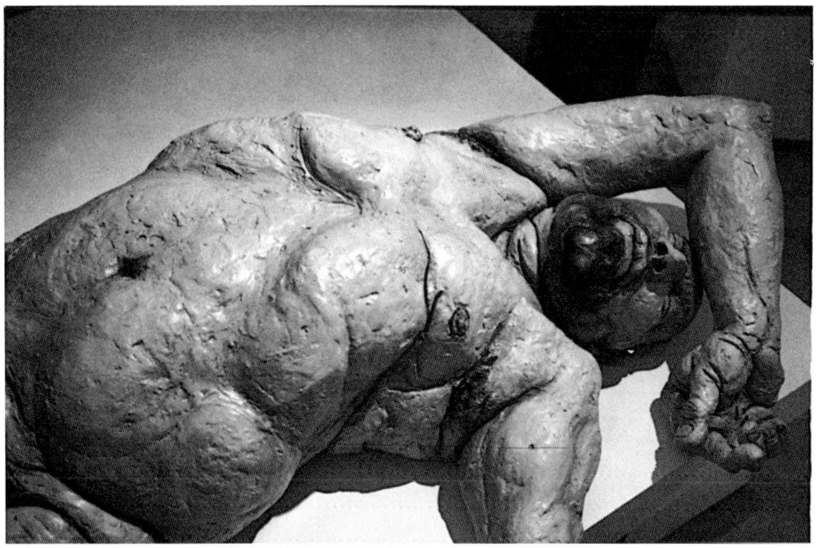

Paule Herta
Der Andere
Epoxyharzskulptur
250 × 160 × 90 cm
D.R.

Teobaldo da Vinci
Olympiade 80 (1979)
Plexiglasskulptur
30 × 30 × 13 cm

oder die Farbstoffe werden im Augenblick des Giessvorganges zugesetzt. Die Dicke der Platten liegt bei 0.15 bis 2.5 cm. Die Stäbe und Rohre haben Durchmesser von 1.5 mm bis 45 cm. Die Blöcke sind 12 bis 30 cm dick und weisen Dimensionen bis 60 × 90 cm auf.

Es gibt zwei Typen von Acrylharzen: solche, die schrumpfen und solche, die nicht schrumpfen. Diese sind verständlicherweise teurer, übrigens auch transparenter. Die Harze, die sich bei der Wärmeanwendung verändern, verlieren 2.2 % ihrer Länge, doch nimmt ihre Dicke um 4 % zu.

Anwendungstechnik

Die Acrylharzblätter, -tafeln, -stäbe, etc. werden nach dem Erweichen in einem Ofen nach der Technik des Thermoformens geformt.
Man kann sie sägen, bohren, kleben, polieren und färben. Die Blätter und Acryltafeln werden durch einen beidseitig aufgeklebten Papierrücken geschützt. Die zu schneidende Form wird direkt auf dem Papier gezeichnet, das nach dem Ausschneiden entfernt wird. Man kann ebenfalls ein Schnittmuster aus Papier auf das Schutzpapier aufkleben.

Das Schneiden: das Schneiden erfolgt von Hand oder mit der Maschine mit Metallsägen oder Hartmetallsägeblättern. Die Bandsägen und Stichsägen eignen sich am besten für diese Schneidearbeit, weil sie auch bei reduzierter Drehzahl eingesetzt werden können. Wichtig ist, dass eine zu grosse Erwärmung vermieden wird, da sonst das Harz zu schmelzen beginnt. Das Sägeblatt ist mit Bienenwachs, Siegelwachs oder Seifenwasser zu schmieren.
Für geradlinige Schnitte kann die Kreissäge eingesetzt werden (Metallkreissäge, 20 cm im Durchmesser, alle 2.5 cm mit 7 Zähnen ausgerüstet mit einer Drehzahl von 1750 Umdrehungen pro Min.). Will man Kurven und komplexe Figuren ausschneiden, verwendet man eine Laubsäge als Hand- oder Elektrosäge. Nach dem Aussägen werden die Ränder sorgfältig mit Bimsstein bearbeitet. Für die Schneidearbeit ist das Tragen der Schutzbrille unerlässlich.

Das Bohren von Löchern: das Bohren erfolgt mit der Maschine. Es werden Hartmetallbohrer bei reduzierter Drehzahl und mit Seifenlösung als Schmiermittel verwendet.

Das Kleben von Elementen aus Acrylharz unter sich geschieht mittels eines Lösungsmittels, das auf beide zu klebenden Flächen aufgetragen wird. Die Flächen werden dann mit Druck gegeneinander gepresst. Die Flächen müssen sehr sauber, mit Seifenwasser vollkommen entfettet und glatt sein. Das Lösungsmittel besteht aus Äthylendichlorid oder Methylen, oder es handelt sich um das Metacrylat vom Methyl Monomer. Es wird mit dem Pinsel, mit dem Tropfenzähler oder der Spritze aufgetragen. Man lässt das Lösungsmittel in den Kunststoff eindringen, damit er Zeit hat weich zu werden, dann positioniert man die beiden zu klebenden Flächen aufeinander.
Diese verschmelzen miteinander, so dass sich eine transparente Verschweissung bildet. Wenn man andere Materialien mit Acrylharz verkleben will, bedient man sich des Epoxyklebers.

Die Thermoformung: mittels der von einem Ofen gespiesenen Wärme wird das Festharz aufgeweicht (ein Haushaltbackofen genügt durchaus, es kann aber auch ein Gasbrenner oder Schmelzrohr sein). Die Erweichungstemperatur liegt zwischen 103 und 121° C. Sobald die gewünschte Temperatur erreicht ist, werden die Schutzpapiere von den Harztafeln abgezogen und diese in den Ofen geschoben. Nach einiger Zeit wird das Harz mit Handschuhen aus dem Ofen gezogen und verformt. Man lässt das Harz auf natürliche Weise an der Luft erkalten, oder man fährt mit einem nassen Schwamm über die abzukühlende Partie. Das Harz entzündet sich bei 370° C, wobei es zu sieden beginnt (die Oberfläche bläht sich auf und ist von kleinen Blasen bedeckt).

Das Nachbrennen (Ausglühen): es handelt sich um ein Verfahren, mit dem im Kern der Masse die vom Formprozess, vom Sägen, etc. herrührenden Spannungen reduziert werden können. Das Stück wird einer Wärmebehandlung bei 70 bis 110° C (tiefer als bei der Thermoformung) unterworfen. Anschliessend lässt man es langsam abkühlen. Noch besser ist das Nachbrennen bei ca. 80° C, weil ab ca 90° C eine Veränderung der vorher verliehenen Form stattfinden kann.

Das Schleifen: die Schleifbearbeitung mit Granat oder Korund führt zu den besten Resultaten. Man beginnt die Arbeit mit groben Körnungen

(80–150), geht dann über zu den Körnungen 180–220, um schliesslich mit den Körnungen 320–400 die Oberfläche fein zu schlichten. Das Schleifmittel wird während des Einsatzes befeuchtet.

Das Polieren: die Fertigbearbeitung durch Polieren wird mit einer Bohrmaschine, auf die eine Polierscheibe aufgespannt ist, besorgt. Zuerst wird eine Scheibe mit weisser Tripoliserde (Kieselerde, Tripel) eingesetzt, um Streifen zu entfernen, dann folgt eine Scheibe mit Acrylpaste, die zur Glanzoberfläche führt. Das Polieren soll ohne grossen Druck vor sich gehen, um einer Erwärmung des Harzes vorzubeugen. Schliesslich wird die Handpolierung mit einem weichen Tuch mit Polierwachs oder einem Glasiermittel vorgenommen. Die Skulptur lässt sich mit einem Spezialprodukt antistatisch (staubabweisend) machen. Diese Behandlung muss nach einigen Monaten wiederholt werden.

Das Gravieren: mit einem Stichel lässt sich die Oberfläche einer Harztafel gravieren. Die Einschnitte können durch eine geschickte seitliche Beleuchtung sehr gut zur Geltung gebracht werden. Es lassen sich auch Fluoreszenzröhren am Sockel der Skulptur installieren, deren Licht durch die Masse aufgenommen und an die Gravurstellen übertragen wird.

Das Vakuum-Formen: das Material wird in einer Form geformt unter Anwendung von Wärme und Druck (Einzelheiten siehe weiter hinten).

Das mechanische Zusammenfügen: in die Harzblöcke und -tafeln werden Löcher gebohrt, passend für die Verbindungsstangen, mit denen die Formteile montiert werden. Es liegt auf der Hand, dass sich diese Verbindungstechnik mit der Klebtechnik kombinieren lösst. Man kann auch Nylonfäden nach einem ästhetischen Muster einbetten, wenn ein bestimmter geometrischer Effekt erzielt werden soll.

Die Einschlüsse: flache Objekte oder Pigmente lassen sich zwischen zwei Plexiglastafeln oder -blöcken einschliessen. Diese Plexiglaselemente werden mit einem Kleblösungsmittel, in dem Farbstoffe aufgelöst sind, zusammengeklebt (siehe Kapitel Kleben). Es wird ein gefärbter Klebstoff auf einer der zu verklebenden Flächen mit einem Spatel aufgetragen. Dann wird die andere Fläche aufmontiert, wobei man sie vom Zentrum aus aufdrückt, damit die Luftblasen seitlich entweichen können. Spezielle Farblösungen und Farbstoffe für Acrylharze sind im Handel erhältlich.

Auch monomeres Acrylharz ist im Handel beziehbar. Es wird zusammen mit einem adäquaten Katalysator eingesetzt.

Edgar Knoop
Farbprofil mit Doppelrelief (1977)
Plexiglas
34 × 34 × 13 cm

Die Synthetischen Schaumstoffe

Zu diesen Schaumstoffen zählen in erster Linie Polystyrol und Polyurethan. Beide Materialien sind leicht bearbeitbar, verhältnismässig günstig im Preis, leicht und mit anderen Materialien verstärkbar (Gips, Polyester, Epoxy: mit Glasfasern verstärkt). Sie tragen verschiedene Bezeichnungen: Geblähte Kunsstoffe, plastische Schaumstoffe und plastische Zellstoffe. Sie sind gleichzeitig flexibel und steif, sind einerseits als Halbfertigware (Tafeln, Platten, Blöcke, etc.) und andererseits als flüssiger Zwei-Komponenten-Stoff erhältlich. Die leichtesten unter ihnen lassen sich problemlos mit dem Küchenmesser schneiden, während die dichtesten einen mit Knochen oder Holz vergleichbaren Widerstand leisten. Ihre Farbe ist meistens weiss, aber auch beige oder braun. Es sind hervorragende Isolierstoffe von guter Masstreue. Die meisten Kunststoffe (Celluloseacetat, Epoxy, Polyester, Polyäthylen, Silikone, Polyvinylchloride, etc.) – neben denjenigen, die uns hier beschäftigen – können als Basismaterial für Schaumstoffe dienen. Es genügt theoretisch, während der Polymerisation ein Gas einzuführen, das den Kunststoff aufbläht. Dem ist jedoch aus anderen Gründen eine Grenze gesetzt: die Giftigkeit der bei dem Prozess ausströmenden Gase macht es in der Regel unmöglich, solche Schaumstoffe vom Kunsthandwerker selber zu fertigen. Im Fall von Polyurethan ist es jedoch möglich, Polyurethanschaumstoff selber herzustellen, vorausgesetzt, das Atelier weist eine gute Lüftung auf.

Polystyrolschaumstoff

Es handelt sich um ein thermoplastisches Material, das unter Wärmeeinwirkung erweicht und schmilzt. Es hält Temperaturen bis unter 73° C aus. Ab dieser Temperatur schmilzt es und bei höheren Temperaturen verflüchtigt es sich. Ist es der Sonne ausgesetzt, nimmt es eine leichte Gelbfärbung an. Seine mechanischen Eigenschaften hängen von seiner Dichte ab; die dichtesten Typen haben die grösste Festigkeit. Es ist als Granulat aufgebaut, so dass beim Sägen oder mechanischen Schneiden keine glatten Ränder entstehen. Um einen sauberen Schnitt zu erzielen, ist ein Thermoschneidinstrument erforderlich: z. B. ein Lötkolben oder irgendein Instrument, das über dem Bunsenbrenner erwärmt wird. Mit dem elektrischen Schneider («Filicoupeur») schneidet man den Schaumstoff mit einem dünnen, aufgeheizten Widerstandsdraht. Dabei darf dieser nicht forciert durch den Schaumstoff gezogen werden; die Schneidgeschwindigkeit hängt von der Temperatur und der Schaumstofftafeldicke ab. Es existieren solche Elektroschneider als Handmaschine für kleinere Objekte. Für grosse Formate kann ein Thermoschneider als Tischmodell selber hergestellt werden. Er wird als Mehrfachschneider mit Transformator ausgebildet (Metalldraht: für 6.3 Volt, 10 Ampere).

Während der Schneidarbeit ist eine gute Lüftung unentbehrlich, da die entstehenden Dämpfe unangenehm sind.

Polystyrol löst sich auf in Aceton, Verdünnern und Terpentin. Aus diesem Grund lässt sich Polystyrol mit Produkten, die diese Lösungsmittel enthalten, weder bemalen noch kleben. Immerhin lässt sich ein bestimmter Oberflächeneffekt erzielen, indem man mit dem in einem von diesen Lösungsmitteln getränkten Tuch oder Pinsel darüber fährt.

Für die Bemalung kommen nur wasserlösliche Latex-, Vinyl und Acrylfarben in Frage.

Als Kleber empfehlen sich Epoxy oder ein Spezialkleber für Polystyrol.

Es ist auch nicht möglich, den Schaumstoff direkt mit Polyester zu überziehen, da dieser Polystyrol angreift, während Epoxy unbedenklich ist.

Polyurethanschaumstoff

Er weist eine Dichte auf von 0.01 bis 0.75, gehört zu den Duroplasten, die bei Wärmeeinwirkung nicht schmelzen und gegenüber Keton-Lösungsmitteln resistent sind. Er lässt sich daher mit Aceton, Verdünner und Terpentin enthaltenden Substanzen bemalen und kleben. Auch Polyesterharze greifen ihn nicht an. Bei der Verbrennung von Polyurethan hingegen entweichen sehr giftige Dämpfe.
Er ist in zwei Formen erhältlich: als Zwei-Komponentenflüssigkeit und als Feststoff (Blockform, etc.). Dieser weist im Vergleich zu Polystyrolschaumstoff ein feineres Korn und grössere Festigkeit auf.
Das Flüssigharz kann in Formen vergossen werden. Man mischt die beiden Komponenten zu gleichen Teilen während 1 Minute und giesst dann die Mischung in die Form. Es dehnt sich aus und besetzt jede Vertiefung der Form.
Gewisse Typen von Polyurethan sind für das Giessen in hermetisch verschlossenen Formen vorgesehen: es entsteht ein sehr hartes Material. Andere Typen expandieren in den offenen Formen und sind natürlich kleineren Drucken ausgesetzt. Die Wichtigkeit des Aufblähens ist eine Funktion der Objekttemperatur.
Als Feststoff werden die Polyurethanschaumstoffblöcke mit Hand- oder Elektrowerkzeugen bearbeitet (z.B. mit der Bandsäge bei 2000 und 5000 Umdrehungen pro Min.)
Die Blöcke werden mit Glaspapier oder anderen Polyurethanstücken geschliffen.
Als Kleber kommen Epoxy oder Kontaktkleber in Frage.

Die spritzbaren Vinylkunstharze

Die Vinyllösung wird mit einem Aufziehmittel gemischt, die Mischung mit der Spritzpistole auf eine Armierung oder ein Objekt gespritzt. Auf diese Weise entsteht ein flexibler Film (Coating).
In einem ersten Schritt wird die Skulpturhaut hergestellt, indem die das Skelett bildende Armierung überzogen wird. Dazu verwendet man eine Mischung aus 1 Teil Aufziehmittel und 3 Teilen Vinyllösung. Nach 8 bis 10 Minuten erhält man die für die Spritztechnik erforderliche Konsistenz der Mischung. Mit einem Druck von 2.25 bis 2.7 kg wird diese auf die Armierung gespritzt. Man arbeitet unter einem ziemlich schwachen Winkel und erhält eine dem Spinngewebe ähnliche Oberfläche. Man fährt damit fort, bis eine gleichmässige und glatte Oberfläche entsteht. Zur Verstärkung der Konstruktion und um ihr eine bestimmte Dicke zu verleihen, spritzt man sodann reines Vinylharz mit einem Druck von 3.6 bis 4.5 kg im rechten Winkel zur Oberfläche. In diesem Stadium lassen sich auch Pigmente zumischen. Da diese Produkte schädlich sind, müssen die Gesundheitsschutzmassnahmen (wie beim Polyester ausgeführt) beachtet werden.

Das unter dem Handelsnamen «Cocoon» vertriebene Produkt ist im Verkaufsprogramm der Firma R.M. Hollingshead Corp., Camden, New Jersey, USA.

Das Vakuumverformen

Thermoplast-Blätter werden nach dieser Technik mittels Wärme und Vakuumpumpe in einer Form verformt. Die Arbeit geht in mehreren Etappen vor sich.

Das zu reproduzierende Werk muss leicht aus der Form gehend ausgebildet sein; in der Regel handelt es sich um ein Flachrelief. Man stellt vorerst eine Gips- oder Polyesterform über dem Original her. Bei einer Gipsform, die sehr hart und trocken sein muss, braucht es kein Trennmittel zum Ausformen. In regelmässigen Abständen werden quer über die Form Löcher von 1.5 mm gebohrt (besonders dort, wo sich die grössten Hohlräume befinden), damit sich das Vakuum gleichmässig in der Form aufbauen kann.

Die Form wird neben der Vakuumpumpe installiert. Unmittelbar darüber befindet sich der Behälter mit den Vinylharzblättern.

Die Heizung ihrerseits wird über dem Kunstharz angebracht.

Nach dessen Erweichen wird der Behälter auf die Form gesenkt und die Vakuumpumpe in Betrieb gesetzt. Diese saugt die zwischen der Unterseite des Vinylblattes und der Oberseite der Form befindliche Luft an. Wird die Oberseite des Vinylblattes einem genügenden Druck unterworfen, so wird das weiche Harz in der Form stark angesaugt und verbindet sich innig mit dem Original.

Das Vakuum wird solange appliziert, bis der Kunstharz ausgekühlt ist. Zur Ausformung des Stückes muss der Druck umgekehrt wirken.

Die Grösse des Stückes hängt natürlich von der ganzen Vakuumausrüstung ab. Der Künstler, der nach dieser Technik arbeiten will, tut gut daran, sich von einem Vakuumspezialisten beraten zu lassen; er begnügt sich unter Umständen damit, ihm die Form zu liefern.

Die für dieses Verfahren geeigneten Kunststoffe sind: Plexiglas, Vinylchlorid, Polyäthylen; sie sind in transparenter, durchscheinender, opaker oder gefärbter Form erhältlich.

Es sei angemerkt, dass für dieses Verfahren halbflexible Formen aus Polyäthylen einsetzbar sind, ab denen zahlreiche Kopien aus Polyester oder Epoxy machbar sind.

Die Trennmittel zur Ausformung

Sie lassen sich in vier Kategorien einteilen:

- Folien: hart oder flexibel, Cellophan, Vinyl, Aluminiumfolien
- Flüssigkeiten: sie hinterlassen in der Form einen feinen Film, werden mit dem Pinsel oder der Spritzpistole aufgetragen. Beispiele: Celluloseacetat, Polyvinylalkohol oder -lösung.
- Puder: Zinkstearat.
- Fette Schmiermittel: Vaseline, Silikonwachs, Carnaubawachs.

Anmerkung: Will man eine Polyesterform über eine Skulptur aus Polyurethanschaumstoff aufbauen, muss man diese zuerst mit heissem Wachs (1 Teil Bienenwachs + 1 Teil Paraffin) ausstreichen.
Um Skulpturen mit zahlreichen Formschrägen in Silikonkautschukformen abzubilden, müssen jene mit einem Trennmittel (3–5 Teile Reinigungsmittel auf 100 Teile Wasser) behandelt werden.
Die Poren der Gipsformen werden mit einer Lösung von Gummilack in Methanol verschlossen.

Besondere Kunststofformen

Formen aus Celluloseacetat: diese Formen eignen sich für einfache, glatte und geometrische Formen. Celluloseacetat wird dabei in Blattform, transparent und geschmeidig, verarbeitet. Diese Blätter werden beispielsweise gerollt, um Zylinderformen zu realisieren oder nach geometrischen Mustern geschnitten und mit Klebstreifen montiert. Dazu bedarf es keines Trennmittels. Vollskulpturen in transparentem Polyester lassen sich mit solchen Formen sehr gut abbilden. Beim Giessen des Harzes in die Form muss man deren Deformation, hervorgerufen durch den Druck des Harzes auf die Formwand, entgegenwirken, indem man eine gleich hohe Schicht Sand um die Form aufbaut. Die Form wird in einen grösseren Behälter gestellt, der mit Sand aufgefüllt wird. Erst dann kann das Flüssigharz eingefüllt werden. Die Celluloseacetatform kann von aussen auch mit starkem Karton oder einem Metallreifen gestützt werden.

Formen aus Vinylchlorid: es gibt eine ganze Anzahl von Vinylchlorid-Typen. Als Beispiel lässt sich Plastiflex bei 171 bis 182° C schmelzen und auf ein abzuformendes Modell giessen. Der Vorteil des Materials liegt darin, dass man es wiederverwenden kann; man muss es nur in kleine Stücke schneiden und im Wasserbad, Ölbad oder Ofen einschmelzen.

Das Modell muss logischerweise diese Temperaturen aushalten können. Handelt es sich um Gips, muss man ihn mit Leinölseife behandeln. Das Modell wird in einem Ofen auf 93°C erwärmt und in eine grössere Kartonschachtel hineingestellt.
Das in kleine Würfel geschnittene Plastiflex wird in einen emaillierten Metallbehälter, der in einem Ölbad steht, gebracht. Das Öl darf nicht höher als 204°C aufgeheizt und das Plastiflex darf nicht über 182°C erwärmt werden, da es sich sonst zersetzt. Es bedarf bei dieser Arbeit einer guten Temperaturkontrolle.
Wird ein Ofen verwendet, werden die Plastiflexstücke in einem offenen Gefäss bis auf 175°C erwärmt. Das Schmelzprodukt muss regelmässig umgerührt werden, während man zunehmend neue Plastiflexstücke zugibt, bis zum gewünschten Volumen. Das Vinylchlorid wird sodann in einem Zug über das Modell gegossen, genau wie bei der Formtechnik mit Gelatine (siehe Kapitel Formen).

Formen aus Gelatine (für Polyester–Modelle): man verwendet Gelatineformen zum Abbilden von Modellen aus Polyester trotz dem hohen Wassergehalt und der Temperaturempfindlichkeit dieser Formen. Damit die Gelatine nicht schon wegen der von der Polymerisation herrührenden Wärme geschmolzen wird, wird die Form vorerst mit einigen dünnen Schichten Gel Coat behandelt. Man lässt sie erhärten, bevor eine neue Schicht gelegt wird.
Je nach Grösse der Skulptur wählt man die Zusammensetzung der Gelatine: für kleine und mittlere Formate ⅓ Gelatine, ⅓ Glycerin und ⅓ Wasser; für grosse Formate 40% Gelatine, 40% Glycerin und 20% Wasser.

Formen aus Polyurethan- und Silikonkautschuk: dieser Formentyp ist beliebt für das Abbilden von Kopien aus Kunstharz, weil er geschmeidig und widerstandsfähig ist (siehe Kapitel Formen).

Verschiedene Materialien

Unter dieser Rubrik werden sehr verschiedenartige Materialien aufgeführt, die vom Plastiker nur selten verwendet werden. Wir gehen nicht in die Einzelheiten bei denjenigen Stoffen, die zu selten oder zu kostspielig sind, als dass sie für viele Verwender in Frage kämen: z.B. Bernstein, Edel– oder Halbedelsteine (Jade, Quarz, Malachit, Lapislazuli, Fluorit, etc.).
Andere Stoffe sind sehr instabil, wie z.B. Schnee, Fette, Seife, Brotkrümel. Diese ungewöhnlichen Stoffe sind trotzdem hie und da unter bestimmten Bedingungen und Umständen verwendet worden.
Andere Stoffe, die von Natur aus klein sind, lassen sich nur schwer für grössere Aufgaben einsetzen als etwa für die Dekoration von wesentlichen Werken. Das ist unter anderem der Fall bei Perlmutter, Elfenbein, Korallen.
In den 70er Jahren hat sich mit dem Aufkommen der konzeptualen Kunst und von ihr abgeleiteten Bewegungen (Kleinkunst, «Landart» z.B.) das Interesse für die ursprüngliche Materie («matière brute»), die sich selber in Szene setzt, ohne Bezug zu klassischen Vorbildern, verstärkt. Die unerwartetsten Materialien sind dabei zu «künstlerischem Rang» aufgestiegen, wie z.B. Blätter, Sand, Haare, Kräuter, Erden, Kieselsteine, etc.
Die Öffnung zur Skulptur von zahlreichen Kunsthandwerkrichtungen hat die Zahl der geeigneten

Stoffe, um sich künstlerisch ausdrücken zu können, vervielfacht. Das trifft z.B. zu auf die Kunst der Wandteppiche, der Spitzenherstellung, der Glas- und Lederverarbeitung, der Korb- und Möbelherstellung, etc. – Es würde den Rahmen dieses Buches sprengen, wollte man die Techniken der verschiedenen Handwerke darstellen, deren Traditionen oft unbegrenzt sind.

Magdalena Abakanowicz
Embryologie (1978–1980)
Sechshundert Objekte in Jutesacktuch, Gaze, Leinen, aus Stricken, deren Dimensionen zwischen 4 und 220 cm Länge variieren.

Museum für Zeitgenössische Kunst, Chicago, Ausstellung 1982. Photo A. Starewicz

WILHELM LEHMBRUCK 1881-1919
BETENDE. UM 1918

Die Bearbeitungs-techniken

◁
Wilhelm Lehmbruck
Betende (um 1918)
Kunststein
82 × 56 × 38 cm
Kunsthaus Zürich

Rudolf Wachter
Diese mit der Trennmaschine erzeugte Skulptur führt uns zum klaren Verständnis der Holzstruktur.

Das Holz

Seit Menschengedenken spielt das Holz so ziemlich überall auf der Erde eine wichtige Rolle. Holz wurde von den meisten Völkern zu verschiedenen Zwecken gebraucht, namentlich um in Skulpturen ihre mythische Welt zum Ausdruck zu bringen. Man hat Holzfiguren aufgefunden, die ein Alter von 5000 Jahren aufweisen. Holz ist ein vergänglicher Stoff, so dass die Chancen immer kleiner werden, auf alte Fragmente der Holzschneider- oder Holzbildhauerkunst zu stossen.

Das Holz ist das Produkt von lebenden Organismen: den höheren Pflanzen. Es ist grundsätzlich aus Cellulose und Lignin aufgebaut, die leider für gewisse Insekten und Pilze die Wunschnahrung bilden. Zudem hängt seine Struktur von atmosphärischen Bedingungen (Temperatur, Feuchtigkeitsgrad) ab. Auch wird zu einer Skulptur bearbeitetes Holz selten im Rohzustand belassen. Vorherrschende und anfällige Hölzer werden gegen diese Destruktion mittels Spezialbehandlungen (Anstrich, Wachsen, Lackieren) geschützt. Ihre natürliche Färbung weist viele Nuancen auf, die aber in der Regel im Bereich der warmen Töne liegen.

Die Struktur des Holzes

Das Holz ist ein faseriges Material, meistens ziemlich kompakt, von heterogener Struktur. Im Vergleich zu den meisten bearbeiteten Metallen und Steinen ist Holz leicht. Die Dauerhaftigkeit von Holz hängt von der Fähigkeit ab, der Destruktion zu widerstehen, die gleichzeitig biologischen und klimatischen Charakter hat.

Das Holz besteht aus Fasern, aus Zellstrukturen, deren Natur und Anordnung die Porosität der Holzart sowie die Härte bestimmen.

Die relative Schwierigkeit, Holz zu bearbeiten, wird oft mit dessen Härte in Verbindung gebracht; es ist darum wesentlich, diese je nach Arbeit sorgfältig auszuwählen. In der Regel sind die feinkörnigen Hölzer die härtesten und am schwierigsten zu bearbeiten, andererseits lassen sie sich am besten polieren und gehören zu den widerstandsfähigsten. Die harten Hölzer sind faserhaltiger als die weichen Hölzer. Der Holzbildhauer arbeitet sowohl mit den einen als auch mit den anderen. Die hauptsächlich verarbeiteten Hölzer stammen von Laubbäumen, wogegen die meisten harzreichen und schwierig zu bearbeitenden Hölzer von den Nadelbäumen stammen.

Betrachtet man einen Querschnitt durch einen noch berindeten Baum (Stamm eines geschlagenen und entasteten Baumes), kann man deutlich einen inneren Kern, der im allgemeinen eine dunklere Färbung aufweist als das ihn umgebende Holz, unterscheiden: es ist das Herz des Baumes. Es umfasst das Mark und die unmittelbar angrenzende Wachstumszone. Die Härte und Dichte vom Herz hängt von verschiedenen Faktoren ab: manchmal ist das Herz weicher als die aussenliegenden Holzschichten. Bei anderen Baumarten ist es gerade umgekehrt. Meistens wird bei der Bearbeitung das Herz entfernt, weil es beim Altern zum Spalten neigt.

Um das Herz herum zeichnen sich die konzentrischen Wachstumszonen und Jahrringe ab. Diese bilden – wenigstens bei den ältesten Exemplaren – die Zone des besten Holzes oder des Kernholzes. Dieses interessiert den Holzbildhauer am meisten; es ist denn auch das am häufigsten verwendete Holz für Skulpturen. Zwischen zwei aufeinanderfolgenden Jahrringen unterscheidet man – wenigstens bei einigen Holzarten – das frische oder Frühlingsholz mit grossen Zellräumen vom fertigen oder Sommerholz mit engen Zellräumen. Das ist bei Baumarten mit heterogener Struktur, wie z.B. bei der Ulme, der Fall. Dagegen ist im Kern einer Baumart mit homogener Struktur, wie z.B. beim Nussbaum, ein solcher Unterschied nicht sichtbar.

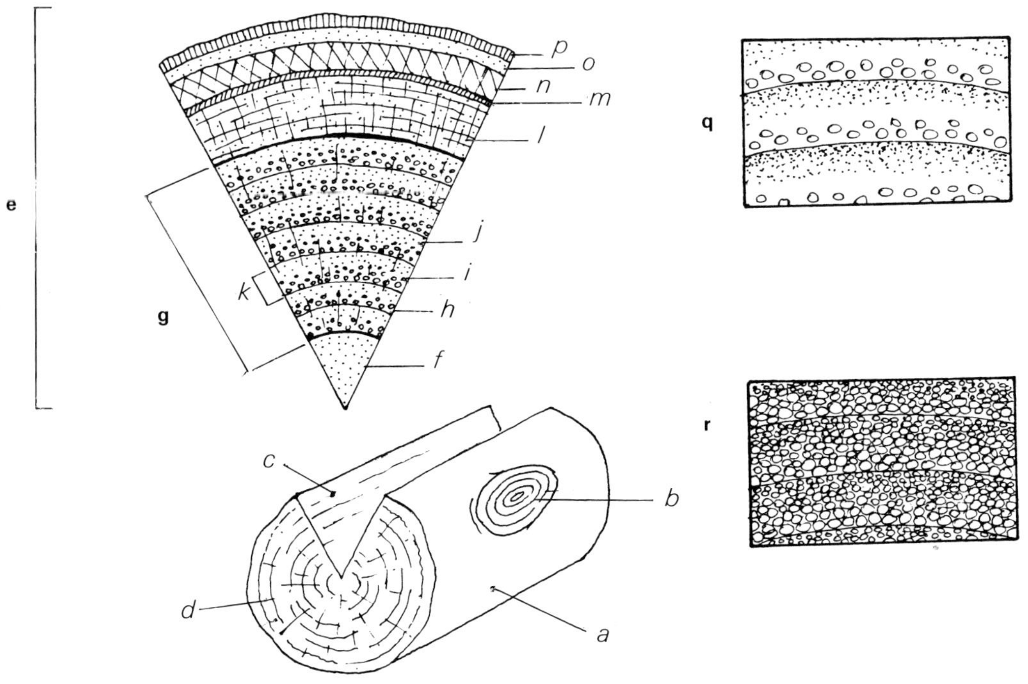

a = Holzklotz
b = Ast
c = Radialschnitt
d = Querschnitt, der die alternierenden Jahrringe zeigt
e = Detail beim Querschnitt eines Laubbaumes
mit Weissholz und heterogener Struktur
f = Mark
g = Kernholz (bestes Holz)
h = Jahrring
i = Frühlingsholz (Frühholz)
j = Sommerholz (Spätholz)
k = Jahresschicht
l = Weissholz
m = Kambium
n = Bast
o = Korkschicht
p = Rinde, Borke
q = Querschnitt durch einen Laubbaum
mit heterogener Struktur. Beispiel: Ulme
r = Querschnitt durch einen Laubbaum
mit homogener Struktur. Beispiel: Nussbaum

Das Kernholz ist von den jüngsten Wachstumszonen des Baumes umgeben, die eine hellere Färbung und eine geringere Härte als das Kernholz aufweisen. Diese Zone bildet das Weissholz, das je nach Baumart verschieden ist. In einzelnen Fällen kann es dem Kernholz gleichgestellt und für Skulpturen verwendet werden; wenn nicht (wenn Veränderungen unterworfen), wird es entfernt.
Das Weissholz wird von der Rinde eingefasst, die verschiedene, deutlich ausgeprägte Schichten umfasst. Diese werden in jedem Fall entfernt.
Der Strich des Holzes gibt die allgemeine Richtung seiner Fasern an. Entlang dem Strich lässt sich das Holz am leichtesten bearbeiten.
Die Astknoten entstehen dort, wo die Äste sich vom Stamm abheben.
Das Gewicht des Holzes variiert beträchtlich mit dem Wassergehalt. Grünes, frisch geschlagenes Holz ist sehr feucht und wiegt viel schwerer als trockenes Holz. Das Holz muss immer gut trocken sein, bevor es bearbeitet wird.

Die Holzarten

Die Wahl des Holzes für eine Skulptur hängt von verschiedenen Kriterien ab: von der Grösse der zu schaffenden Skulptur, vom äusseren Aspekt (roh oder bemalt), vom Standort (unter Dach oder im Freien), vom Budget des Holzbildhauers. Sind diese Kriterien geklärt, muss der Künstler nur noch unter den vielen Hölzern diejenigen auswählen, die dem Anforderungskatalog am besten entsprechen.
Wir lassen nun einige der von den Holzbildhauern am häufigsten verwendeten Hölzer Revue passieren.
Man kann diese in einheimische und exotische Hölzer einteilen. Einheimische Hölzer, die fast überall in Europa wachsen: Buchsbaum, Eiche, Kastanienbaum, Ulme, Akazie, Esche, Weissbuche, Buche, Fruchtbäume, Erle, Eibe, Birke, Platane, Pappel, Linde, Weide, Föhre, Tanne, Lärche, Fichte, etc. Exotische Hölzer, die in aussereuropäischen Gegenden vorkommen: Mahagoni, Ebenholz, Zeder, Teak, Palisander, Amarant, Bahia, Avodiré, Bubinga, etc.

Einheimische Hölzer

Die Eiche: harter Laubbaum von heterogener Struktur, von dem man das Weissholz entfernt. Sein grobes Korn macht es für feine Bildhauerarbeiten ungeeignet. Es ist widerstandsfähig und leicht bearbeitbar. Es eignet sich besonders für grosse Skulpturen. Je nach Herkunft weist Eichenholz verschiedene Farbtöne auf: ocker, grau-fahlrot, braun. Es lässt sich polieren.

Die Buche: harter Laubbaum ohne ausgeprägtes Weissholz, von homogener Struktur. Feines, kompaktes Korn. Es ist ein Holz, das sich auch für feine Arbeiten gut behauen lässt. Seine Farbe ist gelblich oder rötlich, braun gefleckt. Es kann poliert werden. Leider ist Buchenholz wenig widerstandsfähig: die Feuchtigkeit schädigt es in hohem Masse.

Der Kastanienbaum: harter Laubbaum, dessen Weissholz man entfernt. Grobes Korn: sehr gut geeignet für grossformatige Skulpturen. Das Risiko, geschädigt zu werden, ist selbst im Freien praktisch Null. Das Holz weist eine hellgelbe Farbe auf.

Der Nussbaum: harter oder mittelharter Laubbaum von homogener Struktur, von dem man das helle Weissholz entfernt. Das Korn ist ziemlich grob und kompakt. Je nach Standort ist die Färbung des Holzes verschieden, weiss, grau, braun, mit oder ohne dunkelfarbige Maser. Nussbaum lässt sich sehr gut bearbeiten und problemlos polieren. Das Holz ist wenig widerstandsfähig und anfällig gegen Holzwurmfrass.

Die Linde: weicher Laubbaum, ohne sichtbares Weissholz, von homogener Struktur. Sein Korn ist fein-kompakt. Lindenholz lässt sich leicht bearbeiten, ist aber wenig widerstandsfähig und leidet bei Feuchtigkeit Schaden. Es eignet sich für grössere Werke, die feinstes Arbeiten voraussetzen.

Der Birnbaum: harter Fruchtbaum mit homogener Struktur, sehr feines Korn. Er liefert das ideale Holz für eine mittelgrosse Rundskulptur, bei der Finessen gefordert werden. Die Färbung ist rötlich. Leicht polierbar, aber bevorzugt vom Holzwurm.

Der Apfelbaum: Fruchtbaum von homogener Struktur. Das Holz spaltet sich unregelmässig in kleinen Knoten, ist hart und von sehr feinem Korn. Von rötlicher Farbe, holzwurmanfällig.

Der Kirschbaum: Fruchtbaum von homogener Struktur, halbhart. Das Korn ist fein, Farbe goldgelb. Sehr schön wenn poliert, aber holzwurmanfällig und wenig widerstandsfähig gegen Feuchtigkeit.

Der Buchsbaum: Laubbaum von homogener Struktur. Er liefert das härteste Holz von allen einheimischen Bäumen. Das Korn ist sehr fein und die Farbe strohgelb bis hellgrün. Der Durchmesser der Buchsbäume ist begrenzt (15 bis 20 cm). Er ist leicht bearbeitbar, mit ausserordentlich schönem Poliereffekt; wird von Holzwürmern nicht angegriffen.

Die Ulme: Laubbaum von heterogener Struktur, dessen Weissholz man entfernt. Es ist ein hartes Holz mit feinem Korn, schwer polierbar, von brauner oder rötlicher Farbe. Es wird für Skulpturen mit einfachen Formen verwendet.

Die Stechpalme: sehr harter Laubbaum von homogener Struktur. Sein Korn ist fein, die Widerstandsfähigkeit ungewöhnlich, von weiss–beiger Farbe. Von kleinem Durchmesser, eignet sich das Holz nur für kleine Rundplastiken. Poliert ist es sehr schön.

Der Ölbaum: sehr harter mediterraner Laubbaum. Sein Korn ist sehr fein, kompakt. Das Holz ist polierbar. Es ist von gelber Farbe, leicht bearbeitbar und sehr widerstandsfähig. Wie bei den Fruchtbäumen sind die geeigneten Holzblöcke nur von mittlerer Grösse.

Die Platane: mittelharter Laubbaum von homogener Struktur. Braun gefärbt, lässt sich dieses Holz gut bearbeiten. Eignet sich nur für grosse Stücke. Es ist schlecht haltbar.

Der Bergahorn: mittelharter Laubbaum, von weisser Farbe (beim Älterwerden gelblich werdend). Sehr kompaktes Korn, lässt sich polieren. Grosser Absatz.

Die Akazie: harter Laubbaum, dessen Weissholz entfernt wird. Von dunkelbrauner Färbung, die sich an der Luft noch verstärkt, ist polierbar.

Die Birke: mittelharter bis harter Laubbaum, dessen Weissholzzone kaum erkennbar ist. Das Korn ist fein, die Farbe braun bis hellgelb.

Die Eberesche: harter bis sehr harter Laubbaum, von homogener Struktur. Holz mit feinem, kompaktem Korn, gut polierbar. Farbe rotbraun. Geeignet für feine Holzbildhauerarbeiten.

Die Erle: weicher Laubbaum, leicht bearbeitbar. Von rötlicher Farbe, mit ziemlich feinem Korn.

Die Kiefer: harzhaltig weich mit ausgeprägter Weissholzzone. Die Qualität ist von der Spezie abhängig. Die beste Qualität weist die *Weymouth-Kiefer* auf. Die *Sylvester–Kiefer* (Nordkiefer) lässt sich nur mit Schwierigkeiten bearbeiten, wegen der alternierend weichen und harten Maser. Von gelber bis orange-roter Farbe. Die Kiefer ist wenig widerstandsfähig.

Die Eibe: harzhaltig, hart und kompakt, mit heller Weissholzzone. Das Holz weist ein feines Korn auf und lässt sich gut polieren. Es ist leicht bearbeitbar, von roter Farbe und widerstandsfähig.

Exotische Hölzer

Das Mahagoni: Laubbaum, dessen Weissholzzone besser zu eliminieren ist. Es ist ein weiches bis mittelhartes Holz, von mittlerem oder grossem Korn, von braunroter Farbe. Die Hölzer von Mittelamerika (Honduras, Kuba) weisen eine bessere Qualität auf als diejenigen aus Afrika. Leicht bearbeit- und haltbar.

Das Teakholz: Laubbaum aus Siam, Java, Bangkok und aus Afrika. Mittelhartes Holz von ziemlich grossem Korn, tabakbrauner Farbe, manchmal mit schwarzem Maser.
Dieses Holz lässt sich gut barbeiten, poliert sich leicht und ist sehr widerstandsfähig.

Geurt Van Dijk
Kathedraal voor't Onbestemd Overlangen (1985)
Aus Korbweide
Höhe 7 m Durchmesser ± 12 m
Ein sehr originelles Werk aus Holz, dessen Hohlräume stärker in Erscheinung treten als die Holzteile. Diese Architekturplastik könnte das Werk von einem Riesenvogel sein...

Der Palisander: Laubbaum, dessen Weissholzzone entfernt wird. Das Holz ist mittelhart, findet sich in Indien, Brasilien, Madagaskar. Von mittlerem Korn, lässt sich das Holz polieren. Es weist eine rotgoldene bis rotviolette Farbe auf, mit schwarzem oder violettem Maser, je nach Spezie. Das Holz ist sehr widerstandsfähig.

Der Ebenholzbaum: extra harter Laubbaum, dessen Weissholzzone entfernt wird. Wächst in Gabon, Madagaskar, Ceylon. Sein Korn ist sehr fein und kompakt, seine Farbe schwarz. Es ist schwer bearbeitbar, weist aber einen sehr schönen Poliereffekt auf. Sehr widerstandsfähig, aber auch sehr teuer.

Die Zeder: harzhaltig, ohne ausgeprägte Weissholzzone. Aus dem Libanon, Atlas- und Himalaya-Gebirge stammend. Hartes bis mittelhartes Holz, von hellgelber bis roter Farbe, von feinem Korn, gut bearbeitbar, mit sehr schönem Poliereffekt. Ein sehr widerstandsfähiges Holz.

Der Padouk: afrikanischer Laubbaum mit sehr deutlicher Weissholzzone, mittelhart bis hart, von rötlicher Farbe, die sich am Licht verdüstert. Das Holz weist ein sehr grobes Korn auf, was feine Skulpturarbeiten verunmöglicht. Es ist sehr dauerhaft.

Der Amarant: sehr harter Laubbaum aus Brasilien, Guayana und Kolumbien. Von feinem Korn und violetter Farbe. Das Holz ist unempfindlich gegen Feuchtigkeit.

Der Avodiré: (weiss–beige), der *Bahia* (violett), der *Bossé* (rosa), der *Makoré* (purpurrosa bis rotviolett); halbharte Laubbäume von der Elfenbeinküste.

Der Guajakbaum: besonders harter Laubbaum von den Antillen, dessen Weissholzzone entfernt wird. Von gelbbrauner Farbe, ist das polierte Holz sehr schön in der Zeichnung. Sein Korn ist fein und das Holz ist ausserordentlich schwer. Es ist sehr widerstandsfähig gegen Feuchtigkeit (ein fettes Holz).

Die Werkzeuge

Flachmeissel: Diese bestehen aus einer Stahlklinge mit rechteckigem Querschnitt, die durch eine Schneide mit 1 oder 2 Abschrägungen abgeschlossen wird. Sie sind, wie alle nachfolgend genannten Werkzeuge, mit einem Holzheft versehen. Ihre Grösse variiert je nach der Breite der Schneide. Sie wirken auf doppelte Weise. Die Schneide bricht das Holz auf, während die Abschrägung, deren Dicke sichelförmig zunimmt, die aufgebrochenen Fasern voneinander trennt. Die beiden Wirkungen erfolgen praktisch gleichzeitig. Je flacher die Abschrägung ist, desto einfacher ist das Schneiden. Der Schnittwinkel variiert zwischen 30° und 50°. Flachmeissel mit kleinem Schnittwinkel eignen sich zum Schneiden von weichen Hölzern, während stark abgeschrägte Meissel für die Bearbeitung von Hartholz angezeigt sind. Der Stahl der Klinge muss von guter Qualität und gut gehärtet sein (die englischen Werkzeuge haben einen guten Ruf). Das Heft besteht in der Regel aus Eschenholz.

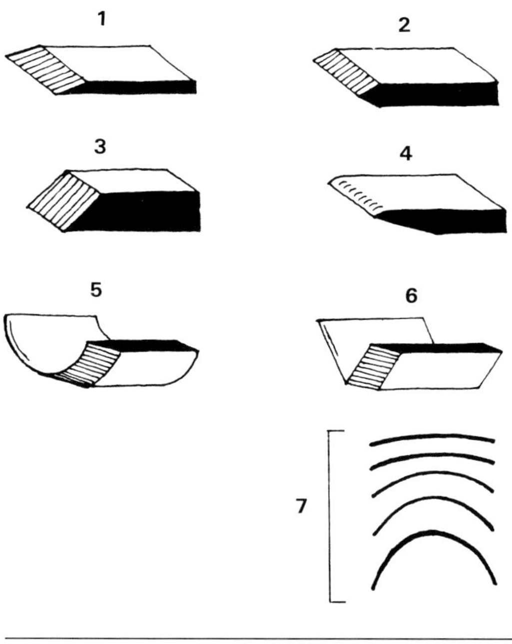

Die Holzschneidwerkzeuge

Schematischer Aufbau der Schneiden

1. Flachmeissel
2. Stemmeisen
3. Locheisen
4. Hohlmeissel
5. Runder Hohlmeissel
6. Stichel
7. Schneiden verschiedener Hohlmeissel: Flach, Abgeflacht, Halbflach, Halbrund, Rund

Hohlmeissel: Werkzeuge aus Stahl, deren Spanfläche konkav und deren Schneide gewöhnlich halbkreisförmig ist. Die Abschränkung befindet sich in der Regel aussen. Es gibt verschiedene Varianten:

- Gerade Hohlmeissel zum Rohbearbeiten (am meisten gerundete Ausführungen). Sie werden wie folgt bezeichnet:
– Rund, wenn die Schneide halbkreisförmig ist.
– Halbrund, wenn die Form der Schneide zwischen einem Halbkreis und einem Viertelskreis liegt.

– Abgeflacht, wenn die Form der Schneide zwischen einem Viertelskreis und der Ebene liegt. Sie werden zum «Ausarbeiten» der Formen verwendet.

- Stufen–Hohlmeissel, deren Schneide gezahnt ist.

- Gebogene Hohlmeissel oder Löffel und geschweifte Hohlmeissel werden zum Ausarbeiten von gerundeten Vertiefungen verwendet.

Stemmeisen: Meissel, deren Schneide, die sich in der Mitte der Klinge befindet, zwei Abschrägungen aufweist und rund um die drei Seiten der Klinge verläuft. Man unterscheidet:

- Gerades Stemmeisen, dessen Schneide senkrecht zur Klingenachse steht.

- Schräges Stemmeisen, dessen Schneide schräg ist. Es wird zum Eindringen in spitzwinklige Hohlräume benützt.

- Gekrümmtes Stemmeisen, dessen Klinge S–förmig gebogen ist und das zum Eindringen in Hohlräume im Holz dient, um sie auszugleichen.

Locheisen: Meissel, dessen Spanfläche dicker als breit ist. Diese ist trapezförmig und wird von einer geraden Schneide abgeschlossen. Locheisen werden zum Herstellen von Einschnitten und rechtekkigen Nuten verwendet.

Milun Vidić
Die Landschaft (1982)
Beschnittenes Holz
34 × 32 × 31 cm

Milun Vidić
Die kleine Landschaft (1983)
Beschnittenes Holz
28 × 27 × 26 cm

Zwei Werke des bekannten jugoslawischen Bildhauers Milun Vidić. Entgegen der klassischen Bearbeitung, nach der das Material aus einem Block herausgeformt wird, setzt dieser Künstler verschiedene Elemente, deren Oberfläche er wiederbearbeitet, zusammen.

Stichel: Meissel, deren Spanfläche V-förmig ist. Der Öffnungswinkel der Schneide ist verschieden (45°, 60°, 75°). Stichel eignen sich zum Zeichnen gewisser Details oder Konturen vor der Vollendung des Schnittes und dienen zum Herstellen von Vertiefungen.

Raspel, Feilen und Riffelfeilen: Mit kleinen Zähnen oder in regelmässigen Abständen angeordneten Rillen versehene Werkzeuge aus Stahl zum Beseitigen der Spuren der Hohlmeissel und Ausebnen der Oberfläche. Zuerst wird der Raspel verwendet. Die Feilen und Riffelfeilen (für die Vertiefungen) beendigen die Arbeit.

Holzhämmer: Schwere Holzhämmer zum Schlagen auf das Heft der Schneidewerkzeuge. Der Kopf besteht aus einem konischen Klotz mit abgerundetem Ende aus Hartholz (Esche, Ulme, Buche oder Gaiac), der teilweise ein zylindrisches Heft umschliesst. Die Holzhämmer unterscheiden sich durch ihr Gewicht. Dieses variiert zwischen 0.5 kg und rund 2.5 kg (die leichtesten bestehen aus Buche, die schwersten aus Gaiac). Die schwersten werden zur Grobbearbeitung verwendet, die leichtesten zur Feinbearbeitung.

Die Befestigungswerkzeuge: sie geben dem zu bearbeitenden Stück die nötige Stabilität und Unbeweglichkeit. Es gibt verschiedene Werkzeuge: Klammerhaken auf dem Werktisch, Schraubenzwingen, englische Festschraubvorrichtung, Schraubstock, Richtstock, etc.

Das Querbeil («Dächsel»): Zimmeraxt, deren krummgebogenes Eisen in einer senkrecht zum Holzheft auslaufenden Schneide mündet. Dieses von den afrikanischen Völkern fast exklusiv verwendete Bearbeitungswerkzeug wird bei uns zum Grobbehauen eingesetzt.

Ölsteine, Hohlmeisselsteine und Schleifscheiben: die Ölsteine dienen zum Schärfen der Werkzeugschneiden. Der Arkansas-Stein mit feinem Korn ist der beste Ölstein; er ist in verschiedenen Grössen und Formen erhältlich. Ihm folgt der Washita-Stein und dann die feinsten künstlichen Steine. Zum Nachschärfen eines Werkzeuges verwendet der Künstler noch häufig die langsam drehende Scheibe aus Sandstein; besser ist aber eine Werkzeugschärfscheibe aus Kornud. Eine Überhitzung des Werkzeuges kann mit guter Kühlung vermieden werden, da es sonst weich wird.

Holzsägen, eine Axt, Glas- und Schleifpapier, harte und flexible Bürsten, Zirkel, elektrische Bohrmaschine, etc.

Der Unterhalt der Werkzeuge, Schärfen der Werkzeuge

Um gute Resultate zu erzielen, müssen die Werkzeuge in tadellosem Zustand, sauber und gut geschärft sein. Wenn sie nicht gebraucht werden, ist es ratsam, sie leicht einzuölen und an einem trockenen Ort aufzubewahren. Sie können an einem Wandrechen aufgehängt oder in einer Stoffrolle (Kopf bei Fuss, um nicht aufeinanderzustossen) aufgereiht sein. Sobald Rostspuren am Stahl auftreten, reibt man die Werkzeuge mit einem ölgetränkten Lappen ab; nach einigen Tagen bearbeitet man sie mit gelöschtem Kalk in Pulverform. Die neuen Werkzeuge müssen zuerst zugespitzt werden, weil ihre Schneiden beim Kauf stumpf sind. Sie müssen nach der Bearbeitung so scharf sein wie ein Rasiermesser. Das grobe Zuspitzen kann auf dem mit Wasser gekühlten Sandstein erfolgen oder besser mit einer langsam laufenden Korundscheibe. Was in jedem Fall zu vermeiden ist: das Brennen des Stahls, da ein übermässiges Erhitzen den Stahl wieder weich machen kann.

Die Flachmeissel werden nur auf einer Seite geschärft, die andere wird so flach wie möglich belassen. Die Schneidkanten werden schön gerade gehalten. Wird die Schneide stumpf, werden die

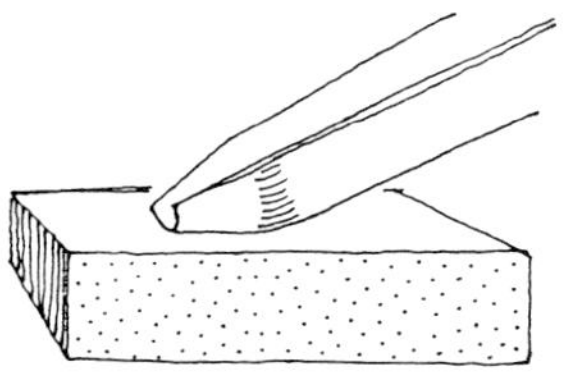

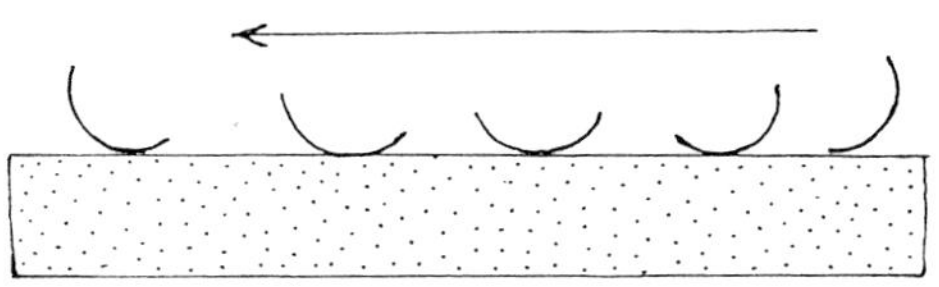

Schärfen der äusseren Schräge eines Hohlmeissels
Die Schrägfläche wird flach auf den Stein gelegt und in einer kombinierten Vorwärts-– und Kreisbewegung bearbeitet.

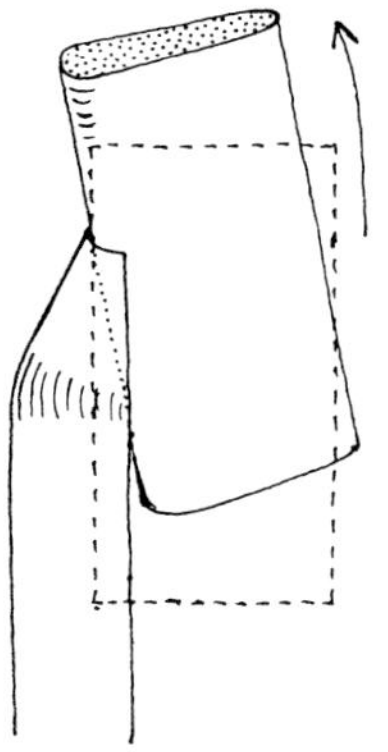

Schärfen der inneren Schräge eines Hohlmeissels
Der Stein wird bei der abschliessenden Bearbeitung leicht nach vorn geneigt zur Abrundung der Schrägung.

Gräte mit einer Schleifscheibe unter einem Winkel von 20° entfernt. Nach dem Schruppen wird die Schneide mit einem Ölstein unter einem Winkel von 25° nachgeschärft. Vor Gebrauch des Steins werden einige Tropfen eines weichen Öls auf dem Stein verteilt. Beim ganz feinen Arkansas-Stein ist Wasser oder Petrol zu empfehlen. Man hält die Abschrägung des Flachmeissels flach gegen den Stein und führt diese in einer Vorwärts- und Rückwärtsbewegung. Entfernt man den Flachmeissel von sich weg nach aussen, übt man einen gewissen Druck darauf aus; beim Zurückziehen gegen sich entspannt man den Druck. Es ist empfehlenswert, mit einer Kreisbewegung einen grossen Teil des Steins zu überdecken; auf diese Weise wird er nicht ausgehöhlt.

Die Stemmeisen werden beidseitig mit weichen Steinen abgeschrägt. Man kann den Winkel der Abschrägung leicht runden. Dann beendet man das Schärfen mit Polieren auf mit Polierrot oder Unschlitt behandeltem Leder, damit die Gräte eliminiert und die Abschrägung poliert werden können.

Die Hohlmeissel weisen ebenfalls zwei Abschrägungen auf. Die wichtigere äussere Schräge wird mit einem Ölstein geschärft, indem die Abschrägung ganz flach auf den Stein aufgesetzt wird. Man stösst den Hohlmeissel vor sich, senkrecht zur Achse des Steins, und verleiht ihm eine rotierende Bewegung, so dass die ganze Schrägfläche miteinbezogen wird.
Das Abrunden der Schneiden muss vermieden werden. Zum Schärfen der inneren Schräge verwendet man Schleifsteine mit abgerundeten Seitenflächen (Hohlmeisselsteine), deren Profil exakt mit der inneren Schräge übereinstimmt.
Man kann den Stein auf dem abgestützten Werkzeug führen oder umgekehrt. Die innere Schräge muss leicht konvex sein, was sich durch eine leichte Schaukelbewegung des Schleifsteins oder des Hohlmeissels erreichen lässt.
Die Arbeit wird durch Polieren der Schrägflächen auf mit Polierrot oder Unschlitt behandeltem Leder abgeschlossen. Die äussere Schräge wird von der Seite abgezogen, damit man das Leder nicht aufzuschneiden riskiert. Für die Bearbeitung der inneren Schräge faltet man das Leder, um ihm die Krümmung der Schneide zu verleihen. Dann führt man es nach vorn, unter dem erforderlichen Schärfewinkel.

Die Stichel lassen sich aussen wie die Stemmeisen schärfen. Die innere Schräge wird mit einem Spezialstein bearbeitet, dessen abgewinkelte Form sich der Form der Werkzeugschneide anpasst. Die innere Schräge wird wie bei den Hohlmeisseln leicht abgerundet. Wenn sich dort, wo die beiden Winkel zusammentreffen, ein Schnabel bildet, rundet man von aussen den Grat ab, bis der Schnabel verschwindet.

Das Festhalten der Holzstücke

Damit ein Holzblock problemlos bearbeitet werden kann, muss er auf einer Unterlage (Werkbank, Schemel) fest fixiert werden. Die Art des Festmachens hängt von der Form und der Grösse des Holzblockes ab.

Die Schraubenzwinge: diese Metallzwingen eignen sich gut zum Festhalten mittlerer Holzstücke oder Holzplatten auf einer Werkbank.

Der Schraubstock für den Plastiker, aus Holz, wird auf der Werkbank oder dem Rundschemel festgemacht. Der metallene Justierstock mit Drehvorrichtung wird auf der Werkbank befestigt. Die Backen sind mit Leder beschlagen, um das Holz nicht zu beschädigen. Diese Fixierung ist für kleine Holzblöcke geeignet.

Die englische Verschraubung: Diese Festhaltevorrichtung erlaubt die Bearbeitung von allen Seiten aus an der Basis. In diese wird ein genügend grosses Loch gebohrt. Um die Arbeit an der Basis

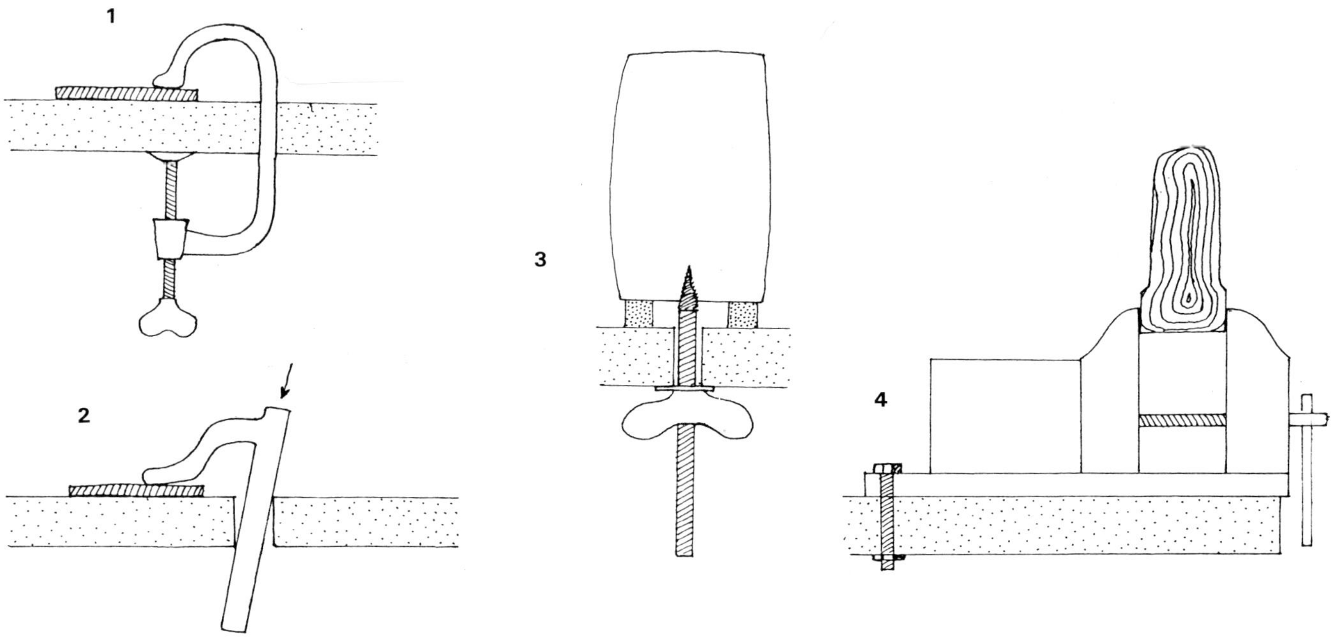

Einige Festhaltevorrichtungen für Holz

1. Schraubenzwingen aus Metall: eignen sich gut zum Festklemmen von kleineren Holzarbeiten auf einer Werkbank.

2. Klammerhaken. Gleiche Verwendung wie für die Schraubenzwinge. Der Klammerhaken wird mit dem Hammer im Holzstück verankert, wobei der Schemel in der Öffnung der Werkbank festgeklemmt wird.

3. Englische Festschraubvorrichtung. Sie erlaubt das Festmachen eines mittleren Holzstückes auf der Werkbank oder dem Rundschemel. Das zu bearbeitende Stück kann mittels Holzunterlagen auf praktisches Arbeitsniveau erhöht werden.

4. Schraubstock des Plastikers aus Holz für die Fixierung kleinerer Holzblöcke.

auszuführen, kann das Stück mit einem Holzblock mit Loch überhöht werden. Das Stück kann auf einer Werkbank oder einem schweren Arbeitsschemel befestigt werden.

Ein Sandkasten: Dieses System eignet sich für mittlere und grosse Objekte, deren Bearbeitungswiderstand gross ist. Der Holzblock wird in den Sand eines wenig tiefen Sandkastens eingebettet, bis er nicht mehr bewegt werden kann. Auf diese Weise kann der Holzblock von allen Seiten behauen werden. Es genügt, den Block zu drehen, um eine andere Seite für die Bearbeitung freizubekommen.

Das Trocknen des Holzes

Vor der Bearbeitung muss das Holz ganz trocken sein. Nimmt man «grünes», frisch geschnittenes Holz, riskiert man Zerreissen des Holzes und Risse lange nach der Bearbeitung.
Für die Trocknung entfernt man die Rinde und bewahrt die Holzblöcke in einem trockenen, gut belüfteten Zwischenlager. Wegen der Verdunstung des Zellwassers wird das Holz leichter. Parallel dazu nimmt das Volumen ab und die Festigkeit zu. Je nach Grösse des Holzblockes, Holzart und Trocknungsmethode variiert die Trocknungszeit.

Man kann auf verschiedene Weise vorgehen: Trocknung des Holzstückes in einem Stück des noch berindeten Holzstammes an der Luft, oder beschleunigte Trocknung in einem Ofen, oder Trocknung nach einer kombinierten Methode.

Die *natürliche Trocknung* ist die gebräuchlichste; sie ist auch die sicherste. Geht man zu schnell vor, können sich im Holzblock tiefe Spalten bilden. Traditionell wird das vor Sonne und Regen geschützte Holzstück an der Luft getrocknet. Das kann sehr lange dauern: 18 Monate bis 5–6 Jahre. Je länger die Trocknung dauert, je besser. Nach der Trocknung enthält das Holz noch 13 bis 17% Feuchtigkeit.

Das Trocknen mit Warmluft ist die schnellste Methode; sie wird oft im Holzhandel angewendet. Das Trocknen geht dabei tiefer und es bleibt nur noch eine Restfeuchtigkeit von 5% zurück (was allerdings das Holz nicht davon abhält, eine gewisse Menge Wasser wieder zu absorbieren).
Die zwei Methoden werden oft kombiniert: das während einigen Monaten natürlich vorgetrocknete Holz wird anschliessend in einem Ofen fertiggetrocknet.

Die Zurückbildung des Holzes
Man unterscheidet drei Arten von nach dem Trocknen auftretender Schwindung:

- *Die achsiale Schwindung:* sie geht in Richtung der Holzfaser und ist vernachlässigbar.
- *Die radiale Schwindung:* zwischen Rinde und Zentrum gemessen; sie ist verhältnismässig schwach.
- *Die tangentiale Schwindung:* sie beeinflusst den Umfang und ist am bedeutendsten.

Ausmass der Schwindung von Holz

Holzarten	Volumen-schwindung %	Radial-schwindung %	Tangential-schwindung %	Verhältnis Radial- zu Tangential-schwindung %
Mahagoni von Kuba	6.0	2.7	3.3	81.8
Mahagoni von Zentralamerika	7.7	3.5	4.8	73.0
Afrikanischer Mahagoni	8.8	4.1	5.8	71.0
Walnussbaum	11.3	5.2	7.1	73.2
Pappel	11.4	4.1	6.9	62.7
Kirschbaum	11.5	3.7	7.1	52.1
Ahorn	12.0	3.0	7.2	41.6
Esche	12.6	4.3	6.4	67.2
Weide	13.3	2.2	8.2	27.0
Zuckerahorn	14.4	4.9	9.1	53.8
Ulme	14.4	4.2	9.5	44.2
Gummibaum	15.0	5.2	9.9	52.5
Helle Eiche	16.0	4.8	9.2	52.2
Carya	16.0	6.5	10.2	63.7
Rote Eiche	16.3	4.5	8.7	51.7
Buche	16.5	4.6	10.5	42.8
Birke	17.0	7.9	9.0	88.0

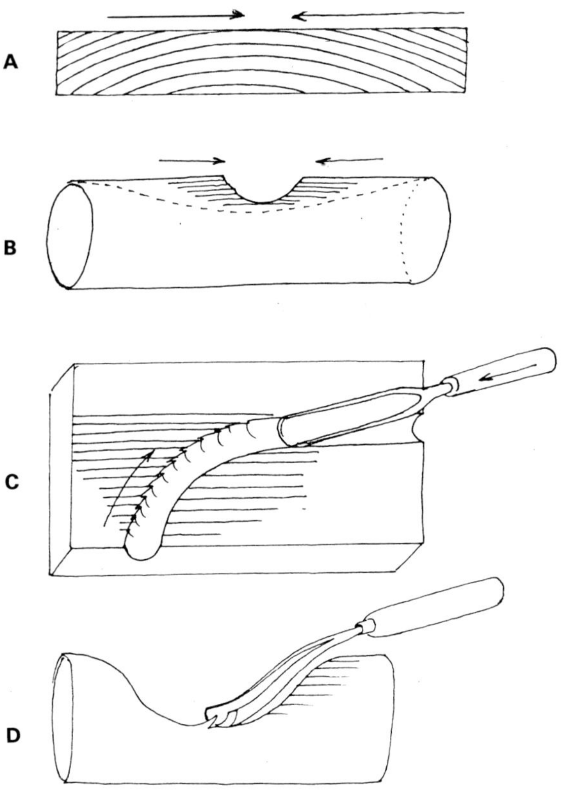

Die Bearbeitung

A Die Pfeile geben die Arbeitsrichtung des Werkzeuges an, so dass dieses in Richtung der Fasern (aufsteigende Fasern) eingesetzt wird.

B Eine Aushöhlung wurde senkrecht gegen die Faserrichtung gemacht. Die Arbeit kann wieder in Faserrichtung aufgenommen werden, indem gegen die Vertiefung gestossen wird.

C Diese mit dem Hohlmeissel ausgehöhlte krumme Rinne zeigt glatte Ränder, solange man in Faserrichtung vorgeht. Auf der Höhe der Krümmung arbeiten Teile der Schneide gegen die Faser, was einen raschen Schnitt bewirkt. Um das Aussplittern zu vermeiden, muss man von der anderen Seite herkommen, was zu einer Arbeit entlang den Fasern führt.

D Anwendung des gebogenen oder löffelförmigen Hohlmeissels für die Vertiefungen.

Das Verhältnis zwischen tangentialer und radialer Schwindung von einer genau festgelegten Holzart ist ein bestimmender Faktor für die Abschätzung der Widerstandsfähigkeit gegen das Deformieren und Verwerfen. Ist die tangentiale Schwindung in bezug auf die radiale Schwindung bedeutend, besteht eine echte Rissgefahr (siehe Tabelle: die höchsten Werte in der letzten Kolonne zeigen die relativ höchsten Stabilitäten an).

Holzbearbeitung

Für diese recht schwierige Technik braucht es Erfahrung und gute Materialkenntnisse. Dazu muss man auch die Werkzeuge und ihre Handhabung beherrschen.
Hinweis für den Anfänger: Es ist ratsam, die ersten Bearbeitungsversuche auf mittelhartem Holz auszuführen, bevor man sich an die härtesten Holzarten wagt.

Für den Holzplastiker eignen sich die gesunden homogenen Blöcke ohne Astlöcher am besten für die Rundplastik. Wie beim Stein ist es nicht einfach, Mängel im Inneren des Blockes zu entdekken. Immerhin muss man wurmstichige und wurmverfressene Hölzer meiden.
Jedes Holzstück gibt bestimmte Probleme auf. Die Holzmasse ist vor der Bearbeitung von allen Seiten aufmerksam zu prüfen, um die Form zu ergründen, deren Kräftelinien und Faserausrichtung. Während dieser Beobachtungsphase helfen dem Holzplastiker Skizzen, um sein Vorgehen festzulegen, möglicherweise auch Tonmaquetten in einem reduzierten Massstab. Ist das Projekt einmal geklärt, können die Konturen von vorne und im Profil mit Kohle oder Kreide eingezeichnet werden. Die erste Bearbeitung dient dazu, alles Material über diese Konturen hinaus wegzunehmen: man nennt dies die *Grobbearbeitung*. Sind grosse Materialmassen zu entfernen, wird man mit einer Bandsäge arbeiten, um Zeit zu gewinnen. Diese Arbeit kann auch mit dem Querbeil ausgeführt werden.

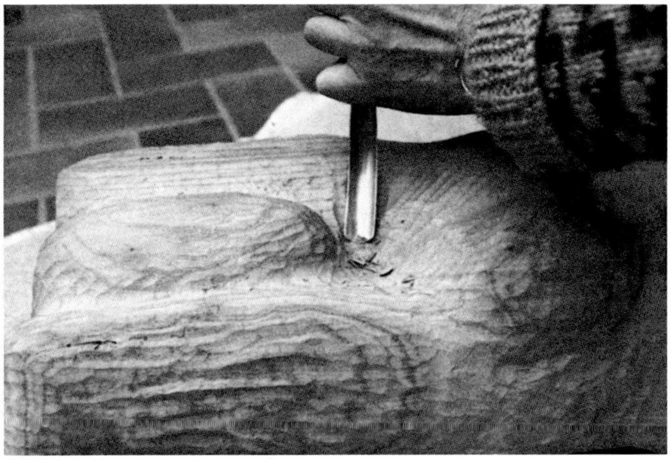

Arbeiten mit dem Hohlmeissel zum Aushöhlen von Vertiefungen.

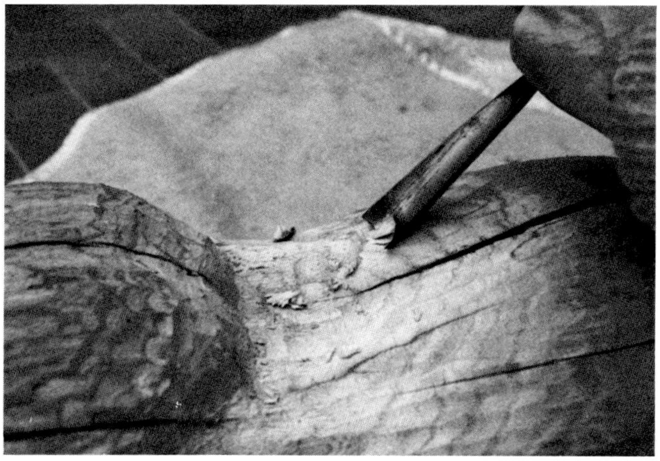

Verwendung des runden Hohlmeissels senkrecht zum Faserlauf, für das Wegnehmen eines grossen Materialvolumens.

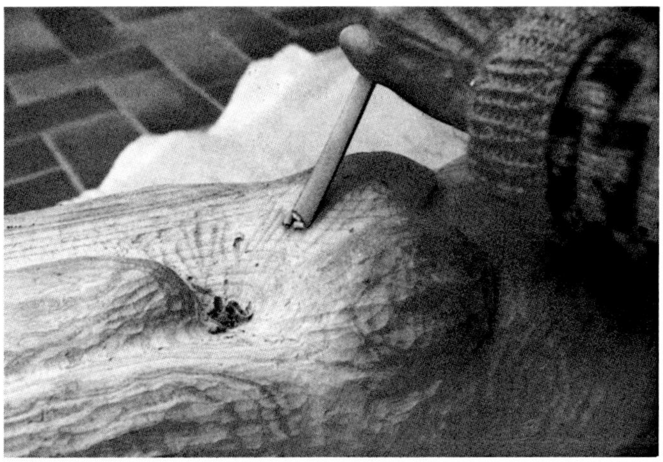

Fertigbearbeitung mit dem flachen Hohlmeissel.

Man beginnt damit, die grossen Volumen abzuarbeiten, indem man die grössten Hohlmeissel und runden Hohlmeissel einsetzt, wie auch den schwersten Holzhammer. Diese Arbeit macht man am besten gegen die Faser mit sehr schnittigen Werkzeugen. Die wichtigsten Vertiefungen höhlt man durch Schlagen des Werkzeuges senkrecht zur Faserrichtung aus. Das Herausarbeiten im groben Umriss macht man genau gleich, indem man das Material herausschafft und die runden Flächen mit denjenigen der vorausgegangenen Bearbeitung genau nach Zeichnung miteinander verbindet.
Oft wird die Arbeit entlang den Fasern mit weniger tiefen Hohlmeisseln oder mit Flachmeisseln, mit einem leichteren Holzhammer, fortgeführt.
Arbeitet man in Richtung der Fasern, d.h. parallel zur Achse des Stammes, muss man der Faserausrichtung Rechnung tragen. Man soll immer mit den aufsteigenden Fasern arbeiten, sonst riskiert man, dass das Werkzeug die Fasern aufreisst. Beidseits einer gegen die Faser ausgeführten Aushöhlung ist es also zulässig, im umgekehrten Sinne zu arbeiten. Auf diese Weise erhält man immer einen glatten Schnitt. Man soll stets vermeiden, das Holz gegen die Faser aufzuritzen; die Arbeit ist viel schwerer und der Schnitt ist uneben.
Der Umriss des Werkes zeigt sich in dieser Phase: zuerst sehr allgemein, dann immer genauer. Er wird mit halbflachen Hohlmeisseln erzielt.
Am Schluss der Arbeit wird der Holzhammer vom Handballen abgelöst, der den nötigen Druck ausübt und ein feineres Arbeiten zulässt.
Das Instrument wird von beiden Händen gehalten; die rechte Hand umfasst den Griff und vermittelt die Vorwärtsbewegung des Instrumentes, während es die linke führt und wenn nötig bremst. Der Handballen der rechten Hand stützt sich auf das Holz und die Finger führen die Schneide. Wenn Hohlmeissel verwendet werden, wird mit der rechten Hand eine leichte Kreisbewegung durchgeführt, was den Schnitt erleichtert.
Die weichen Hölzer erfordern in der Regel Werkzeuge mit dünneren und besser geschliffenen Schrägen als harte Hölzer.
Bearbeitet man sehr hartes Holz, ist es ratsam, die Augen mit Schutzbrillen zu schützen.

Anmerkung
Die mechanischen Qualitäten des Holzes erlauben gebogene, schlangenförmige Formen, wahre Fliessformen, und es bedeutet zweifelsohne eine Versuchung für den virtuosen Plastiker, statt die Skulptur planmässig zu verwirklichen. Der Charakter des Holzes ist jedoch stets an den Stamm gebunden, von dem er ein Teil ist, und der Holzplastiker wird sich aus diesem Grund immer bemühen, den Stamm zu bewahren, dessen symbolischer Sinn zweifellos in der Verbindung von Erde und Himmel liegt. Mit dieser geistigen Haltung haben die Negerplastiker gearbeitet, aber sie trifft auch auf den zeitgenössischen Plastiker Brancusi zu.

Bearbeitung eines Holzreliefs: Das Sujet wird direkt auf die Holzplatte gezeichnet (die mit Schraubenzwingen, Klammerhaken oder Klammern festgehalten wird). Man arbeitet zuerst den Grund heraus, wobei man über die Zeichnung hinaus einige Millimeter stehen lässt. Wenn die Form aus dem Grund entsteht, kann die Modellierung im Umriss vorgenommen werden. Nachher muss die Kontur des Sujets neu nachgezeichnet werden; erst dann beginnt man mit dem definitiven Holzschneiden.

Fertigbearbeitung, Polieren

Die Fertigbearbeitung wird allein mit dem halbflachen Hohlmeissel besorgt, will man die natürliche Oberfläche und die Bearbeitungsspuren bewahren. Wünscht man andererseits eine glatte und polierte Oberfläche, bedient man sich der Raspel und der Riffelfeile und beendigt die Arbeit mit immer feinerem Schleifpapier. Die besondere Holzart und das Sujet sind bei der Fertigbearbeitung zu berücksichtigen. Die dichten und harten Hölzer zeigen einen schönen Poliereffekt. Fertig poliert wird die Skulptur, indem man sie mit einem Stück gleichen Holzes abreibt.

Der Schutz des Holzes

Der organische Aufbau des Holzes macht es verhältnismässig wenig dauerhaft im Vergleich zu Stein und Metall. Sind jedoch die Konservierung und die Aufstellungsbedingungen gut, kann es sich sehr lange halten, sogar im Freien.
Die relative Feuchtigkeit und die Umgebungstemperatur sind wichtige Faktoren für die Haltbarkeit des Holzes. Trockene Luft ist dabei besonders erwünscht, denn jedes Pilzwachstum setzt eine gewisse Feuchtigkeit voraus. Eine Holzskulptur, die in einem warmen und feuchten Land aufgestellt ist, neigt zu grösserer Alterung als eine solche in einer kalten und trockenen Region. Für Holzkonstruktionen sind veränderliche Temperatur- und Feuchtigkeitsbedingungen am schädlichsten, weil alternierendes Quellen und Schwinden das Holz zum «Arbeiten» zwingt.
Andererseits sind nicht alle Partien des Holzes gleich anfällig gegen zerstörende Einflüsse, mindestens was die Laubbäume angeht. Das Kernholz (Duramen) enthält selbstverständlich Substanzen (Tannin, Harze), die sich dem Wachstum von Parasiten entgegenstellen. Dagegen bildet das an Amidon reiche Weissholz mit ausgeprägtem Kernholz (Eiche, Robinie, Kastanie, Kiefer, Lärche) einen ausgezeichneten Nährboden für Borkenkäfer, Pilze und Bakterien. Es ist deshalb unabdingbar, entweder die Weissholzzone zu entfernen oder sie, der Alterung vorbeugend, chemisch zu behandeln. Die Insektizide und Fungizide werden auf die Oberfläche der fertigen Holzskulptur aufgetragen. Es handelt sich um Mineralsalze (Zinkchlorid, Kupfersulfat, Quecksilberdichlorid) oder organische Produkte wie Kreosot, Naphthen oder nitrierte oder chlorierte Phenole.
Die durch schwankende Feuchtigkeit hervorgerufenen Schäden können durch Wachs, Firnis oder Öl vermindert werden. Ein Holzschutz für Holzskulpturen, die im Freien aufgestellt werden, ist unbedingt erforderlich. Die Polyurethanfirnisse des Handels sind dafür besonders geeignet.
Wenn Risse nach längerem Aufstellen einer Skulptur unter optimalen atmosphärischen Bedingungen sichtbar bleiben, kann man sie praktisch unsichtbar machen, indem man Holzstäbe vom gleichen Holz einsetzt und verleimt. Man kann aber auch spezielle Füllprodukte (synthetisches Holz) verwenden oder eine künstliche Holzmasse selber herstellen (Holzmehl wird mit einem synthetischen Harz [Epoxy oder Polyester] vermischt).

Oberflächenaspekte, Färbung

Das Holz lässt sich polieren, wachsen, ölen, firnissieren, färben, anmalen, mit Metallblättern bedekken, lackieren, etc.
In der Vergangenheit wurden die Holzskulpturen oft bemalt, besonders in Ägypten und Griechenland, aber auch in China und Japan, um nicht vom uns näher liegenden Mittelalter zu reden. Die Malschicht hatte die Doppelfunktion der Dekoration und des Schutzes des darunter liegenden Materials. Heute herrscht die Tendenz vor, das Holz in seiner natürlichen Farbe zu belassen. Man begnügt sich, es mit Öl oder Wachs zu behandeln, um die Poren zu schliessen und einen Schutz gegen Feuchtigkeit zu schaffen. Diese Behandlung hat auch den Zweck, die natürliche Holzfarbe zu beleben und die Polierwirkung zu verstärken. Es werden mehrere Schichten Wachs hintereinander aufgetragen, wobei jede Behandlung gut ins Holz eindringen muss.
Man kann ein Holz mit einer Farblösung aus in Wasser, denaturiertem Alkohol, Öl, Firnis, Gummilack aufgelösten Pigmenten färben. Vor dem Färben muss das Holz gebeizt werden, damit das Pigment gut haftet. Die Beize besteht aus einer Alaunlösung (60 g pro Liter heissen Wassers) oder aus Kupfersulfatlösung.
Zum Bemalen von Holz verwendet man vorzugsweise Ölfarben. Vor dem ersten Auftrag von Ölfarbe appliziert man eine Schicht von folgender Beizung: 1 Teil reines Terpentin
1 Teil rohes Leinöl
½ Teil Trockenöl (Sikkativ)
Diese Mischung kann als Lösungsgrundlage für die Pigmente dienen. Es können auch Wasserfarben verwendet werden, doch müssen sie mit Firnis geschützt werden.
Sehr schöne Effekte lassen sich mit Blattgold erzielen, das auf bestimmten Partien der Skulptur appliziert wird. Für Einzelheiten über diese Technik sind Spezialwerke wie diejenigen von Wheeler und Courtrait zu konsultieren.

Die Holzverbindung (Verbände)

In gewissen Fällen müssen mehrere Teile aus dem gleichen oder aus verschiedenem Holz durch mechanisches Zusammenfügen verbunden werden.

Hat man beispielsweise einen Holzblock in der Axialrichtung abgetrennt, um das Herz zu entfernen, ist es für die Ausführung einer Rundplastik notwendig, die beiden Hälften wiederzuvereinigen. Mit diesem Verfahren lässt sich das Risiko der Rissbildung vermindern.

Im gleichen Sinne lassen sich Rundplastiken durch Zusammenfügen von Reliefplatten verwirklichen, wobei die Skulptur im Innern hohl bleibt.

Wenn eine Skulptur Teile aufweist, die über den Stamm hinausgehen, wie z. B. bei in der Horizontalen ausgestreckten Armen, müssen diese Teile fest mit dem Stamm verbunden werden.

Diese Verbände werden definitiv mit Leim, Nägeln oder Holzzapfen gesichert.

Die häufigsten Verbindungen erfolgen mit Zapfenloch und Zapfen, mit gedübelten Fugen, mit geradem Blattstoss, mit Schräg- und Geradeverzinkung und mit offener Zapfen- und Schlitzverbindung.

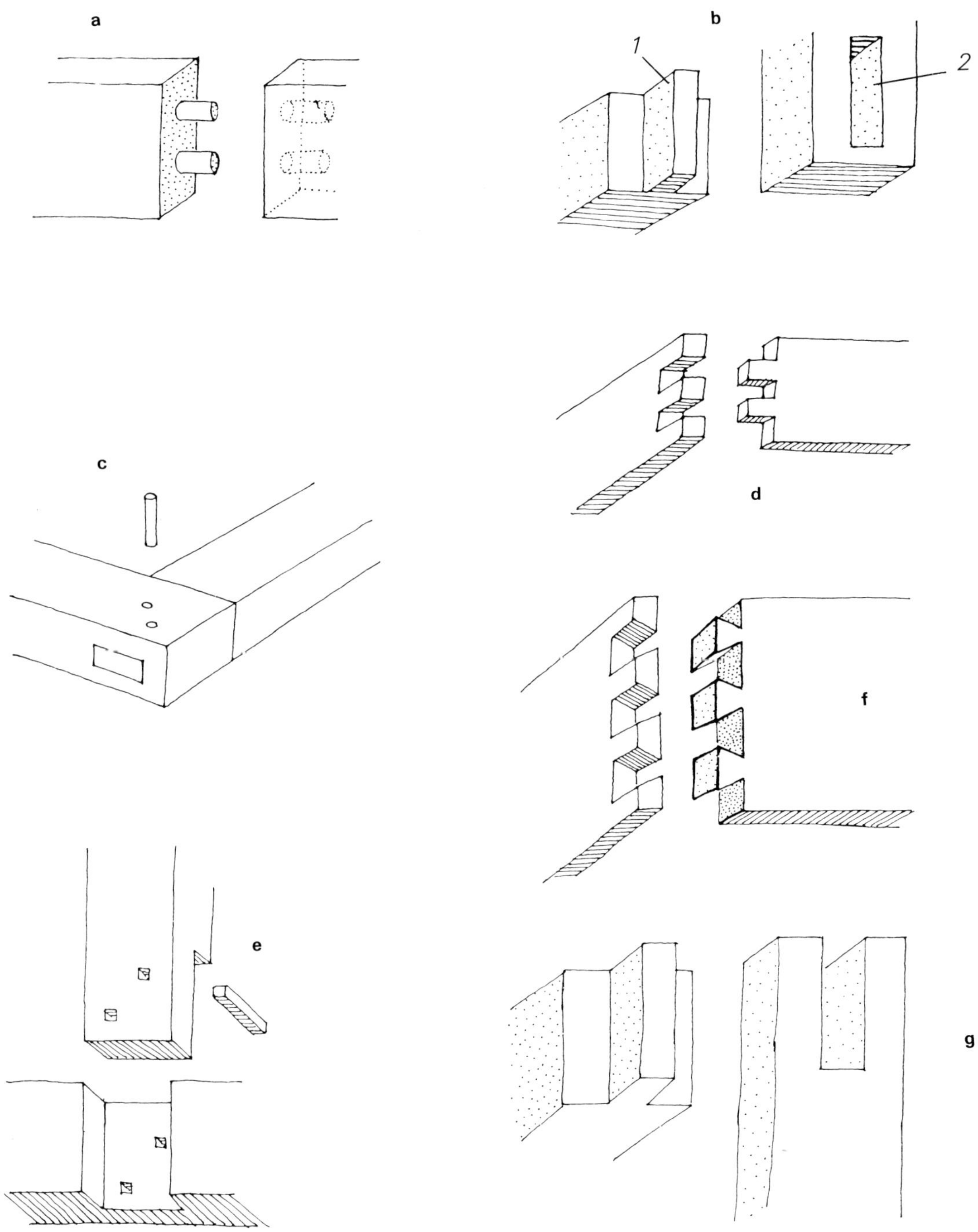

Verschiedene Holzverbindungen

a) Verbindung mit gedübelten Fugen

b) Verbindung mit Zapfen (1) und Zapfenloch (2)

c) Verbindung mit Holzzapfen

d) Verbindung mit gerader Zinkung

e) Verbindung mit geradem Blattstoss

f) Verbindung mit schräger Zinkung

g) Verbindung mit offenem Zapfen und Schlitz

Der Stein

Der Stein ist das Lieblingsmaterial der Bildhauer seit eh und je.
Die physikalische Festigkeit, das Gewicht und der verführerische Aspekt von zahlreichen Steinen haben in allen Epochen zu ihren Gunsten gesprochen. Die Skulptur aus Stein hat dazu gedient, die sich seit der Antike folgenden grossen Zivilisationen zu preisen.
Es sind zahllose Varietäten von Steinen verfügbar, die sich in ihrer Härte, ihrer Farbe und ihrem Korn voneinander unterscheiden.
Die härtesten Gesteine sind vulkanischen Ursprungs, wie Granit, Basalt, Obsidian, Porphyr. Die weichsten Gesteine sind die Sedimentgesteine (Kalk, Sandstein) und die umgewandelten Gesteine (Marmor, Alabaster, Schiefer, Steatit).
Die am wenigsten porösen Gesteinssorten sind gleichzeitig auch diejenigen, die der Erosion am besten widerstehen.
Hinsichtlich Wahl des Materials muss folgendes in Rechnung gezogen werden: die Verfügbarkeit auf dem Markt, der Preis, die Härte, die Witterungsbeständigkeit und – last but not least – das angestrebte künstlerische Ziel.
Der Stein ist ein Material, das den Bildhauer fordert, das Geduld, Hartnäckigkeit und physische Kraft braucht. Das seiner Härte entsprechende Material erlaubt das Herausarbeiten von mehr oder weniger grossen Vertiefungen, aber es ist in der Regel nur geeignet für konzentrierte, in sich geschlossene, massive Formen. Die Form des Originalsteinblockes bestimmt in der Folge die Bildhauerarbeit. Korrekturen (aus «Reue») sind kaum möglich: was man weggearbeitet hat ist definitiv.

Die Vielfalt der Gesteine

Man unterscheidet drei Gruppen von Gestein nach ihrem Ursprung: die Magmagesteine, die Sedimentgesteine und die umgewandelten Steine.

Die Magmagesteine oder endogenen Gesteine

Sie entstehen durch Abkühlung und Verfestigung der aus dem Schoss der Erde stammenden Schmelzmasse. Die Magmamasse wandert gegen die Erdkruste hin, getrieben durch Konvektionsbewegungen. Ihre chemische Zusammensetzung und ihr Erstarrungsgrad bestimmen die Natur des resultierenden Gesteins. Die Schmelzmassen, die in grossen Tiefen langsam erstarren, führen zu Varietäten mit grobem Korn (Intrusivgesteine), während die rasch erstarrenden Schmelzmassen zu Gesteinsarten (Effusivgesteine) mit feinem Korn (Basalt) oder zu glasartigem Gestein (Obsidian) führen.

▷
Pjotr Müller
Nuraghe (1983)
Granit
Höhe 200 cm, Durchmesser 150 cm
Museum Kröller–Müller, Otterlo
Nach den Erbauern zyklopischer Bauwerke hat P. Müller einen phantastischen Bau aus zusammengefügten Granitblöcken verwirklicht.

Philippe Clérin
Kopf aus schwarzem Marmor
Einige Partien der Skulptur sind poliert, andere bleiben roh und zeigen deutlich die Spuren der Bearbeitungswerkzeuge.

Diese Gesteinsarten gehören zu den härtesten und aus diesem Grund zu den am schwierigsten bearbeitbaren.
Anderseits ist es gerade dieses Gestein, das allen Zerstörungskräften am besten trotzt. Die Meisterwerke der Bildhauerkunst der Zivilisationen unter dem «Schöpferischen Halbmond» legen davon Zeugnis ab. Die Bildhauertechnik für dieses Gestein hat einen besonderen Charakter; darüber später.

Der Granit

Schon der Name bezieht sich wahrscheinlich auf das körnige Aussehen dieses Gesteins. Es setzt sich aus sehr variablen und ungleichmässigen Korngrössen (von 0.25 cm bis 1 cm) zusammen, von verschiedener Farbe. Alle Granitarten sind hart und kompakt; ihre Dichte liegt bei 2.55 bis 2.75 g/cm^3. Vom wissenschaftlichen Standpunkt aus gesehen, kann der Granit als Magmagestein definiert

werden, vollständig kristallin, nicht geschichtet, körnig und hauptsächlich zusammengesetzt aus Quarz ($Si0_2$), Feldspat und Feldspatoide (alkalische Silikoaluminate). Je grösser der Quarzgehalt, desto härter ist der Stein. Je nach Zusammensetzung ist der Granit in der Regel von heller Farbe: weiss, grau, rosa oder rot. Enthält er in regelmässiger Verteilung feinkörnigen Biotit (Mica schwarz) oder Hornblende, ist die Färbung ausgeprägter. Die anderen dunklen Bestandteile des Granits sind ferromagnesischen Ursprungs. Olivin, Pyroxen, und Amphibole. Der Porphyrgranit enthält sehr grosse Alkalifeldspatkristalle.
Granit wurde dank seiner mechanischen und chemischen Widerstandsfähigkeit immer schon für Aussenskulpturen und monumentale Skulpturen verwendet.
Man findet sehr schöne Granite in Schottland (Steinbrüche von Aberdeen), Irland, Schweden, Finnland und Frankreich (Bretagne, Vogesen).
Granit ist sehr schwer bearbeitbar. Einige Granitarten neigen unter dem Flachmeissel zum Zerbrechen, andere weisen Körner auf, die buchstäblich wie «versiegelt» sind. Der Stein muss mit Spezialwerkzeugen behauen werden (siehe Kapitel über Werkzeuge und Bearbeitung). Beim Behauen von Granit muss der Bildhauer schwierige Auskragungen oder tiefe Einschnitte in der Skulptur vermeiden. Die Natur des Materials erfordert eine grosszügige Behandlung mit grossen Massen. Die Formen müssen eher rund als winklig sein. Die Granite lassen sich sehr schön polieren. Die ägyptischen Skulpturen sind ein ausgezeichnetes Beispiel dafür, was aus dem Material Granit gemacht werden kann; es liegt auf der Hand, dass unsere zeitgenössische Ästhetik miteinzubeziehen ist.

Der Diorit

Intrusivgestein (Vulkanit) mit mittlerem Korn, sehr hart und kompakt, enthält wenig Quarz, dafür sind Feldspate (Plagioklas) dominierend. Biotit und Hornblende sind die dunklen Bestandteile in diesem schwer behau- und polierbaren Gestein. Das Material war bei den Ägyptern sehr beliebt.

Der Syenit

Grobkörniges Gestein, von gleichmässiger, verhältnismässig leichter Bearbeitbarkeit. Von einer Dichte zwischen 2.7 bis 2.9 g/cm^3, weist der Syenit eine dunklere Farbe auf als Granit und enthält keinen Quarz. Sein Hauptbestandteil ist Kalium-Feldspat. Seine Farbe ist rosa, rötlich, grünlich oder grau.

Der Obsidian

Dieses vulkanische Gestein enthält keine Körner; es hat einen glasartigen Charakter. Seine Struktur resultiert aus der raschen Erstarrung der Mineralienschmelze, die keine Zeit übrig liess zum Auskristallisieren. Dieses harte und spröde Gestein setzt sich hauptsächlich aus Verbindungen von Silizium mit Eisen, Calcium, Kalium und Natrium zusammen. Seine Dichte liegt bei 2.4 g/cm^3.
Das Gestein ist in der Regel schwarz oder dunkelgrau, kann aber manchmal auch grün oder braun sein; eher selten ist es mit Flecken oder Streifen versehen.
Der Obsidian erhält beim Polieren einen sehr schönen Glanz, neigt bei der Bearbeitung mit dem Flachmeissel zu einem unvoraussehbaren muschelförmigen Ausbrechen, so dass man die Bearbeitung mit Vorteil durch Schleifen statt durch Meisseln macht. In frühen Zeiten hat der Mensch diesen Stein zu Werkzeugen und Waffen verarbeitet. Die Form wurde ihnen durch Klopfen mit einem andern harten Stein verliehen. Man glaubt, dass die Ägypter den Obsidian mit Sand geschliffen und mit Schmirgel poliert haben.

Der Basalt

Ein Gestein vulkanischen Ursprungs, hart, homogen und feinkörnig. Seine Dichte liegt zwischen 2.9 und 3.1 g/cm^3. Einige Varietäten sind fast glasartig, ihre Färbung ist auffallend dunkel: schwarz, grau, grünlich oder rot. Basalt, ein wenig leichter bearbeitbar als Granit, wurde von den Ägyptern für Kopfplastiken und Büsten verwendet. Der Stein zeigt einen schönen Poliereffekt. Die Bearbeitungswerkzeuge sind dieselben wie beim Behauen von Granit. Die Dicke der Flachmeissel und der Härtegrad sind gleich. Man findet Basalt in der Auvergne.

Der Diabas

Wie Basalt ein vulkanisches, sehr hartes Gestein, kompakt und ziemlich feinkörnig. Diabas enthält keinen Quarz, aber sehr viel Plagioklas (60–75 %). Seine Zusammensetzung ist derjenigen von Basalt ähnlich, doch ist sein Korn gröber. Die Färbung variiert von dunkelgrün bis dunkelgrau und fast schwarz. Seine Dichte liegt bei 3.1 g/cm^3.
Diabas ist sehr hart zum Behauen; zudem lässt er sich nur schwer polieren.

Der Porphyr

Ein vulkanisches Gestein, dessen grosse Kristalle in der glasigen Muttermasse verteilt sind, in der Farbe granatfarben oder grün. Er wird heute nur noch selten von Bildhauern ausgewählt. Es handelt sich um ein schwierig bearbeitbares und polierbares Material. Es wurde vor allem von den Römern verwendet.

Anmerkung: Der Ausdruck «Granit» wird im Handel auch für andere harte und polierbare Gesteine von granitähnlichem Charakter gebraucht. Beispiel: der «kleine Granit», Kalkstein aus Soignies (Belgien) oder die Walzenstein-Kalke von Euville und Lérouville (Frankreich).

Die Sedimentgesteine

Sie sind das Resultat einer kombinierten Erosionswirkung (Regen, Wind, durch Eis hervorgerufene Sprengung, Verlagerung von Gletschern, etc.) auf Gestein, das sich nahe an der Erdoberfläche befindet. Sie werden zudem von verschiedenen in Wasser gelösten chemischen Stoffen – Carbon- und Huminsäure, etc. – angegriffen, die die löslichen Elemente des Gesteins auflösen und eine unlösliche Restsubstanz (Quarzhörner, Mica, etc.) zurücklassen. Die kleinen Gesteinspartikel, vom Mutterfels durch die obigen Kräfte losgerissen, werden manchmal vom Flusswasser sehr weit weggetragen. Sie lagern sich schliesslich in Flussbetten oder auf dem Grund von Seen oder Meeren ab.
Die Trümmersedimente werden schliesslich durch Verkittung ihrer Körner zum Gestein. Lager von Kies wandeln sich in Nagelfluh um, die Sonderlagerstätten in Sandstein, Ton und Mergel bleiben locker und ungebunden.
Im Falle von durch Ausfällung entstandenen Sedimenten geschieht das Ausfällen der in Wasser gelösten Elemente (Carbonate) unter bestimmten chemisch-physikalischen Bedingungen; sie werden mit kalk- oder kieselhaltigen Skeletten von verschiedenen Meeresorganismen (Diatomeen, Foraminiferen, Muscheln) vermischt. Auf diese Weise entstehen die Kalkgesteine.
In gleicher Art können im Seewasser gelöste Salze beispielsweise als Folge einer bedeutenden Verdunstung ausgefällt werden. Die Gipsläger haben sich so aufgebaut.
Diese Erosions-, Sedimentations- und Verkittungsprozesse spielen sich über Jahrtausende ab und gebären geschichtete Felsen; die Schichtung ist in der Regel horizontal. Sie sind ziemlich porös und nur selten homogen.
In der Regel muss der Bildhauer die Gesteinsschichtung respektieren, wenn er nicht Gefahr laufen will, dass bei im Freien aufgestellten Skulptu-

▷
Marino Marini
Miracolo (Wunder) (1970–1971)
Afrikanischer Stein, noch auf dem Werkplatz stehend
Höhe 228 cm, Basis 137 × 90 cm
Photo Marina Marini

ren Wasser einsickert. Auf jeden Fall ist es ratsam, sie geschützt vor Wetterunbilden aufzustellen. Sind sie porös oder körnig, ist es schwierig, ihnen einen schönen Glanz durch Polieren zu verleihen.

Die Kalksteine

Sie sind prinzipiell aus Calciumcarbonat (mehr als 75 % von $CaCO_3$: Calcit) aufgebaut. Man erkennt sie daran, dass sie bei Zugabe von Säure aufbrausen und durch Stahl geritzt werden. Ihre Dichte liegt bei 2.7 g/cm^3. Sie weisen im allgemeinen eine feinkörnige Struktur auf. Manchmal verleiht ihnen das Korn und die Verkittung das Aussehen von Marmor, von dem sie sich recht schwer unterscheiden lassen. In diesem Fall ist der Kalkstein polierbar. Ihre Färbung ist in der Regel hell: weiss, hellgrau, kremfarbig.
Enthalten die Kalksteine Verunreinigungen wie Eisenoxid, ist die Färbung dunkler: chamois, rot, braun oder grün.

Die Kreide, ein ganz feinkörniger, poröser Kalkstein, der sich aus Skeletten aus Kleinstorganismen (Foraminifere) zusammensetzt, ist zu weich und spröd, als dass er häufig vom Bildhauer verwendet werden kann.

Die Kalksteine mit organischem Ursprung enthalten Fossilien mit Kalkskeletten verschiedener Grösse. Diese Steine werden allgemein zum Behauen von Ornamenten gebraucht. Unter ihnen befinden sich die Korallenkalksteine, die Walzensteinkalksteine, die Foraminiferenkalksteine und die Muschelkalksteine.
Die Kalksteine chemischen Ursprungs, wie die Travertine, wurden häufig insbesondere in Italien zur Zeit der Renaissance verwendet trotz ihres etwas schwammigen Aussehens.

Oolithische Kalksteine: aus runden Körnern gebildet, chemischen Ursprungs, eignen sich für ausgewählte Detailpartien, sind aber schwer polierbar.

Lithographensteine: es sind Kalksteine mit sehr feinem Korn, dicht und von homogener Kristallstruktur. Sie enthalten 5% Ton.

Marmorähnliche Kalksteine: diese gehören zu den gesuchtesten Varietäten. Sie lassen sich polieren und sind weicher als Marmor. Sie haben eine feine kristalline Struktur und sind vollständig verfestigt. Die Kalksteine lassen sich ziemlich leicht bearbeiten, ausser wenn sie Kieseleinschlüsse enthalten. Die weichsten Arten lassen sich sogar mit dem Federmesser bearbeiten.
Die Ägypter haben sie häufig für Reliefskulpturen oder auch zur Ausführung von Porträts verwendet.

Die Alabaster

Es gibt zwei Arten: der kalkhaltige Alabaster (oder Onyx – Kalkstein) und der gipshaltige Alabaster (oder Alabasterit).

- *Der kalkhaltige Alabaster:* ein durchscheinendes Calciumcarbonat, Härte 3 in der Mohs'schen Skala, kompakt, stammt aus den Kalksteinablagerungen von heissen Quellen. Es bildet sich in konzentrischen gelblich gefärbten Bändern. Die Onyxsteine (Achate) von begrenzter Grösse, wurden von den Ägyptern und den Assyrern ausgiebig verwendet. Im Mittelalter hat man sie aus englischen Steinbrüchen gewonnen.

- *Der gipshaltige Alabaster:* ein hydratisiertes Calciumsulfat ($CaS0_4$, $2H_20$), weicher (bei einer Härte von 2 ist es mit dem Fingernagel ritzbar), von weisslicher Farbe. Bei Säureeinwirkung ist kein Aufbrausen feststellbar. Das Durchscheinvermögen macht ihn für die Bildhauerei ziemlich ungeeignet; er wird daher oft nur zu Dekorationszwecken verwendet. Es gibt indessen eine Möglichkeit, den Alabaster opak zu machen und dic Fcstigkeit zu erhöhen. Nach einem italienischen Verfahren wird die fertige Skulptur in kaltes Wasser versetzt, das stufenweise bis in die Nähe des Siedepunkts erwärmt wird.
  Dann entfernt man das Wassergefäss und lässt die Skulptur langsam abkühlen. Wenn diese Behandlung kompetent ausgeführt wird, bekommt der Alabaster ein marmorähnliches Ausschen.

Hermann Walenta
Konkavitat (1960)
Kalksandstein von St. Margaretha

Der Sandstein

Es handelt sich um ein aus feinen Sandkörnern (Quarz, Kiesel) zusammengesetztes Sedimentgestein, mehr oder weniger durch ein natürliches Bindematerial verkittet. Dieses und der Verkittungsgrad bestimmen die Härte des Sandsteins. Der in ihm enthaltene Quarz bildet das festeste Bindematerial, aber daneben findet sich auch Eisenoxyd, Ton und Calcit.
Die härtesten Varietäten sind die reinen kieselartigen Sande, die nur noch selten als Schleifscheibe zum Schärfen von Werkzeugen gebraucht werden. Andererseits gibt es Sandsteinsorten, die sehr spröde sind und leicht brechen und zwischen den Fingern zerbröckeln.
Das Korn ist oft von blossem Auge erkennbar. Das Material ist nicht sehr homogen und der Bindungsgrad von einer Schicht zur anderen verschieden, was beim Behauen zu Problemen führt.
Die Färbung variiert von grau, braun, rot, chamois, blau, grün, gelblich bis zu schwarz. Die härtesten Arten sind weiss oder kremfarbig: es sind die kalkstein- oder kieselhaltigen Typen. Eisenoxyd als Hämatit (Fe_2O_3) oder Limonit ($2Fe_2O_3$, $3H_2O$) geben dem Stein eine rötliche oder bräunliche Farbe (roter Sandstein aus den Vogesen). Die grauen Typen verdanken ihre graue Farbe einem bestimmten Tongehalt. Manchmal treten Farbveränderungen nach dem Schneiden des Sandsteinblocks auf, was auf die Oxydation von gewissen Elementen zurückzuführen ist.

Die meisten Sandsteinvarietäten sind sehr porös. In der Regel enthält der behauene Stein eine gewisse Feuchtigkeit (man nennt es «Blockwasser») im Innern des Sandsteins. Dieses Wasser enthält oft gelöste Mineralstoffe. Nach einer gewissen Zeit wandert das Wasser an die Oberfläche und führt die Mineralien mit sich. Diese setzen sich an den Aussenzonen ab und machen diese härter als die darunter liegenden Schichten. Es bewirkt, dass ein frisch behauener Block leichter zu bearbeiten ist als ein trockener Block. Andererseits darf ein Sandsteinblock, der behauen werden soll, niemals tiefen Temperaturen ausgesetzt werden; eine mögliche Eisbildung könnte den Stein sprengen.
Die im Freien aufzustellenden Skulpturen müssen mit einem porenschliessenden Mittel behandelt werden.
Der Sandstein lässt sich mehr oder weniger leicht bearbeiten, je nachdem wie hart er ist. Die Härte kann zudem innerhalb desselben Blocks beträchtlich variieren. Deshalb muss man danach trachten, wenn immer möglich den Flachmeissel beim Einsatz zu kontrollieren. Der Verkittungsgrad des Steins ist ebenfalls bestimmend für den möglichen Poliergrad. Die Sandsteine sind oft schwer, wenn nicht gar unmöglich zu polieren.

Die umgewandelten Gesteine

Sie resultieren aus der Strukturmodifikation von Magma- oder Sedimentationsgesteinen. Die wesentlichen Faktoren für die Umwandlung sind: die Temperatur, der Druck und die chemischen Reaktionen. Das ursprüngliche Gestein, aus grossen Tiefen stammend, wird so hohen Drucken und Temperaturen unterworfen, dass es weich wird: seine physikalische Struktur verändert sich grundlegend. Beim Abkühlen dieses Materials findet eine Rekristallisation statt, die zu einem neuen Gestein führt. Diese zeigt sich deutlich in einer geschichteten und kristallinen Form (kristalliner Schiefer).

Der Marmor

Es ist zweifellos der beliebteste Stein des Bildhauers. Das attraktive Aussehen des Steins dürfte der Hauptgrund für diese Vorliebe sein. Es kommt hinzu, dass dem Material ein doppelter Vorteil eigen ist: es ist leicht mit dem Flachmeissel bearbeitbar und doch widerstandsfähig. In der Tat ist Marmor viel weniger hart als Granit, aber solider als die meisten Kalksteine.
Der intensive Gebrauch des weissen Marmors durch die Griechen hat bestimmt dazu beigetragen, seinen Ruf seit der Renaissance zu festigen. In Italien begannen die Römer bereits im Jahre 283 vor Chr. den Steinbruch von Carrara zu erschliessen. Seit der Renaissance und dank Michelangelo ist seine Popularität ständig gewachsen, zum Nachteil anderer Varietäten. Heute allerdings steht der Bildhauer nicht mehr unter dem Zwang (wie noch im 19. Jahrhundert), exklusiv den Marmor von Carrara auszuwählen.
Die Marmore sind das Produkt der Umwandlung von Dolomit (Kalkstein) durch verschiedene Naturkräfte (Temperatur, Druck). Sie haben aus diesem Grund eine ähnliche chemische Zusammensetzung; es sind ebenfalls Carbonate (von Säuren angreifbar), aber in kristalliner und nicht in körniger Form.
Marmor ist in der Regel ein Gestein mit gedrungenen, kompakten Kristallen, die eine intensive Polierbearbeitung gestatten. Die härtesten Typen bestehen aus Calcium- und Magnesiumcarbonaten und haben praktisch keine Verunreinigungen. Ihre Struktur ist homogen. Sie haben eine brillante weisse Farbe und sind kaum durchscheinend (was erlaubt, den Marmor vom kalkhaltigen Alabaster, der seinerseits stark durchscheinend ist, zu unterscheiden). Die meisten Marmorarten enthalten Verunreinigungen, die für die besondere Farbe des Marmors verantwortlich sind. Diese Verunreinigungen können gleichmässig in der Masse verteilt oder lokal angereichert sein, in Form von Flecken oder Streifen (Adern, Marmorierung). Die häufigsten Verunreinigungen sind: Siliziumverbindungen (Silikate oder Quarzpartikel), Eisenoxyd (Hämatit, Limonit), Pyrit, Aluminiumsilikate, Manganoxyd und organische Spurensubstanzen.
Die Farben rot, braun und rosa gehen weitgehend auf den Gehalt an Hämatit oder Manganoxyd zurück. Die hellen Farben wie Kremfarbe, Ocker, sind auf Limonitspuren zurückzuführen.
Man unterscheidet drei Hauptgruppen von Marmor:

Jan Dries
Min Twee (1980)
Marmor
Photo Peter de Kort

- *Die Calcit-Formen:* 95–100% Calcitkristalle enthaltend.
- *Die Dolomit-Formen:* aus Dolomit-Kristallen aufgebaut, wobei der Anteil an Calciumcarbonat ca. 55% und derjenige von Magnesiumcarbonat ca. 45% ausmachen.
- *Die Mischformen:* es handelt sich um Mischungen von Calcit und Dolomit in verschiedenen Proportionen.

Die Dolomit-Varietäten sind schwerer als die Calcit-Formen.
Der Bildhauer bevorzugt die reinsten Varietäten, die sogenannten «Statuen-Marmore» von weisser oder Kremfarbe.
Die «Halbstatuen-Marmore» sind weiss, weisen jedoch gelbe oder violette Adern auf.
Die Marmore mit stark gefärbter Äderung, wie z.B. Cipolin oder Paonazzo, werden vorwiegend zu Dekorationszwecken gebraucht.
In Frankreich gibt es mindestens 250 Marmortypen, doch stammt die beste Marmorqualität aus einer einzigen Gegend: aus Saint-Béat in den Pyrenäen.
Belgien produziert zahlreiche geäderte und gefärbte Marmortypen, ist aber vor allem für den besten schwarzen Marmor berühmt geworden, den sogenannten «belgischen Schwarzen». Es handelt sich um einen sehr harten Marmor, der von den Bildhauern sehr geschätzt wird. Der Stein ist kompakt, haltbar und sehr schön polierbar. Er weist teilweise den Nachteil auf, dass er sich recht leicht in grossen, einwärts gekrümmten Partien spaltet; man muss ihn also mit Verstand bearbeiten. Es lassen sich wichtige Kontraste erzielen, indem man ganze Teile der Oberfläche nach der Bearbeitung mit Spitzen- und Zackenmeissel unpoliert belässt. Diese Partien bleiben grau und roh, während die polierten Teile sich durch die tiefschwarze Farbe abheben. Während der Bearbeitung des Steins macht sich ein starker Geruch von Schwefelwasserstoff bemerkbar.
In Griechenland sind die Marmortypen von *Paros* und der *Pentelikus* berühmt geworden. Sie sind beide hart, aber verhalten sich bei der Arbeit mit dem Flachmeissel als Material der Wahl. Der Marmor von Paros ist grobkörniger als der Pentelikus- oder Carraramarmor. Leider gehen die Steinbrüche von Paros demnächst zur Neige.
Der Pentelikus (der Name stammt vom Berg Pentelikus) ist schneeweiss und weist ein sehr enges Korn auf. Er wurde für den Bau des Parthenon verwendet. Er enthält öfters kleine Eisenoxydverunreinigungen, die ihm gerade einen besonderen Charme verleihen. Der Berg Hymettus in der Attika enthält ebenfalls einen beliebten, leicht gräulichen Marmor.
Der Grechetto oder Marmor von Scio ist sehr hart.
Der Marmor der Insel Naxos, der sogenannte Saccharoid, hat das Aussehen von weissem Zucker.
In Italien ist der Marmor von Carrara der bekannteste. Er variiert in der Farbe von schneeweiss zu kremweiss und ist leicht durchscheinend, was ihm ein Elfenbein-Aussehen gibt. Er zeichnet sich aus durch eine aussergewöhnliche Homogenität in der Struktur und durch die extreme Kornfeinheit. Ungefähr 10% des abgebauten Marmors in Carrara hat Statuen-Qualität, die höchste Qualität wird als «weisse italienische Statuenqualität» bezeichnet.
Unter den anderen italienischen Marmorqualitäten sind der sehr weisse und feine Marmor von Sarravezza von Bedeutung, ferner die Marmore von den Steinbrüchen in Massa, Gobbien, Versilia, Polvaccio, Forno, Porracce, Piastra Marina, etc.
Im Tirol sind die Marmorsteinbrüche von Laas am bekanntesten.

Francesco Somaini
Antropoammonite Mediterranea (1978)
Rosa Marmor
65 × 65 × 62 cm

Nado Canuti
Mutevole forma come Ricordo (1983)
Schwarzer belgischer Marmor
30 × 35 × 62 cm

Der Schieferstein

Tonhaltiger Schiefer, spröde und leicht brechbar, wenig porös. Dunkle Farbe: grau, schwarz oder bläulichschwarz. Er ist schwierig in Blockform zu beschaffen, weil das Schichtgestein dazu neigt, sich in Platten abzuspalten. Für die Bearbeitung ist der Flachmeissel nicht zweckmässig. Es ist ratsam, den Stein mit Raspeln, Feilen und Schleifsteinen zu bearbeiten.

Der Serpentin

Er gleicht dem Marmor, aber ist zu einem grossen Teil aus hydratisierten Magnesiumsilikaten zusammengesetzt (eigentlich leitet er sich von Magmagestein ab). Der «noble» Serpentin, von grünlicher Farbe, ist durchgehend und ist sehr schön polierbar. Weist er Calcitadern auf, spricht man vom «grünen antiken Marmor». Er ist bei den Bildhauern nicht so beliebt, weil er selten fehlerfrei ist.

Der Steatit

Wegen seines fettigen Aussehens nennt man ihn auch «Speckstein». Es handelt sich um ein hydratisiertes Magnesiumsilikat von ziemlich hohem spezifischem Gewicht (ca. 2.8 g/cm^3). Steatit ist gut polierbar und hat eine gewisse Ähnlichkeit im Aussehen wie Marmor. Die Farbe variiert von weiss zu hellgrau und von gelb zu grün. Steatit ist leicht schneidbar mit einem Federmesser (Härte 1), aber ist zerbrechlich. Grosse Steinblöcke lassen sich leicht mit einer gewöhnlichen Säge schneiden. Für die Bearbeitung verwendet man feine Flachmeissel und Bearbeitungsmesser. Steatit ist glatt und sehr porös. Talk ist eine puderförmige Varietät von Steatit.

Die Werkzeuge

Die Werkzeuge der prähistorischen Menschen waren fast alle aus Kieselstein/Feuerstein (Silex) gemacht. Diese wurden durch langes Reiben und Schmirgeln geformt oder durch Entfernen von Splittern mittels Klopfen.
Ab dem dritten Jahrtausend wurden die Schneidwerkzeuge in Bronze gegossen.
Man hat in einem Steinbruch des alten Ägyptens Flachmeissel und Bohrer aufgefunden; sie bestanden aus Bronze: ca. 88 Teile Kupfer und 12 Teile Zinn. Diese Werkzeuge liessen sich nur für die Bearbeitung von mittelhartem Stein einsetzen, auf keinen Fall für vulkanisches Gestein (Granit, Basalt). Man glaubt, dass diese Werkzeuge durch ein Kalthämmern, oder durch einen Zusatz von Phosphor in die Legierung ebenso hart gemacht werden konnten wie heutige Stahlwerkzeuge. Die Grobbearbeitung wurde mit vielen Steinen besorgt, während die Fertigbearbeitung mit Hilfe von Schleifmitteln wie Sand oder Schmirgel (und mit viel Geduld) vor sich ging.
Die von den alten Griechen verwendeten Werkzeuge waren punkto Form den heutigen Werkzeugen ähnlich.

Der Steinbrecherpickel: es ist ein sehr schwerer Hammer mit zwei Spitzen (Spitzmeissel) für die Grobbearbeitung von sehr hartem Stein. Mit diesem Pickel werden grosse Partien des Steins abgespalten, indem er senkrecht zur Oberfläche aufschlägt.

Der Spitzmeissel: dieses Werkzeug wird in der ersten Phase des Behauens eingesetzt, um das überschüssige Material zu entfernen und die grossen Formen der Skulptur vorzubereiten. Der Spitzmeissel weist einen octagonalen Stahlstift auf, der an einem Ende in die Pyramidenspitze ausläuft. Zuerst werden die Spitzen mit grossem Durchmesser zum Entfernen der grossen Steinpartien eingesetzt. Mit fortschreitender Arbeit kommen dann sukzessive feinere Spitzen zum Einsatz. Die Spitzmeissel müssen fest gehalten werden, aber doch mit einem gewissen Spiel, so dass sich der Stoss der Masse wieder auf die Spitze und damit auf den Stein überträgt.

Verschiedene Bearbeitungsinstrumente

1. Spezialpickel zur Bearbeitung von Granit
2. Flachmeissel oder Scharriereisen mit grosser Schneide
3. Gradiereisen oder Zahneisen mit flachen Zähnen
4. Gradiereisen mit spitzen Zähnen
5. Rundmeissel mit gekrümmter Schneide zum Aushöhlen
6. Steinbrecherpickel für die Grobbearbeitung von harten Steinen

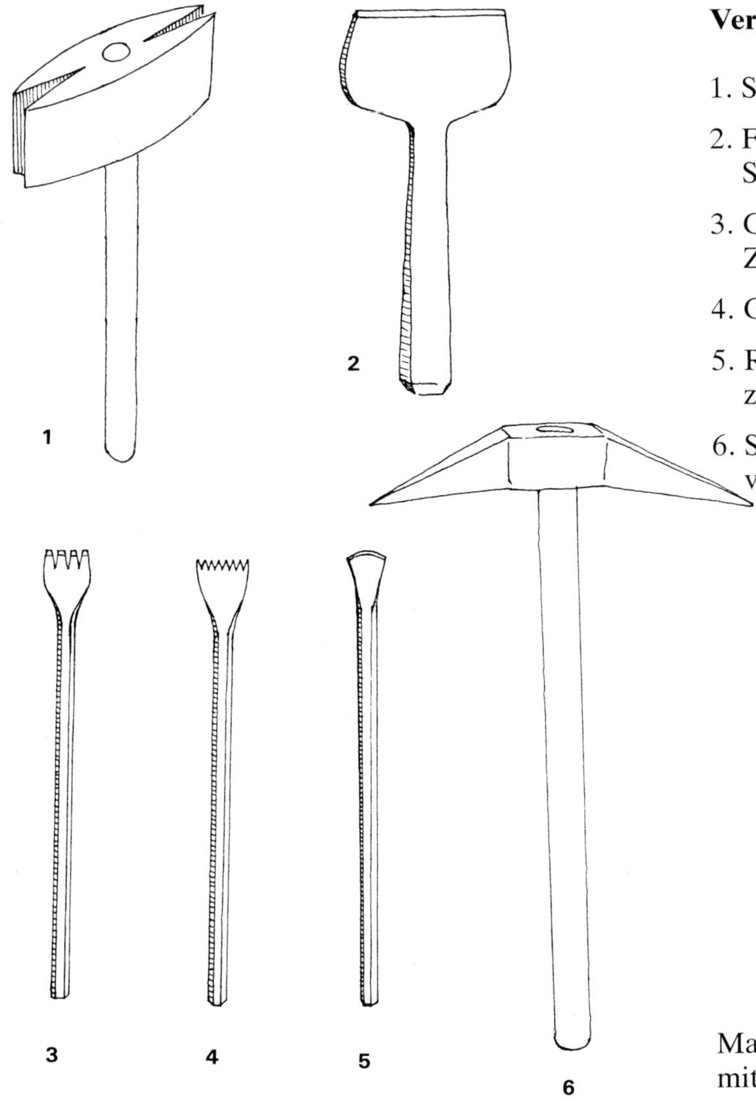

Zu Beginn der Bearbeitung wird der Spitzmeissel fast senkrecht zur Steinoberfläche gehalten, dann mit fortschreitender Arbeit mehr und mehr geneigt bis zu einem Winkel von ca. 45°. Die Schläge müssen ebenfalls nach der fortschreitenden Arbeit dosiert werden: am stärksten am Anfang, dann mehr und mehr mit verminderter Kraft.

Das Gradiereisen oder Zahneisen: dieses besteht aus einem Stahlstift, dessen eines Ende mit abgeflachten oder zugespitzten Zähnen versehen ist. Man verwendet dieses Werkzeug, um schrittweise Materialschichten abzutragen und nach dem Gebrauch des Spitzmeissels die Formen frei zu arbeiten.

Man verwendet zuerst die grossen Gradiereisen mit weiter Zahnung, so dass auf dem Stein Parallelstreifen entstehen. Man setzt dann die Arbeiten mit feineren Instrumenten mit feinerer Zahnung fort. Diese erzeugen eine fein geschliffene Oberfläche. Sind die Zähne zugespitzt, dringt das Instrument tiefer ins Material ein. Es übersteigt selten 2.5 cm in der Breite.
Das Gradiereisen wird schräg zur Steinoberfläche gehalten und mit dem Hammer zum Einsatz gebracht.
Gewisse Skulpturen von Michelangelo zeigen deutlich den grossartigen Gebrauch dieses Instruments.

Der Flachmeissel oder Scharriereisen: es handelt sich um einen Stahlstift, dessen Ende auf einer Seite abgeflacht ist und in eine gerade Schneide mit beidseitiger Schräge ausläuft. Der Meissel wird

unter einem schrägen Winkel zur Oberfläche angesetzt. Er dient zum Ausebnen der Oberfläche, zum Abrunden von Winkeln, zum Verwischen der Spuren des Gradiereisens und zum Schaffen von Durchgängen zwischen den Hauptflächen. Der Flachmeissel eignet sich aber auch zum Ausarbeiten von Details. Für die Bearbeitung von Kalksteinen oder Marmor wird er häufig als Instrument für die Fertigbearbeitung gebraucht.
Flachmeissel von 20 cm Länge sind üblich, während sich kürzere Werkzeuge mehr für die Fertigbearbeitung und die Detailarbeit eignen. Die harten Steine erfordern massivere Werkzeuge als weichere Steinsorten.

Hämmer und Holzhämmer: die Holzhämmer werden nur beim Behauen der weichsten Steine verwendet. Die schweren Hämmer aus ungehärtetem Stahl werden überall gebraucht. Sie haben zwei viereckige Köpfe und sind auf einem ziemlich kurzen Stiel montiert. Sie dienen zum Klopfen auf das abgeflachte andere Ende der Spitzmeissel, Gradiereisen und Flachmeissel. Das Gewicht dieser Hämmer beträgt 1–2 kg. Die schwersten Hämmer werden für die Grobbearbeitung der härtesten Steine und die leichtesten für die Feinbearbeitung gebraucht.

Der Zackenmeissel oder Stockhammer: dieses Instrument gleicht einem Hammer, dessen beide Köpfe mit Spitzen versehen sind. Die Anzahl Spitzen ist variabel (die Zackenmeissel mit 16 Spitzen sind die am gebräuchlichsten). Jede dieser Spitzen überträgt die gleiche Kraft auf den Stein wie die auf den Hammer einwirkende Kraft, dividiert durch die Anzahl Spitzen.
Man verwendet den Zackenmeissel, um dünnste Steinschichten abzutragen, oder um die Oberflä-

che durch Pulverisieren des Steins flach zu machen. Man bedient sich auch des Zackenmeissels zum Ausgleichen der tiefen Furchen vom Spitzmeissel. Die körnige Oberfläche, die er erzeugt, kann beibehalten oder mit dem Flachmeissel geglättet werden.
Die Verwendung des Zackenmeissels drängt sich besonders auf, wenn Granit oder sehr harte Steine zu bearbeiten sind. Auf weichem Stein ist er zu vermeiden, weil man sonst riskiert, den Stein in der Tiefe zu beschädigen.

Die Feilen und die Raspeln: sie sind aus Stahl. Die schneidenden Zonen der Feilen bestehen aus einer gekreuzten Riffelung im Metall, während die Raspeln mit regelmässigen Zähnen versehen sind. Diese Werkzeuge werden bei der Feinbearbeitung zum Abschleifen der Oberflächen benutzt und eignen sich dafür sehr gut bei weichen Steinen.

Die Schleifmittel: sie dienen zur Bearbeitung von sehr harten Steinen, die mit den vorhergehenden Werkzeugen nicht bearbeitet werden können. Für diese Fälle eignen sich Schmirgel, ein Naturprodukt von der griechischen Insel Naxos, oder die synthetischen Korunde oder Siliziumkarbide.
Sie eignen sich auch für das Polieren der fertigen Skulpturen. In diesem Fall werden sukzessive feinere und weniger harte Schleifmittel eingesetzt: feine Schleifpapiere, Sandstein, Glaspapier, kleine Stücke Bimsstein und für den Finish Zinnasche (Zinndioxyd) oder Tripoli.

Schutzmasken und Schutzbrillen: es ist ratsam, eine Schutzmaske vor Mund und Nase zu tragen, um keine Mineralstäube während der Steinbearbeitung einzuatmen.
Die Schutzbrillen sind in jedem Fall obligatorisch, denn es werden bei der Arbeit kleine, sehr scharfe oder spitzige Steinsplitter mit aller Kraft und in allen Richtungen weggeschleudert.

Die elektrischen und pneumatischen Werkzeuge: diese Werkzeuge der jüngeren Generation können die Aufgabe des Bildhauers erleichtern: sie sparen Zeit und unnütze Kraft des Bildhauers. Pressluft liefert die Schlagkraft, die direkt auf's Werkzeug übertragen wird, das auf der Handmaschine eingespannt ist. Die Bearbeitungswerkzeuge sind austauschbar: die Spitzmeissel, Hohlmeissel, Gradiereisen, Flachmeissel.
Der Gebrauch von Pressluft rechtfertigt sich insbesondere dann, wenn man härteste Steine bearbeitet, oder wenn grosse Steinpartien am Anfang der Arbeit abzutragen sind. Es gibt aber auch Nachteile bei der Arbeit mit Pressluftwerkzeugen:

- sie sind teuer
- die Arbeit ist weniger kontrollierbar als die Handarbeit, besonders beim Finish
- der Lärm, die Vibrationen und der frei werdende Staub sind schädlich für die Gesundheit.

Wie bei den Pressluftwerkzeugen, gibt es Hohlmeissel, Flachmeissel und Gradiereisen, die auf die elektrischen Handmaschinen passen.
Zum Schneiden von Steinblöcken existieren mit einem speziellen Sägeblatt ausgerüstete elektrische Sägen. Das Blatt wird während der Arbeit befeuchtet, um einer Überhitzung vorzubeugen. Auch elektrische Bimsmaschinen sind erhältlich; sie dienen der Polierbearbeitung. Zum Bohren von Löchern werden Stahlbohrer, deren Spitze mit Kohlenstoff angereichert ist, auf eine Schlagbohrmaschine montiert.

Bearbeitung von Granit und Hartgestein: im allgemeinen sind die dafür verwendeten Werkzeuge grösser und schwerer als diejenigen für weniger

▷
Marino Marini
Pomona (1972)
Höhe 175 cm, Basis 94 × 75 cm
Der Bildhauer arbeitet mit einem Pressluftwerkzeug
Photo Marina Marini

hartes Gestein. Sie müssen zudem speziell gehärtet werden. Die äusserste Spitze des Spitzmeissels ist weniger spitzig und die Schrägfläche der Schneide beim Flachmeissel ist dicker.
Die Gradiereisen sind auf diesen Steinen ungeeignet. Hingegen sind Spitzmeissel und Zackenmeissel sehr gebräuchlich. Auch ein spezielles grobes Behauwerkzeug mit gerader, gezähnter Schneide wird für die Bearbeitung von Hartstein eingesetzt.

Anmerkung: Es ist durchaus möglich, brauchbare Werkzeuge aus achteckigen Stahlstiften herzustellen, die auf die gewünschte Länge abgesägt werden. Das Ende wird bis zur Rotglut erhitzt und auf dem Amboss zur Form (Spitzmeissel, Flachmeissel) geschmiedet. Nach dem Abkühlen wird der Meissel mit einer Schleifscheibe geschärft. Bei einem Gradiereisen geht man von einem Flachmeissel aus, dessen gerade Schneide mit der Dreieckfeile gezähnt wird. Nach der Fertigstellung wird die Schneide gehärtet.

Das Härten der Werkzeuge und Anlassen

Die relative Härte des Stahls ergibt sich nach der gesamten Nachbehandlung. Mit dem Härten kann man die in der Hitze erzielte Molekularstruktur halten. Das Metall wird vorerst auf ca. 1000°C erhitzt, um ihm die Maximalhärte zu geben. Bei dieser Temperatur nimmt das Metall eine kirschrote Farbe an. Erhitzt man es bis zur Weissglut, verbrennt es und wird unbrauchbar. Ist die Rotglut erreicht, wirft man das Metallstück ins kalte Wasser. Das gehärtete Metall ist von nun an sehr hart, aber zu brüchig, als dass es in dieser Form verwendet werden kann. Um es geschmeidig zu machen, muss es auf kleinem Feuer erhitzt werden, bis die gewünschte Glühtemperatur erreicht ist. Zur Beurteilung dieser Temperatur verfolgt man die je nach der Oxydation auftretenden Veränderungen oder Oberflächentemperatur des polierten Stahls. Jeder Farbe entspricht eine genau bestimmte Temperatur. Geht man über diese Temperatur hinaus, so verliert das Werkzeug in dem Masse an Härte. Wenn man in einem bestimmten Stadium das Metall ins kalte Wasser taucht, behält es seine charakteristischen mechanischen Eigenschaften, der in diesem Augenblick erreichten Temperatur. Diese Operation muss bei Tageslicht ausgeführt werden, damit die Farben genau wahrgenommen werden können.

Die folgende Tabelle nach Bourdais zeigt die Anlauffarben von Stählen (je nach Stahlsorte kann die Farbe leicht variieren).

- Strohgelb .... 220°C für Granite
- Goldgelb .... 240°C für harte Marmore
- Braun .... 255°C
- Purpur .... 265°C
- Indigoblau ...... 295°C für weiche Marmore
- Dunkelblau ..... 315°C
- Wasserfarbe grün . 330°C bei dieser Temperatur verschwindet die beim Härten erzielte Härte vollständig.

Jean-Marie Abel
Nostalgie (1983)
Polierter «kleiner» Granit
Länge 65 cm

In der Praxis erhitzt man das Werkzeug bis ca. 5 cm zur Spitze hin. Man kühlt diese rasch im kalten Wasser ab und poliert das äusserste Ende. Dann wartet man, bis die im Stiel enthaltene Wärme sich der Spitze mitgeteilt hat. Hat sie schliesslich die gewünschte Anlauffarbe erreicht, taucht man sie ein zweites und letztes Mal ins kalte Wasser.

Die Bearbeitungstechnik

Es gibt zwei grundsätzliche Verfahrenstechniken für die Steinbearbeitung: die heute bevorzugte direkte Methode und die in früheren Zeiten beliebteste indirekte Methode.

Die direkte Bearbeitung

Allein dieses Verfahren ist in hohem Masse kreativ und verdient die Bezeichnung künstlerisch. Es ist die Methode, die bis in prähistorische Zeiten und die Antike zurückgeht: sie wird in brillanter Weise durch Michelangelo repräsentiert. Das Resultat ist in prägnanter Weise von einer grösseren Freiheit gekennzeichnet, als die indirekte Methode es möglich macht; diese geht darauf aus, ein Gipsmodell mit langweiligen mechanischen Mitteln zu reproduzieren.

Der Bildhauer, der sich der direkten Bearbeitung verschreibt, beweist damit seinen tiefen Respekt vor dem Material. Er spürt, dass er so wenig Materie wie möglich abarbeiten darf, dabei immer der ursprünglichen Form des Steinblocks Rechnung tragend. Er kann von einem rohen und unregelmässig geformten Block ausgehen. Er beobachtet ihn lange, um die Formen, die sich natürlich herausschälen, zu erspüren (es ist in diesem Stadium oft nützlich, den Stein aus allen Blickwinkeln zu zeichnen oder Tonmaquetten herzustellen, wie wir es bei der Holzbearbeitung empfohlen haben). Nach dieser Prüfung kann er mit der Bearbeitung beginnen. Es kann sein, dass der Bildhauer im Laufe der Arbeit sein ursprüngliches Konzept modifizieren muss. Wichtig ist, dass sich der Künstler persönlich für seine Arbeit, von Anfang bis zu Ende, verantwortlich fühlt.

Die Technik ist an und für sich einfach und erfordert kein kompliziertes Gerät. Zuerst werden die grossen Umrisse freigelegt. Sind einmal die grossen Massen abgetragen, braucht es keine wesentlichen Modifikationen mehr für die weitere Arbeit. Die unerwünschten Steinschichten sind eine nach der anderen abzutragen, bis die gewünschte Form erreicht ist.

Das Verfahren braucht viel Zeit, ist physisch anspruchsvoll, wenn der Stein hart ist, aber gleichzeitig ist die Arbeit eine ungemeine Bereicherung für den Künstler. Der Bildhauer hat den Eindruck, Formen zu konkretisieren, die latent im ursprünglichen Steinblock vorhanden waren, Formen, die nur auf seine Arbeit gewartet haben, um befreit zu werden. Die Skulptur ist etwas Gewachsenes in allen Stadien der Kreation.

Die Technik passt sich dem verwendeten Material an. Wir beschreiben hier die allgemeinen Grundsätze.

Vor der Wahl eines Steines müssen seine «körperlichen» Qualitäten in Betracht gezogen werden: seine Härte, sein Gefüge, seine Farbe und seine Witterungsbeständigkeit, damit eine gute Übereinstimmung des Materials mit dem verfolgten Ziel gewährleistet ist.

In der Regel eignen sich die gleichmässig gefärbten Steine besser für eine Skulptur. Die geäderten und bunt scheckigen Steine werden meistens dekorativen Zwecken zugeführt.

Wünscht man eine Oberfläche mit brillantem Poliereffekt, müssen poröse Steinqualitäten mit rauher Oberfläche ausgeschieden werden (Sandstein, lockere Kalk- und Sandsteine). Andererseits können diese Gesteinsqualitäten kaum im Freien, der Witterung ausgesetzt, aufgestellt werden, weil sie Feuchtigkeit aufnehmen und beim Gefrieren springen.

Der Vorteil dieser Gesteine liegt in ihrer ziemlich leichten Bearbeitbarkeit. Es ist deshalb für den Anfänger empfehlenswert, an solchen Objekten von bescheidener Grösse zu üben. Der Student, der nicht über die Mittel verfügt, sich vom Steinbruch einen bestimmten Steinblock zu beschaffen, kann Steine von genügender Qualität auf Abbruchobjekten ausfindig machen.

Man soll die Finger von Steinen mit heterogenem Gefüge, mit übereinander geschichteten Lagen (z.B. gewisse Sedimentationsgesteine), lassen. Die Härte solcher Steine kann von Schicht zu Schicht verschieden sein und die Arbeit sehr heikel machen. In einem solchen Fall geht es darum, die Kraft des Behauens auf die Widerstandsfähigkeit der einzelnen Schicht abzustimmen.

Ulrich Rückriem
Blauer Normandie-Granit (1985)
Geschnitten und gesägt
130 × 145 × 20 cm
Photo Galerie Durand-Dessert, Paris

▷
Lydia Cottone bei der Arbeit in ihrem Atelier.

Lydia Cottone
Indagine Nr. 49 (1984)
Stein
16 × 6 × 11 cm

Die kompakten Steine mit kristalliner Struktur (Marmor, vulkanische Gesteine) sind härter zu bearbeiten, aber sind schön polierbar und widerstandsfähiger. Die Qualität des kristallinen Steins kann durch Beklopfen festgestellt werden: er erzeugt einen bestimmten Klang. Ist dieser rein, kann auf eine gute Qualität geschlossen werden; ist der Ton dumpf, ist ein Fehler wahrscheinlich: ein versteckter Riss, ein «Nest» (weiche Stelle) oder ein Einschluss (harter Kern).
Im ersten Fall spricht man von einem «lebendigen» Stein, im zweiten Fall von einem «toten» Stein. Der Steinblock kann auch mit Wasser besprengt werden, um mögliche Ritzen oder Spalten aufzudecken.

Es gilt allgemein, dass je härter der Stein ist, umso runder, massiv und eine Synthese vorstellend, ist die erzeugte Form. Andererseits erlaubt ein Material von mittlerer Härte eine realistischere und analytischere Form. Die sehr weichen und durchscheinenden Gesteine führen zu vereinfachenden Formen.
Es ist ratsam, frisch gebrochene Steinblöcke ab Steinbruch zu verwenden, weil sich nach einer gewissen Zeit eine härtere Aussenschicht bildet, die eine Bearbeitung erschwert.
Der Sockel der Skulptur soll so genau wie möglich flach und eben sein, bevor mit der Arbeit begonnen wird. Liegt ein sehr weicher Stein vor, so lässt er sich leicht sägen.

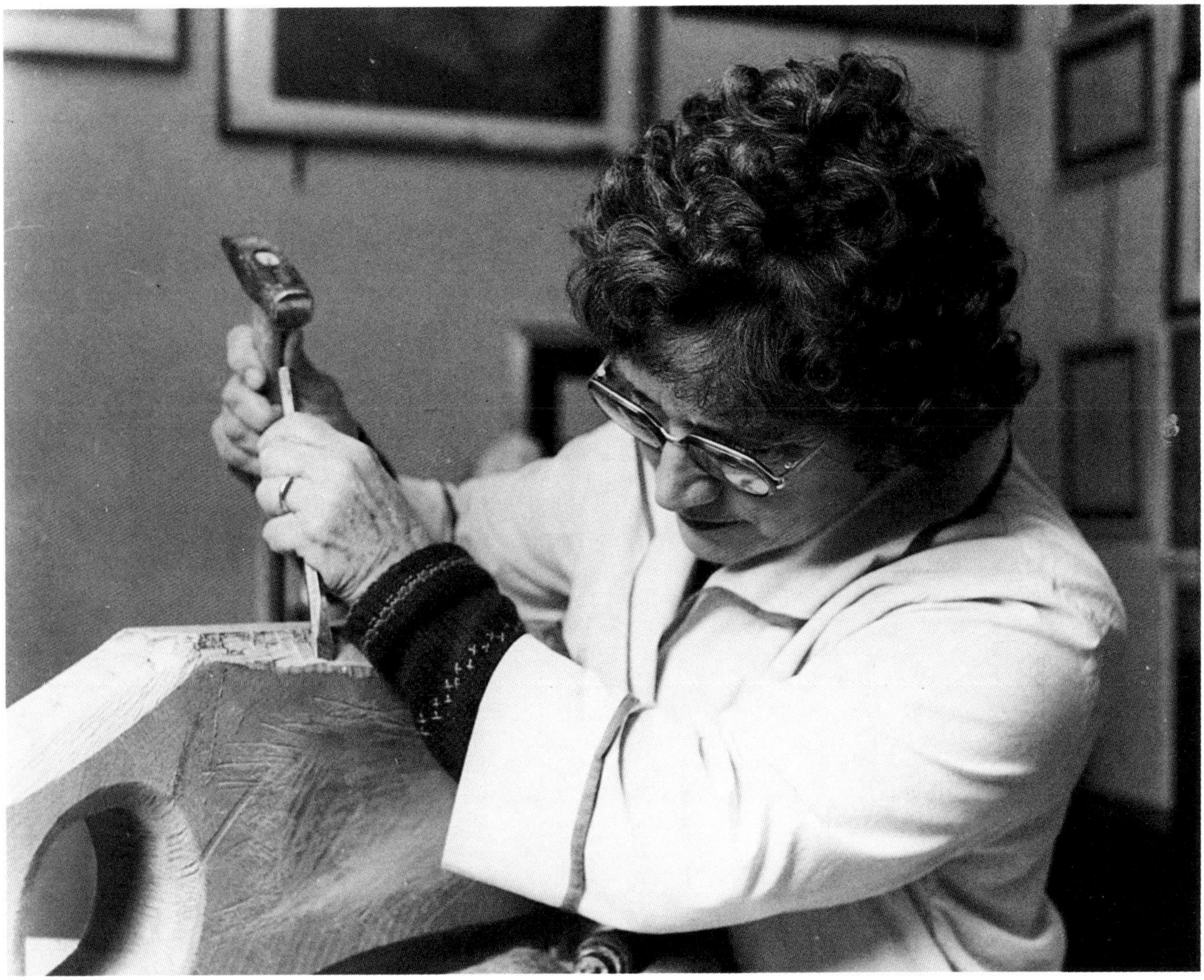

Um harten Steinen einen guten Sitz zu verleihen, geht man so vor, dass mit geraden Flachmeisseln mit breiter Schneide entlang der Bearbeitungslinie rasch grössere Steinmassen abgetragen werden.
Nach einem anderen Verfahren werden entlang der Bearbeitungslinien eine Anzahl Löcher in regelmässigen Abständen mit der elektrischen Bohrmaschine gebohrt. Dann werden Metallkeile sorgfältig in die Löcher eingedrückt, bis der Stein sich spaltet.
Auch bei der Grobbearbeitung wird ähnlich vorgegangen. Die erhaltene Oberfläche wird mit dem Zackenmeissel, dann evtl. mit der Schleifscheibe, geglättet.

Der Block muss auf einen soliden Bock gestellt werden, zum Beispiel auf einen massiven Drehschemel oder direkt auf den Zementboden des Ateliers. Man muss genügend freien Raum rund um die Skulptur haben, damit die Bearbeitung von allen Seiten erfolgen kann. Kleine Objekte stellt man in einen mit Sand gefüllten Trog und presst ihn in diesen ein.
Die meisten Steine lassen sich mehr oder weniger auf die gleiche Weise bearbeiten, wie immer die Bearbeitungslinie ist, aber es kommt doch vor, dass ein Block in einer Richtung leichter zu behauen ist. Handelt es sich um einen geschichteten Stein, ist die Bearbeitung senkrecht zu den Schichten auszuführen.

1. Der Umfang der zukünftigen Steinbasis wird mit Kreide markiert. Mit einer Trennschleifscheibe wird entlang der Marke eine Rinne herausgearbeitet.

2. Man drückt den breiten Flachmeissel in die Rinne und schlägt den Meissel mit kräftigen Schlägen ein, bis sich grosse Steinpartien lösen.

3. Die Fläche wird nun mit dem grossen Spitzmeissel ausnivelliert. Mit harten Schlägen (und einem massiven Hammer) werden parallele Schichten mit dem schräg gestellten Meissel abgearbeitet. Sobald die Hauptmasse des überschüssigen Steins weggemeisselt ist, fährt man mit einem feineren Spitzmeissel fort.

4. Nach der Bearbeitung mit dem Zackenmeissel erhält man eine plane Fläche.

5. Der Steinblock wird auf den Drehbock gestellt und der Umriss der Skulptur wird mit Kreide aufgezeichnet, von vorne und im Profil.

6. Arbeit mit dem Flachmeissel. Nach dem Gebrauch des Spitzmeissels kann man mit dem Flachmeissel zusammenhängende Formen – gerade oder gekrümmt – herausarbeiten.

7. Schleifen mit der Handmaschine ergibt rasch eine glatte Oberfläche. Aber aufgepasst vor ungewolltem Materialabtrag! Dies geschieht umso leichter, als oft die Sicht durch Staubentwicklung beeinträchtigt ist. Eine gute Staubmaske ist unerlässlich.
8. Das endgültige Ausglätten wird sicherer mit der Feile besorgt.

Verwendung des feinen Spitzmeissels bei der Formung der Kopfhaare. Die Art und Weise, wie das Werkzeug zu halten ist, ist zu beachten: es muss zwischen den Fingern gleiten und den Schlag integral auf die Steinmasse übertragen, wobei es trotzdem fest und 30° bis 40° geneigt, zu halten ist. Nach jedem Schlag wird der Spitzmeissel mit dem Daumen leicht gedreht, um die Bearbeitung des Steins effizienter zu machen. Da die äusserste Spitze viereckig ausgeformt ist, besteht das Risiko, dass sich der Spitzmeissel nach mehreren Schlägen ohne Drehung verkeilt. Indem die Spitze nach jedem Schlag um ca. 45° gedreht wird, wird das Ausbrechen des Steins erleichtert.

Nach dem Gebrauch des Spitzmeissels, der streifenförmige Spuren hinterlässt (wie Haarsträhnen), führt der Zackenmeissel zu einer glatten, aber rauhen Oberfläche.

Vor der Grobbearbeitung sind die groben Züge und Umrisse der projektierten Form mit Kreide oder Kohle auf die Flächen des Steinblocks zu zeichnen.
Für den ersten Abtrag werden Steinbrecherpickel und Spitzmeissel eingesetzt, die beide im rechten Winkel zur Steinfläche anzusetzen sind. Für die anschliessende Bearbeitung werden feinere Spitzmeissel unter einem Winkel von 45° verwendet. Die angenäherte Endform, d. h. 0.5–1 cm über die definitive Form hinaus, setzt man Spitzmeissel und Gradiereisen ein. Jedesmal wenn die Oberfläche ausgeglättet werden muss, aber auch dann, wenn man von einer Ebene zur anderen geht, wird der Zackenmeissel gebraucht. Die Flachmeissel, stark geneigt zur Oberfläche des Steins eingesetzt, eignen sich für die Fertigbearbeitung. Dieser folgt das Polieren mit Schleifscheiben.

Die Aussparungen und Vertiefungen im weichen Gestein werden mit dem Hohlmeissel ausgehöhlt, während sich bei hartem Gestein eine elektrische Bohrmaschine aufdrängt. Diese eignet sich auch zum Herausschaffen von heiklen Partien: mehrere gebohrte Löcher in unmittelbarer Nachbarschaft dieser Stellen, vermindern den Widerstand des Steins, so dass er sich anschliessend leicht mit dem Flachmeissel bearbeiten lässt.
Einige Bildhauer verwenden überhaupt nur den Spitzmeissel für die gesamte Arbeit.
Die weichen Steine werden von Anfang an mit dem Gradiereisen bearbeitet.

Einige Teile des Steins werden roh belassen und zeigen die Spuren der Werkzeuge (Gradiereisen, Zackenmeissel, Spitzmeissel), während andere poliert werden.

Die Bearbeitung der Magmagesteine

Das Behauen von Granit im besonderen ist sehr hart. In der Tat weisen die meisten der darin enthaltenen Mineralien eine gleich grosse oder grössere Härte auf als gewöhnlicher Stahl. Dic für das Behauen gebrauchten Werkzeuge müssen aus einer Speziallegierung gemacht (z.B. aus Wolframkarbid) oder voll gehärtet sein. Sie sind massiver gebaut als diejenigen für andere Steine.
Die Schwierigkeit ist darin zu suchen, dass in diesem Gestein die Körner sehr eng gesetzt sind und sich gegenseitig verkitten. Man muss daher die Oberfläche mit Pickel und Spitzmeissel oder Zakkenmeissel buchstäblich pulverisieren. Der Endform angenähert, ist die Arbeit mit dem geraden und dicken Flachmeissel vorzunehmen. Gewisse Magmagesteine, wie z.B. der Obsidian, werden ausschliesslich mit der Schleifscheibe bearbeitet.

Die indirekte Bearbeitung

Sie setzt die vorgängige Verwirklichung eines dreidimensionalen Modells aus Gips oder Ton (in diesem bedient man sich einer Form, in der das Modell in Gips reproduziert wird).
Das Gipsmodell wird in der Regel einem erfahrenen Handwerker anvertraut, der mittels der Punktiermaschine das Modell im gleichen Massstab auf den Stein kopiert.
Dieser Vorgang ist weitgehend technisch, mechanisch; es liegt auf der Hand, dass dem auf diese Weise hergestellten Werk das Leben und die Spontaneität, die man von einem Original erwartet, fehlt. Das ist leicht verständlich, denn das Ausgangsmodell trägt dem späteren Material (Stein) nicht Rechnung.
In der zweiten Hälfte des 19. Jahrhunderts und anfangs des 20. Jahrhunderts wurden fast alle Steinskulpturen auf diese Weise hergestellt. Diese Stücke wurden dann serienmässig durch Handelsfirmen reproduziert, sehr zum Nachteil des künstlerischen Werts. Glücklicherweise praktiziert heute die Mehrzahl der Bildhauer wieder das direkte Verfahren.

Die Bearbeitungstechniken mit der Punktiermaschine

Wir können nicht alle im Detail aufführen, denn es sind ihrer zu viele und die meisten Techniken sind sehr alt und kaum mehr im Gebrauch (Methode der drei Zirkel, der Winkelmasse, Kiste mit dem Rundstäben von Leonardo da Vinci, Viereckeinfassung, Formrahmen). Der Gebrauch geht bis zu den Griechen zurück und die Römer haben die meisten Kopien von griechischen Skulpturen nach dieser Technik hergestellt. In der Renaissance wurde die Idee geboren, für diese Disziplin Spezialisten auszubilden, sogenannte Spezialhandwerker (Praktiker).
Wir begnügen uns aus diesem Grund, das allgemeine Prinzip der Punktiermaschine zu erläutern.
Diese im 19. Jahrhundert entwickelte Maschine erlaubt es, ein aus einem anderen harten Material bestehendes Modell in Stein zu reproduzieren. Sie hat im Laufe der Zeit eine Anzahl Modifikationen durchgemacht bis zur perfektionierten «Bildhauermaschine», die auf dem Prinzip des Pantographen fusst.
Die Punktiermaschine ist ein verstellbares Instrument, das sich aus einem zentralen Stab und seitlich verstellbaren Stäben zusammensetzt, die in mobilen Fassungen verschiebbar sind. Auf dem

---

Die Punktiermaschine

1. Die Maschine wird auf das Modell montiert. Drei Basispunkte werden auf den markantesten Partien ausgewählt.

2. Die Maschine wird auf den Steinblock übertragen. Einer der verschiebbaren Stäbe muss zurückgezogen werden, damit die beiden anderen Basispunkte erreicht werden können.

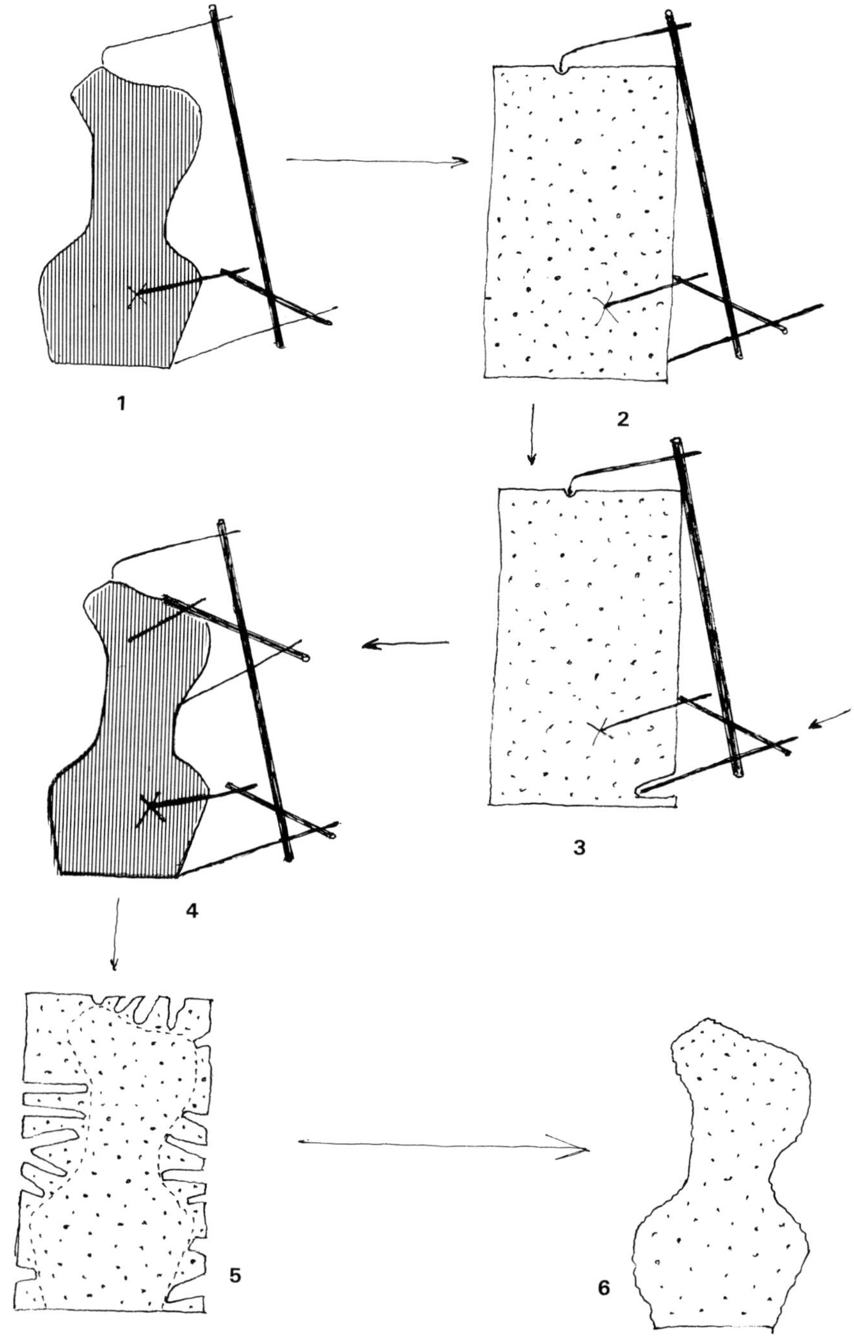

3. Damit der Stab an der Basis die richtige Position (wie im Modell) einnehmen kann, muss der Stein an dieser Stelle ausgehöhlt werden.

4. Die Maschine wird wieder auf dem Modell montiert, wobei weitere verschiebbare Stäbe die Position von verschiedenen Punkten auf dem Modell einnehmen.

5. Nachdem nun jeder Punkt auf dem Steinblock fixiert ist, zeigen die verschiebbaren Stäbe an, wieviel vom Stein abzutragen ist, um an die Form der Skulptur heranzukommen.

6. Es bleibt nur noch die Fertigbearbeitung zu erfüllen.

Modell werden drei wesentliche Punkte ausgesucht: der erste auf dem obersten Teil der Skulptur, und die beiden anderen seitlich und an der Basis. Diese Punkte werden nun auf den zu bearbeitenden Steinblock übertragen und dienen als Fixpunkte für weitere Maschineneinstellungen. Zusätzlich werden «zweitrangige» Punkte auf den am meisten vorspringenden Partien des Modells ausgewählt.
Die versetzbaren Stäbe werden so verstellt, dass ihre Spitze die Punkte berührt. Die Maschine wird immer vom Modell auf den Stein übertragen, auf dem sie an drei Basispunkten fixiert ist. Der auf den Steinblock eingestellte Stab zeigt an, wieviel vom Stein abzuarbeiten ist, bis der Punkt demjenigen des Modells entspricht. Dann wird der Stein an der Stelle, wo der Stab anzeigt, angebohrt. Auf die gleiche Weise verfährt man mit mehreren benachbarten Punkten und entfernt das angezeigte Material bis über die ganze Oberfläche. Die erste Maschineneinstellung ist noch ungenau und dient der Grobbearbeitung. Für die Endbearbeitung geht man dann vom genauen Detail aus.

Die Methode der Massstabanpassung

Diese Methoden erlauben die massstabgetreue Vergrösserung oder Verkleinerung einer zu reproduzierenden Skulptur. Die Ägypter benutzten eine archaische Methode mit dem quadratischen Rahmen. Die Zeichnung des zu kopierenden Werkes wurde in einem quadratisch eingeteilten Rahmen festgehalten und auf die Fläche des Steinblockes mit grösserer Quadrateinteilung übertragen.

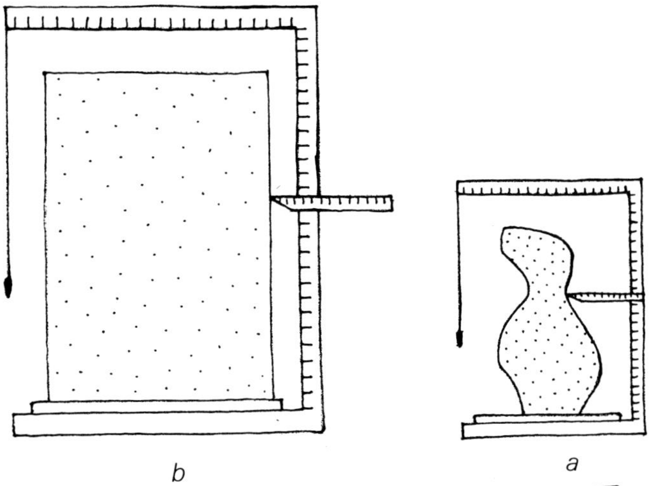

Methode des Massstabanpassung
Basis: Vergrösserungsrahmen.

a) Die Abweichung der Modelloberfläche im Vergleich zum Vergrösserungsrahmen wird mit einem graduierten Richtrahmen gemessen.
b) Die Länge des seitlichen Messbalkens entspricht der Dicke des an dieser Stelle abzubauenden Materials, um an die Oberfläche der Vergrösserung heranzukommen. Die Proportionen der beiden Rahmen sind genau identisch.

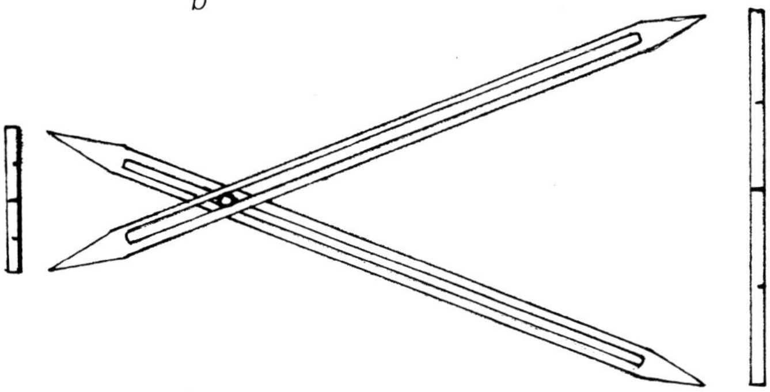

Verhältniszirkel
Je nach der Stellung des Fixierbolzens im Schieber zeigen die Spitzen des Apparates ein durch die seitliche Gradierung definiertes Verhältnis an.

Während der Renaissance hat man mit einem Vergrösserungsrahmen gearbeitet. Es wurden zwei Rahmen mit identischen Proportionen konstruiert: einer nach den Dimensionen des Modells (dieses allseitig umfassend) und der andere nach den Dimensionen des zu bearbeitenden Steinblocks. Diese Rahmen wurden graduiert und mit einem aufgehängten Bleigewicht versehen. Man nahm vom Modell mit einem graduierten Stab das Mass ab; die Masse wurden dann auf den Block übertragen, wobei der modifizierte Massstab zum Tragen kam.

Einer anderen Technik liegt der Verhältniszirkel zugrunde. Es ist ein Zirkel mit vier Spitzen, bestehend aus zwei verschiebbaren, mit einem Bolzen fixierbaren Stäben.

Verschiebt man den Bolzen innerhalb der zwei Schiebestäbe, verändert man die Lage von deren Spitzen nach einer mathematischen Relation. Die seitliche Graduierung erlaubt das sofortige Fixieren des Bolzens, wenn die gewünschte Verkleinerung oder Vergrösserung erreicht ist.

Die Masse werden mit dem einen Ende des Zirkels vom Modell abgenommen und mit dem anderen auf die Kopie übertragen.

Der Pantograph des Bildhauers von A. Collas ist ein mit ineinandergefügten Stäben ausgerüstetes Instrument, das durch einen mechanischen Vorgang eine Vergrösserung oder Verkleinerung eines Werkes in einem harten Material gestattet. Das Prinzip des Gerätes ist einfach. Jeder Verschiebung des Leitpunktes auf dem Modell entspricht eine analoge Verschiebung eines Schneidinstrumentes auf dem Stein. Dieses Material kann weich (Ton, weicher Gips, Polystyrol) oder hart (Stein) sein. Im letzten Fall wird das Schneidinstrument durch ein elektrisches oder Pressluftwerkzeug ersetzt.

Das Verschieben von Steinblöcken

Horizontale Verschiebung

a) Block zum Verschieben.

b) Ein solider Geissfuss wird unter den Block geschoben. Der Block wird damit auf einer Seite angehoben und hin und her geschaukelt, bis es möglich wird, einen Holzknüppel darunterzuschieben.

c) Der erste Knüppel bleibt mittels eines Keils am selben Ort. Nun wird der Geissfuss auf der anderen Seite angesetzt.

d) Einmal angehoben, wird ein zweiter Holzknüppel daruntergeschoben.

e) Der Steinblock wird sorgfältig verschoben und die frei werdenden Knüppel werden immer wieder vorne am Block eingeschoben.

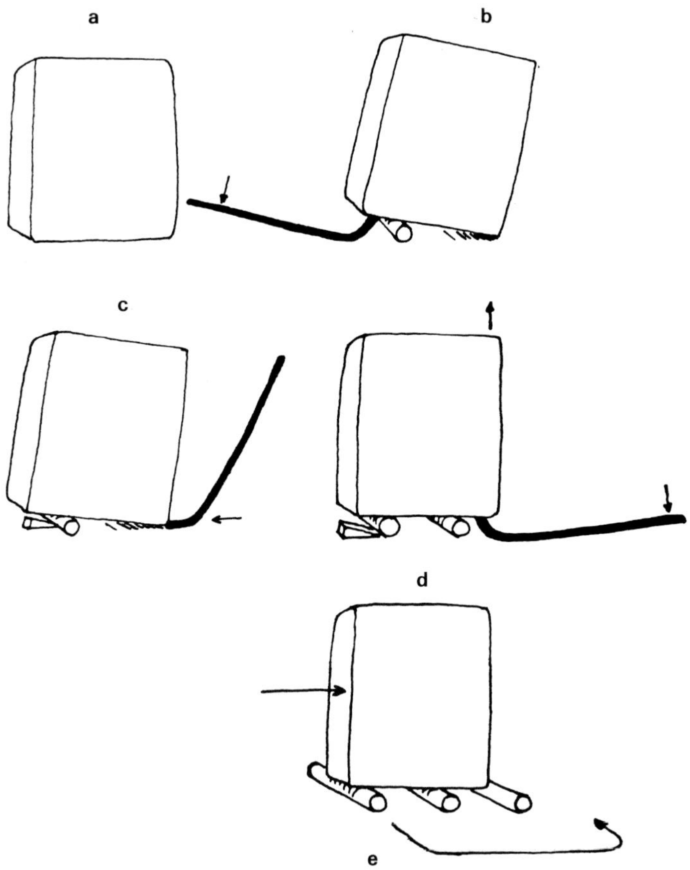

Um einen grossen Block aus Stein horizontal zu verschieben, hebt man ihn auf einer Seite mit einem Geissfuss an. Dann werden Holzknüppel unter den Stein geschoben, bevor man das andere Ende ebenfalls anhebt und andere Holzknüppel untergeschoben werden. Nun lässt sich der Block langsam (wie auf Rollen) verschieben. Die hinten frei werdenden Holzknüppel werden vorne wieder untergeschoben.
Für eine vertikale Verschiebung braucht es Rollen und Flaschenzüge, die an soliden Stahlträgern aufgehängt werden.

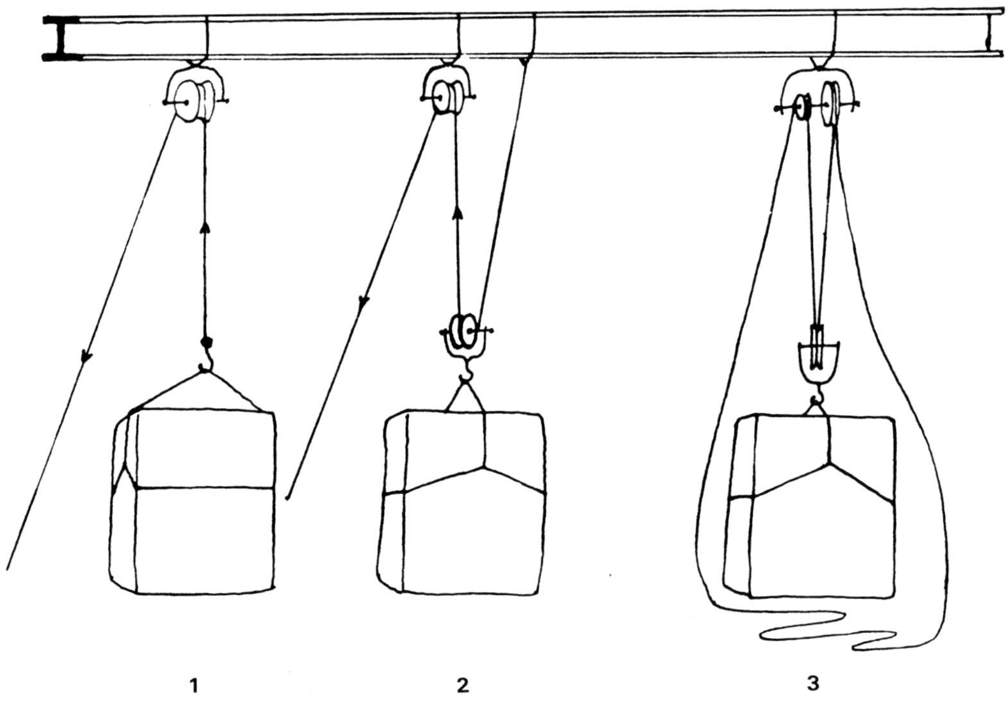

Vertikale Verschiebung

1. Einfache Rolle.

2. Doppelrolle.
   Die aufzuwendende Kraft ist nur halb so gross.

3. Rolle mit Endloskette.
   Je nachdem ob man die Kette von der einen oder anderen Seite zieht, hebt oder senkt sich die Ladung.

Das Polieren der Steine

Polieren kann man in der Tat nur Steine, die mittel- oder sehr hart und nur wenig porös sind (Marmor, Magmagestein). Die Oberfläche wird geschliffen, um sie glatt und brillant werden zu lassen. Das Polieren bewirkt auch ein Hervorheben der Materialfarbe und ein Sichtbarmachen der Körnung. Es führt zu einer Bereicherung der Skulptur durch Glanzlichter oder interessante Reflexionen.
Das Polieren von Hand ist zeitaufwendig und langweilig, aber es führt sicherer zum Erfolg, weil es besser kontrollierbar ist als mit Maschinen. Das Verfahren ist einfach: der Stein wird mit Schleifsteinen von immer weicherer Ausführung und immer feinerer Körnung geschliffen, wobei der Stein ständig feucht zu halten ist.
Für das erste Glätten der Oberfläche benutzt man (vor allem bei Magmagestein) Siliziumkarbid-Schleifsteine und für Marmor Sandstein. Dann wird Schmirgel, mit einem feuchten Tuch aufgetragen, empfohlen. Zinnasche und Korundpulver dienen zur Feinstbearbeitung. Zum Abschluss wird der Stein unter laufendem Wasser gereinigt.
Heute kann man auch elektrische Poliermaschinen einsetzen, aber es heisst aufpassen damit, weil man bei unbekümmertem Einsatz von Maschinen Gefahr läuft, feine Details einfach wegzuschleifen. Es ist empfehlenswert, nicht die ganze Oberfläche der Skulptur zu polieren, sondern gewisse Partien roh zu belassen. Ein solches Vorgehen birgt reizvolle Kontraste.
Nach der Polierarbeit kann die Skulptur mit Wachs eingerieben werden, um die Farben besser hervorzubringen. Man wählt mit Vorteil ein farbloses Wachs, insbesondere wenn der Stein von heller Farbe ist. Der Wachsfilm schützt den Stein ein wenig vor Witterungseinflüssen, falls die Skulptur im Freien aufgestellt ist.

Aufstellung im Freien, Schutzmassnahmen

Die Faktoren, die beim Aufstellen von Skulpturen im Freien zu berücksichtigen sind, lassen sich in zwei Gruppen aufteilen:

- **Die natürlichen Einflussfaktoren:** Wärme, Kälte, Gefrieren, Wind und Winderosion, Erosion durch Wasser, Feuer, etc. – Sehr oft wirken mehrere Faktoren zusammen.

- **Die chemischen Einflussfaktoren:** in Wasser gelöste Säuren.

Die Widerstandsfähigkeit der Steine gegenüber den Elementen ist variabel. Bestimmte Steinvarietäten sind mehr als andere empfindlich auf klimatische Einflüsse und auf solche der Erosion: der Grad der Versprödung und Zerbrechlichkeit hängt im wesentlichen von ihrer chemischen Zusammensetzung und der Porosität ab.

Alternierende Wärme-Kälte-Gefrieren: dies sind die wesentlichsten Verschleissfaktoren für Stein. Tatsächlich dehnt sich jeder Stein in der Wärme aus und zieht sich bei Kälte zusammen. Die Volumenzunahme des Gesteins führt zu Spannungen zwischen den Partikeln, aus denen der Stein zusammengesetzt ist. Eine Abkühlung führt folgerichtig zu der gegenteiligen Bewegung. Die Oberfläche des Steins reagiert mehr als dessen Kern auf diese Variationen: das Resultat wird in kleinen Rissen und äusseren Sprüngen sichtbar. Durch diese Risse dringt Regenwasser, das gelöste Säuren enthält, in den Stein ein.
Sie greifen auf diese Weise den Stein an und produzieren evtl. Salze mit höherem Volumen als die ursprüngliche Substanz, so dass neue Spannungen und tiefere Risse entstehen. Beim Gefrieren dehnt sich das in den Ritzen befindliche Wasser aus und sprengt den Stein. Ganz allgemein sollten sehr poröse Steine (Sedimentationsgestein: Sand-, Kalksteine) nicht im Freien aufgestellt werden, jedenfalls nicht in wechselhaften feuchten Klimas. Bei feineren Poren steigt das Risiko zum Sprengen, wenn der Steinblock dem Frost ausgesetzt ist.

Die chemische Wirkung von im Regenwasser gelösten Säuren: diese ist vor allem in Industriegegenden zu berücksichtigen. Das CO_2 (Kohlendioxyd) und SO_2 (Schwefeldioxyd) reagieren mit der Luftfeuchtigkeit und bilden verdünnte Carbon- und Schwefelsäure, die bei Platzregen die empfindlichen Steine angreifen. Die Calcium- und Magne-

siumcarbonate, aus denen Marmor und Kalkstein im wesentlichen aufgebaut sind, werden von der Carbonsäure angegriffen. Die Sandsteine, deren Kittmaterial aus Calcit besteht, werden von der Säure ebenfalls verändert. Auch Alabaster und Zement werden angegriffen. Die Auflösung der Steine durch Säureeinwirkung geht an der Oberfläche sehr langsam vor sich, aber das Eindringen der Lösungen in die Tiefe kann ärgerliche Rückwirkungen haben, wie wir oben gesehen haben.
Verdünnte Schwefelsäure greift ebenfalls Marmor, Kalkstein Sandstein und, in beschränktem Masse, Granit an.
Der Quarzit ist sehr resistent und unlöslich. Was die kieselartigen vulkanischen Gesteine anbelangt, ist die chemische Einwirkung die grösste Gefahr, während die alternierende Einwirkung von Wärme und Frost erst in zweiter Linie kommt.
Zweifellos eignen sich die kompaktesten Marmore und die Magmagesteine am besten für die Aufstellung im Freien, vorausgesetzt, dass deren Qualität erstklassig und frei von Rissen ist.

Vorbeugende Massnahmen

Sie bezwecken grundsätzlich, das Wasser – und die darin gelösten Chemikalien – vom Eindringen ins Innere des Steins durch die Poren und evtl. Ritzen abzuhalten. Diese werden zumindest an der Oberfläche mit einem in einem flüchtigen Lösungsmittel gelösten Wasserdichtungsmittel verschlossen. Nach dem Verdunsten des Lösungsmittels bietet das Mittel in den Poren einen recht wirksamen Schutz. Paraffin eignet sich dafür am besten. Die feinporigen Steine bieten mehr Probleme, da das Mittel nur schwer in die Poren eindringt. Man verwendet öfters eine Mischung aus Paraffin und Kreosot, in Terpentin gelöst. Die Mischung wird heiss aufgetragen.

Verschiedene Materialien

Horn

Horn ist im wesentlichen aus Keratin aufgebaut wie z. B. die Nägel, Krallen, Hufe, aber auch die Haare und Federn. Es handelt sich um ein unlösliches, faseriges Protein.
Industrielle Verwendung finden die Hörner vom Büffel, Ochsen und Bison. Das eigentliche hornartige Material wird vom Knochen, der es stützt, getrennt, indem man es für längere Zeit im Wasser einweicht. Das Horn wird sodann in einem kochenden Wasserbad aufgeweicht und unter der Presse flachgedrückt. Man findet es im Handel als transparente oder getönte Plaketten, je nach Original.
Horn lässt sich formen, nachdem man es mit Dampf aufgeweicht, mit dem Lötkolben erhitzt oder mit einem feinen Stichel bearbeitet hat. Man kann Horn sehr schön polieren. Die beschränkte Grösse des Materials begrenzt seine Verwendung für Statuetten oder kleine Reliefs.

Knochen

Dieses heute nur noch selten verwendete Material wurde im prähistorischen Zeitalter ausgiebig gebraucht. Die Eskimobevölkerung hat die Kunst der Bearbeitung von Knochen zum Blühen gebracht. Diese Tradition ist bis in unsere Zeit lebendig geblieben.
Die Knochen bestehen im wesentlichen aus Calciumphosphaten, verbunden mit Carbonaten. Je nach Herkunft ist ihre Dichte und Härte variabel, sogar innerhalb desselben Musters: die äussere Partie ist dichter und das Innere ist poröser. Ihr Korn ist in der Regel viel gröber als dasjenige von Elfenbein, so dass das Polieren recht schwierig ist.
Das Geweih der Hirsche, Elche, Rentiere, Caribous wird gleich bearbeitet wie die Knochen.
Diese Materialien, wie Elfenbein auch, haben die ärgerliche Tendenz, bei der Bearbeitung am Werkzeug (Messer oder Hohlmeissel) hängen zu bleiben oder zu verklemmen.
In der Praxis ist es empfehlenswert, für die Beschaffung von Knochen grosser Tiere einen Metzger aufzusuchen, oder sich in einer Schule für Veterinärmedizin zu erkundigen.
Bevor man mit der Bearbeitung beginnt, müssen alle organischen Reststoffe entfernt werden: die umweltfreundlichste Methode besteht darin (nach der Entfernung der grossen Fleischmassen), die Knochen in einer Ecke des Gartens zu vergraben; die Bodenbakterien besorgen dann die saubere Reinigung der Knochen. Da dieser Prozess nur sehr langsam abläuft, kann man die Knochen auch entfetten, indem man sie einige Stunden in der folgenden Lösung kocht:

kristallisierte Soda	100 g
ungelöschter Kalk	25 g
Wasser	2.5 l

Man lässt danach die Knochen in der Flüssigkeit während 15 Tagen liegen, bevor man sie trocknet und irgend einer Verwendung zuführt.
Für die Bearbeitung von Knochen braucht man dieselben Instrumente und dieselbe Technik wie bei der Bearbeitung von Elfenbein.

Elfenbein

Dieses Material wurde von den meisten Völkern zum Bearbeiten verwendet. Man hat in den Grotten der Dordogne und im Département Les Landes prähistorische Skulpturen aus Elfenbein gefunden. Die Ägypter und Assyrer brauchten es für Kleinskulpturen und Dekorationen. Die Griechen haben es oft mit anderen Materialien verbunden (so zum Beispiel die chryselephantinen Bildwerke, bei denen der Kern aus Holz besteht. Während die nackten Körperteile mit Elfenbein belegt sind, bestehen die Gewandpartien aus auf Holz verlegtem Goldblech).

Die Zähne der Säugetiere bestehen im wesentlichen aus Zahnsubstanz, dem eigentlichen Elfenbein. Chemisch handelt es sich um Hydroxyapatit (fluoriertes Tricalciumphosphat). Bei gekrönten Häuptern ist die Elfenbeinkrone mit einer Schicht Email belegt, die stärker mineralisiert ist als Elfenbein und darum eine grössere Härte aufweist. Diese Emailschicht ist durchscheinend und von brillantem Glanz.

Das in der Farbe weisse oder gelbliche Elfenbein stammt grösstenteils von den Stosszähnen der afrikanischen und indischen Elefanten. Man verwendet als Elfenbeinquellen auch die Stosszähne des Narwals, die Eckzähne der Flusspferde, die oberen Eckzähne vom Walross und von bestimmten Schweinen und Wildschweinen und die Zähne vom Pottwal.

Jeder einigermassen grosse Zahn, der einen beträchtlichen Anteil Zahnsubstanz enthält, kann gut wie Elfenbein verwendet werden.

Elfenbein bricht weniger als Knochen. Es ist ein ziemlich dichtes und homogenes Material, versehen mit feinen und kompakten Poren und kann mit sehr schönem Effekt poliert werden.

Das afrikanische Elfenbein verhärtet mit der Zeit und wird gelblich, das asiatische Elfenbein verändert sein Aussehen: Das typische Elfenbein-Krem wird zum kalkigen Weiss.

Die Struktur des Elfenbeins wird nicht zuletzt durch die Ernährung des Elefanten bestimmt: Elefanten aus der Savanne liefern ein anderes Elfenbein als Elefanten aus dem Urwald.

Das asiatische Elfenbein ist weicher als das afrikanische Elfenbein, obschon es eine höhere Dichte aufweist. Es ist schwieriger polierbar und vergilbt schneller. Das Elfenbein von Ceylon (Sri Lanka) weist eine Rosaäderung auf. Das Elfenbein von Siam ist schwer und hat ein sehr feines Korn.

Die grössten Objekte stammen vom afrikanischen Elefanten. Es ist nicht selten, dass ein Zahn grösser ist als 2 m und mehr wiegt als 50 kg.

Die Stosszähne sind aus mehreren Schichten aufgebaut, wobei die jüngsten innen liegen. An der Basis des Stosszahnes befindet sich eine konische Kavität, die sich tief, bis gegen die Mitte des Stosszahnes, fortsetzt. Von da an bis zur äussersten Zahnspitze ist der Stosszahn voll. Es ist dies die Partie, die für Rundskulpturen reserviert bleibt. Die hohlen Teile des Stosszahnes werden quer und längs geschnitten, um kleine Platten für die Bearbeitung als Relief zu erhalten.

Die *Eckzähne* der Flusspferde sind sehr dicht und sehr weiss. Sie haben ein feineres Korn als die Stosszähne der Elefanten, sind jedoch in höherem Masse hohl und weniger fest. Sie eignen sich nur für kleinere Arbeiten: man kann bei den ältesten Tieren im Maximum nur auf 18 cm Vollmaterial zählen. Die emailartige Aussenschicht wird vor der Bearbeitung mit Säure entfernt.

Die *oberen Eckzähne beim Walross* (60 bis 75 cm lang, 8 bis 10 kg schwer) liefern grobfaseriges und weniger dichtes Elfenbein als diejenigen vom Flusspferd. Ihre Form ist in der Regel oval und das Material ziemlich faserig, mit einem knochenartigen Kern.

Der *einzige Stosszahn vom Narwal* – dem legendären Einhorn – ist 2 bis 3 m lang und schraubenförmig gewunden; sein Elfenbein ist ziemlich grobfaserig.

Das Elfenbein ist nicht einfach zu bearbeiten. Es braucht dazu tadellos geschärfte Werkzeuge. Immerhin ist es leicht zu sägen und mit der Feile zu bearbeiten. Das Sägen erfolgt mit Kreis- oder Bandsägen oder mit der Laubsäge. Für die Bearbeitung verwendet man dieselben, jedoch feineren Werkzeuge wie bei der Holzbearbeitung: Messer, Hohlmeissel, Flachmeissel, Holzhammer, Raspel und Feile. Elfenbein muss mit grosser Vorsicht, in Richtung des Korns, bearbeitet werden.

Zum Polieren wird es mit einem Tuch, das mit armenischer Siegelerde und Ölsäure behandelt worden ist, abgerieben. Dann wird es mit Marseiller Seife gewaschen, mit Wildleder getrocknet und anschliessend mit einem Seidentuch sorgfältig abgerieben.

Trockenes Elfenbein lässt sich schwerer bearbeiten als feuchtes; darum ist es ratsam, es während der Arbeitsunterbrüche in nassen Tüchern mit Salzwasser aufzubewahren.

Elfenbein verändert sich beim Altern in seiner Farbe: es wird gelblich oder bräunlich. Um es zu

Victor Rousseau
Der Jüngling (1900)
Elfenbein
Musées royaux d'art et d'histoire, Brüssel
© A. C. L. Brüssel

bleichen, kann man es in einem Bad mit Wasserstoffsuperoxyd behandeln.
Es ist ziemlich empfindlich auf Schwankungen in Temperatur und Feuchtigkeit, die Rissbildung und Deformationen hervorrufen können. Elfenbein darf nach der Bearbeitung nicht mehr im Wasser gewaschen werden; eine Trockenreinigung ist vorzuziehen. Öl- oder Fettflecken lassen sich mit einem in Methanol oder ätherischem Öl getränkten Lappen entfernen.
Die Deformation von Elfenbein ist eine bekannte Erscheinung, der nur schwer vorzubeugen ist. Um die ursprüngliche Form von einem deformierten Elfenbeinobjekt zurückzugewinnen, kann man es in einer Lösung von Phosphorsäure tränken (Dichte 1.3 g/cm^3), bis es durchscheinend wird. Dann nimmt man es zum Bad heraus, spült es mit Wasser ab und trocknet es. Das Material hat nach dieser Behandlung die Geschmeidigkeit von Leder, und man kann ihm seine ursprüngliche Form zurückgeben. Man kann dann sogar einen Metallstab als Stützung einbauen. Dann trocknet man das Objekt, um ihm seine ursprüngliche Härte wiederzugeben.

Für das Abgiessen von Elfenbein wird es vollständig weich gemacht, indem man es während 3 bis 4 Tagen in einem Bad von 1 Teil Salpetersäure und 5 Teilen Wasser taucht. Aber man muss sich bewusst sein, dass mit dieser Behandlung ein Teil der reichen Elfenbeinsubstanz unwiderruflich verloren geht.

Imre Szebenyi
Rivière prise par les glaces (1978–1979)
Die weibliche Figur stellt die Donau dar,
gefangen in Eisblöcken
Nicht rostende Stahlblätter, aufgeklebt und poliert
60 × 22 × 14 cm

Die Bearbeitung der Metalle

Die Metalle

Die Verwendung von Metallen für Skulpturen lässt sich bis in die Urgeschichte zurückverfolgen. Die ersten vom Menschen bearbeiteten Metalle sind zweifellos gediegene Metalle wie Meteoreisen, Kupfer, Gold und Platin. Diese Metalle wurden vorerst seit dem 7. Jahrtausend vor unserer Zeitrechnung durch Kalthämmern bearbeitet.
Ab dem Jahr 3500 vor Christi Geburt wird in Anatolien, Persien und Ägypten der Kupferguss und die Kupferextraktion aus den Mineralien zur verbreiteten Methode. Etwa ab dem Jahre 3000 v. Chr. wird dem Kupfer eine bestimmte Menge (ca. 8%) Zinn zugefügt: es ist die Geburtsstunde der Bronze. Das geschmolzene Metall lässt sich leicht in Formen aus gebranntem Ton oder Stein giessen. Nun werden auch Silber und Blei geschmolzen. Das Wachsausschmelzverfahren wird in der Zivilisation des fruchtbaren Türkischen Reiches ab Ende des 3. Jahrtausend zur üblichen Methode: es ist der Beginn der sogenannten Bronzezeit.
Ende des 2. Jahrtausends entwickelt sich die Metallurgie des Eisens weiter: zum ersten Mal wird Stahl durch Härten von Metall erzeugt. Die reichen Eisenvorkommen (im Vergleich zum Zinn) machen Eisen zum bevorzugten Metall, sowohl für Waffen als auch für Objekte jeglicher Art in der Periode nach dem 2. Jahrtausend: das Eisenzeitalter beginnt.
Die Technik des Vernietens und Schweissens beginnt sich zu verbreiten.
Die weiteren Impulse, die die Bildhauerei betreffen, sind viel jüngeren Datums: etwa die Erfindung des Sauerstoff-Wasserstoff-Lötkolbens (1801), die Erfindung des Aluminiums (1825), die Verfeinerung der Lichtbogenschweissung, die Entdeckung zahlreicher Legierungen, etc.

Die verschiedenen Eigenschaften, die aus einem Metall das Material der Wahl für die Bildhauerei werden lassen, sind folgende:
- grosse Härte und bedeutende Kohäsion;
- Geschmeidigkeit, was die Bearbeitung durch Hämmern gestattet;
- gute Widerstandsfähigkeit gegen Witterungseinflüsse und atmosphärische Korrosion;
- schöner Glanz und Polieraspekt der Oberfläche;
- Aspekt der massiven Festigkeit und Leichtigkeit zugleich, je nach Anwendung;
- Schmelzfähigkeit, Giessen in Formen, Schweissen, Löten.

Die am häufigsten für Skulpturen verwendeten Metalle sind: Bronze, Messing, Kupfer, Eisen, Stahl, Blei, Aluminium, Zinn, Gold, Platin, Silber.

Die Zahl der Legierungen geht in die Hunderte, doch sind nur wenige für den Bildhauer geeignet. Davon wird später die Rede sein.

▷
Joachim Berthold
Diskos (1979)
Bronze (Wachsausschmelzverfahren)
Durchmesser 80 cm

Die physikalischen Eigenschaften der Metalle

Die Härte: eine mit einem definierten Druck applizierte Diamantspitze erzeugt eine Kavität im Metall. Deren Tiefe wird gemessen; sie ist ein Mass für die Härte. Die folgenden Metalle sind nach steigender Härte klassiert: Blei, Zinn, Aluminium, Silber, Zink, Gold, Kupfer, Platin, Nickel, Eisen, Chrom.

Die Duktilität (Dehnbarkeit): es handelt sich um die Eigenschaft bestimmter Metalle, zu sehr dünnen Drähten ausgezogen werden zu können, ohne zu brechen. Die folgenden Metalle sind nach abnehmender Duktilität klassiert: Gold, Silber, Platin, Eisen, Nickel, Kupfer, Aluminium, Zink, Zinn, Blei.

Die Geschmeidigkeit (Hämmerbarkeit): bestimmte Metalle lassen sich leicht durch Hämmern oder Walzen zu sehr dünnen Blättern reduzieren. Die folgenden Metalle sind nach abnehmender Geschmeidigkeit klassiert: Gold, Silber, Aluminium, Kupfer, Zinn, Platin, Blei, Zink, Eisen, Nickel.

Die Zähigkeit (oder die Streckfestigkeit): sie wird gemessen, indem an einen Metalldraht mit Einheitsmassen (1 mm^2) zunehmende Gewichte gehängt werden. Der Draht wird vorerst ausgezogen, bis er im Moment der Bruchlast (in kg) entzweibricht. Die folgenden Metalle sind nach abnehmender Zähigkeit klassiert: Stahl, Eisen, Kupfer, Platin, Silber, Gold, Zink, Zinn, Blei.

Die Korrosionsfestigkeit: sie variiert sehr stark je nach der Natur des Metalls und der Natur der Umgebung (städtisches oder ländliches Milieu, trockenes oder feuchtes Klima, Meeresnähe). Die widerstandsfähigsten Metalle sind die Edelmetalle: Platin oder Palladium. Die nichtrostenden Stähle sind ebenfalls sehr resistent und können im Freien der Witterung ausgesetzt werden. Dagegen unterliegen Eisen und gewöhnlicher Stahl einer raschen Oxydation und werden von einer Rostschicht überzogen, wenn sie der Feuchtigkeit ausgesetzt sind.
Der Corten-Stahl bedeckt sich ebenfalls mit einer Rostschicht, die aber nur oberflächlich bleibt und das Metall in der Tiefe schützt. Das gleiche trifft für Zink und Aluminium zu, die sich rasch mit einer Schicht Metalloxyd bedecken, die das darunter liegende Metall von der Atmosphäre isoliert.
In der Regel widerstehen die Legierungen der Korrosion besser als die Metalle, aus denen sie aufgebaut sind.
Die folgenden Metalle sind nach zunehmender Korrosionsfestigkeit in ländlicher Atmosphäre klassiert: Eisen, Zink, Zinn, Aluminium, Blei, Kupfer, Silber, Gold, Platin.

Die Schmelztemperatur: es ist die Temperatur, bei der das Metall vom festen in den flüssigen Zustand übergeht. Wird das Metall erhitzt, beginnt es sich auszudehnen, dann wird es weich und schliesslich zerfällt seine Kristallstruktur: das Metall schmilzt. In diesem Zustand ist das Metall verhältnismässig flüssig bis viskos und es lässt sich in eine Giessform giessen, deren Form es annimmt. Wird das Metall unter seinen Schmelzpunkt abgekühlt, nimmt es seine frühere Kristallstruktur wieder an und zieht sich in den meisten Fällen beim Erhärten zusammen. Handelt es sich um ein reines Metall, liegt der Übergang vom festen in den flüssigen Zustand – und vice versa – in engen Temperaturgrenzen; der Schmelzvorgang geschieht ziemlich brüsk. Bei den Legierungen ist das Temperaturband viel grösser, der Schmelzvorgang ist progressiv.

Wichtigste Charakteristiken von Metallen

Name und Symbol	Schmelzpunkt° C	Härte	Zähigkeit	Dichte (g/cm³)
Aluminium (Al)	660	18	12	2.7
Silber (Ag)	961	30	21	10.5
Chrom (Cr)	1'615	95	–	7.1
Kupfer (Cu)	1'083	37	34	8.9
Zinn (Sn)	232	11	4	5.8
Eisen (Fe)	1'535	42	62	7.9
Nickel (Ni)	1'452	40	80	8.9
Gold (Au)	1'063	37	16	19.3
Platin (Pt)	1'772	38	31	21.4
Blei (Pb)	327	4	2.5	11.3
Zink (Zn)	419	34	12	7.1

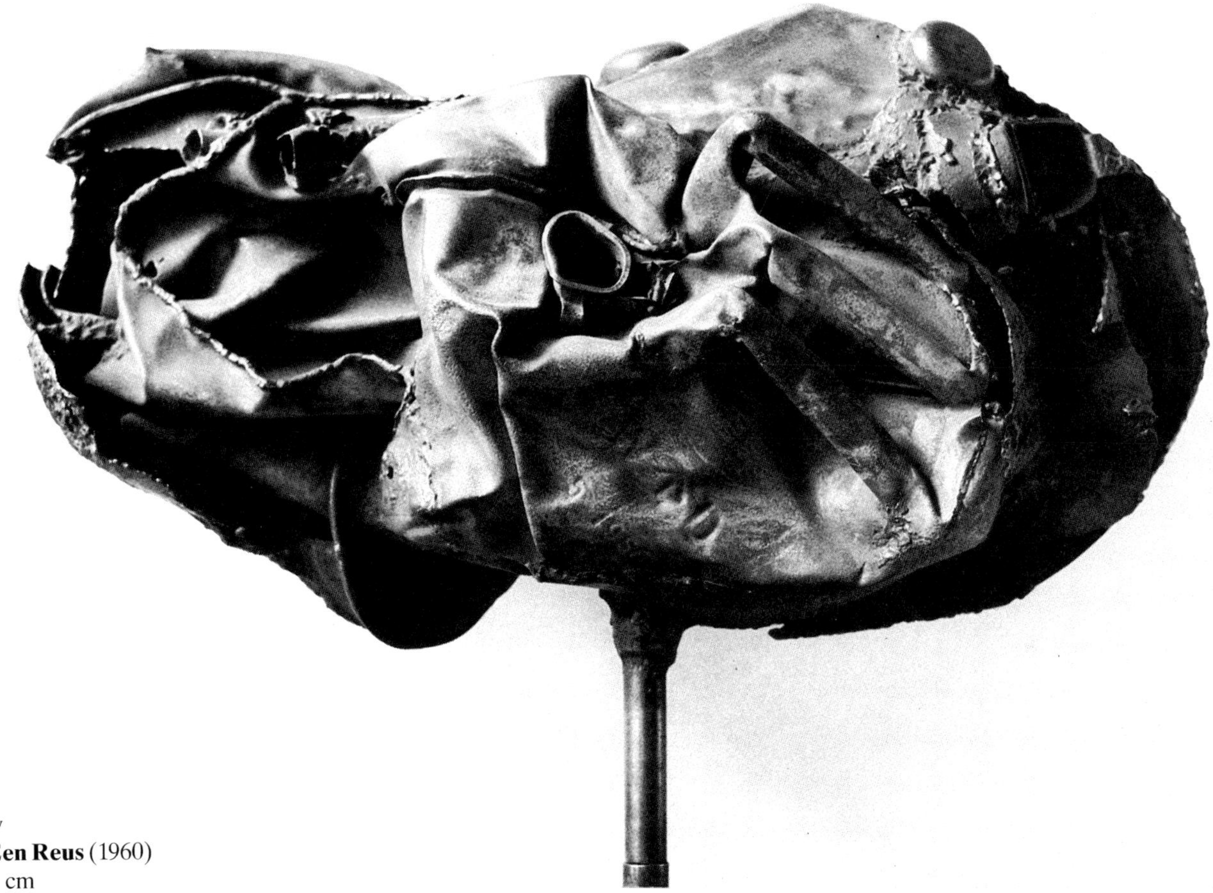

Jaap Mooy
Hart van Een Reus (1960)
86×56×13 cm

Wichtigste Nicht-Eisen-Legierungen (Bronze ausgenommen)

Name	Cu	Sn	Al	Zn	Pb	Mg	Ni	Si	Mn	Fe
Messing ½ rot	87	–	–	13	–	–	–	–	–	–
Similor (Prinzmetall)	83	–	–	17	–	–	–	–	–	–
Tombak	80	–	–	20	–	–	–	–	–	–
Messing, Titel 1	67	–	–	33	–	–	–	–	–	–
Messing, Titel 2	60	–	–	40	–	–	–	–	–	–
Bronzetyp	81	9	–	6	4	–	–	–	–	–
Chrysoskal	88	6	–	6	–	–	–	–	–	–
Neusilber	56	–	–	21	–	–	23	–	–	–
Packfung	50	–	–	22	–	–	28	–	–	–
Alpax	–	–	87	–	–	–	–	13	–	–
Duraluminium	4	–	95	–	–	0.5	–	–	0.5	–
Alubronze	90	–	10	–	–	–	–	–	–	–
Monel	28	–	–	–	–	–	65	–	2	5
Konstantin	50	–	–	–	–	–	50	1	–	–
Imperium	–	–	98	–	–	1	–	–	–	–
Tutenag (Neusilber)	44	–	40	–	–	–	16	–	–	–
Cupro-Nickel	80	–	–	–	–	–	20	–	–	–
Alfenid (Neusilber)	60	–	–	30	–	–	10	–	–	–
Zamak	1	–	4	95	–	0.04	–	–	–	–
Manganal	–	–	98	–	–	–	–	–	2	–
Duralinox	–	–	92	–	–	8	–		–	–

Die Legierungen

Es handelt sich um metallische Zusammensetzungen, die durch Zusammenschmelzen von zwei oder mehreren Metallen erhalten werden. Das resultierende Metall hat nach dem Abkühlen eine homogene Struktur. Ebenfalls zu den Legierungen zu zählen sind die Produkte der Auflösung von nicht metallischen Elementen wie Kohlenstoff, Silizium, Stickstoff, Phosphor, Bor, etc. im geschmolzenen Metall.

Die Legierungen sind in dem Masse von Interesse, als ihre physikalischen Eigenschaften von denjenigen der in ihnen enthaltenen Metallen oder Elementen abweichen. Es ist in der Tat möglich, den Schmelzpunkt eines Metalls mit hohem Schmelzpunkt zu senken, indem man ihm eine kleine Menge eines Metalls mit leichterer Schmelzbarkeit zusetzt. Gleichermassen lässt sich die Härte eines Metalls steigern; zum Beispiel wenn Kupfer mit dem zu weichen Gold legiert wird.

Die Legierungen sind oft widerstandsfähiger gegen Korrosion als das Basismetall. Dessen Aussehen und Farbe lässt sich manchmal beträchtlich modifizieren.

Mehrere Elemente – metallische oder nicht metallische – können dem Basismetall zugesetzt werden; man erhält so ternäre, quaternäre, etc. Legierungen, was zu praktisch unbegrenzten Kombinationen führt.

In der Praxis eignen sich nur einige wenige Varietäten für die Bildhauerei. Darunter sind gebräuchlich: Bronze, Messing, Stähle, die leichten Legierungen, etc.

Die für Skulpturen verwendeten Metalle

Die Edelmetalle

Platin (Pt)

Sein Name kommt vom spanischen «platina» (Diminutiv von «plata» [Silber]). In der Tat brachte ein spanischer Seemann im 17. Jahrhundert das Platin aus Kolumbien, wo es in einigen goldhaltigen Sandtypen als gediegenes Platin vorkommt. Seine silberähnliche Farbe hat ihm den Spitznamen «platina» eingetragen!
Dieses Metall – seltener als Gold – ist sehr hart, dehnbar, geschmeidig und äusserst widerstandsfähig gegen Korrosion. Es verliert seinen Glanz selbst bei hohen Temperaturen nicht. Man fügt ihm oft Iridium zu, um die Härte und die Elastizität zu erhöhen. Es ist eines der dichtesten Metalle (21.4 g/cm^3). Seine Schmelztemperatur liegt bei 1755° C. Die Seltenheit und der ausserordentliche Preis von Platin begrenzen seine Verwendung für Schmuck oder «Mikroskulpturen».

Gold (Au)

Gold ist eines der ersten Metalle, die der Mensch verwendet hat. Als gediegenes Metall vorkommend, wurde es sehr früh schon durch Kalthämmern bearbeitet. Es ist tatsächlich das geschmeidigste aller Metalle; es lässt sich auf dünnste Blattform (Grössenordnung 0.001 mm) reduzieren. Es ist aber auch das dehnbarste Metall; ein Gramm Gold kann zu einem Draht von mehreren Kilometern Länge ausgezogen werden! Die Ägypter, die Assyrer, die Chinesen, die Etrusker und die präkolumbischen Völker haben Gold in grossem Umfang verwendet. Da Gold nicht altert, sind uns Kunstwerke der Vergangenheit intakt überliefert worden.
Heute, wo Gold selten und kostspielig geworden ist, beschränkt sich seine Verwendung auf Schmucke und kleinste Skulpturen.
Gold wird in der Regel in flüssiger Form gegossen, kann aber auch manuell gehämmert und bearbeitet werden. Es legiert sich ideal mit Silber.
Nach dem Giessen schrumpft das Metall beim Erkalten beträchtlich.
Das gelbe Metall wird selten in reiner Form verwendet. Sehr oft setzt man ein anderes Metall zu (Kupfer oder Silber), um es härter zu machen. Seine relative Reinheit drückt sich in Karat aus: reines Gold ist 24karätig. 14karätiges Gold, z. B. enthält 14 Teile Gold und 10 Teile Kupfer. Gold ist schwer: seine Dichte liegt bei 19.3 g/cm^3. Seine Schmelztemperatur beträgt 1063° C.
Wie Platin, ist es in Königswasser löslich (Mischung Salzsäure und Salpetersäure).

Silber (Ag)

Ebenfalls seit der Antike von der Mehrzahl der Völker gebraucht, besticht Silber durch seine weisse Farbe, durch eine mittlere Härte und eine hohe Geschmeidigkeit und Dehnbarkeit. Seine Dichte beträgt 10.5 g/cm^3 und seine Schmelztemperatur liegt bei 960.5° C. Man setzt dem Silber oft eine geringe Menge Kupfer zu (7–10%), um es härter zu machen. Es gibt eine natürliche Legierung von Silber mit Gold: das Elektrum, bekannt und recht verbreitet in der Antike.
Sehr oft wird Silber zu kleinen Objekten vergossen, aber es lässt sich auch hämmern und sehr leicht ziselieren.
Wie Gold und Platin kann Silber auch verschweisst werden. Man verwendet dazu einen Mikrolötkolben auf Basis Sauerstoff-Wasserstoff. Silber oxidiert leicht. Es wird von verdünnter Schwefelsäure nicht angegriffen, aber löst sich in Salpetersäure auf.

Nichteisenmetalle

Zink (Zn)

Zink ist ein weiss-bläuliches Metall, das nur selten vom Bildhauer verwendet wird, da es in gegossener Form nach dem Abkühlen spröde ist. Es wird

zusammen mit Kupfer als Messing verwendet (bis 40% der Legierung). Zink findet sich im Zamak (mit 4% Al, 0.04% Mg, 1% Cu) und im Neusilber (Legierung von Kupfer, Zink und Nickel).
Seine Dichte beträgt 7.1 g/cm³; die Schmelztemperatur liegt bei 419° c.

In feuchter Atmosphäre bedeckt sich Zink rasch mit einer basischen Carbonatschicht, die es vor weiterer Oxydation schützt. – Zink lässt sich schweissen.

Nickel (Ni)

Dieses weiss glänzende harte Metall (Härte 40), lässt sich schmelzen (Schmelzpunkt bei 1453° C) und giessen. Es ist korrosionsfest und schön polierbar. Trotzdem ist es ein typisches Legiermetall und tritt in verschiedenen Legierungszusammensetzungen auf (im Stahl, Weissmetall, verbunden mit Kupfer oder Silber).

Cupronickel-Metalle: Legierungen von Kupfer und Nickel (10–30%). Sie weisen eine grosse mechanische Festigkeit auf und sind korrosionsfest, insbesondere in Meeresnähe. Nickel, der Bronze oder Messing zugesetzt wird, erhöht deren Härte. Beträgt der Nickelgehalt in einer Legierung mit Kupfer mehr als 20%, weist die resultierende Legierung eine silberähnliche Färbung auf.

Monel: Monelmetall ist eine Legierung mit 65% Ni, 28% Cu, 7% Verunreinigungen von Eisen, Mangan und Kobalt. Diese Legierung ist härter als Nickel und widerstandsfähig gegen Korrosion.

Deutsches Silber oder Packfung: es handelt sich um ein Neusilber mit 50% Cu, 28% Ni und 22% Zn. Sein Name kommt vom silberähnlichen Aspekt. Es eignet sich für den Guss.

Nickelstähle und Nickelguss: Nickel, das Stählen zugesetzt wird, führt zu nichtrostenden Stählen und Feuerfeststählen.

Zinn (Sn)

Ein silberähnliches, weiches Metall, das wenig dehnbar, aber sehr geschmeidig ist. Seine Dichte beträgt 5.8 g/cm³, die geringe Härte liegt bei 11 und die tiefe Schmelztemperatur ist bei 232° C. Es wird häufig mit anderen Metallen legiert wie Kupfer (Bronze) oder Blei. Eine für kleine Abgüsse sehr geeignete Zusammensetzung ist z. B.: 75% Sn, 25% Pb. Die für Schweisszwecke geeignete Legierung enthält zwischen 62% und 50% Zinn; sie schmilzt bei 183° C. Wird Antimon (10%) zugesetzt, so erhöht sich die Härte. Zinn kann wie Blei geschweisst werden.

Blei (Pb)

Das weiche (Härte 4), silberweisse und schwere Metall (Dichte 11.3 g/cm³) weist beim Vergiessen eine glänzige Oberfläche auf, die jedoch rasch matt wird, wenn es der Atmosphäre ausgesetzt wird. Doch schützt die äussere Oxyd- und Carbonatschicht das darunterliegende Metall vor atmosphärischer Korrosion.
Die grosse Geschmeidigkeit von Blei erlaubt seine leichte Formung nach der Technik des Treibens. Aber sein Mangel an Zerreissfestigkeit und sein Gewicht gestatten es nicht, Blei auf ein dünnes Mass zu reduzieren.
Blei ist wahrscheinlich das erste Metall, das aus seinem Mineral extrahiert worden ist, wohl dank dem tiefen Schmelzpunkt (327.5° C). Die Verwendung von Blei in den Künsten ist mehrere Jahrhunderte alt. Die Griechen gossen kleine Statuetten und Reliefs aus Blei.
Die Römer gebrauchten Blei ausgiebig für kleine Objekte und Schmuck. Sein Einsatz im Kunsthandwerk ging dann zurück, erst seit kurzem ist die Nachfrage wieder lebhafter geworden.
Blei ist gut geeignet für Gartenplastiken, denn diese harmonieren gut mit der Vegetation und der Umgebung.
Der Nachteil des Bleis liegt im Giessprozess in Formen. Beim Abkühlen schwindet es beträchtlich und neigt zu Rissbildung. Die Schwindung beträgt ungefähr 2.5%.
Setzt man ihm Antimon zu (10–20%) wird es widerstandsfähiger.

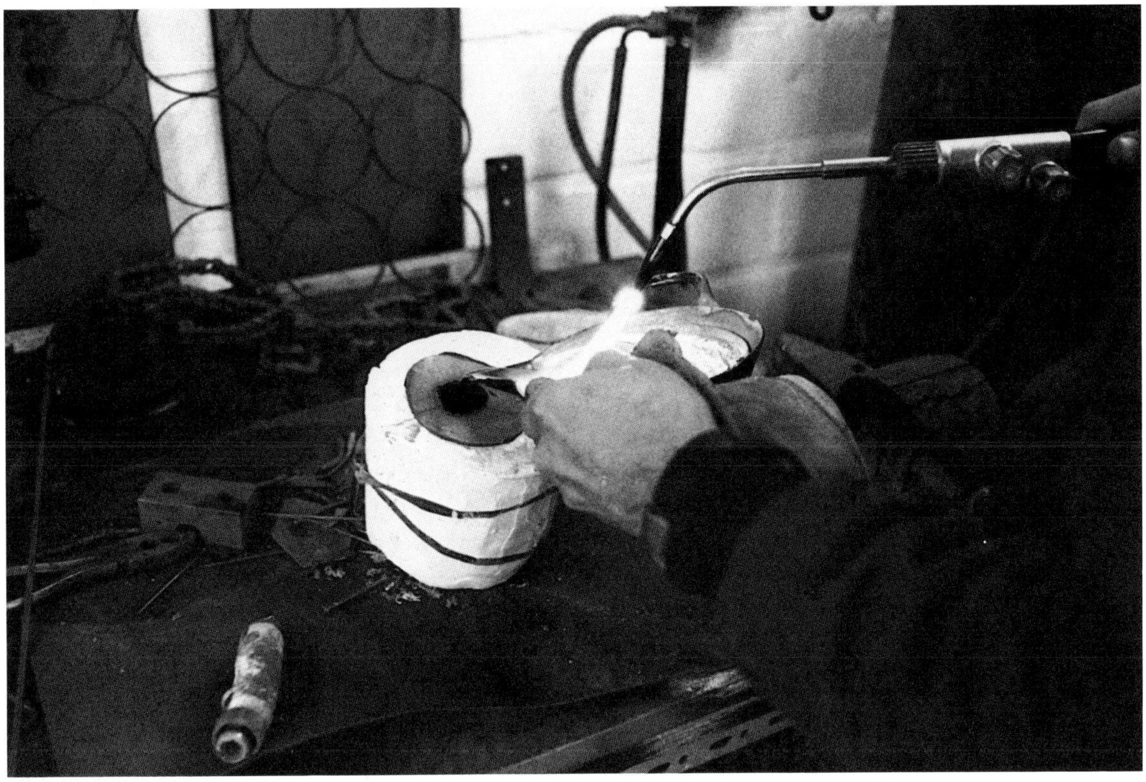

Indem man Blei mit dem Lötkolben ständig erhitzt, giesst man es in die von einem Gipsmantel umschlossene Silikonform.

Blei wird oft mit Zinn wie auch mit Zink legiert. Beispiele von Legierungen: Pb 81%, Sb 14%, Sn 5%, oder Pb 73%, Sb 17%, Zn 10%, oder Pb 60%, Sn 13%, Sb 10%, Zn 17%
Es ist möglich, die beiden Verformtechniken – Giessen und Hämmern – miteinander zu kombinieren, indem vorerst in einer Form eine grobe Figur gegossen wird, die dann nach dem Ausformen mit dem Hammer oder Meissel bearbeitet wird. Man bezeichnet ein solches Werk als «verarbeitetes Blei». Blei lässt sich autogen schweissen.

Aluminium (Al)

Dieses aus Bauxit gewonnene Metall wurde zum ersten Mal 1825 vom Dänen Oersted isoliert. Es dauerte indessen bis 1886, bis der Franzose Paul Louis Toussaint Héroult und der Amerikaner Charles Martin Hall, unabhängig voneinander, den industriellen Herstellprozess des Metalls entwickelt hatten. Die Extraktion des Metalls nach dem Verfahren, das die Namen der beiden Erfinder trät, geschieht durch elektrolytische Zersetzung des in einer Kryolithschmelze gelösten reinen Aluminiumoxyds (Kryolith: leicht schmelzbares Natrium Aluminiumfluorid, Na_3AlF_6).
Aluminium ist ein silberweisses Metall, das durch seine extreme Leichtigkeit besticht (Dichte 2.7 g/cm^3), eine mittlere Härte (11) und eine durchschnittliche Dehnbarkeit und Geschmeidigkeit aufweist. Das Metall oxydiert rasch an der Luft und bedeckt sich mit einer feinen Schicht von Al_2O_3, die es vor atmosphärischer Korrosion schützt.
Aluminium kann bei 660°C geschmolzen und in eine Form gegossen werden.

Es kann auch geschweisst und mechanisch verbunden werden und unter bestimmten Bedingungen für die Technik des Treibens verwendet werden.
Beim Giessprozess muss Aluminium in einem Tiegel aus Graphit oder Siliziumkarbid geschmolzen

werden. Der Formprozess mit Formsand geschieht immer mit sogenanntem grünen Sand, der noch feucht ist.

Es sind zahlreiche Aluminiumlegierungen entwikkelt worden, die alle im Vergleich zum reinen Metall eine grössere Widerstandsfähigkeit aufweisen. Die wichtigste Legierung, das Duraluminium oder Dural (von A. Wilm, 1910), enthält 4% Cu, Si 0.5%, Mg 0.7% Mn 0.7%. Diese Legierung verbindet sich durch Löten.

Unter den anderen Aluminiumlegierungen seien genannt:

- Das «Magnalium», das 10% Magnesium enthält. Es ist leichter als Aluminium.
- Die Aluminium-Magnesium-Legierungen: Sie enthalten 3–8% Mg. Diese verbinden sich durch Autogenschweissung (z.B. das «Duralinox»).
- Die Aluminium-Mangan-Legierungen (z.B. «Manganal»): Sie enthalten 1.25–2% Mn. Sie verbinden sich wie Aluminium.
- Die Aluminium-Silizium-Legierungen (Typ «Alpax»): Sie enthalten 13% Si. Diese Legierungen verbinden sich wie Aluminium. Sie sind noch von grösserem Interesse, wenn dem geschmozenen Metall 0.08% Na zugesetzt wird.
- Die Aluminium-Silizium-Magnesium-Legierungen (Typ «Imperium»): Sie verbinden sich durch Löten (1% Si+1% Mg).
- Die Kupfer-Aluminium-Legierungen oder Aluminiumbronzen: Sie können einen Überschuss an Aluminium (z.B. 87% Al, 13% Cu) oder einen solchen an Kupfer (z.B. 90–95% Cu, 5–10% Al) aufweisen. Diese Legierung hat das Aussehen von Gold und die Festigkeit von Eisen; sie eignet sich nicht für die Technik des Treibens.

Kupfer (Cu)

Kupfer ist eines der ersten Metalle, die dem Menschen dienten. Es wurde zuerst durch Hämmern von gediegenem Metall bearbeitet, und das seit dem 9. Jahrtausend vor Chr. Die Sumerer verwendeten es ausgiebig in Form von dünnen Blättern, mit denen sie mit Asphalt angestrichenen Holzstatuetten überzogen. Im 4. Jahrtausend vor Chr. wurde das Metall – am häufigsten mit Zinn legiert – aus seinem Mineral extrahiert und geschmolzen. Im Laufe des 3. Jahrtausends vor Chr. beherrschte man die Dosierung von Kupfer und Zinn mehr und mehr. Die Bronze wurde zum dominierenden Metall dieser Epoche, sowohl für Gegenstände des täglichen Gebrauchs als auch für Skulpturen und Waffen. Die Römer entdeckten das Messing und waren die ersten, die Kupfer mit anderen Legierungsbestandteilen verschweissen konnten.

Charakteristisch für reines Kupfer ist seine Geschmeidigkeit; sie macht Kupfer zum Material der Wahl für die Technik des Treibens. Zudem besitzt es eine gute mechanische Festigkeit (Härte 37) und ist bei trockener Atmosphäre korrosionsfest. In Gegenwart von Feuchtigkeit bildet sich auf der Oberfläche eine feine, grünfarbige Schicht von basischen Acetaten, die als Grünspan bezeichnet wird.

Kupfer hat eine schöne rötliche Färbung. Es lässt sich leicht polieren, wird jedoch selten in reiner Form für den Guss verwendet, da es nicht leicht in die Formen fliesst; das geschmolzene Metall ist viskoser als Bronze oder Messing. Nichtsdestotrotz ist zu vermerken, dass die Pferde am Markusplatz in Venedig aus reinem Kupfer sind! Die Schmelztemperatur liegt bei 1083° C. Kupfer lässt sich schweissen und löten.

Die Kupferlegierungen

Messing

Es handelt sich um eine Legierung von Kupfer und Zink, mit einem Zinkgehalt von 5–45%. Seine in der Regel goldgelbe Farbe hängt vom Gehalt der beiden Legierungsmetalle ab. Bleibt der Anteil Zink unter 10%, so weist die Legierung ein kupferfarbenes Aussehen (halbrot) auf. Zwischen 10 und 15% Zn ist die Farbe bronzeähnlich. Zwischen 15 und 20% Zn ist die Farbe gold (Similor). Zwischen 20 und 40% Zn (1. Titel) ist die Farbe mehr oder weniger hellgelb und über 40% Zn (2. Titel) wird die Färbung gräulich.

Die mechanischen Festigkeiten von Messing variieren je nach Anteilen der beiden Legierungsbestandteilen: bis 33% Zn ist das Metall warm und

Imre Szebenyi
Der Gefangene Bildhauer (1978-1979)
Messingblätter, nach der Plattiertechnik auf Metallkörper geklebt, sorgfältig poliert und mit Lack überzogen zur Verhinderung der Oxydation. Figur aus gegossenem Blei
370 × 95 × 80 mm

kalt hämmerbar; es eignet sich gut für die Technik des Treibens. Darüber hinaus wird die Kaltverformbarkeit schwieriger.
Messing ist beträchtlich härter als Kupfer, ist gut polierbar und korrosionsfester in der Atmosphäre. Trotzdem wird die Oberfläche im Kontakt mit der Luft matt, wenn sie nicht mit einer Wachs- oder Lackschicht geschützt ist.
Messing wird hauptsächlich in der Giesstechnik verwendet, doch lässt es sich auch schweissen, löten, ziselieren oder hämmern. Seine Schmelztemperatur hängt von der Zusammensetzung ab, liegt aber in der Grössenordnung von 900° C.
Das «Münzmetall» ist eine Legierung von 60% Cu und 40% Zn. Bringt man es zur lebhaften Rotglut ist es sehr plastisch; man kann es schmieden und walzen. Wird es kalt gehämmert, wird es hart und spröde: man muss deshalb nach einer bestimmten Zeit nachbrennen, um ihm seine Flexibilität wieder zu geben (siehe Technik des Treibens). Dieses Metall kann mit Silber verlötet werden.
«Messing 70/30» enthält 70% Zn und 30% Cu. Es lässt sich leicht bearbeiten und schweissen.

Die Spezialmessingtypen: es handelt sich um Legierungen, die ausser Zink noch andere Metalle in kleinen Mengen enthalten (Zinn, Aluminium, Eisen, Nickel, Silizium, etc.).
Eine Varietät von Messing zum Giessen setzt sich aus 90% Cu, 7% Zn, 2% Sn und 1% Pb zusammen.

Bronze

Bronze ist wie Messing eine der am meisten verwendeten Legierung zum Giessen, und das seit sehr langer Zeit. In der Antike wurde sie für Gegenstände des täglichen Gebrauchs, für Waffen und rituelle Objekte eingesetzt, bis dann Eisen und Stahl ihr den Rang streitig machten. Von da an wurden die Waffen im widerstandsfähigeren Stahl gefertigt. Bronze wurde nun hauptsächlich als Bronzeguss in der Bildhauerei verwendet.
In China, unter der Dynastie Shang (1600 vor Chr.), nahm die Kunst der Bronze einen ganz besonderen Aufschwung.
Grosse rituelle Bronzevasen wurden in komplexen Formen aus gebranntem Ton gegossen. Es handelt sich um mehrteilige, mit Zapfen und Zapfenlöchern zusammengehaltene Formen. Aus dieser Epoche sind zahlreiche technische Abhandlungen überliefert. Im K'ao Kung Chi finden sich Rezepte für Bronzelegierungen, abgestimmt auf die verschiedenen Anwendungszwecke. Die chinesischen und japanischen Bronzen enthielten oft eine bestimmte Menge von Zink und Eisen.
Die Bronze war bei den Griechen das bevorzugte Material. Das damals recht seltene Zinn musste aus Grossbritannien mit den grössten Zinnvorkommen beschafft werden. Die Region des Kaukasus war ein weiteres Zentrum der Zinngewinnung. Zypern war in der Antike im ganzen Mittelmeergebiet der Hauptlieferant für Kupfer.
Zahlreiche Kunstwerke aus dieser Zeit wurden eingeschmolzen, um Waffen oder Geld zu fabrizieren; dies erklärt die Tatsache, warum nur wenige grosse Bronzeskulpturen erhalten geblieben sind. Kleiner Werke haben dieser Entwickelung besser standgehalten. Viele Bronzeskulpturen aus dieser Epoche sind uns nur bekannt, weil auf Schleichwegen römische Kopien gemacht worden sind. So sind Teile der Werke der Bildhauer Polykretes, Lysippus und Myron, die alle exklusiv in Bronze gearbeitet zu haben scheinen, überliefert.
Bestimmte Bronzen aus dieser Epoche waren aus gehämmerten Bronzeblättern gemacht, die auf eine Grundfigur aus Holz genietet wurden.
Die kleinen Objekte wurden nach dem Wachsausschmelzverfahren voll gegossen. Gewisse Produktionen «in Serie» liessen den Wunsch nach wiederverwendbaren Formen aufkommen. Dagegen waren mittlere und grosse Skulpturen hohl. Sie wurden manchmal in verschiedenen Teilen gegossen, die ihrerseits durch Nieten zusammengefügt wurden. Am häufigsten indessen wurden sie in Wachs um einen feuerfesten Kern gestaltet.
Erst von den Griechen wurde der Legierung Blei zugefügt.
Sie kannten auch die Giesstechnik mit Giessand und verwendeten Orginalmodelle aus Holz.
In der Folge fertigten die Etrusker und Römer zahlreiche Werke in Bronze; es blieb den Römern vorbehalten, der Legierung Zink zuzumischen und als erste das richtige Messing zu erzeugen.
Im Mittelalter wurden nur wenige Bronzewerke gefertigt, es sei denn in Deutschland und in der Gegend der Maas. Während der Renaissance in

Italien fanden die Bronzeskulpturen wieder vermehrtes Interesse.
Im 19. Jahrhundert schossen die Giessereien wie Pilze aus dem Boden; Bronze wurde erneut das Lieblingsmaterial vieler Bildhauer. Diese gingen dazu über, ihre Stücke nach dem Wachsausschmelzverfahren selber zu giessen.
Bronze besteht im wesentlichen aus einer Legierung von Kupfer und Zinn, auch wenn häufig andere Metalle in kleinen Mengen zugefügt werden (Zink, Blei, Eisen, Phosphor, Aluminium, Nickel, Mangan, Silizium, etc.) Das Basismetall für Bronze bleibt indessen Kupfer. Zinn ist in variierender Menge von 3 bis 20% zugesetzt. Ist der Zinngehalt höher als 25%, wird die Bronze zerbrechlich; der Normalgehalt beträgt in der Regel 5–10% Sn.
Zinn verleiht der Bronze eine grössere Härte, eine bessere Korrosionsfestigkeit und verbessert die Fliesseigenschaften des geschmolzenen Metalls, so dass dieses ohne Probleme in Formen gegossen werden kann. Die Schmelztemperatur wird durch den Zinnzusatz zudem gesenkt. Der Anteil der metallischen (oder anderen) Bronzebestandteilen variiert je nach Verwendungszweck, den gewünschten physikalischen Charakteristiken und Farben. Diese reichen von rotgold (wenn reich an Kupfer) bis zu silbergelb (wenn reich an Zinn).

Zusammensetzung von gebräuchlichen Bronzen

Kupfer	Zinn	Zink	Blei
85%	5%	5%	5%
85%	15%	–	–
90%	7%	3%	–
86.6%	6.6%	3.3%	3.3%

Die Bronzen mit 22% Zinnanteil sind für den Glockenguss reserviert.
Bis zu einem Gehalt von 15% Zinn sind die Bronzen warm und kalt hämmerbar. Darüber hinaus werden sie für die Technik des Treibens unbrauchbar.

Die komplexen Bronzen enthalten nebst Zinn andere Elemente, unter denen die gebräuchlichsten folgende sind: Zink, Blei, Phosphor, Silizium, Aluminium, etc.

Blei senkt die Schmelztemperatur des Metalls, macht es fliessfreundlicher und erhöht die Kaltdehnbarkeit. Blei erleichtert zudem das Anbringen von Retuschen bei der Fertigbearbeitung.

Zink erleichtert den Abzug der sich im Inneren der geschmolzenen Metallmasse bildenden Gase. Daraus entsteht ein kompakteres und attraktiveres Metall.

Phosphor, als Kupferphosphat zugesetzt, dient zum Entzug von Sauerstoff (Desoxydation) im geschmolzenen Metall. Liegt sein Gehalt bei 0.1–0.2% erhöht es zudem die Härte des Metalls.

Zur Zeit gelten folgende Zusammensetzungen als die gebräuchlichsten:

Aluminiumbronze: enthält 4–10% Aluminium, oft in Verbindung mit kleinen Mengen Eisen, Nikkel und Mangan. Die bekannteste Zusammensetzung enthält 88% Cu, 9% Al, 3% Eisen.
Die Schmelztemperatur der Aluminiumbronze liegt tiefer als diejenige der normalen Bronze. Sie weist ein bleicheres Aussehen auf und ist korrosionsfester.
Gewisse kupferhaltige Legierungen zeigen im Laufe der Zeit oder unter Wärmeeinfluss Strukturveränderungen: sie werden beim Älterwerden härter (Age-hardening alloys). Zu diesen gehören auch *Berylliumbronzen* (mit 2–3% Beryllium), deren mechanische Eigenschaften mit Werkzeugstählen vergleichbar sind, und *Cupronickel*-Legierungen mit einer Zusammensetzung von 85% Cu, 8% Sn und 7% Ni.

Die *Siliziumbronze* enthält 3% Silizium, sie ist sehr korrosionsfest und verfügt über die mechanische Festigkeit von weichem Stahl. Sie hat gute Fliesseigenschaften.

Neusilber-Legierungen («Maillechort») sind ternäre Legierungen mit 20–28% Zink, 9–26% Ni.

Sie weisen eine bleiche, gelbe Färbung auf, sind widerstandsfähig und dehnbar.
Es ist anzumerken, dass die Bronze die Eigenheit hat, dichter als die einzelnen Metalle, aus denen sie sich aufbaut, zu sein. Dieses Zusammenpressen ist zweifellos auf das erhöhte Eindringen der Atome in das Innere des Kristalls zurückzuführen. Darauf ist auch die grössere Härte und die beträchtliche Schwindung beim Erkalten zurückzuführen.
Die Schmelztemperatur der Bronze liegt bei 1010°C.
Das Legierungsverhalten wird durch rasches Erkalten nach dem Schmelzen verbessert. Dasselbe trifft auch zu, wenn das Metall beim Schmelzen nicht überhitzt wird.
Kühlt die Bronze langsam ab, wird sie hart und spröde.
Am Schluss des Giessprozesses wird häufig Phosphor zugesetzt, um die Mischung zu desoxydieren. Das Kupferphosphat verbindet sich mit dem Sauerstoff; es bildet sich eine Schlacke, die auf der Oberfläche des geschmolzenen Metalls schwimmt und vor dem Giessen abgeschöpft werden kann.

Die der Atmosphäre ausgesetzte Bronze unterliegt der Reaktion mit allerlei chemischen Stoffen, die ihr verschiedene Farbtöne verleihen; z.B. führen Schwefelverbindungen zur Schwarzfärbung, Carbonsäure zur Blaugrünfärbung, Sauerstoff zur Braunfärbung. Diese Eigenschaft wird ausgenutzt, um den Bronzen verschiedene Farbnuancen zu geben, sei es durch atmosphärische Einflüsse im Freien (Regen, Salzwasser in Meeresnähe), sei es durch künstliche Färbung mit chemischen Substanzen (siehe Patina bei Metallen).
Bronze ist leichter zu löten als zu schweissen.
Sie kann gehämmert werden und eignet sich für die Technik des Treibens.

Zusammensetzung von antiken Bronzen

	Kupfer	Zinn	Blei	Zink	Eisen
Ägyptische Bronze	85.8%	14.2%	–	–	–
Griechische Bronze	88.5%	8%	3.5%	–	–
Römische Bronze	89%	6%	5%	–	–
Chinesische oder japanische Bronze	80%	4%	10%	2%	4%
Italienische Bronze	86%	12%	2%	–	–
Renaissance	75%	25%	–	–	–
Französische Bronze (18. Jahrhundert)	90%	2%	1%	7%	–

Die Eisenmetalle

Eisen (Fe)

Eisen ist, wie bereits ausgeführt, eines der ersten vom Menschen verwendete Metall. Das Meteoreisen wurde vorerst durch Hämmern bearbeitet. Aber seine Verwendung fand erst ab dem Jahr 1200 vor Chr. Verbreitung, dem Anfang des Eisenzeitalters. Es wurde zu dieser Zeit durch Reduktion des Minerals erhalten; mittels Kohlenstoff des Holzfeuers.
Ab dem 13. Jahrhundert begann man grössere Mengen Eisen, Eisenguss und Stahl herzustellen, dank den Fortschritten der Metallurgie in Flandern, Deutschland, England und Schweden. Im 19. Jahrhundert wurden in der Stahlproduktion neue Verfahren entwickelt; es kamen zahlreiche Spezialstähle auf den Markt (Hartmetall, Ferromanganstähle, Ferrochrom-, Ferrosiliziumstähle,

Invar, etc.). 1930 wird die Fabrikation von rostfreien Stählen aufgenommen.
Das Eisen ist ein Metall von dunkler, grauer Farbe, ist sehr hart (42), hat eine Dichte von 7.9 g/cm^3, ist wenig kaltdehnbar. Dagegen lässt es sich, auf Rotglut erhitzt, leicht verformen. Diese Eigenschaft wurde seit eh und je von den Schmieden ausgenutzt.
Das reine Eisen weist einen hohen Schmelzpunkt von 1535° C auf, hat geringe Fliesseigenschaften im geschmolzenen Zustand, so dass es für die Verwendung in Giessereien ausser Betracht fällt. Zudem schrumpft es beim Verfestigen und Abkühlen sehr stark. Es lässt sich nicht härten (siehe «thermische Behandlung von Stählen»).
Das Metall ist, der Atmosphäre ausgesetzt, wenig korrosionsfest, insbesondere in feuchtem Klima. Es oxydiert sehr schnell und bildet eine Rostschicht (Eisenhydroxyd) von braun-oranger Farbe. Diese schützt leider das Metall nicht vor einer tiefer gehenden Alterung, wenn nicht gut wirkende Antirostmittel appliziert werden.
Das reine Eisen (Kohlenstoffgehalt kleiner als 0.005%) wird heute praktisch nicht mehr verwendet. Viel häufiger wird es mit Kohlenstoff als Eisenguss verbunden – so ist es in Formen giessbar – oder als Stahl, in Kombination mit anderen Elementen, die dem Metall ganz bestimmte Eigenschaften verleihen.

Die Eisenlegierungen

Die Stähle

Es handelt sich um Legierungen von Eisen und Kohlenstoff, mit weniger als 2% Kohlenstoff. Sie enthalten zudem kleine Mengen von Silizium und Mangan, sowie Spuren von Schwefel und Phosphor.
Die Schweissbarkeit nimmt mit zunehmendem C-Gehalt ab. Die mittel- und extraharten Stähle werden selten geschweisst.
Dagegen sind die Stähle, die sich dem Eisen nähern (die weichen und extraharten Stähle) schlecht giessbar und ziemlich gut schmiedbar. Die Stähle eignen sich nicht für die Technik des Treibens im kalten Zustand.

Die legierten Stähle: es können zahlreiche Elemente zum Stahl legiert werden. Die gebräuchlichsten sind: Chrom, Nickel, Silizium, Mangan, Molybdän, Wolfram und Vanadium.
Die wesentliche Eigenschaft der legierten Stähle für den Bildhauer ist deren Korrosionsbeständigkeit in der Atmosphäre.

Die rostfreien Stähle: es handelt sich um Legierungen von Eisen, Kohlenstoff, Chrom und Nickel. Ihre mechanischen Eigenschaften werden durch das Härten nicht verbessert. Diese Stähle sind schweissbar. Sie sind an der glänzigen Oberfläche und ihrem nicht magnetischen Verhalten erkennbar.

Die gebräuchlichsten sind:

- *Stahl 18/10:* (18% Cr, 10% Ni) in Kombination mit variierenden Kohlenstoffgehalten (weniger als 0.12% oder weniger als 0.05% oder weniger als 0.03%).
- *Stahl 18/8:* (18% Cr, 8% Ni) ist bemerkenswert korrosionsfest, mit brillantem Aussehen. Es ist mit hartem Stahl vergleichbar in der Festigkeit, ist aber dehnbarer und besser hämmerbar als extraweicher Stahl. Er lässt sich problemlos schweissen.
- *Stahl 18/10/Mo:* (18% Cr, 10% Ni, 2–3% Molybdän) ist noch besser korrosionsfest (insbesondere in saurem Milieu).

Die patinierbaren Stähle: sie enthalten kleine Mengen Kupfer, Phosphor und Chrom. Nach einigen Jahren Witterungseinfluss in einer von feucht auf trocken ständig wechselnden Atmosphäre, bildet sich eine stabile Rostschicht auf der Oberfläche, die den Stahl vor einer tiefer gehenden Oxydation schützt. Diese Stähle sind schweissbar (vorausgesetzt, man verwendet ein geeignetes Einlagemetall). Der Stahl «Corten» ist ein Handelsname, wie «Arcorox». In allen Fällen ist ein Aussetzen an eine anhaltende hohe Feuchtigkeit zu vermeiden. Es ist dafür Sorge zu tragen, dass kein Wasser in Taschen liegen bleibt und dass sich keine Staubdepots bilden.

Die galvanisierten Stähle: die galvanisierten Stahlbleche (Dachkänel, Traufen, etc.) erhält man

Kohlenstoffstähle

Bezeichnung	Kohlenstoffgehalt %	Zugfestigkeit im wiedergeglühten Zustand (Newton/mm²)	Verwendung
Stahl extraweich	weniger als 0.15%	350–450	schmiedbar
Stahl weich	0.15–0.2	400–500	schweissbar
Stahl halbweich	0.2–0.3	500–600	nicht giessbar
Stahl mittelhart	0.3–0.4	600–700	–
Stahl hart	0.4–0.5	700–800	giessbar
Stahl sehr hart	0.5–0.6	800–900	weder schmiedbar
Stahl extrahart	über 0.6	über 850	noch schweissbar

durch Galvanisieren der Stahlbleche in einem Bad mit geschmolzenem Zink. Es bildet sich auf beiden Seiten des Bleches eine Zinkablagerung und somit eine Zwischenschicht einer Eisen-Zink-Legierung. Diese bildet einen sehr guten Schutz des Stahls gegen Korrosion. Für Bildhauerei ist es empfehlenswert, galvanisierte Stähle mit hohem Oberflächenfinish zu wählen. Diese Stähle sind schweissbar (siehe Kapitel Schweissen), lassen sich aber auch mechanisch oder durch Kleben zusammenfügen.

Die thermische Behandlung von Stählen

Diese Behandlung bezweckt die Verbesserung der mechanischen Eigenschaften der Stähle.

Das Härten (Abschrecken): es besteht in der brüsken Abkühlung des auf hohe Temperaturen erhitzten Stahls: diese Behandlung führt zu einer grossen Härte. Das Metall wird auf über 900° C erhitzt und dann in Wasser oder Öl getaucht. Beim Aufheizen des Stahls soll man nicht über die kirschenrote Farbe des Stahls, die ca. 1000° C anzeigt, hinausgehen.

Das Anlassen: das Anlassen bringt Spannungen, die beim Härten im Innern des Metalls entstanden sind, zum Verschwinden. Der gehärtete Stahl wird spröder, er muss auf eine tiefere Temperatur (200–300° C) als beim Härten gebracht werden, dann lässt man ihn langsam abkalten, um ihn weicher und weniger spröd zu machen.

Das Glühen: Aufheizen eines Metalls auf eine hohe Temperatur, gefolgt von einem langsamen Abkühlen. Es wird bei gehärteten Stählen angewendet, um ein gewisses Zusammenziehen im Innern der Metallmasse zu lösen. Das Glühen enthärtet den Stahl und verleiht ihm wieder die ursprünglichen Eigenschaften. Diese Behandlung wird oft bei Stählen gewählt, deren mechanische Eigenschaften durch mehrfaches Hämmern (Kalthämmerstahl) modifiziert worden sind. In diesem

▷
Marino Marini
Reiterin (1947)
Bronze
103×60 cm
Photo De Antonis

Fall verleiht ihnen das Glühen wieder die Biegsamkeit von vorher.

Die Gusstypen

Es handelt sich beim Guss um Legierungen von Eisen und Kohlenstoff (2.5–6% C), die zudem noch kleine Mengen von Mangan, Schwefel, Phosphor und Silizium enthalten können.
Sie sind nicht dehn- und damit auch nicht schmiedbar.
Ihre Schmelztemperatur beträgt ca. 1200°C und ihre Giesseigenschaften erlauben es, sie in den Giessereien einzusetzen (die Gusstypen für Giessereien weisen einen Kohlenstoffgehalt von 3.5–6% auf). Sie werden in der Regel in Formen aus Sand oder Metall gegossen.

Man unterscheidet:

- *Grauguss oder Formguss*
  (3.5–6% C-Gehalt): in diesem Guss ist der grösste Teil vom Kohlenstoff im freien Zustand (in Form von Graphit). Diese kurantesten Typen schmelzen bei 1200°C, sind fliess- und giessbar und entbehren jeglicher Dehnbarkeit. Es ist möglich, diese Gusstypen zu schweissen.

- *Weissguss*
  (2.5–3.5% C-Gehalt): der grösste Teil des Kohlenstoffs ist mit Eisen verbunden (Kohleneisen). Sie sind hart und spröde.

- *Der dehnbare Temperguss:*
  diese Typen wurden vom Kohlenstoff befreit (C ist im freien Zustand). Sie sind dehnbar (duktil) und weich; sie lassen sich jedoch nicht schweissen.

Die Formtechnik für Metalle

Die Giesstechnik

Dieses Verfahren ist zu allen Zeiten in der Bildhauerei das gebräuchlichste gewesen, um komplexe Formen zu realisieren. Es gibt verschiedene Abarten dieser Technik: Guss mit Sand, Guss mit verlorenem Wachs (Wachsausschmelzverfahren), etc., die jedoch alle auf demselben Prinzip fussen. Das Metall wird in einem Tiegel auf seine Schmelztemperatur gebracht und im flüssigen Zustand in die Negativform gegossen, wo es beim Abkühlen sukzessive fest wird. Dann befreit man das Metallstück von seiner Form und bearbeitet es in kaltem Zustand, um ihm die gewünschte Endform und das gewünschte Aussehen zu geben.
Diese Technik wird für die meisten Nichteisenmetalle angewandt. Die Kosten – wenn der Prozess von einem Giessereifachmann durchgeführt wird – sind ziemlich hoch. Indessen ist es bei kleineren Objekten nicht unmöglich, die Gussarbeit selber durchzuführen.

Die Technik des Treibens

Es ist eine Technik, um bestimmte Metalle (die dehnbarsten) auf kaltem Weg, durch Hämmern oder Schlagen, zur gewünschten Form zu bringen. Das Metall, in Form von dünnsten Blättern, kann von innen heraus direkt bearbeitet werden, ohne spezielle Stützung: man spricht in diesem Fall von der direkten Treibtechnik. Es kann auch von innen in einer Form gehämmert werden: es handelt sich dann um ein «Treibstanzen» mit Form. Schliesslich kann man beispielsweise eine Holzform mit einem dünnen Metallblech überziehen und von aussen bearbeiten; man spricht dann von einem «Treibstanzen» mit Reliefmodell.
Blei, Kupfer, Bronze, Silber, Gold lassen sich auf diese Weise bearbeiten.
Es ist dies ebenfalls eine sehr alte Technik (man denke an die Statuetten der Sumerer und Ägypter, u.a.), die heute oft in Verbindung mit Schweissen oder Löten gebraucht wird.

Die Technik des Schweissens

Schweissen (eine alles umfassende Technik mit Varianten) erlaubt, mit Hilfe von Wärme verschiedene Metallstücke zu einem einzigen zu vereinigen, d.h. zu verschweissen.
Man unterscheidet einmal das autogene oder direkte Schweissen, bei dem die Metallteile durch simultanes Schmelzen der Ränder vereinigt werden, mit oder ohne identisches Stützmetall. Dann kennt man das heterogene Löten oder Schweissen, bei dem die Metallteile durch ein unter dem Schmelzpunkt der zu vereinigenden Metalle liegendes Stützmetall verbunden werden. Das Schweissen erfolgt mittels eines Lötkolbens Sauerstoff-Acetylen, Sauerstoff-Wasserstoff oder durch elektrisches Schweissen.
Die Schweisstechniken sind praktisch auf alle Metalle übertragbar; sie sind aber besonders geeignet für weiche und rostfreie Stähle.

Die elektrolytische und galvanoplastische Technik

Mit diesen Techniken wird durch Elektrolyse eine ganz dünne Schicht Metall auf der Oberfläche eines leitenden Materials abgelagert.
Der Ausdruck Galvanoplastik ist dem Verfahren vorbehalten, nach dem man durch Ablagerung einer dünnen Metallschicht im Innern der Formen Werkkopien herstellen kann.
Dagegen wird die Oberflächenbehandlung durch Elektrolyse als «elektrolytische Behandlung» bezeichnet, z.B. elektrolytisches Vergolden, Versilbern, etc.

Die Technik des Schmiedens

Schmieden heisst, die Form von rotglühendem Eisen oder weichem Stahl durch mechanische Einwirkung zu modifizieren. Das Metall wird in einer Esse erhitzt, dann, nach Erreichen der adäquaten Temperatur, bei der es dehn- bzw. schmiedbar wird, mit dem Hammer auf dem Amboss bis zur gewünschten Form geschmiedet.

Die mechanischen Verbindungstechniken

Sie erlauben das Zusammenfügen von mehreren Metallteilen auf kaltem Weg. Das kann geschehen durch «Einschachteln» mit Bolzen und Schrauben, Nieten, Stiften, Dübeln und Agraffen.

Anmerkung: Bevor man sich für ein bestimmtes Material entschliesst und sich auf eine Technik festlegt, muss man sich über verschiedene wichtige Faktoren Rechenschaft ablegen:

- die Art der gewünschten Form: handelt es sich um eine volle, massive oder offene Form?
- die Eigenschaften des Metalls, das man anwenden will: wie hoch ist seine Festigkeit? Ist es giessbar, schweissbar, hämmerbar?
- Standort der Plastik; im Freien?
- Gesamtkosten: Arbeit und Material.
- Grösse der Plastik.
- Gewicht und Festigkeit des Materials: eine grosse Plastik aus Blei riskiert wegen ihres grossen Gewichts in sich selber einzustürzen.
- Oberflächenaspekt und gewünschte Färbung.

▷
Régine von Chossy
Saüler (1983)
Drehspäne
Höhe 340 cm, Durchmesser 50 cm
Zahlreiche zeitgenössische Künstler greifen auf die ursprünglichen Rohstoffe zurück und respektieren auch die Abfälle aus der industriellen Fertigung, «minimale» Formen ausdrückend.

Unentbehrliche Werkzeuge für die Metallbearbeitung

Je nach der Technik, für die man sich entschieden hat, variiert das Werkzeug deutlich; trotzdem gibt es eine Anzahl Werkzeuge, die sich in allen Fällen als nützlich erweist:

Eine Werkbank oder ein Tisch von guter Höhe ist Bedingung. Darauf werden Schraubstöcke oder Drehtische befestigt.

Als Kleinmaterial ist eine Auswahl von Feilen und Raspeln praktisch (flache, runde, quadratische, dreieckige), ferner Metallsägen, Zangen (Flach- und Schneidzangen), englische Schlüssel, Hämmer, Handblechschere, eine Schieblehre für genaues Messen, ein graduiertes Lineal, ein Metallwinkelmass, ein Hammer zum Treiben, Meissel, Stichel und Holzhammer, eine Anzahl Bohrer und Glättwerkzeuge, etc.

Als schweres Material empfehlen wir den Kauf einer Hebelblechschere und eines Amboss.

Das unentbehrliche elektrische Werkzeug setzt sich zusammen aus: Bohrmaschine, Schleifmaschine mit Schleifscheiben, Nagelmaschine, Bandpoliermaschine (Bimsmaschine), Polierscheiben, etc.

Die Stahlwerkzeuge werden zum Rostschutz leicht eingefettet.

Die am häufigsten verwendeten Werkzeuge werden in einem Rechen in Griffnähe aufgehängt.

Die Feilen werden nur stossend verwendet. Nachdem man in einer Richtung gearbeitet hat, ändert man diese und kreuzt die vorgängigen Arbeitsspuren.

Die für weiche Stähle einzusetzenden Feilen haben nur eine einzige «Schneide» (d.h. die flache Seite der Feile weist nur eine einzelne Reihe von Rillen auf).

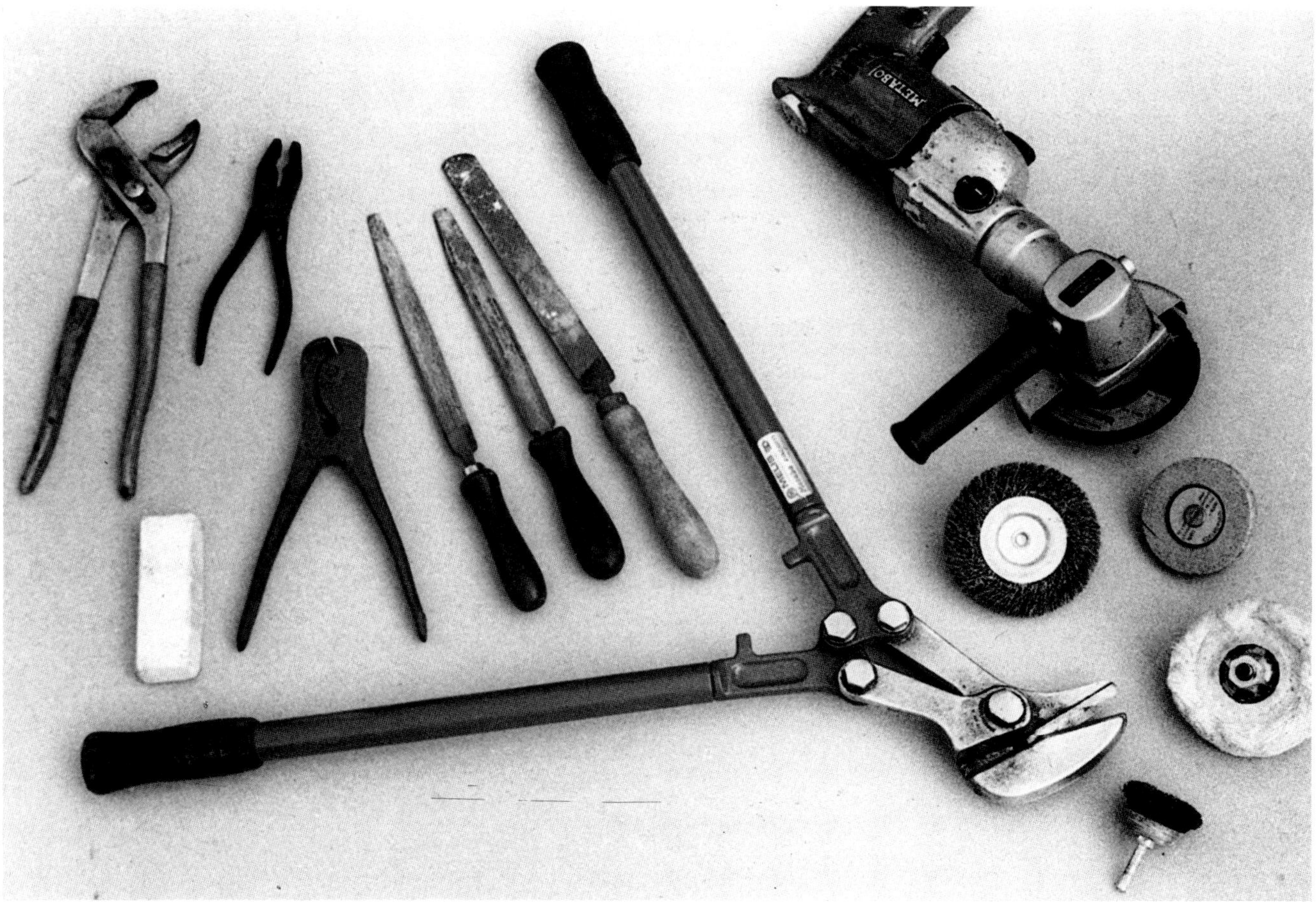

Die Giesstechnik

Wir treten zuerst auf die Giesstechnik für Bronze ein, um anschliessend auch die anderen Metalle zu behandeln.
Man unterscheidet zwei verschiedene Giesstechniken: die direkte Technik und die indirekte Technik. Diese wird bei Metall-Reproduktionen von Werken angewendet, die in anderen Materialien hergestellt worden sind (Gips, Ton, Plastik, Metall, etc.). Diese müssen zuerst geformt und dann in Wachs reproduziert werden: aus diesem Grund spricht man von einer indirekten Methode. Mit der direkten Methode stellt der Bildhauer sein Werk im ersten Anlauf, d.h. direkt in Wachs her. Die Wachsskulptur wird beim Brennen der Form definitiv zerstört, bevor dann das Metall in die Form fliesst. Dieses Verfahren führt zu Unikaten, während die indirekte Technik mehrere Abgüsse ab der Form vom Original zulässt. Es gibt verschiedene Giesstechniken:

Die Wachsausschmelztechnik: diese Methode eignet sich hauptsächlich für komplizierte Skulpturen, von denen man eine einzige Kopie oder eine limitierte Zahl von Kopien wünscht. Das Wachsmodell wird von einer Form aus Feuerfestmaterial (Form aus Formerde) umgeben; es geht dann beim Schmelzen verloren. Das geschmolzene Metall wird sodann in die Form gegossen, wo es den Platz des Wachsoriginals einnimmt. Die Metallkopie wird durch Zerstören der Form befreit.

Die Giesstechnik mit Sand: der Abdruck des Modells (aus einem harten Material) wird auf den tonhaltigen Quarzsand, der das Modell fest gestampft in übereinanderliegenden Rahmen umgibt, übertragen. Vor dem Giessprozess wird das Modell aus der Form entfernt. Nach dem Giessen wird die Metallskulptur ausgeformt, wobei die Form zerstört wird. Diese Methode erlaubt eine grosse Zahl von Abgüssen von einem einzigen Modell.

Der Guss mit einem verdampfbaren Modell: das Modell, von dem man eine Metallreproduktion machen will, besteht aus Polystyrol-Schaumstoff. Es wird in eine Form aus Sand oder Formerde gebracht. Dann wird das flüssige Metall ohne vorheriges Entfernen des Modells eingegossen. Sobald das Polystyrol mit dem Metall in Kontakt kommt, schmilzt es augenblicklich und verflüchtigt sich. Modell und Form gehen im Laufe des Prozesses verloren; es entsteht ein Unikat.

Das Verfahren «Shaw» (ceramic-shell-casting): diese Technik wurde nach 1938 durch die Gebrüder Shaw in England entwickelt. Man verwendet eine Mischung aus Äthylsilikat, Wasser und einem sehr feinen Feuerfestmaterial für die Form. Die Mischung wird mehrfach gegossen, bis die Formdicke 6 bis 13 cm erreicht. Dann wird das Wachsmodell durch Erhitzen entfernt. Schliesslich wird die Form einer lebhaften Flamme ausgesetzt, um die Nichtfeuerfestelemente zu entfernen.

Der Guss in einer Schildform (self-cure sand casting): oder Verfahren nach Croning, das Ende 1944 von einem Deutschen entwickelt worden ist. Es besteht im Formenaufbau aus feinstem Quarzsand, der mit einem warmhärtenden Harz vermischt wird. Die dünnwandige Form lässt sich mehrere Male verwenden.

Der Guss durch Zentrifugieren und Injektion: ideales Verfahren für kleine Stücke, die hochpräzis sein müssen. Das Metall wird durch Induktion geschmolzen (Spezialverfahren nach dem das Magnetfeld mit dem rotierenden Tiegel kombiniert wird), dann wird das Metall nach Erreichen der idealen Temperatur in die Form eingespritzt. Die ganze Operation läuft automatisch ab.

Diese vier letzten Techniken finden vor allem industrielle Anwendung, sind aber bis zu einem bestimmten Grad auch im Kunsthandwerk anwendbar.
Die Arbeit in den Giessereien geht in mehreren Etappen vor sich:
- Das Formen des Stückes in Gips (oder in irgendeinem anderen Material), von dem man einen Abguss machen will.
- Das Abziehen eines Exemplars aus Wachs in der Form.

Diese beiden ersten Etappen sind nur bei der indirekten Methode notwendig. Im Falle der direkten Methode verwirklicht der Bildhauer sein Werk in Wachs im ersten Anlauf.
- Einrichten eines Feuerfestkerns.
- Einrichten eines Gussversorgungs- und eines Entlüftungsnetzes auf dem Stück aus Wachs.
- Herrichten der Form aus Formerde (Wachsausschmelzverfahren) oder der Form aus Giessereisand.
- Entfernen des Wachses in einem Ofen durch Ausschmelzen. Wird das Formen mit Sand bewerkstelligt, wird das Originalstück aus der zweiteiligen Form entfernt, diese wieder geschlossen und in einem Trockenofen ausgehärtet.
- Schmelzen des Metalls in einem Tiegel.
- Giessen des flüssigen Metalls in die Form.
- Ausformen nach erfolgter Abkühlung.
- Fertigbearbeitung des Stückes.

Kleine Skulpturen (maximal 10 cm gross) werden voll gegossen. Die grösseren Skulpturen dagegen werden aus mehreren Gründen hohl ausgeführt:
- der Bedarf an Metall lässt sich reduzieren, was zu einer Kostenreduktion führt;
- das Gewicht der Skulptur wird kleiner;
- eine hohle Form weist eine grössere Festigkeit auf als die äquivalente volle Form;
- die durch das Schrumpfen einer zu grossen Metallmasse hervorgerufenen Deformationen lassen sich vermeiden.

▷
Nado Canuti
Grande Fiore Ricordo (1983)
Bronze
160×95 cm

Die Giesstechnik nach dem Wachsausschmelzverfahren

Dieses Verfahren war lange Zeit das verbreitetste; sicher ist es eines der ältesten. Bereits die Ägypter verwendeten es vor vielen Jahrtausenden, mehr oder weniger unverändert. Auch die Griechen der klassischen Epoche bedienten sich seiner intensiv, wie auch die Italiener der Renaissance. Benvenuto Cellini erzählt in seinen Memoiren, wie er den Perseus, den man in Florenz bewundern kann, in seinem eigenen Atelier gegossen hat. Dieser Fall stellt eine Ausnahme dar, indem die meisten Künstler ihre Originale aus Gips oder Ton einem spezialisierten Giessermeister anvertrauten. Man sprach in diesen Fällen von der indirekten Methode.

Die indirekte Methode

Diese wird dann angewandt, wenn man eine in einem anderen Material als Wachs verwirklichte Skulptur in Metall giessen will. Diese kann aus Gips, Ton, Stein, Metall oder aus welchem Material immer, bestehen. Der Bildhauer muss in erster Linie eine für die Reproduktion seines Werkes geeignete Form bereitstellen: eine Form aus Gelatine oder eine mehrteilige Form aus Gips oder auch eine solche aus Silikonkautschuk (siehe Kapitel «Formen»).
Ist eine Form bereit, giesst man das Wachs hinein, worüber noch Einzelheiten zu berichten sind (siehe auch das dem Wachs gewidmete Kapitel).

Das Modellierwachs

Die Eigenschaften, die ein für den Guss bestimmtes Modellierwachs erfüllen muss, sind folgende:

- Nach dem Entfernen des Wachses aus der Form aus Formerde darf es keine Rückstände geben. Jeder Rückstand (Russ, Schmutz), der im Innern der Form zurückbleibt, kann den Gussprozess beeinträchtigen und zu Fehlstellen im Innern des Metalls führen.

- Es muss zwischen 400 und 500°C vollständig eliminiert werden können und beim Ausbrennen der Form leicht aus dieser ausfliessen.

- Sein Preis muss im Rahmen liegen, da das Wachs nach dem Prozess verloren geht.

- Das Wachs, das den Kern durch Eintauchen oder Einreiben bedecken muss, muss eine geringe Viskosität aufweisen.

- Es muss beim leichten Erwärmen eine gute Plastizität und Duktilität aufweisen, damit es leicht die gewünschte Form annehmen kann. Das zum Modellieren bestimmte Wachs kann ziemlich weich und biegsam sein (die Wärme der Hände soll genügen, um es weich zu machen).

- Wenn auf Zimmertemperatur abgekühlt, soll es fest sein, damit vor dem Formen keine Deformation eintritt: es darf jedoch auch nicht zu spröde sein.

- Es darf nur einen geringen Ausdehnungskoeffizient aufweisen.

Modellierwachs 1		**Modellierwachs 2**		**Wachs zum Eintauchen**	
Bienenwachs	50%	Bienenwachs	40%	Bienenwachs	20%
Paraffin	40%	Paraffin	40%	Paraffin	30%
Vaselin	7%	Kolophonium	15%	Keresin	30%
Lanolin	3%	Vaselin	5%	Carnauba	20%

Zur Zeit erfüllen die mikrokristallinen Wachse die genannten Anforderungen am besten. Sie werden so bezeichnet, weil ihre kristalline Struktur feiner ist als diejenige von Bienenwachs und Paraffin. Es sind synthetische und leichter verarbeitbare Wachse als die natürlichen. Sie sind zudem in weiteren Temperaturgrenzen modellierbar als diese. Bei ungefähr 482°C verflüchtigen sie sich, ohne den geringsten Rückstand zurückzulassen.

Das *Bienenwachs* ist das in der Bildhauerei am häufigsten verwendete Wachs. In reiner Form ist es zu hart und spröde. Es schmilzt bei 62–65°C und ist in Alkohol löslich.

Das *Carnaubawachs* ist ein hartes und sprödes pflanzliches Wachs. Es schmilzt zwischen 84 und 86°C und ist in Alkohol und Terpentin löslich.

Das *Keresin* oder natürliche Paraffin oder Ozokerit gleicht dem Carnaubawachs, ist in Alkohol und Benzol löslich.

Das *Kolophonium* (Geigenharz) ist ein durch Destillation aus Terpentin gewonnenes Harz. Bernsteinfarbig, erhöht es die Streckbarkeit des Wachses und reduziert den Schmelzpunkt. Es macht das Wachs besser klebend. Kolophonium ist in Methanol löslich.

Das aus Petrol gewonnene *Paraffin* macht das Wachs leichter und weniger klebend. Es ist in Alkohol und Terpentin löslich.

Das aus dem Wollfett der Schafwolle extrahierte *Lanolin* erhöht die Plastizität der Wachsmischung und verleiht ihr eine gewisse Milde. Es ist in Äther löslich.

Anmerkungen

Besteht die Form aus Gelatine, werden mit einem Pinsel sehr dünne Flüssigwachsschichten auf die Innenflächen der Form aufgebracht. Es ist darauf zu achten, dass die Gelatine nicht überhitzt wird, da man sonst riskiert, dass sie schmilzt: aus diesem Grund sind nur sehr dünne Wachsschichten zu legen. Man lässt das Wachs im Behälter, in dem es geschmolzen wurde, erkalten und verwendet es erst dann, wenn es am Rand zu gerinnen beginnt. Man fügt nun eine Wachsschicht im Innern der Form hinzu, dort, wo es besonders hervorspringende Formen gibt, in den Ecken und an der Basis des Stückes.

Die Dicke des Wachsmodells entspricht der Dicke des Metalls, das während des Giessprozesses an dessen Stelle tritt. Im Idealfall soll die Dicke bei den grössten Stücken 12 cm nicht überschreiten. Für eine mittelgrosse Skulptur ist ein Dicke von 6 cm genügend, wogegen man sich bei kleinen Stücken mit 3 cm oder weniger zufrieden geben kann.

Bevor der Kern eingesetzt wird, ist es ratsam, das Wachsmodell zu wägen, damit man die Menge Bronze für den Guss abschätzen kann. Als Faustregel multipliziert man das Wachsgewicht mit 10, um das Gewicht der Bronze zu bekommen.

Dabei ist auch das Gewicht der Versorgungs- und Entlüftungsrohre miteinzubeziehen, die nach dem Giessen des Kerns montiert werden.

Bei den für den Guss bestimmten Wachsmodellen stellt sich die Frage nach einer metallischen Armierung nicht. Es können Holzstäbe zur Verstärkung verwendet werden. Diese verkohlen beim Brennen der Form, doch ist es vor Beginn des Giessprozesses unumgänglich, die mineralischen Rückstände abzusaugen.

Die Methode «mit vorbestimmtem Kern» besteht im Grobgestalten der Skulptur mit einer Mischung von Gips und zerstampftem Feuerfestmaterial (oder Sand) und im Überziehen dieser noch rohen Form mit Wachs, entweder durch Tränken oder Einreiben mit der Bürste. Der Finish der Oberfläche geschieht mit Hilfe von verschiedenen Werkzeugen. Dann setzt man die Stützstäbe für den Kern ein, montiert das Versorgungssystem (Gussleitungen) und konstruiert die Form aus Formerde. Damit die Menge des Wachses bestimmt werden kann, wägt man die Feuerfest-Grobskulptur, bevor man sie mit Wachs überzieht, und nachher.

Errichten des Kerns und der Stützstäbe

Handelt es sich um eine Hohlskulptur, ist es unumgänglich, das Wachsmodell mit einem Kern aus Feuerfestmaterial zu versehen. Man muss sich zudem vergewissern, dass der Kern in der Form mittels Metallstäben am richtigen Platz gehalten wird. Wäre das nicht der Fall, nämlich nach dem Ausbrennen des Wachses, würde er nicht mehr in der ursprünglichen Position gehalten und würde sich auf den Grund der Form absetzen.
Ist die Skulptur von kleinerem Ausmass, kann der Kern nach der Ausformung des Wachsmodells gegossen werden. Ist die Skulptur grösser, besteht das Risiko, dass der Kern im Flüssigzustand das Modell deformiert. In diesem Fall belässt man diesen im Innern der Form, die als Stütze dient. Bei sehr grossen Stücken wird das Modell in Wasser getaucht, damit der vom Kern auf die Wände ausgeübte Druck kompensiert werden kann.
Um Luftblasen, die an exponierten Stellen entstehen, zu vermeiden, füllt man den Hohlraum teilweise und neigt das Modell so, dass das Kernmaterial in die hintersten Taschen der Skulptur eindringen kann. Dann fährt man fort, den Hohlraum ganz aufzufüllen; dabei klopft man leicht an die Wände, um Luftblasen entweichen zu lassen und das Material zu verfestigen.
Der Kern der grossen Stücke muss mit Metallstäben armiert werden, und zwar dort, wo sich dünnere Partien (Arme, Beine) befinden.
Die im Kern enthaltene Luft, die sich im Augenblick des Giessens stark ausdehnt, muss leicht entweichen können. Ein Entlüftungsrohr, bestehend aus einem feinen Wachsstab, der auf halber Höhe des Kerns angeschlossen ist und bis über den Eingiesstrichter hinaus reicht, gewährleistet eine vorzügliche Entlüftung.
Die stützenden Metallstäbe werden durch den Wachs bis in eine gewisse Tiefe des Kerns montiert, so dass sie senkrecht zur Wachsoberfläche zu stehen kommen. Diese Stäbe (lange Nägel aus Stahl oder Stäbe aus Kupfer) müssen die Wachsoberfläche um 1–2 cm überragen. Es sind mehrere Nägel, in regelmässigen Abständen gesetzt, nötig (für eine mittelgrosse Skulptur ca. 12).
Die Zusammensetzung des Kerns ist dieselbe wie diejenige der Form aus Formerde: es ist eine Mischung aus Gips und Feuerfestmaterial (Sand, zerstampfter Backstein).

Anmerkung
Nach einem anderen Verfahren wird der Kern gegossen, wenn das Wachsmodell teilweise von seiner Form aus Formerde umschlossen ist, wobei die Mündung des Hohlraums des Stückes nach oben gerichtet ist. Auf diese Weise kann das Stück beim Montieren der Versorgungs- und Entlüftungskanäle leichter gehandhabt werden.

Die Versorgungs- und Entlüftungskanäle

Danach muss das Versorgungssystem rund um das Stück aus Wachs gelegt werden. Dieses erlaubt das Auffüllen der Form aus Formerde mit Flüssigmetall, sobald diese vom Wachsmodell befreit ist. Das System weist zuoberst einen Trichter oder ein Giessloch auf: durch dieses wird das Flüssigmetall eingeführt. Das Giessloch hat die Form einer Pyramide und muss gross genug bemessen sein, um einen gewissen Vorrat an Metall zu halten, bevor dieses Zeit hat, sich im Versorgungsnetz zu verteilen. Dieses Giessloch dient gleichzeitig auch als Öffnung, um das Wachs abzulassen. Zu diesem Zweck wird die Form auf den Kopf gestellt, der Trichter nach unten gerichtet.
Ohne die Form umkehren zu müssen, kann das Wachs auch durch speziell montierte Kanäle entfernt werden; in diesem Fall sind diese als Abflussröhren an der Basis der Form aus Formerde angebracht. Diese Kanäle werden zuunterst im Versorgungssystem befestigt.
Wenn einmal das Wachs geschmolzen ist, unmittelbar vor dem Giessen des Metalls, müssen die Abflussrohre sorgfältig verschlossen werden, damit kein Metall auf diesem Weg verlorengeht.
Das Versorgungssystem, ganz aus Wachskanälen bestehend, umfasst auch die Giesskanäle. Diese sind dazu bestimmt, das Flüssigmetall so rasch wie möglich an die tiefste Partie des Hohlraumes der Form zu führen. Man unterscheidet zwischen den

grossen Hauptkanälen und den dünnen Sekundärkanälen, die senkrecht zum Stück gelegt sind. Es ist ratsam, mehrere Hauptkanäle rund um das Stück anzuordnen; wenn einer der Kanäle verstopft, können die anderen als Relais einspringen. Manchmal wird an der Basis des Stückes, d. h. bei der vom Eingiesstrichter entferntesten Stelle, eine Art Reservoir eingerichtet, das vom Hauptkanal geschmolzenes Metall erhält, bevor es sich in den Sekundärkanälen verteilt.

Der Durchmesser der Giesskanäle hängt von deren Länge ab: je länger sie sind, umso dicker müssen die Kanäle ausgelegt sein. In der Praxis heisst das: je länger der zu durchlaufende Weg ist, desto grösser ist das Risiko der vorzeitigen Verfestigung des Metalls. Die Länge des Versorgungsnetzes muss deshalb auf ein Minimum begrenzt werden. Der Durchmesser der Hauptkanäle darf an der Stelle, wo sie ins Modell münden, nicht kleiner sein als die Dicke der Modellwand.

Der Durchmesser der Hauptkanäle umfasst 4 bis 6 mal die Dicke des Modells.

Andererseits muss dafür gesorgt sein, dass die Luft vollständig entweichen kann, ebenso die sich bei steigendem Metallpegel in der Form bildenden Gase. Dies wird durch die Entlüftungskanäle gewährleistet. Diese sind feiner als die Giesskanäle. Sie werden dort installiert, wo am ehesten Luft eingeschlossen bleiben könnte (Nischen, Taschen), d. h. in den oberen Partien des Stückes in Giessposition. Die Entlüftungskanäle können im oberen Teil der Form zusammenlaufen und in ein einziges Entlüftungsrohr münden. In jedem Fall muss das Gasentlüftungsnetz vollständig unabhängig vom Versorgungsnetz (Giesskanäle) eingerichtet sein.

Fabrikation der Giess- und Entlüftungskanäle

Diese werden aus Wachs gefertigt und fest mit dem Stück verbunden, bevor dieses in der Form aus Formerde eingesetzt wird.

Zur Herstellung der Kanäle aus Wachs, giesst man eine Mischung von Paraffin und Wachs in Metallröhren von angemessenem Durchmesser und lässt die Mischung erkalten. Dann erwärmt man die Rohre gleichmässig und stösst die Wachskanäle in ein Becken mit kaltem Wasser aus. Der Durchmesser der Giesskanäle soll 6–13 mm und derjenige der Entlüftungskanäle 3–5 mm betragen. Diese lassen sich leicht herstellen, indem man eine Schnur ins Wachs taucht; beim Brennen wird die Schnur eliminiert. In diesem Fall muss man die Form nach dem Brand entlüften, um allfällige Rückstände zu entfernen.

Eine zweite Methode für die Herstellung der Kanäle besteht in der Formung von Gipsrohren von angemessenem Durchmesser, in die die geschmolzene Mischung Paraffin-Wachs gegossen wird (Achtung: es darf nicht vergessen werden, den Gips mit Wasser zu tränken, bevor das Wachs eingegossen wird!).

Nach einer dritten Methode erfolgt die Fabrikation der Rohre von Hand. Man giesst eine geschmolzene Mischung Paraffin-Wachs in einen mit kaltem Wasser gefüllten Behälter. Die Mischung gerinnt und bildet Bänder, die man aus dem Wasser als ganzes Paket entnimmt. Sie werden mit dem Handballen auf einer Marmorplatte gerollt und zu leicht konischen, verlängerten Würsten geformt. Man stellt auf diese Weise eine ganze Serie von verschiedenen Formen und Dimensionen her.

Konzept für das Versorgungs- und Entlüftungsnetz

Vor der Installation der Giess- und Entlüftungskanäle muss jedes Gussstück sorgfältig geprüft werden. Jeder Fall ist anders gelagert: man muss die Dimensionen in Erwägung ziehen, seine Komplexität und seine Dicke, um Zahl und Standort der verschiedenen Kanäle festlegen zu können.

Oft ist die Skulptur so angelegt, dass die Basis nach oben orientiert ist. Der Versorgungskonus besteht aus Wachs und liegt über dem Ganzen.

Vom Konus gehen die verschiedenen Hauptkanäle aus, die die Skulptur von verschiedenen Seiten mit Metall versorgen. Sie sind längs der Skulptur angeordnet und führen direkt zur am weitesten vom Einfülltrichter entfernten Stelle. Dort werden sie direkt mit dem Modell verschweisst oder mit einem Reservoir, das mit der Basis des Stückes verbunden ist. Die Sekundärkanäle verbinden den Hauptkanal vom Modell auf verschiedenen Niveaus.

Das Versorgungssystem muss so konzipiert sein, dass das flüssige Metall die Form nicht gleichzeitig von unten und von oben füllen kann, da sonst

Technik des Wachsausschmelzverfahrens.

Originalmodell aus Gips neben seinem Wachsabguss, der mit Giess- und Entlüftungskanälen ausgerüstet ist. Das Wachsmodell ist bereits in der Stellung für den Giessprozess, oben ist der Einfülltrichter montiert. Man erkennt die senkrecht angeordneten Hauptkanäle für das geschmolzene Metall, verbunden mit den Sekundärkanälen auf verschiedenen Niveaus. Die feineren Entlüftungskanäle sind in zwei Hauptkanälen zusammengefasst und münden in eine Öffnung ganz oben. Auch die der Verstärkung dienenden Metallstäbe, die den Kern in der richtigen Stellung halten, sind sichtbar.

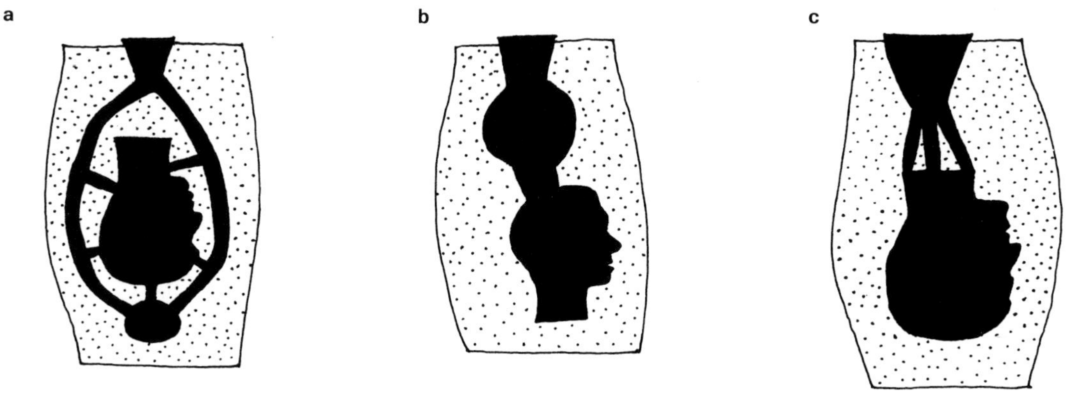

Guss nach dem Wachsausschmelzverfahren drei Versorgungstypen

a) Das flüssige Metall wird über die Hauptkanäle zur am weitesten entfernten Stelle geführt und in eine Vorratstasche geleitet, bevor es das vom Wachsmodell zurückgelassene Vakuum ausfüllt.

b) Versorgung mit Flüssigmetall eines kleinen, vollen Stückes. Vom Einfülltrichter fliesst das Metall in ein Zwischenreservoir, das mit einem einzigen Hauptkanal mit dem Stück verbunden ist.

c) Direktversorgung mit Siliziumbronze.

Luftblasen entstehen. Die Giesskanäle werden mit Vorteil an konvexen Oberflächen und gut zugänglichen Stellen des Modells befestigt, da man sie nach dem Ausformen des Stückes wieder entfernen muss.

Die Entlüftungskanäle werden an den höchsten Stellen befestigt, und zwar basierend auf der Stellung des Stückes beim Giessvorgang. Man kann die verschiedenen Entlüftungskanäle in einem einzigen Kanal zusammenfassen. In keinem Fall dürfen die Entlüftungskanäle an das Versorgungssystem angehängt werden.

Es gibt auch andere Versorgungssysteme, die auf den Guss von besonderen Legierungen abgestimmt werden. Zum Beispiel kann das geschmolzene Metall statt zur Basis der Form direkt in die oberen Teile geführt werden: dieses Verfahren wird häufig angewendet beim Giessen von Silizium-Bronze.

Die Herstellung von Formen aus Formerde

Die mit Versorgungs- und Entlüftungskanälen versehene Skulptur wird mit einem genügend feinen und abgusstreuen Material überzogen, das die hohen Temperaturen beim Giessprozess aushält.

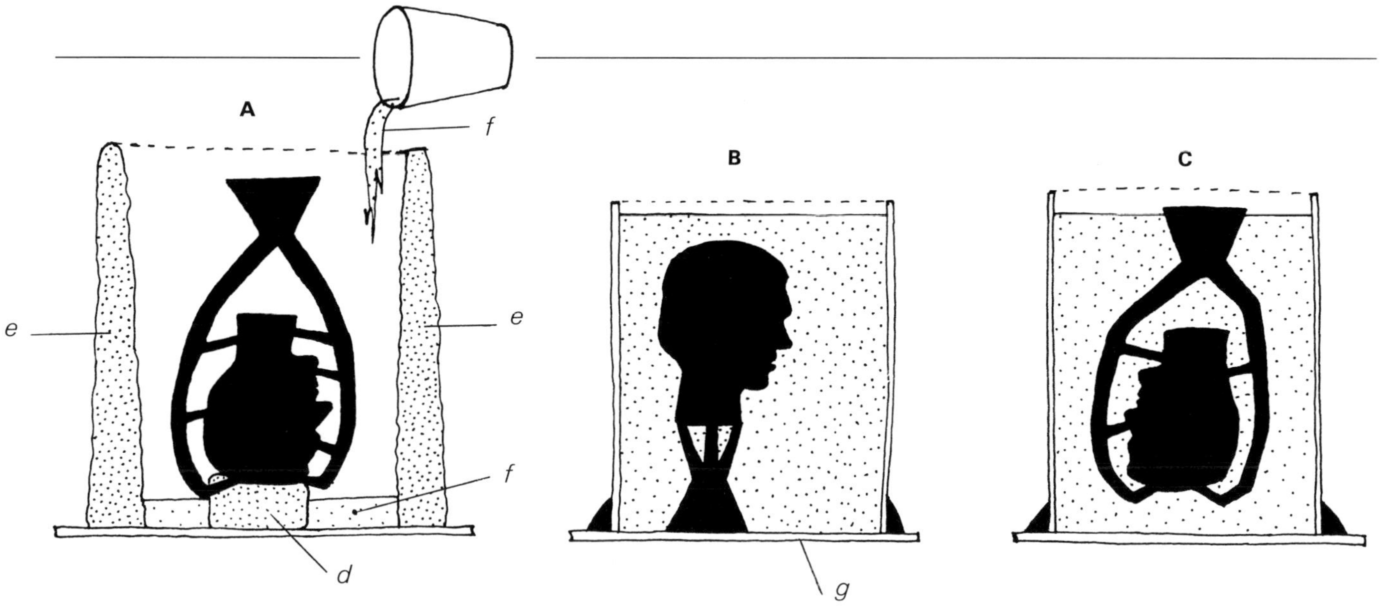

Guss nach dem Wachsausschmelzverfahren drei Möglichkeiten für die Form aus Formerde

A Das Wachsmodell, mit dem oben plazierten Giesstrichter, wird in einem Klumpen aus Formerde positioniert (d). Nach dem Abbinden bedeckt man das Stück mit einer dünnen Schicht Formerde. Dann errichtet man um das Stück herum eine kompakte Mauer aus Formerde (e). Zum Abschluss giesst man eine flüssigere Formerde (f) zwischen Mauer und Stück bis zum oberen Niveau des Giesstrichters. Am Umfang der Form wird zur Verstärkung ein Metallgitter plaziert und mit einer letzten Schicht Formerde umgeben.

B Das Stück, mit dem Trichter nach unten gerichtet, wird auf einem Karton (g) fest verbunden, dann mit einer dünnen Schicht Formerde versehen. Das Ganze wird von einer Manschette aus Karton oder Celluloseacetat umgeben. Man giesst flüssigere Formerde in die Manschette und bedeckt das Stück vollständig.

C Ähnliche Technik wie in B, mit dem Unterschied, dass das Stück mit dem Einfülltrichter nach oben, von Hand in Position gehalten wird, bis die flüssige Formerde abgebunden hat.
Die Giess- und Entlüftungskanäle werden mit einem Lötkolben an das Modell geschweisst.

Es ist notwendig, dass das Material dem Druck des Metalls standhält und dass es porös ist, damit die Gase entweichen können. Traditionsgemäss verwenden Giesser und Bildhauer eine Mischung von Gips und Feuerfestmaterial (Sand, zerstampfter Backstein), der als «Formerde» bezeichnet wird. Die um das Stück aus Wachs (inkl. Kanäle) montierte Form trägt den Namen «Form aus Formerde».
Vorerst wird das Wachsmodell mit einer dünnen Schicht ziemlich dünnflüssiger Formerde auf der ganzen Oberfläche bedeckt, um es so formgetreu wie möglich zu formen. Um die Haftung der Formerde an der Wachsoberfläche zu erleichtern, kann man diese vorgängig mit einer leichten Seifenlösung einreiben. Diese Behandlung lässt sich so durchführen, indem man das Stück am Einfülltrichter hält. Dann stellt man es auf einen weichen Klumpen Formerde, wobei der Einfülltrichter nach oben gerichtet ist. Man wartet bis zum Abbinden der Formerde und lässt das Stück los, das von nun an in dieser Stellung verharrt. Nun installiert man um das Stück herum eine Art Manschette aus konsistenter Formerde, wobei man genügend Zwischenraum zwischen Stück und Formerdeabschlusswand vorsehen muss. Sobald diese das oberste Niveau des Einfülltrichters erreicht hat, füllt man die Manschette mit flüssiger Formerde. Das

Der Mantel der zukünftigen Form ist bis auf halbe Höhe des Stückes hochgeführt.

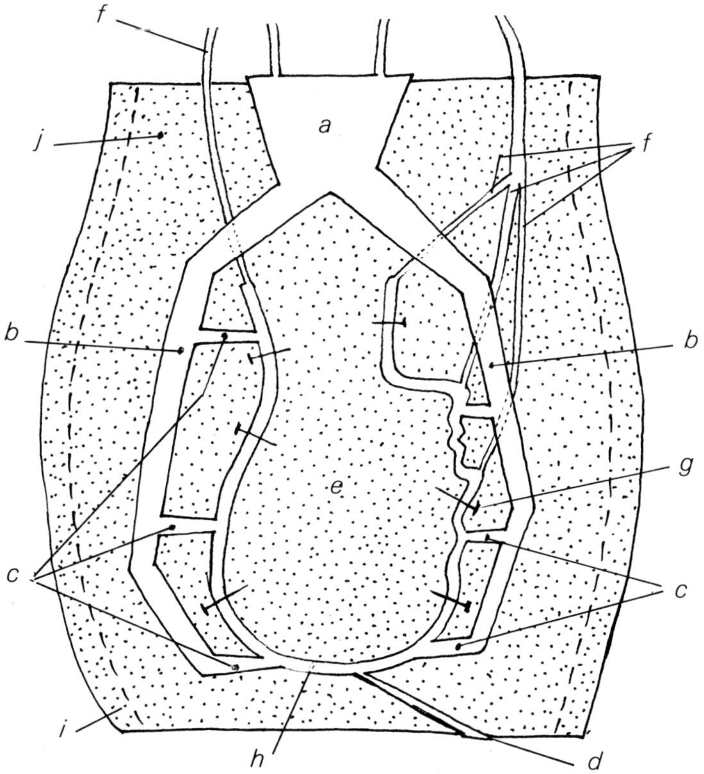

Guss nach dem Wachsausschmelzverfahren
Schema der Form aus Formerde

weiss = wachs
grau = Formerde

a) Giesseinfülltrichter.

b) Hauptkanäle für Flüssigmetall.

c) Sekundärkanäle.

d) Abflussrohr. Kanal aus Wachs oder Metallrohr, durch die das geschmolzene Wachs abfliesst.

e) Kern.

f) Entlüftungskanäle.

g) Nägel, die den Kern in der richtigen Stellung halten.

h) Wachsmodell.

i) Metallgitter zur Armierung der Form aus Formerde.

j) Form aus Formerde.

Füllen der Form mit flüssiger Formerde. Diese wird zwischen dem Wachsmodell und der Formerdetrennwand eingeführt. Die flüssige Formerde wird auf einmal in die geneigte Form gegossen, wobei diese zusätzlich vibriert wird, um gefangene Luft in Taschen zu vermeiden. Die Formerde wird bis auf's Niveau des Giessloches eingefüllt. Sobald die Formerde abgebunden hat, giesst man den Kern durch die Giessöffnung. Nach dem Abbinden des Kerns wird die Form bis zum Niveau des Giessloches mit einer neuen Schicht Formerde aufgefüllt. An der Basis sind Abflussrohre montiert, durch die das geschmolzene Wachs abziehen kann.
Bevor sie in den Ofen kommen, werden die Formen mit Metallgittern verstärkt und diese mit einer letzten Schicht Formerde versehen.

Auffüllen muss auf einmal geschehen. Die Giess- und Entlüftungskanäle sind ebenfalls in der zylindrischen Form eingebettet. Zum Abschluss verstärkt man die Form von aussen mit einem Metallgitter, das man mit einer letzten Schicht Formerde überzieht. Die Dicke der Form hängt von der Grösse des Stückes ab. Für eine mittlere Skulptur (z. B. Kopf in natürlicher Grösse) ist eine Formdicke von 6 cm um das Wachsmodell vorzusehen. Bei grösseren Objekten kann die Dicke 12 cm überschreiten.

Bei kleinen und mittleren Skulpturen lässt sich mit einer anderen Technik schneller eine Form aus Formerde errichten. Z. B. kann man eine zylindrische Manschette aus Karton verwenden, die mehrere Zentimeter über das Stück hinausragt. Die Manschette wird an der Basis mit einem Gipswulst abgedichtet. Zuerst gibt man eine kleine Menge der Feuerfestmischung zu, wartet bis sie erhärtet, dann füllt man die Manschette bis zur Hälfte mit flüssiger Formerde auf. Nun senkt man das Stück soweit hinein, dass der Einfülltrichter auf das Niveau des oberen Manschettenrandes zu liegen kommt. Wenn nötig, fügt man weitere Formerde hinzu, um den Zylinder zu füllen. Man hält das Stück in der geeigneten Stellung, bis die Formerde hart geworden ist.

Eine andere Methode besteht im Schweissen des Trichters und der Entlüftungskanäle an ein Stück Karton. Dann schneidet man – wie oben – eine Kartonmanschette zu und positioniert sie rund um das Stück, wobei der Trichter nach unten schaut. Die Manschette wird an der Basis festgemacht und abgedichtet und die flüssige Formerde wird über den ganzen Aufbau gegossen, einige Zentimeter über dem oberen Rand des Stückes. Man rüttelt die Form gut, um die Luftblasen zu entfernen.

Ist die Form hart, entfernt man den Karton und umgibt das Ganze mit einem Metallgitter und einer letzten Schicht flüssiger Formerde, wobei der Giesstrichter unbehandelt bleibt. Man kann dazu auch einen flexiblen Karton wählen, dem eine konische Form gegeben wird.

Einige Rezepte für Formerde (nach D.J. Irving)

Gips	1 Teil	Gips	3 Teile
Sand oder zerstampfter Backstein	3 Teile	Sand	4 Teile
Sand oder zerstampfter Backstein	1 Teil	Sand	1 Teil
Gips	1 Teil	Mica (Perlit)	3 Teile
Material von alten zerstampften Formen	1 oder 2 Teile	Gips	1 Teil

Diese verschiedenen Bestandteile können trocken vermischt oder, im Moment des Mischens, mit Wasser gemischt werden. Wichtig ist, dass alle Substanzen gut ineinander verrührt werden, damit eine homogene Mischung entsteht. Das pulverförmige Material wird langsam in einen Behälter, der zur Hälfte mit Wasser gefüllt ist, geleert und tüchtig eingerührt. Während des Rüttelns der Mischung muss darauf geachtet werden, dass keine Luftblasen hineingeraten; aus diesem Grund ist es ratsam, diese Operation von Hand zu machen. Man lässt die Masse einige Augenblicke ruhen, um ihr eine pastenförmige Konsistenz zu verleihen, bis man sie verwendet. Sie wird sodann noch einmal gemischt, damit die schwersten Bestandteile, die sich am Boden absetzen, wieder heraufgeholt und eingemischt werden. Die Aufbereitung muss für die ersten Schichten flüssiger gehalten werden. Sie müssen aus ganz feinem Material bestehen. Die folgenden Schichten können dann auch gröbere Elemente enthalten.
Für die endgültige Füllung der Form muss genügend Mischung vorhanden sein, damit die Operation in einem Zug erfolgen kann; nur so lassen sich in der Form schwache Zonen vermeiden. Ist die einmalige Füllung nicht möglich, muss man die Haftung zwischen den Schichten erhöhen, indem man tiefe Rillen in die Oberfläche der letzten Schicht gräbt. Nun wird eine neue Menge von Formerde zugeleert. Es ist darauf zu achten, dass die Schichten nicht ganz austrocknen.

Das Brennen der Form aus Formerde

Das Brennen hat zwei Aufgaben: Form und Kern ganz zu trocknen und das Wachs des Modells und der Kanäle zu schmelzen.
Vor dem Brand ist es ratsam, das Innere der Formen feucht zu halten. In Tat und Wahrheit bildet diese Feuchtigkeit eine gute Barriere gegen das Eindringen von Wachs ins Innere der Formerde, im Augenblick, wo es geschmolzen wird. Wenn es nicht möglich ist, die Formen unverzüglich zu brennen, bedeckt man sie mit Plastikfolien, nachdem man sie mit Wasser besprüht hat.
Die Formen – Giessloch nach unten gerichtet (wenn die Form keine Abflussrohre aufweist) – werden nun in den Ofen gebracht. Hat es Abflussrohre, wird die Form mit nach oben gerichtetem Giessloch im Ofen plaziert. Man stellt die Formen erhöht auf Backsteine über den Behälter, in den das Wachs abfliesst und zurückgewonnen werden kann.
Die geeigneten Öfen sind identisch mit denjenigen, in denen Ton gebrannt wird: in der Regel sind es Gas- oder Elektroöfen. Einige Öfen sind mit einer permanenten Öffnung versehen, um das Wachs zu rekuperieren.
Die Brenntemperatur hängt von der Grösse der Formen ab. Die kleinsten (bis 50 cm) erfordern eine Brenndauer von 8–10 Stunden bei 300°C. Bei den grösseren (bis 150 cm) beträgt die Brennzeit bis zu 3 Tagen! Das erste Brennintervall zwischen

Fertige Form vor der Fertigstellung. Ofen.

Die gebrannten Formen werden mit einer elektrischen Zugwinde aus dem Ofen gehoben und in der mit Sand gefüllten Schmelzgrube deponiert. Die Formen ragen dabei knapp über das Bodenniveau hinaus.

200 und 300°C bezweckt die Entfernung des Hauptanteil des Wachses. Die Giess- und Entlüftungskanäle, deren Material bei tieferen Temperaturen schmilzt als das Wachs des Modells, werden als erstes eliminiert. Da sich das Wachs beim Erhitzen ausdehnt, muss die Temperatursteigerung progressiv erfolgen, weil sich die Form sonst spaltet. Sobald die Hauptmenge des Wachses abgeflossen ist, kann man es aus dem Auffangbehälter rekuperieren und später wiederverwenden.
Nun muss auch das von der Form absorbierte Wachs entfernt werden. Die Temperatur wird zügig auf 700°C erhöht. Nach einer bestimmten Zeit wird der Ofen abgestellt. Man versichert sich, dass die Form kein Wachs mehr enthält, indem man die Abflussöffnung beobachtet. Ist diese sauber und ohne Spuren von Kohlenstoff, kann man den Brand als beendet betrachten; man lässt die Form im Ofen langsam erkalten. Entfernt man die Form zu schnell aus dem Ofen, ist die Abkühlung zu brüsk, was zum Aufreissen der Form führen kann!
Während des Brennens der Form ist im Atelier für eine gute Lüftung zu sorgen.
Einmal gebrannt, werden die Formen für den Guss der Bronze in Stellung gebracht, wobei der Einfülltrichter oben zu liegen kommt. Das Abflussrohr (wenn es eines hat) wird mit Gips oder Feuerfestzement verschlossen. Die an der Form oben gelegenen Öffnungen werden mit einer Platte abgeschirmt; dann wird die Form in Sand eingebettet, so dass sie noch über die Sandoberfläche hinausragt. Man kann entweder ein Loch im Boden ausheben oder Form und Sand in einem Holzkübel aufbauen.

Bevor die Formen in die Schmelzgrube gesenkt werden, müssen sie nach dem Brand mit einem Sauger bzw. mit einem Gebläse von Wachsrückständen befreit werden.

Auf dieser Form ist oben die Öffnung zum Entlüftungskanal gut erkenntlich. An der Basis bemerkt man ein Abflussrohr, durch das das Wachs beim Brennen abgezogen werden kann.

Die Abflussrohre werden mit feinen Tonzapfen verschlossen. Nach der Reinigung der Formen wird die obere Öffnung mit einer Platte abgedeckt.

Die erstgenannte Möglichkeit ist besser, weil so die Einfüllöffnung auf guter Höhe zu liegen kommt (es ist keine Kleinigkeit, den mit Bronze gefüllten Tiegel hochheben zu müssen!). Der Sand muss trokken sein, weil sonst die Feuchtigkeit des Sandes auf die Form übertragen werden kann, was sich beim Giessprozess ungünstig auswirken könnte.

Der Bronzeguss

Es geht nun darum, die Bronze so rasch wie möglich auf die Schmelztemperatur von ca. 1100° C zu bringen. Dies geschieht am besten in einem Kohle- oder Gasofen, wobei sich die Bronze in einem Tiegel aus Graphit oder Siliziumkarbid befindet.
Der Tiegel ist ein zerbrechliches Gerät, das mit Sorgfalt zu handhaben ist (Vermeiden von Schlägen, etc.). Das Metall ist ebenfalls sorgfältig einzufüllen.
Der Tiegel muss vollständig trocken sein, bevor er zur Rotglut gebracht wird: man muss ihn langsam vorheizen. Ein neuer Tiegel muss wie folgt vorbehandelt werden: man erhitzt ihn langsam auf 600° C und lässt ihn im Ofen abkalten.
Die Tiegel sind von 1 bis 400 (und mehr) numeriert und haben eine Kapazität von 1,5 kg pro Nummer. Ein Tiegel Nr. 20 fasst demnach ca. 30 kg Bronze. Nach dem Giessprozess dürfen keine Gussrückstände im Tiegel bleiben. Da sich die beiden Materialien nicht gleich zusammenziehen, entstehen Spannungen, die zum Bruch des Tiegels führen können.
Der Ofen muss mit einer genügend grossen Öffnung versehen sein, durch die der Tiegel mit Metall beschickt und nach dem Guss hochgezogen werden kann.
Man kann einen kubischen Ofen mit Feuerfestauskleidung im Freien, unter einem Schutzdach aufstellen. An der Basis des Ofens ist eine regulierbare Öffnung vorzusehen, um den Luftstrom zu kontrollieren. Der Ofen ist oben mit einer Feuerfestplatte abzuschliessen.
Man macht ein Holzfeuer, das schrittweise mit Kohle bedeckt wird. Sobald diese rotglühend ist, gibt man mehr Kohle zu, bis ein Bett von ca. 30 cm weissglühender Kohle erreicht ist. Der Tiegel wird nun gut zentriert auf diese Schicht gestellt. Rund um den Tiegel wird bis zu dessen Rand Kohle aufgefüllt.
Man kann auch einen wirtschaftlichen Gasofen selber herstellen. Es braucht dazu einen grossen Metallkasten, der an der Basis eine Öffnung aufweist für den Gasbrenner. Das Innere des Blechkastens ist mit Feuerfeststeinen von 8–9 cm Dicke auszukleiden. Die Flamme wird gemäss dem Umkreis des Ofens tangentiell angeordnet. Auf diese Weise wird die Wärme rund um den Tiegel geführt. Dieser wird erhöht auf einige Feuerfeststeine gestellt, so dass die Wärme auch von unten durchströmen kann. Der Ofen ist oben mit einem Feuerfestdeckel verschlossen. Anstelle von Gas kann auch Öl als Wärmequelle dienen.
Sobald der Tiegel rotglühend ist, wird das Metall zugegeben. Es wird vorher im Schmelzofen vorgewärmt, um jede Feuchtigkeit und evtl. Fettspuren an der Oberfläche zu entfernen. Wenn eine Legierung zubereitet wird, werden die verschiedenen Metalle nach abnehmendem Schmelzpunkt nacheinander zugegeben; zuerst also die Metalle mit dem höchsten Schmelzpunkt. Die anderen Metalle werden erst dann zugefügt, wenn das erste Metall geschmolzen ist. Es ist ratsam, eine schon vorbereitete Legierung von bekannter Zusammensetzung zu schmelzen.
Die Metallstücke, die man in den Tiegel füllt, sollen mit Vorteil nicht zu gross sein. Die Bronzestücke für grosse Skulpturen lassen sich über dem Tiegel aufheizen: sobald sie 500° C haben, lassen sie sich leicht in kleinere Stücke zerbrechen.
Die Ofenatmosphäre soll ungefähr neutral sein; bei einer reduzierenden Atmosphäre werden Russ und Verunreinigungen erzeugt, die das Metall verschmutzen können. Andererseits bewirkt eine oxydierende Ofenatmosphäre eine übertriebene Oxydation des Metalls. Die Ofenatmosphäre wird durch die mehr oder weniger wichtige innere Öffnung des Ofens kontrolliert; sie wird anhand der Farbevaluation der Flammen, die den Tiegel umgeben, beurteilt.
Ist die Flamme grün, heisst das, dass die Atmosphäre oxydierend ist; man muss die Öffnung, d. h. die Luftzufuhr drosseln, so dass die Flamme nur noch leicht grünlich wird. In diesem Moment ist die Atmosphäre praktisch neutral.

Man klopft den Sand rund um die Formen mit langen Stangen.

Der Ofen wird mit einem Rechen mit Koks beschickt, während man das Innere eines neuen Tiegels ausflammt.

Der mit Metall beladene Tiegel wird in den Ofen versenkt. Metallstücke werden auf den Ofenrändern zum Heizen gebracht; sie werden dem Metall zugefügt, sobald dieses geschmolzen ist.

Giesstechnik
Verschiedene Instrumente

a) Das Traggerät dient zum Transportieren des mit Metall beschickten Tiegels über die Öffnung der Form. Dort kippt der Giesser den Tiegel mit dem geschmolzenen Metall in das Giessloch.

b) Tiegel.

c) Mit zwei Typen von Spezialzangen wird der
d) Tiegel aus dem Ofen gehisst und in den Ring des Traggerätes plaziert.
Die grosse Zange (d) eignet sich für sehr schwere Tiegel und muss von zwei Männern gehandhabt werden, die auf den Schultern einen Stützbalken tragen.
Die Zange (c) ist mit einem Sicherungsriegel ausgerüstet.

e) Klemmzange zum Schliessen des Tiegeldeckels oder zum Öffnen für die Beschickung mit Metall.

f) Tragring für kleine Tiegel. Dieser kann von einem Mann bedient werden, um das Metall in die Form zu giessen.

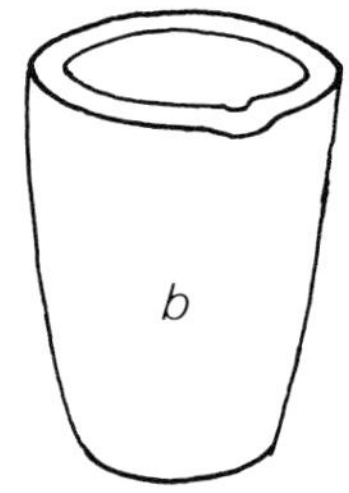

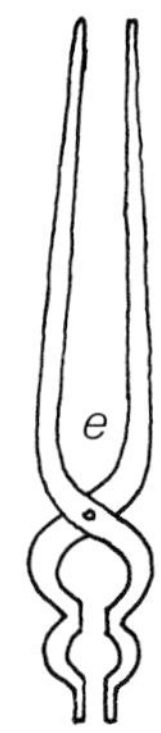

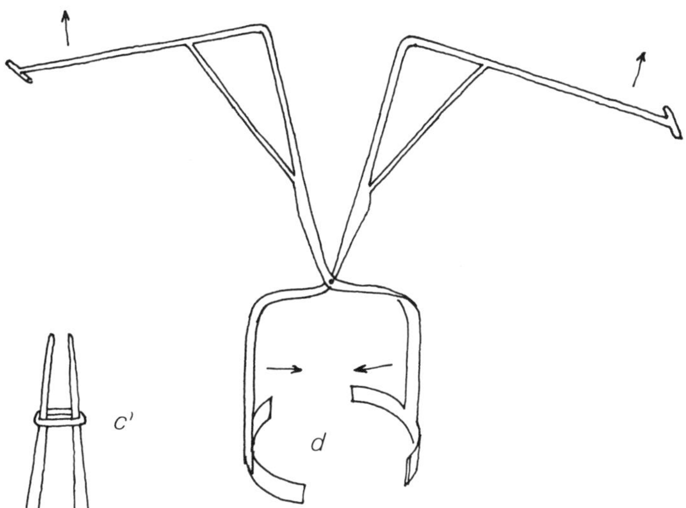

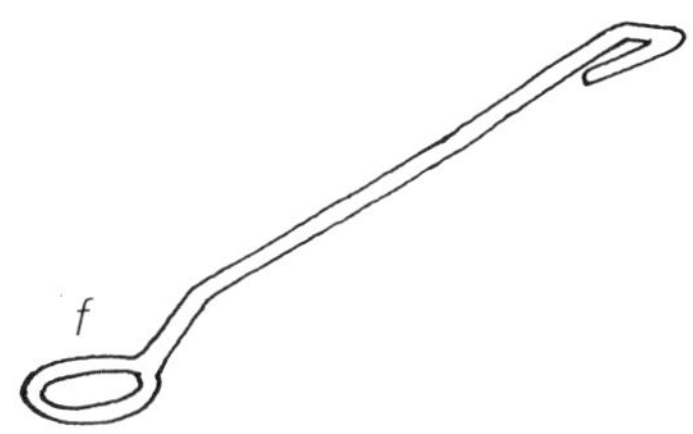

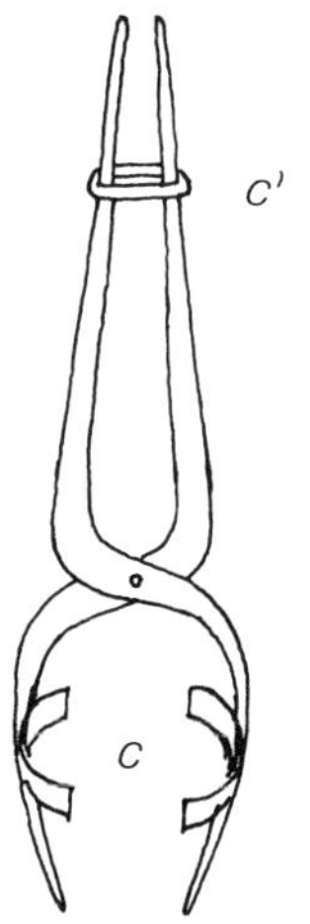

Die in der Giesstechnik gebräuchlichen Werkzeuge: DieTraggeräte, die den Tiegel halten und beim Giessen neigen können, die Metallstäbe zum Prüfen der Metalltemperatur, die Kratzeisen zum Abstossen und Entfernen der Schlacke und der Verunreinigungen, die das in Schmelze begriffene Metall bedecken, die Spezialzangen zum Herausholen der Tiegel aus dem Ofen.

Der Giessvorgang. Das geschmolzene Metall wird direkt in den Giesstrichter gegossen. Die Operation vollzieht sich in einem Zug bis die Form gefüllt ist. Man bedeckt das Metall, das bis auf die gleiche Höhe des Giesstrichters reichen muss, mit Sand.

Das Metall muss so rasch wie möglich geschmolzen werden. Wird es über längere Zeit überhitzt, oxydiert das Metall und es bildet sich Schlacke. Zudem werden gewisse Elemente der Legierung – z.B. Zink und Zinn – eliminiert, das Metall wird schwerer giessbar.

Zur Feststellung, ob das Metall die gute Temperatur erreicht hat, taucht man einen Eisenstab in die Schmelze. Bleibt er beim Herausziehen sauber, hat das Metall die richtige Temperatur für den Guss. Bleiben dagegen Metallstücke am Stab hängen, bedeutet das, dass das Metall nicht genügend geschmolzen ist. Auch die Farbe des Metalls ist eine Indikation für die Temperatur: sie muss fast weiss sein. Das sicherste Mittel für die Feststellung der Temperatur der Mischung ist das Pyrometer.

Bevor der Tiegel aus dem Ofen gehoben wird, überhitzt man das Metall um ca. 50°C. Damit kompensiert man den Wärmeverlust, der beim Verschieben des Tiegels bis zum Giessbeginn auftritt. Bestimmte Legierungen müssen vor dem Giessen entgast werden. Das ist beispielsweise bei der Standardbronze der Fall. Zu diesem Zweck muss ein Desoxydant in Form von 15%igem Kupferphosphor zugefügt werden (ca. 3 g/kg Bronze). Damit wird der Schmelze Sauerstoff entzogen.

Das Giessen

Der Tiegel wird mit grossen Zangen, die mit halbrunden Backen ausgerüstet sind und den Tiegel umfassen, aus dem Ofen gehoben. Er wird sodann in ein Traggerät plaziert: ein Metallring mit langen

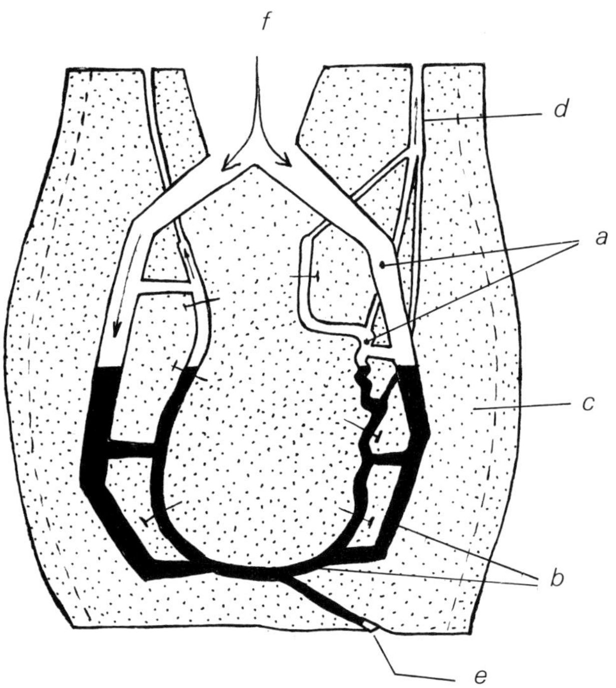

Giessen nach dem Wachsausschmelzverfahren
Das Giessen des Metalls

a) Modellumriss und Kanäle (Versorgung und Entlüftung) bleiben nach dem Schmelzen und Abziehen des Wachses durch die Abflussröhre leer.

b) Modellumriss und Kanäle, vom geschmolzenen Metall gefüllt.

c) Form aus Formerde.

d) Die Luft, die vom Metall nach oben gedrückt wird, entweicht durch die Entlüftungskanäle.

e) Das Abflussrohr wird vor dem Giessen sorgfältig verschlossen.

f) Das Metall wird in den Giesstrichter geleert.

Metallstäben in beiden Richtungen, deren einer in einem T ausmündet.
Für die folgende Arbeit sind drei Personen erforderlich:
Zwei Männer transportieren den Tiegel in Giessposition. Der dritte entfernt mit einem langstieligen Kratzeisen die auf der Oberfläche des geschmolzenen Metalls schwimmende Schlacke («abkremen») oder verhindert deren Auslaufen aus dem Tiegel in Giessstellung. Dieser wird von den zwei Männern im Traggerät gehalten. Derjenige, der den Handgriff T des Traggerätes bedient, ist verantwortlich für das Giessen. Er neigt den Tiegel so, dass das ausfliessende Metall genau in den Giesstrichter der Form geleitet wird. Sein Gehilfe hält den Tiegel auf der guten Höhe.
Die Operation des Giessens ist schwierig und sehr gefährlich. Sie muss regelmässig, ohne Ruck, in einem Zug erfolgen, bis die Form voll ist. Zögern beim Giessen oder gar Unterbrüche können Luftblasen erzeugen, die den Guss (nicht wieder gut zu machen) beeinträchtigen. Müssen grosse Mengen Bronze gegossen werden, ist der Tiegel mit einem Elektrozug in Bereitschaft zu halten (dies ist in der Regel in grossen Giessereien der Fall, wo mehrere Formen, eine nach der andern, zu füllen sind).
Beim Giessen entstehen massive Dampf- und Gaswolken und natürlich eine grosse Hitze. Es ist ratsam, sich vor flüssigen Metallspritzern zu schützen: die Giesser müssen mit Handschuhen und Lederschürzen, ferner in der Regel mit leicht getönten Schutzbrillen ausgerüstet sein.

Das Ausformen

Man lässt die Form nach dem Giessen vorerst abkühlen. Bei kleinen Objekten wirft man sie ins Wasser, um den Abkühlprozess zu beschleunigen, oder man besprüht sie mit Wasser. Die Form wird sodann mit einem Meissel oder einem Spitzeisen zerstört. Das Material der Form kann zurückge-

wonnen und zerkleinert werden: es wird in die Mischung für neue Formen, als Bestandteil der Formerde, eingebracht.
Danach wird das Gussstück fertig bearbeitet.

Anmerkung für den Guss von kleinen Stücken
Wird die Bronze bei verhältnismässig dicken und vollen Kleinstücken gegossen, ist die Schwindung beträchtlich. Es ist darauf zu achten, dass diese so klein wie möglich gehalten wird, indem man den Hauptkanal für den Guss genau dort legt, wo die Schwindung markant zu werden verspricht – also bei den dicksten Stellen des Modells. Der Hauptgiesskanal muss im Durchmesser der Stelle mit der grössten Ausbuchtung entsprechen. Man kann den Kanal auch ausweiten, indem man an dieser Stelle ein Reservoir (Gusszapfen) vorsieht: im Laufe des Abkühlens und Verfestigens des Metalls versorgt dieses Reservoir die Ausbuchtung der Form mit Bronze.
Ist die Dicke übermässig, kann man in der Mitte der Ausbuchtung ein Metallstück gleicher Legierung einlegen. Dieser Metallbarren wirkt dann als Regulator beim Abkühlen, indem er die Risiken von ungleicher Metallschrumpfung reduziert.

Anmerkung für den Guss und den Fluss anderer Metalle

Siliziumbronze (Cu 96 %, Si 3 %, Mn 1 %) benötigt vor dem Giessen keinen Zusatz von Phosphorkupfer. Sie schmilzt bei 1018° C und fliesst leicht. Sie ist auch problemlos schweissbar. Der grosse Vorteil dieser Legierung liegt im direkten Versorgungssystem: die Hauptkanäle werden bei der dem Giessloch nächst gelegenen Partie des Stückes angelegt, was den Weg des geschmolzenen Metalls erheblich verkürzt.

Aluminium muss vor dem Giessen sehr gut entgast werden.

Blei, das bei 327° C schmilzt, erzeugt keine Abgase. Es kann in vollkommen trockene Gipsformen oder in Feuerfestformen aus Silikon gegossen werden. Leider zieht es sich beim Abkühlen sehr stark zusammen (bis zu 25 %).

Die direkte Methode

Die meisten Verfahren, die bei der indirekten Methode zur Anwendung kommen, eignen sich auch für die direkte Methode.
Rekapitulieren wir kurz, dass bei der direkten Methode der Künstler das Wachsmodell, mit oder ohne Kern, direkt bearbeitet. Das Wachsoriginal wird nicht abgeformt, ist daher ein Unikat, das, einmal geschmolzen, definitiv verloren ist. Es ist daher besonders wichtig, dass man die Giessmethoden beherrscht. – Es gibt mehrere Arbeitsverfahren nach der direkten Methode:

- Man kann Stücke ohne Kern aufbauen: es handelt sich um Werke aus Wachsplatten, die nicht durch geschlossene Volumen limitiert sind.
- Man kann um eine Armierung herum einen Kern aus Feuerfestmaterial, der formal nahe an die gewünschte Form der Skulptur herankommt, aufbauen. Dieser Kern wird mit einer gleichmässigen Schicht Wachs versehen. Deren Dicke hängt von der Grösse des Stückes ab, aber sie darf in jedem Fall nicht dünner sein als 3 mm. Der Kern kann aus Ton sein oder aus einem Gemisch von Gips und zerkleinertem Backstein (oder Sand). Das Wachs kann auf verschiedene Weise auf den Kern aufgebracht werden:

- *Durch direktes Modellieren der Kernoberfläche.* Das Risiko dieser Methode liegt darin, die gleichmässige Verteilung vom Wachs auf der Kernoberfläche zu kontrollieren.

- *Durch Eintauchen des ganzen Stückes in ein Bad von geschmolzenem Wachs,* bis sich eine genügend dicke Wachsschicht auf dem Kern abgelagert hat. Diese Methode ist für kleine Skulpturen gut geeignet. Die Ablagerung des Wachses hat die Tendenz, an Hohlstellen und bei den zuerst eingetauchten Partien grösser zu sein. Die Temperatur des Wachses muss gerade richtig sein, weder zu heiss noch zu kalt. Wenn man das Stück verschiedene Male eintauchen muss, ist darauf zu achten, dass die vorhergehende Schicht gut abgekaltet ist, bevor ein weiterer Eintauchprozess nötig ist. Wenn an einigen Stellen zu viel Wachs abgelagert worden ist, kann man diesen immer noch entfernen.

- *Durch Anwendung von Wachsplatten auf der Kernoberfläche* in gleichmässiger Schicht. Diese für das Gestalten der Formen ziemlich weichen Platten werden mit dem Lötkolben geschweisst.

- *Durch Anwendung von geschmolzenem Wachs mit der Bürste* bis zur gewünschten Schichtdicke.

Wenn das Wachs aufgezogen ist, bearbeitet der Bildhauer dessen Oberfläche noch einmal mit über der Flamme aufgeheizten Werkzeugen, mit einem Lötkolben oder durch Applikation von einem Weichwachs. Das Stück kann mit einem feinen Schleifpapier oder mit einem mit Terpentin oder mit einer Essenz getränkten Lappen poliert werden.
Für die folgenden Operationen ist das Verfahren identisch.

Giesstechnik mit Giessand

Diese Technik wurde schon in der Antike angewandt und hat in bestimmten Epochen sogar das Wachsausschmelzverfahren verdrängt.
Heute ist sie vor allem in der Industrie gebräuchlich, doch kann sie auch vom Bildhauer verwendet werden. Das Verfahren erlaubt die Reproduktion von verschiedenen Exemplaren von einem Hartmodell, ohne vorher eine Form von diesem Modell gemacht zu haben. Das Sandverfahren ist besonders geeignet für einfache Formen oder für solche, die ausserordentlich genau einzupassen sind.
Dieses Verfahren ist kostengünstiger als das Wachsausschmelzverfahren.
Die Sandformen halten höhere Temperaturen aus als die Formen aus Formerde und eignen sich für den Guss aller Legierungen.
Das Originalwerk muss in einem harten Material ausgeführt sein: Gips, Metall, Plastik, etc. Besteht das Original aus Gips, wird es zuerst mit Gummilack behandelt, damit die Feuchtigkeit vom Sand nicht eindringt. Wenn verschiedene Abgüsse gewünscht werden, muss man jedesmal eine neue Form aus Sand um das Originalstück machen, weil die Form nach dem Guss zerstört wird. Das Material der Form lässt sich wiederverwenden; es muss zerkleinert, gesiebt und angefeuchtet werden.

Der Formsand ist ein Gemisch von Quarz (in Form von Sandkörnern) und Ton, der als Klebstoff dient. Es wird Wasser beigemischt um die gute Verbindung zwischen den Körnern zu gewährleisten und der Mischung die nötige Plastizität zu verleihen. Man kann natürlichen oder künstlichen Sand verwenden; von der Kornfeinheit hängt die Formtreue des Abgusses ab. Sie hängt aber auch vom guten Zusammenpacken des Sandes um das Modell ab.

Je nach Aufbereitung unterscheidet man drei Typen von Giessereisand:

- *Formen mit grünem Sand:* man presst den feuchten Sand sehr stark zusammen, macht dasselbe mit dem Modell, was zu sehr präzisen Abgüssen führt. Die Form wird vor Gebrauch nicht getrocknet.

- *Formen mit grünem, «grilliertem» Sand:* der Abdruck den das Modell ergeben hat, wird vor dem Guss zur Verstärkung mit der Flamme behandelt.

- *Formen mit «geschmortem» Sand:* der Sand wird durch «Schwitzen» getrocknet. Er wird dadurch sehr hart und kann grosse Mengen von geschmolzenem Metall aufnehmen. Es setzt aber voraus, dass das Formenmaterial genügend porös ist, was mit einem gröberen, weniger zusammengepacktem Sand zu erreichen ist. Daraus ergibt sich allerdings, dass der auf diese Weise realisierte Guss weniger präzis herauskommt.

Die beiden ersten Typen lassen sich bei allen Legierungen, der dritte nur bei Stahlguss, Eisenguss und Kupferlegierungen anwenden.
Der Sand wird rund um das Modell in übereinandergestellten, rechteckigen Kästen verdichtet. Je nach Zusammensetzung des Stückes, variiert die nötige Anzahl der Kästen. Im einfachsten Fall («offener Guss»), bei einem leicht aus der Form gehenden Relief, ist nur ein waagrecht gestellter Formkasten erforderlich. Das Metall wird einfach auf den Abdruck gegossen.
Bei einer Rundum-Skulptur, besteht die Form aus zwei Partien, die in zwei übereinanderliegenden

Guss mit Sand
Schema eines Sandkastens

a) Innerer Kasten.
b) Äusserer Kasten.
c) Giessloch.
d) Giesstrichter.
e) Gusszapfen.
f) Hälftiger Abdruck des Stückes.
g) Giesshauptkanäle.
h) Andere Hälfte des Abdruckes des Stückes.
i) Zusammengepackter Sand.

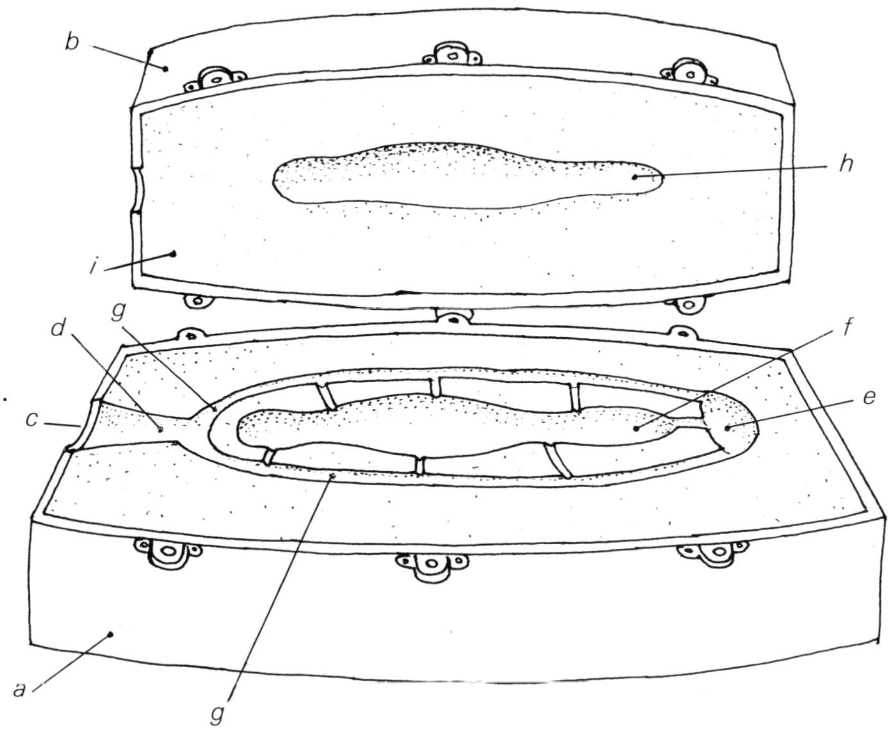

Formkästen eingeschlossen sind. Die beiden Formhälften übernehmen jede eine Abdruckseite, die Vorder- und die Hinterseite des Stückes. Für den Guss werden die Kästen senkrecht gestellt, wobei der Einfülltrichter oben zu liegen kommt. Wir werden nun einige komplexere Fälle behandeln.

Formen einer Rundum-Skulptur, die leicht aus der Form geht

Wie bereits dargelegt, besteht die Form aus zwei übereinanderliegenden Formkästen. Im ersten, waagrecht gestellten Kasten wird der feuchte Sand von Hand mittels einem Walkstock und Holzhammer gepresst, dann vibriert. Die Oberfläche des Sandes wird mit Talk eingepudert, damit das Modell nicht kleben bleibt. Dieses wird nun bis zur halben Dicke in den Sand eingedrückt, um einen ersten Abdruck zu bekommen. Die Partie, die auf diese Weise eingepresst wird, muss selbstverständlich problemlos aus der Form gehen. Das Modell wird danach sorgfältig entfernt, ohne den Abdruck zu beschädigen.

Das Versorgungssystem (Giesskanäle) ist nicht rund um das Stück wie beim Wachsausschmelzverfahren, sondern auf beiden Seiten der Formhälften angeordnet. Die Giess- und Entlüftungskanäle werden in richtiger Dimensionierung in den Sand eingefräst und eingepresst. Der Hauptstrom, der vom Einfülltrichter ausgeht, teilt sich in der Regel in zwei Hauptkanäle, die das geschmolzene Metall direkt zur am weitesten entfernten Stelle führen. Man berücksichtigt in der Anordnung den voluminösesten Teil des Stückes, indem dieser in erster Linie mit Metall versorgt wird. Bei grossen Skulpturen sieht man Reservoirs (sogenannte «Gusszapfen») dort vor, wo die Hauptkanäle ins Stück münden. Sie dienen als Gussreserve und gewährleisten das Auffüllen der Form während der Abkühlung und des Schrumpfprozesses. Die feineren Luftkanäle, durch die die Gase entweichen, haben ihre Öffnung an der obersten Stelle der Form.

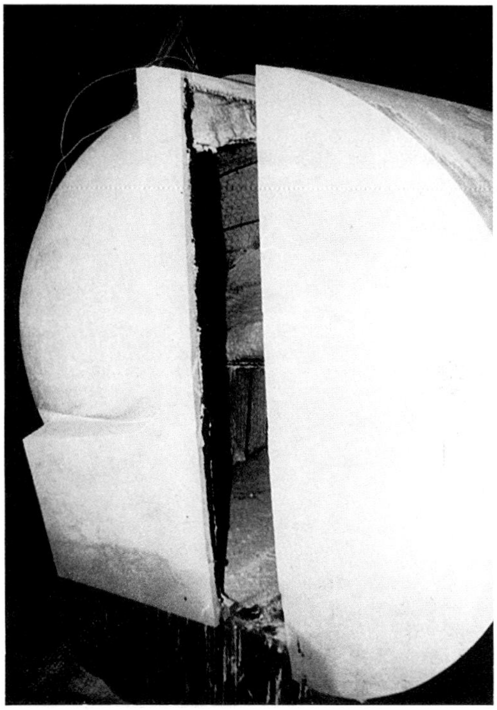

1. Die fertige, in Gips ausgeführte, zweiteilige Skulptur, die in der Giesserei separat (in zwei Teilen) verformt wird.
2. Nach dem Guss der beiden Schalen werden die Gussnähte und die Giess- und Entlüftungskanäle mit einer Schleifscheibe verputzt.
3. Das fertige Werk, am definitiven Platz aufgestellt.

Serge Gangolf
Realisation des Werkes «Composition», das für den Vorplatz des Museums Saint-Georges in Lüttich bestimmt ist (1978)
Aluminiumguss mit Sand
Höhe 200 cm, Länge 150 cm, Tiefe 150 cm

Nun wird das Modell wieder in den Abdruck hineingelegt, alle Oberflächen, die mit dem Sand des zweiten Formkastens in Berührung kommen, mit Talk gepudert. Man positioniert den zweiten Kasten auf den ersten und baut mit dem Sand von oben die zweite Seite auf.
Danach trennt man die beiden Kasten voneinander und entfernt das Modell und die Rohre, die man für das Versorgungs- und Entlüftungssystem benötigt hat. Die Form wird wieder geschlossen und im «Schwitzbad» getrocknet und gehärtet.

Formen eines Stückes mit Formschräge

In einem solchen Fall gibt es zwei Möglichkeiten: entweder man trennt die Partie des Modells mit Formschräge ab und befestigt dieses «separate Stück» neben dem Hauptstück des Modells, oder man ändert das Modell nicht und realisiert das «umgebaute Stück», indem man die Partie mit Formschräge mit Sand umformt. Die Aussenflächen dieser «umgebauten Stücke» werden schräg bearbeitet, um sie leicht aus der Form gehend zu machen. Bevor sie mit einer Sandkappe umgeben werden, behandelt man sie mit Talk. Auf diese Weise können sie wieder an der ursprünglichen Stelle in die Form eingepasst werden. Diese Kappe kommt in einen zusätzlichen Formkasten.
Hat man diese beiden ersten Kästen entfernt, geht man ans Formen der anderen Seite der Skulptur. Weist sie auch Formschrägen auf, ist das Vorgehen genau gleich.
Damit nun die Originalform entfernt werden kann, entfernt man eine der Kappen und die «umgebauten» Stücke, die aus dieser Kappe hervorgehen, und setzt diese wieder in der Kappe ein. Der nun erscheinende Modellteil wird mit einer Sandschicht abgedeckt; sie dient dazu, ihn während des Ausformens der anderen Seite in Position zu halten.
Dieser Vorgang findet nach dem Umkehren des ganzen Kastensystems statt. Die «umgebauten» Stücke werden mit Metallstäben am Platz gehalten. Die Versorgungs- und Entlüftungskanäle werden im Sand ausgespart. Am Schluss wird die Form geschlossen und getrocknet.

Formen eines dicken Stückes mit Kern

Die Verhältnisse werden noch schwieriger, wenn es sich um ein so dickes Stück handelt, dass man es nicht voll giessen kann. In diesem Fall muss es mit einem Feuerfestkern versehen werden. Es gibt verschiedene Methoden, um diesen Kern zu formen. Wir nennen nur eine: die getrocknete und mit Talk behandelte Sandform wird mit Metallstücken zur Armierung des Kerns (sog. Laternen) versehen. Diese mit zahlreichen Löchern ausgerüsteten Metallröhren dienen zum Entfernen der Gase, die sich während des Giessens im Kern bilden. Daneben werden auch im rechten Winkel dazu gekreuzte Metallstäbe im Sand eingelegt; sie dienen als Stütze des Kerns im Innern der Form.
Der Hohlraum der Form wird mit kompaktem Sand gefüllt und man erhält eine Kopie aus Sand des Modells. Man entformt vorerst eine Hälfte und reduziert deren Dicke (Probeabguss aus Sand) gleichmässig mit einem Spatel. Auf diese Weise wird je nach Grösse des Stückes die ganze Oberfläche auf eine Dicke von 2,5 bis 9 mm reduziert. Diese Dicke der Sandschicht entspricht genau derjenigen des Metalls, das den Hohlraum ausfüllen wird. Die Operation, die man im Fachausdruck als «Abzug nach Dicke» bezeichnet, wird auf beiden Seiten durchgeführt. Der Kern wird getrocknet und wieder am ursprünglichen Platz in die Form eingesetzt.
Die Form ist hermetisch verschlossen (mit einer Mischung von Gips und Sand) und das Giessloch ist nach oben gerichtet, bereit um das Flüssigmetall aufzunehmen. Es können verschiedene Formen, Seite an Seite aneinandergepresst, aufgestellt werden (man giesst mehrere Stücke auf einmal). Das eigentliche Giessen geht in einem Zug gleich vor sich wie das Giessen im Wachsausschmelzverfahren.
Nach dem Guss wird die Form mit der Brechstange geöffnet und dann zerstört. In der Regel ist das Aussehen des Metalls glänzender und sauberer als das in einer Form aus Formerde gegossene Metall. Es weist auch eine leicht körnige Struktur auf, die vom Eindruck der Sandkörner herrührt. Bleibt eine Sandschicht auf der Oberfläche des Abgusses zurück, muss sie durch Sandstrahlen entfernt werden.

Besondere Techniken

Giesstechnik mit verdampfbarem Modell

Diese neue, aus USA stammende Technik bezieht sich auf die Giesstechnik nach dem Wachsausschmelzverfahren. Das aus Polystyrolschaumstoff (siehe Kapitel Plastik) bestehende Modell geht im Laufe des Giessprozesses verloren; das Polystyrol, ein leichter Kunststoff, verflüchtigt sich vollständig beim Erhitzen. Das in Form von Tafeln oder Blökken erhältliche Material lässt sich mit mechanischen Werkzeugen (Sägen, Messer, Raspeln, Feilen, etc.) schneiden und bearbeiten.
Die Bearbeitung kann aber auch mit elektrischen Geräten erfolgen (mit dem Schneiddraht, dem Lötkolben); sie erzeugen einen sauberen Schnitt.
Ist das fertige Stück mit den Giess- und Entlüftungskanälen (ebenfalls aus Polystyrol) versehen, packt man es in Giessereisand ein. Wenn dieser ganz trocken ist, lässt das durch den Giesstrichter geleeerte flüssige Metall das Polystyrol schmelzen; es nimmt nun dessen Platz ein. Dabei werden Gase frei. Es ist nicht nötig, die Formen vor dem Giessen zu trocknen.
Die nach dieser Technik gefertigten Stücke sind meistens klein und voll, aber es ist möglich, für grössere Skulpturen einen Kern vorzusehen. Es können auch mehrere kleine Stücke nach dem Guss miteinander verbunden werden.
Das Prinzip dieser Technik ist auf alle Materialien, die sich bei 600°C verflüchtigen, und die in der Form wenige oder keine Rückstände zurücklassen, übertragbar. Schnur, Gewebe, Holz, Karton, etc. genügen dazu. In diesem Fall muss die Form gebrannt werden, damit das Material ausbrennt. Es genügt, die mineralischen Rückstände z. B. mit einem Gebläse zu entfernen. Mit diesen Materialien setzt man in der Regel Formen aus Formerde ein, wie beim Wachsausschmelzverfahren.

Ceramic Shell Casting (Giessen mit keramischer Schale)

Dieses neuere Verfahren, das auch nach dem Namen der beiden englischen Erfinder benannt wird (Shaw-Verfahren), wird vor allem industriell angewendet. Es wird aber auch von Bildhauern mit kunsthandwerklicher Ader, die ihre Stücke selber im Atelier giessen, verwendet.
Die danach hergestellten Formen haben den Vorteil, dünnwandig, solid und gleichzeitig sehr abgusstreu zu sein. Da sie zudem grosse Temperaturvariationen aushalten, kann man verschiedene Materialien abformen, die nachher durch Ausbrennen entfernt werden.
Die Brennzeit für die Formen lässt sich im Vergleich zu Formen aus Formerde reduzieren. Die kleinsten Formen werden in 30 Minuten, die grössten (von 60 cm Grösse) in 4 Stunden gebrannt.
Das Versorgungssystem für die Form ist einfacher; der Hauptkanal führt direkt zur obersten Partie der Skulptur. Wegen der geringen Grösse und der Porosität der Form, sind gar keine Entlüftungskanäle erforderlich.
Es ist wesentlich, dass die Oberfläche des Wachsmodells gut mit einem geeigneten Reinigungsmittel entfettet wird (handelsübliches Lösungsmittel ev. mit Zusatz von Aceton und Mischung von Gummilack und Methanol), damit die gesamte Oberfläche mit der kremartigen Flüssigkeit, die der ersten Formschicht entspricht, überzogen werden kann. Es handelt sich bei der Flüssigkeit um eine Suspension von feinem Feuerfestmaterial (Quarzsand, Zirkon, Sillimanit) in Wasser und ein Bindemittel (Äthylsilikat). Die Mischung muss ständig gerührt werden, um jegliche Sedimentation im Behälter (vorzugsweise aus Plastik) zu vermeiden. Die kremartige Flüssigkeit wird auf das Modell gegossen oder es wird darin getränkt. Dann lässt man sie abtropfen und bestreut die ganze Oberfläche mit einer Schicht Kieselerde oder einem anderen Feuerfestmaterial. Man lässt die erste Schicht gut trocknen, bevor eine zweite Schicht aufgetragen wird (wiederum Flüssigkeit dann Kieselerdemehl). Nach drei Aufträgen ist eine minimale Dicke von ca. 6 mm erreicht; es ist jedoch ratsam, die Schichtdicke auf 10 mm zu erhöhen (bei grossen Stücken bis 13 mm). Die

Form kann durch Glasgewebe oder Metallgitter verstärkt werden, und zwar in den letzten Schichten und insbesondere bei freien Auskragungen des Stückes. Wird das Stück hohl ausgebildet, muss daran gedacht werden, die Flüssigkeit auch im Innern des Wachsmodells zu applizieren, ebenso das Kieselerdemehl.

Die Form wird mit einem starken Bunsenbrenner behandelt, so dass der Äthylalkohol (von der Hydrolyse des Äthylsilikats kommend) entfernt wird. Es bleibt ein zu entwässerndes Kieselgel zurück; dieses ist so solid wie gebrannter Ton.

Nun muss auch noch das Wachsmodell sehr rasch entfernt werden. Dabei kann wie folgt vorgegangen werden:

- Verwendet man einen Lötkolben, lässt man das Wachs auf der Höhe des Giesstrichters schmelzen. Dann erwärmt man die Oberfläche der Form, indem man bei den Partien um den Giesstrichter beginnt und langsam zu den entfernteren Partien vorstösst.
- Die gut getrocknete Form (Gussöffnung nach unten) wird in einen auf 537°C geheizten Ofen gebracht. Die direkt mit der Form in Kontakt stehende Wachsschicht schmilzt schnell und verhindert Schäden, die beim langsamen Erhitzen entstehen können, hervorgerufen durch die Ausdehnung des Wachses.
  Sobald alles Wachs ausgeflossen ist, erhöht man die Temperatur auf 920°C, um alle Rückstände zu entfernen. Dieser Brennprozess dauert 30 Minuten bis 2 Stunden, je nach Grösse und Komplexität des Stückes. Stellt man am Rand des Giessloches keine Russspuren mehr fest, ist der Ausbrennprozess beendet. Man kann nun sofort mit dem Giessen beginnen, ohne dass die Form im Sand eingebettet wird (was immerhin mehr Sicherheit gibt).

Self-Cure Casting (Selbsthärtendes Giessen)

Giesstechnik mit einer schildkrötenschalenähnlichen Form nach D.J. Irving.

Nach dieser Giesstechnik in Schalenform, vom «Verfahren Croning» abgeleitet, wird das Modell mit einem mit Thermoplastkunstharz gemischten Quarzsand geformt. Die auf diese Weise hergestellten Formen sind sehr solid, dünn (4–7 cm), mit recht guter Porosität, was ein reduziertes Entlüftungssystem ermöglicht. Andererseits ist die Form wie eine mehrteilige Form ausgebildet, so dass das Wachsmodell ausgeformt werden kann, ohne dass man es durch Schmelzen entfernen muss. Daraus ergibt sich, dass sich diese Technik nur für einfache Stücke, die eine einfache Form benötigen, eignet. Trotzdem lässt sich dieses Formenmaterial wie beim Wachsausschmelzverfahren verwenden, indem das Stück vollständig mit der Form verschmilzt. Das Material hält eine Brenntemperatur von 232°C über längere Zeit aus, was das Ausbrennen vom grössten Teil des Wachses gestattet; die letzten Wachsrückstände werden von der Form beim Giessprozess aufgenommen.

Vor dem Formen wird das Stück mit reduzierten Versorgungskanälen ausgerüstet: ein Giesstrichter, an den sich ein zur obersten Partie der Skulptur führender Hauptkanal anschliesst, genügt für ein einfaches Stück. Die Entlüftungskanäle werden nur an herausragenden Stellen des Stückes angeordnet.

Aufbereitung der Form: Um die Anzahl Teile des abzuformenden Stückes zu begrenzen, können alte, von Tonpfropfen gestützte Abzüge verwendet werden. Als Trennmittel wird Talk gebraucht.

Nun wird das Formmaterial aufbereitet. Man wägt den erforderlichen Sand ab, mit dem die erste Formhälfte abgedeckt wird, und fügt 2% (Gewichtsprozente) Harz zu. Der Sand und seine eventuellen Zuschlagstoffe (Ton, Eisenoxyd) müssen ganz trocken sein. Die Mischung muss während 2 bis 4 Minuten gut gerührt werden. Dann setzt man den Katalysator zu (20% vom Harzgewicht) und mischt wiederum während 3 bis 4 Minuten. Nun ist das Material gebrauchsfertig: es darf mit seinem Einsatz nicht gezögert werden, da es nach dem Zufügen des Katalysators nach 10 Minuten abzubinden beginnt.

Man lässt die Masse während 24 Stunden ruhen; diese Zeit wird zum vollständigen Aushärten benötigt. Die Tonriegel werden von der ersten ganz ausgehärteten Formhälfte entfernt, dann werden die mit Formmaterial zu bedeckenden Oberflächen mit Talk behandelt. Man wiederholt den Vor-

gang zur Herstellung der ersten Formhälfte und deckt auf diese Weise das ganze Modell nach und nach ab. Die Ränder der angrenzenden Formstücke werden gesäubert, so dass man sie für den Giessvorgang wieder leicht einsetzen kann. Schliesslich wird das Stück ausgeformt.
Nun muss der Kern gefertigt und die Grösse des Hohlkörpers bestimmt werden, der beim Giessen vom Flüssigmetall auszufüllen ist. Dazu bedeckt man das Innere der Form mit einer gleichmässigen Schicht von Plastilin (etwa von derselben Dicke wie die spätere Metallwandstärke) und giesst den Kern bei wieder geschlossener Form. Dieser setzt sich zusammen aus Sand, katalysiertem Harz und 2–3 % Sägemehl. Man formt wieder aus und entfernt das Plastilin. Der Kern muss sich irgendwo an die äussere Form anpassen; ohne das, wäre es nicht möglich, ihn genau an der ursprünglichen Stelle wieder einzusetzen.
Schliesslich wird die Form erneut geschlossen, wobei der Kern am richtigen Platz plaziert sein muss. Die Formteile werden mit einem Eisendraht oder einer Metallklemme zusammengehalten. Die Formteile können mit Feuerfestzement vollständig abgedichtet werden. Es ist ratsam, aber nicht Bedingung, die Form in Sand einzubetten; sie kann auch ohne dies den Druck des geschmolzenen Metalls aushalten. Die Form ist nun bereit für den Giessprozess.

Anmerkung: Mit dieser Technik ist es möglich, Skulpturen nach der Methode des «vorbestimmten Kerns» anzufertigen, indem man den Kern ungefähr in der gewünschten Form modelliert und dann mit Wachs oder Plastilin bedeckt. Das auf diese Weise vorbereitete Modell wird nun abgeformt.
Es können verschiedene Harztypen verwendet werden: Kalthärter (Formaldehyd-Phenolharze, Furanharze, Glycerin-Phtalharze, u.a.) oder Warmhärter (Harnstoff-Formaldehyd-Harze, Melaminharze, u.a.). Es ist zu empfehlen, sich an einen Harzlieferanten für nähere technische Information zu wenden.

Giesstechnik mit Zentrifugieren

Wir nennen diese Technik nur informativ, da sie eine sehr kostspielige, voll automatisierte Ausrüstung erfordert. Sie eignet sich für Kleinskulpturen, die Höchstanforderungen an Detailtreue stellen; darunter fällt in erster Linie Schmuck. Das geschmolzene Metall wird in die rasch rotierende Form eingeführt. Das Verfahren gestattet die Erstellung von Hohlskulpturen ohne Kern.

Das Druckformen

Dies ist ein weiteres industrielles Verfahren für den Guss grosser Serien. Dieser Methode bedient sich der Bildhauer Berrocal für die Herstellung seiner «Multiples». Das geschmolzene Metall wird unter Druck in eine Metallform gespritzt. So entstehen sehr genaue und dünnwandige Abgüsse.
Anmerkung: Es ist möglich, den Giessereiaufwand wie folgt zu reduzieren: Das Originalstück aus Wachs wird in leicht aus der Form gehende Teile getrennt, die nach der Sandgiesstechnik in Bronze gegossen werden. Die einzelnen Teile werden sodann durch Hartlöten zusammengeschweisst oder mechanisch miteinander verschraubt, wobei die Schrauben anschliessend abgedeckt werden, so dass sie unsichtbar werden.
Die Stücke aus Wachs müssen eine genügende Festigkeit aufweisen, damit sie beim Einformen nicht beschädigt werden. Man kann sie in Gips formen und in geschichtetem Polyester von guter Festigkeit reproduzieren.

Die Fertigbearbeitung der Bronze (Finish)

Nach dem Giessen, wird das Stück aus Metall aus der Form «ausgestossen». Die Form wird dabei mit Metallstäben zerstört. Unter Umständen kann man sie ins Wasser tauchen, um diese Arbeit zu erleichtern.
In diesem Stadium ist die Metalloberfläche noch mit einer harten Kruste von Formerde bedeckt, die

mit einer Metallbürste bis zur Freilegung der Metalloberfläche abzutragen ist. Beim Guss mit Giessereisand wird die Metalloberfläche mittels Sandstrahlen mit Schleifkorn von der Sandkruste befreit.

Die Skulptur muss danach durch Abtrennen und Schruppen vom Versorgungs- und Entlüftungsnetz, das sie umgibt, befreit werden. Man entfernt diese mit Blechscheren, Sägen, etc. Die Gussnähte, die bei den Nahtstellen der Formteile im Guss-Sand-Verfahren entstehen, werden mit dem Meissel oder mittels Feile eliminiert; man spricht vom Entgraten.

Der Kern – sofern es einen hat – wird zur Erleichterung der Skulptur entfernt, aber auch um zu verhindern, dass die zum Beizen der Bronze verwendete Säure das Innere des Kerns angreift. Das Entfernen oder Herausziehen des Kerns stellt dann kein Problem mehr dar, wenn die Skulptur über eine genügend grosse Öffnung an der Basis verfügt. Ist die Skulptur geschlossen oder die Öffnung zu eng, als dass man den Kern mechanisch herausziehen kann, muss dieser geschmolzen werden.

Die zur Stützung des Kerns eingesetzten Metallstäbe müssen – falls sie nicht aus Bronze sind – entfernt werden. Die Löcher, die dabei entstehen, sind mit gleichkalibrigen Bronzestäben auszufüllen. Diese weisen mit Vorteil einen Schraubengang und die Löcher ein mit einem Gewindebohrer eingeschnittenes Gewinde auf. Die Stäbe werden sodann abgesägt. Auch bei kleinen Löchern wird ähnlich verfahren. Wichtige Fehlstellen werden mit Bronzestücken aufgefüllt und entweder geschweisst oder genietet.

Die Skulptur wird anschliessend gehämmert und gemeisselt, um die Partien mit den Kanalüberresten des Versorgungssystems oder anderen Unebenheiten zu beseitigen. Diese Auswüchse werden abgetragen und mit Hilfe des Stichels und Hammers geglättet. Bei den Sticheln handelt es sich um nichtschneidende Werkzeuge aus gehärtetem Stahl.

Nach diesem Arbeitsgang schliesst sich das Polieren mit dem Polierstahl (Glättwerkzeug) an.

Mit dem Abbeizen der Bronzen bezweckt man die Entferung der Oxyde, die das Metall unregelmässig bedecken.

Das mechanische Blankputzen geschieht durch Sandstrahlen, Bürsten oder Schaben, wobei das

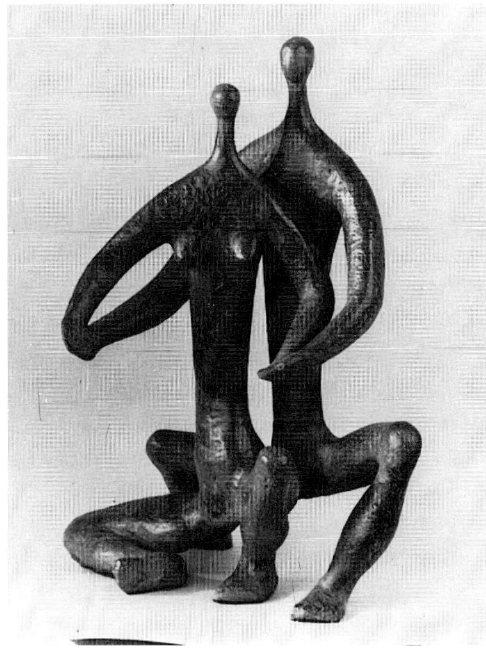

Sonja Ebling
Nupcial I
Bronze
44 × 130 cm

Sandstrahlen im Vordergrund steht, will man eine gleichmässig geputzte, leicht körnige Oberfläche erreichen. Die gewünschte und wichtige Kornstruktur erhält man je nach der Grösse der Sandkörner und des applizierten Druckes beim Strahlen.

Das chemische Beizen geschieht in der Regel in einem verdünnten Schwefelsäurebad (H_2SO_4: Wasser = 1 : 9). Das Stück wird ganz in das Bad getaucht. Man verwendet dazu am besten einen Glas- oder emaillierten Steinzeugbehälter. – Achtung: bei der Zubereitung des Bades: immer die Säure langsam ins Wasser geben und nicht umgekehrt!

Die Behandlung im Säurebad kann 1 bis 2 Stunden dauern. Dann wird dic Skulptur gut mit viel Wasser gewaschen und mit einer warmen Natriumbicarbonat-Lösung neutralisiert.

Genügt das Schwefelsäurebad nicht, ist der Lösung ein Oxydationsmittel zuzusetzen, nämlich:

Schwefelsäure	0,473 l
Natriumbichromat	85 g
Wasser	3,8 l

Nach dem Beizen kann das Stück patiniert, gefirnisst, oder gewachst werden. Danach wird es poliert (siehe Kapitel Patina und Polieren von Metallen).

Die Technik des Treibens

Sie umfasst die Bearbeitung von Metallblättern durch Hämmern und Austiefen. Das Metall muss geschmeidig bzw. genügend hämmerbar sein, um auf diese Weise bearbeitet werden zu können. Das trifft auf Gold, Platin, Silber, Kupfer, Blei, Messing, Bronze und Aluminium zu. Die Dicke der Metallblätter beträgt 0.1 bis 2 mm (bei Blei mehr als 2 mm).
Man unterscheidet verschiedene Formen der Treibtechnik: bedeckt das Metallblech ein Relief, spricht man von Prägetreiben auf einem Relief; wird eine Form mit Metallblech ausgekleidet, spricht man vom Treiben in einer Form; wird das Metallblatt direkt bearbeitet, spricht man von direktem Treiben.
Diese verschiedenen Formen wurden in der Vergangenheit häufig angewendet; heute sind sie nur noch begrenzt im Gebrauch.

Das direkte Treiben

Es wird bei sehr dünnwandigen Blättern aus Gold, Silber, Kupfer oder – etwas dicker – Blei angewandt. Diese Metallbleche, durch Walzen erzeugt, sind im Handel in verschiedenen Dimensionen erhältlich. Für die Ausarbeitung eines Flachreliefs wird das Blatt auf einem mit Sand gefüllten Lederkissen ausgebreitet. Man zeichnet mit der Metallnadel die Konturen des Sujets, indem dieses auf der Rückseite leicht als Relief durchdrückt. Dieses wird nun mit einem Holzhammer oder einem Meisselchen getrieben. Die vertiefte Seite wird mehr und mehr konkav, während die andere Seite sich konvex ausbildet. Die am stärksten hervorspringenden Teile werden tiefer eingeprägt. Vor dem Finish wird das Blatt nochmals gekehrt und mit dem Meisselchen nachbearbeitet. Dabei werden die Hohlstellen mit «Ziseleurzement» gestützt (Ziseleurzementzusammensetzung: Pech, Teer, Fett, Harz und pulverisiertes Feuerfestmaterial).
Im Laufe der Bearbeitung unterliegt das Metall Strukturmodifikationen, die seine Eigenschaften verändern. Die Metallpartikel werden einander angenähert: das Material wird härter, aber auch spröder und weniger geschmeidig. Man spricht vom Kalthärten des Metalls. Ausserdem bauen sich zwischen den geschlagenen und den nicht geschlagenen Partien Spannungen auf. Es ist ratsam, diese Spannungen durch eine Temperaturbehandlung zu lösen. Zu diesem Zweck wird das Metall auf eine hohe Temperatur erhitzt, dann langsam an der frischen Luft abgekühlt. Auf diese Weise gewinnt das Metall seine ursprünglichen Eigenschaften zurück. Ist die Bearbeitungsdauer sehr ausgedehnt, muss die Wärmebehandlung mehrmals erfolgen. Die sich dabei bildende Oxydkruste muss entfernt werden, da sonst Splitter von dieser beim erneuten Bearbeiten durch Schlagen ins Metall eingearbeitet werden.
Rundskulpturen lassen sich mittels einer kombinierten Technik durch Treiben und Schweissen herstellen.

▷
Jean-Pierre Ghysels
Upward Ritual (Aufwärtsstrebendes Ritual)
(1970–1971)
Geschlagenes Kupfer
Höhe 15 m, Durchmesser 2,25 m
Diese Monumentalskulptur, von der Hyatt Corporation bestellt, steht im Regency Hyatt Haus im Flughafen von Chicago.

Jean-Pierre Ghysels in seinem Atelier während der Arbeit am Werk «Upward Ritual».

Auch das Kupfer und seine Legierungen sind einer Wärmebehandlung zu unterwerfen, nicht jedoch Blei. Kupfer, weniger geschmeidig und weich, ist schwieriger zu bearbeiten als Blei. Die Dicke von Bleiblechen für die Treibtechnik variiert zwischen 1.5 und 9.5 mm, je nach der Art des Reliefs. Die Zeichnung wird mit Kohle oder Bleistift auf der Rückseite des Blattes gemacht. Man vertieft diese Seite mit Hämmern, wobei die Kehrseite des Blattes auf einem mit Sand gefüllten Lederkissen ruht. Es ist darauf zu achten, dass die im Relief erhobenen Partien nicht zu stark ausgehämmert werden und zu dünn geraten. Es ist darum zu empfehlen, dass die ganze Partie im Umkreis gleichmässig zu schlagen ist. Für die Fertigbearbeitung wird das Blatt wieder gekehrt und mit dem Meisselchen bearbeitet. Dabei wird es aufrecht gestellt. Bei der Arbeit mit Blei müssen die Hände mit Handschuhen geschützt werden (Blei kann durch die Haut in den Organismus eindringen).

Ist das Relief aus Blei fertig, wird die Gegenseite zur Verstärkung mit Zement aufgefüllt. Die Verstärkung kann auch mit Eisen- oder Stahlstäben erfolgen.

Das Prägetreiben auf einem Reliefmodell

Schon die Sumerer haben dieses Verfahren angewendet, indem sie Kupfer- oder Goldblech auf einem Unterlagskörper aus Stroh und Bitumen aufzogen. Auch die Griechen kannten das Verfahren; sie bezeichneten es als «Sphyrelaton». Es wurden Holzkörper verwendet, auf die das Metallblech mit kleinen Nägeln oder Nieten aufgezogen wurde. Eine ähnliche Technik wurde im Mittelalter praktiziert.

Das Prägetreiben in der Form

Es geht darum, eine Form aus Holz oder Metall mit einem dünnen Metallblech auszukleiden. Bei diesem schon früher bei Rundskulpturen angewandten Verfahren wurden Teile so bearbeitet und wieder zusammengebaut. Auf diese Weise wurde die Freiheitsstatue von F.A. Bartholdi aus grossen Kupferplatten, durch Hämmern in Holzformen, hergestellt. Die Formteile wurden danach durch Nieten oder Schweissen über einem Eisengerippe montiert.

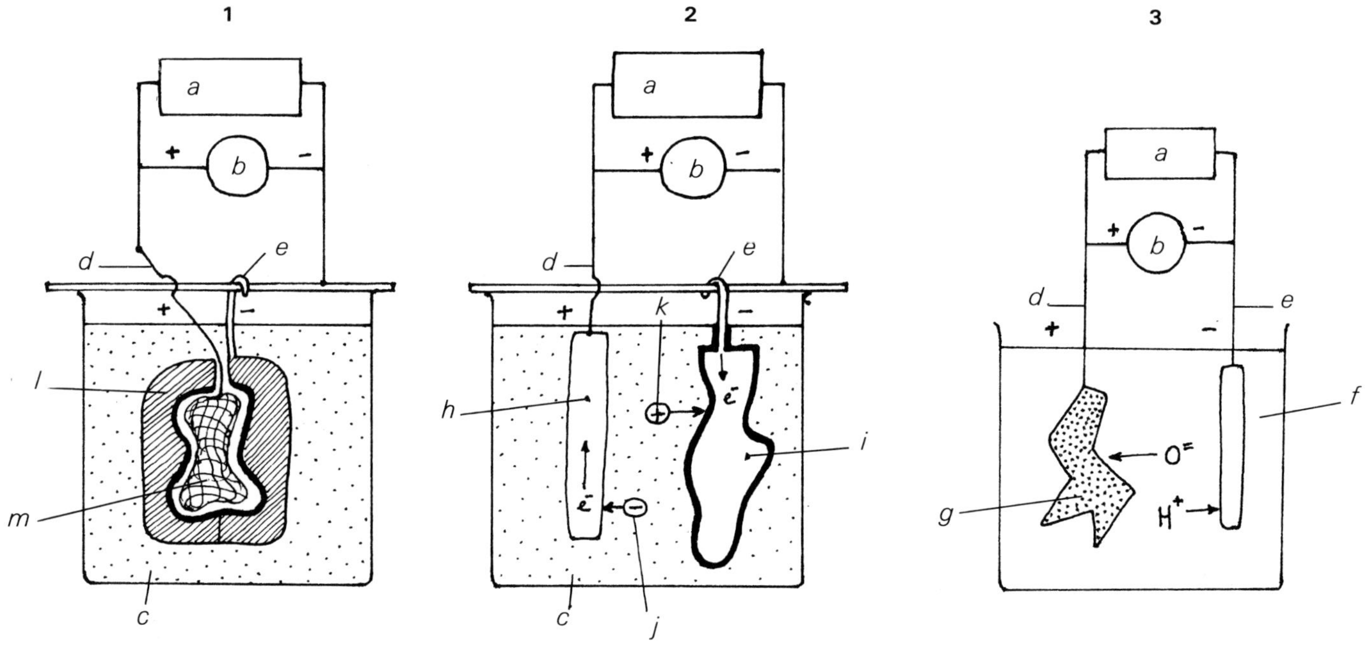

Vergleichsschema für die Verfahren Galvanisieren, elektrolytisches Ablagern und Anodisieren von Aluminium.

a) Generator.

b) Voltmeter.

c) Elektrolyt.

d) Anode.

e) Kathode.

1. Galvanisieren

l) Form, deren leitend gemachte Innenfläche sich mit einer Metallschicht bedeckt.

m) Platinelektrode, mit der Anode verbunden.

2. Elektroablagerung

h) Metallanode (gleiches Metall wie dasjenige, mit dem man das Objekt beschichten will).

i) Metallobjekt, leitend gemacht und an die Kathode angeschlossen. Die positiven Ionen oder Kationen (k) werden von der negativen Ladung angezogen. Es bildet sich an der Oberfläche eine dünne Metallablagerung.

i) Negativion oder Anion.

3. Anodisieren

g) Objekt aus Aluminium, an die Anode geschlossen.

f) Wasser.

Die Elektroablagerung

Hinter der Elektrolyse für die Ablagerung einer Metallschicht auf einer leitenden oder leitend gemachten Oberfläche steht die ganze heutige Technik.

Es ist zu unterscheiden zwischen dem Galvanisieren und dem elektrolytischen Ablagern. Die ersten Verfahren erlauben massive und nicht haftende Ablagerungen von Metall auf der Innenseite einer leitend gemachten Form. Dagegen erzeugen die zweiten Verfahren eine dünnwandige, tadellos haftende Metallschicht auf einem Werk mit leitender Oberfläche.

Beide Verfahrenstypen basieren auf der Elektrolyse, durch die gelöste Metallsalze (die aus Ionen zusammengesetzten Elektrolyten) unter einem permanenten elektrischen Strom in ihre Elemente gespalten werden. Die positiven Ionen (oder Kationen) wandern zur negativen Kathode, während die negativen Anionen von der positiven Anode angezogen werden. Das Objekt oder die Form, die mit einer Metallschicht zu überziehen ist, wird an die Kathode geschlossen. Die metallische Schichtdicke hängt von verschiedenen Faktoren ab: der Dauer des Stromdurchganges, seiner Intensität, der Konzentration, der Temperatur des Elektrolyten und der Dimension der Elektroden.

Die Galvanoplastik

M.H. Jacobi hat 1837 dieses Verfahren entwickelt. Die ersten Flachreliefs nach der Technik der Galvanoplastik waren aus Kupfer, die Gipsformen wurden durch Anwendung von Graphit leitend gemacht.

Es können verschiedene Formentypen für die Herstellung von galvanischen Stücken verwendet werden.

Leitende Formen aus Metall. Die gewählte Legierung (aus Blei und Zinn) mit tiefem Schmelzpunkt, wird direkt auf das abzuformende Stück gegossen, das leicht zur Form ausgehend ausgebildet sein muss.

Nichtleitende Formen (aus Gips, Gelatine, Wachs, Guttapercha): sie müssen mit Graphit leitend gemacht werden.

Die Gipsformen führen nicht zu sehr präzisen galvanischen Abgüssen. Sie lassen sich nur einmal gebrauchen und nur für leicht aus der Form gehende Reliefs.

Die beweglichen Gelatineformen können leichte Formschrägen aufnehmen, haben aber den Nachteil, dass sie sich in den Kupfersulfatlösungen aufblähen. Die Gelatine muss deshalb vorgängig unlöslich gemacht werden, indem man sie in ein Tanninsäurebad taucht.

Die Guttapercha-Formen sind sehr formtreu. Guttapercha, in Europa seit dem Jahre 1842 bekannt, ist ein aus bestimmten Bäumen der Sundainseln gewonnenes Harz. Es ist bei Zimmertemperatur hart und wird bei Erwärmung auf 60–70° C weich. In diesem Zustand lässt es sich gegen einen festen Gegenstand pressen und nimmt dessen genaue Form an. Bei ca. 100° C schmilzt es und kann mit dem Spatel auf ein Gipsmodell aufgetragen werden. Will man ein heikles Modell formen, verwendet man mit Vorteil eine Mischung Guttapercha und bei 150° C geschmolzenes Leinöl. Diese Mischung giesst man über das Modell (das selbstverständlich diese Temperatur aushalten muss). Grosse Skulpturen werden nach dem Galvanoplastik-Verfahren in einem einzigen Stück hergestellt: z. B. die Monumentalstatuen der Oper in Paris und der Notre-Dame-de-la-Garde über Marseille.

Das Belegen mit Metall

Diese Technik kann unter bestimmten Voraussetzungen auch vom Künstler selber angewendet werden. Aber es ist Vorsicht am Platz, denn man hat es häufig mit Zyan-Verbindungen zu tun!

Das Prinzip ist wie folgt: die Metallanoden werden in eine Salzlösung getaucht und das zu belegende Objekt wird an die Kathode (negativer Pol) angeschlossen. Ein von einer gewöhnlichen Batterie gespiesener Strom löst das Metall der Anode auf und lagert es auf der leitenden Oberfläche (Kathode) ab.

Das Anodenmetall kann aus Kupfer, Chrom, Nikkel, Gold, Silber, Cadmium, etc. bestehen. Das zu belegende Material kann aus Metal, Gips, Holz oder irgendeinem harten Material sein. Die metallischen Objekte sind am einfachsten zu plattieren, weil sie leitend sind. Es genügt, sie vorher sorgfältig zu reinigen, zu entfetten und, wenn nötig, zu entrosten. Dann werden sie mit einem Kupferdraht an den negativen Pol der Batterie angeschlossen und in die Lösung getaucht.

Die nichtleitenden Objekte müssen mit einer dünnen Schicht Graphit leitend gemacht werden. Statt Graphit kann man auch Kupfer- oder Bronzepulver nehmen.

Die porösen Materialien (Gips, Zement, Holz) müssen vorgängig mit einem Porenschliesser aus Gummilack behandelt werden (siehe Kapitel Oberflächenbehandlung von Gips). Man kann das Gipsmodell auch in ein heisses Leinölbad tauchen. Nach einer gewissen Zeit wird es herausgenommen und an der Luft getrocknet.

Das Objekt wird danach mit Graphitpulver eingerieben. Man kann es aber auch mit einer Lösung (120 g Graphit in ½ l Wasser) bepinseln.

Wie bereits erwähnt, kann das Metallisieren von kleinen Objekten auch selber durchgeführt werden.

Man benötigt einen Behälter aus Glas (z.B. ein Aquarium) mit einem Volumen von ca. 10 l, in welchen man die Lösung giesst; das zu belegende Objekt muss vollständig untergetaucht sein. Als Stromquelle genügt eine gewöhnliche Batterie von 6 oder 12 Volt oder ein Transformer. Nützlich sind ebenfalls ein Rheostat zur Regelung der Stromstärke und ein Voltmeter.

Zum Plattieren von Kupfer kann nach D.J. Irving folgende Mischung verwendet werden:

Destilliertes Wasser	4 l
Schwefelsäure	140 g
Kupfersulfat	680 g

Das zu belegende Objekt wird an Kupferdrähten in das Bad gehängt und am negativen Stromklemmer befestigt. An der positiven Klemme wird ein Kupferblech, das im Elektrolyten hängt, angeschlossen. Man beginnt den Prozess, indem man während 5 Minuten einen Strom von 5 Volt in den Stromkreis gibt, dann reduziert man ihn auf 2 Volt. Die Stromstärke muss bei Zimmertemperatur 0.3 Amp. pro dm^2 zu belegender Oberfläche betragen.

Die Belegzeit variiert zwischen 15 Minuten und 1 Stunde je nach gewünschter Schichtdicke und der Methode des leitend Machens des Objekts. Ein mit Graphit behandeltes Objekt braucht länger (30 Min. bis 1 ½ Std.) als ein Objekt mit Metallpulver (15 bis 30 Min.).

Das Objekt nimmt rasch eine Rosakupferfarbe an. Ist die Stromstärke zu gross, wird die Farbe dunkler. Umgekehrt, bei ungenügender Stromstärke, bildet sich eine kristalline statt glatte Oberfläche. Ist das Bad bedeutend voluminöser und dauert die Hydrolyse länger, erwärmt sich die Lösung zunehmend und es muss eine Kühlung vorgesehen werden. Daneben bedarf es einer guten Lüftung.

Die Dicke der abgelagerten Metallschicht beträgt bei diesem Verfahren einige Mikron bis zu maximal 100 Mikron.

Die Anodisierung von Aluminium

Es handelt sich um eine für Aluminium spezifische Oberflächenbehandlung, durch die eine zu schwache, natürliche Aluminiumschicht durch eine dikkere Oxydschicht von 10–20 Mikron ersetzt wird. Da die so abgelagerte Schicht porös ist, lassen sich Farbmittel einbauen, um die Metalloberfläche einheitlich zu färben. Das Aluminium muss schliesslich durch eine Behandlung mit siedendem Wasser «aufgestockt» werden. Es wandelt sich in das voluminösere Aluminiumhydrat um, das die Poren verschliesst. Dieselbe Wirkung wird durch Eintauchen in eine siedende Lösung von Natriumbichromat erzielt; das Metall nimmt dann eine gelbe Farbe an.

Das anodisierte Aluminium weist einen ausgezeichneten Schutz gegen Korrosion auf.

Aus praktischen Gründen taucht man die zu anodisierende Skulptur in einen Elektrolyten (eine Lösung von 18% Schwefelsäure) und stellt den Kontakt mit der Anode her. An der Kathode schliesst man ein Blech aus Blei von ungefähr gleicher Grösse wie die Anode an. Der applizierte Strom ist kontinuierlich unter einer Spannung von 12 Volt und einer Stromstärke von 0.12 A/cm^2 Anode. Im Bad mit einer Temperatur von ca. 21°C lässt man den Strom während 15 Minuten einwirken. Nach der Anodisierung wird die Skulptur mit kaltem Wasser gewaschen und während 15 Minuten in ein Färbebad getaucht; dieses enthält 1–5 g Farbstoff und wenig Essigsäure (1 cm^3/l). Bei den Farbstoffen handelt es sich entweder um mineralische Farbstoffe oder solche auf Alizarinbasis.

Die «Kolmatierung» (Aufstocken der Aluminiumschicht) findet nach der Färbung, zuerst in einer Lösung von Nickelacetat (5 g/l) bei 93°C, dann in einem Bad mit siedendem Wasser statt.

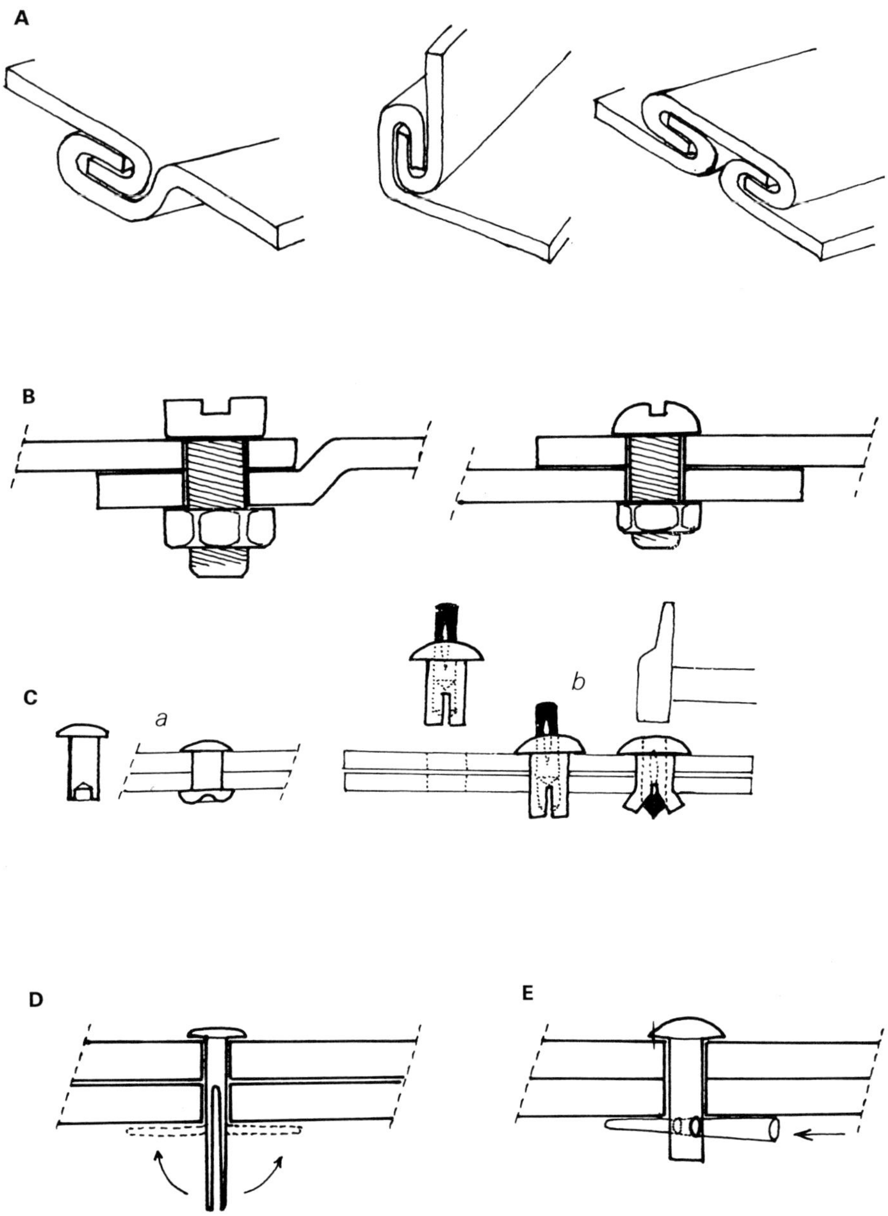

Möglichkeiten der mechanischen Verbindung von Metallen

A. Klammerartiges Verbinden (Agrafftechnik).

B. Verbolzen.

C. Vernieten. Einfache Niete (a) und Klemmniete (b).

D. Stiften.

E. Dübeln.

Der mechanische Verband

Mit diesen Techniken lassen sich Metallbleche oder verschiedenartige Metallstücke durch mechanische Verfahren zusammenfügen.

Die «Einschachtelung»: Zusammenfügen durch vollständiges oder teilweises Überdecken von Metallstücken; eines wird in engem Kontakt ins andere eingeführt. Dieses Verfahren braucht man zum Zusammenfügen von Teilen eines Stückes, die separat gegossen wurden. Die einzelnen Teile werden mit Schrauben, Bolzen, Mutternschrauben, Nieten etc. befestigt.

Die Agrafftechnik: Klammerartiges Verbinden von Blechen, die, gegenteilig überlappend, gefaltet werden, so dass eines der Bleche das andere überdeckt.

Das Verbolzen: Es werden mehrere Elemente mit Bolzen miteinander verbunden. Die Stifte tragen am einen Ende einen runden oder polygonalen Kopf, während das andere Ende als Schraube ausgebildet ist, die zur Befestigung eine Mutter aufnehmen kann. Die Bolztechnik hat den Vorteil, dass Verbände demontiert werden können.

Das Vernieten: Permanentes Befestigungsmittel. Die Niete weist einen glatten Hohlstift mit einem Kopf am einen Ende auf. Das andere Ende wird beim Zusammenfügen mit dem Hammer abgeplattet.

Die Stift-Verbindung: Demontierbarer Verband von Blechen mit Steckstiften. Der Stift ist zur Hälfte gespalten. Nach dem Einsetzen werden die Flügel umgebogen und halten so die Verbundelemente fest.

Das Dübeln: Bewegliche Verbindung mit Dübeln.

Das Anschrauben: Das Anschrauben geschieht mit einer Schraubenbohrmaschine. Es können Elemente von 4 bis 16 mm Dicke miteinander verbunden werden.Diese fünf Techniken erfordern vorgängig das Bohren von entsprechenden Löchern in die zu verbindenden Metallstücke.

Die Technik des Schweissens

Die Schweisstechnik erlaubt eine innige und permanente Verbindung von verschiedenen Metallteilen durch Schmelzen der Kontaktflächen. Man unterscheidet:

Die autogene oder direkte Schweissung: Die Verbindung von zwei gleichartigen Metallteilen durch Simultanschmelzen der Randflächen, bei der die physikalischen Eigenschaften gewährleistet sind. Im Laufe des Schweissvorganges kann ein in den Eigenschaften identisches oder sehr nahes Metall zum Basismetall hinzugefügt werden. Man bezeichnet es als «Zusatzmetall» in Form von Schweissstäben oder Schweissdraht.

Das heterogene oder indirekte Schweissen: Nach dieser Methode werden zwei nicht identische Metalle miteinander verbunden. Dabei ist das Zusatzmetall Bedingung: es zeichnet sich dadurch aus, dass seine Schmelztemperatur niedriger ist als diejenige des Basismetalls. Das «Schweiss-Löten» gehört zur heterogenen Schweissung.
Es sind verschiedene Verfahren gebräuchlich, um das begrenzte Schmelzen der zu verbindenden Metalle zu bewerkstelligen. Primitive Formen des Schweissens waren schon den Sumerern bekannt. Die Ägypter praktizierten das Verlöten von Elektrum (Mischung von Gold und Silber) bereits vor 3000 Jahren. Die Römer entwickelten das Verlöten von Blei mit Zinn. Die heutigen Techniken indessen sind viel jüngeren Datums. Der Gebrauch des Schmelzrohrs oder Lötkolbens geht auf den Anfang des 19. Jahrhunderts zurück: Robert Hare erfindet 1801 den Sauerstoff-Wasserstoff-Schweissbrenner. 1885 entwickelt sich die Bogenschweissung. Anschliessend sind ausgeklügelte Schweisstechniken für industrielle Zwecke erarbeitet worden. Erwähnt seien das Schweissen in inerter Atmosphäre (Argon schützt das Metall beim Schmelzen vor Oxydation), das elektronische Schweissen, das elektrische Widerstandsschweissen, u. a. m. Einige dieser Verfahren sind auch für den Plastiker anwendbar, wie z. B. das Schweissen mit Argon. Von der Praxis her gesehen, beschäftigen wir uns nur mit dem Sauerstoff-Wasserstoff-Schweissbrenner und dem Bogenschweissen. Es sind die im Atelier am häufigsten angewendeten Verfahren.

▷
Philippe Clérin
Torso eines Läufers (1986)
Die Grünspanwirkung der Stahlplastik wird durch die schrittweise Einwirkung eines Antirostgels und einer Lösung von Pigmenten und Gummilack in Methanol erzielt. Nach dem Trocknen wird die Plastik mit Methanol gewaschen; die Färbung erscheint nach dem Trocknen. Für den Finish wird die Plastik gewachst.

Das Schweissen mit dem Sauerstoff-Acetylen-Schweissbrenner

Die zu schweissenden Metalle werden Kante an Kante gehalten und erhitzt, dann mit dem Schweissbrenner, dessen Flamme eine Temperatur von ca. 3000° C erreicht, lokal geschmolzen. Diese Flamme entsteht bei der Verbrennung von Acetylen und Sauerstoff, wobei diese beiden Gase genau zu gleichen Teilen vorzumischen sind. Diese Technik gestattet das Schweissen von Blechen aus gewöhnlichem Stahl, rostfreiem Stahl, Guss, Kupfer, Messing, Bronze, Aluminium und Nickel. Das Zusatzmetall ist dem Basismetall artverwandt, doch ist es manchmal auch möglich, ohne Zusatzmetall im «Schmelzbad» zu schweissen (man bezeichnet als Schmelzbad die kleine Schmelzlache, die beim Schmelzen der beiden zu schweissenden Metalle und eventuell des Zusatzmetalls entsteht). Das Zusatzmetall ist empfehlenswert, da es die Schweissung verstärkt. Das Schweissen erfolgt schrittweise und möglichst regelmässig entlang der zu schweissenden Naht. Die Schweissnaht resultiert daraus: sie ist leicht dicker (bzw. überhöht) als das umgebende Metallblech.

Das Material

Die Gasflaschen (Gasbomben). Es wird eine Sauerstoff- und eine Acetylenflasche benötigt.

Der Sauerstoff (O_2): Der Sauerstoff ist in flüssigem Zustand unter Druck in Stahlgasflaschen enthalten. Man darf sie nie der prallen Sonne aussetzen oder in einem überhitzten Raum aufstellen, weil man sonst einen Überdruck riskiert. Das Gas ist farblos, geruchlos und geschmacklos; es ist deshalb schwierig, ein Leck zu entdecken. Will man die Dichtheit des Sauerstoffsystems feststellen, muss man Seifenwasser applizieren. In keinem Fall darf das Ventil oder der Hahn eingefettet oder -geölt werden. Fettpartikel können sich beim Kontakt mit Sauerstoff spontan entflammmen. Das Gas wird in der Flasche unter einem Druck von 150–200 bar gehalten (1 bar entspricht ungefähr dem atmosphärischen Druck). Der Inhalt der Flaschen beträgt 10 bis 54 l. Das Gewicht von 1 l O_2 bei 15° C und 760 mm Quecksilbersäule beträgt 1.38 g. Um das in der Flasche enthaltene Gasvolumen zu bestimmen, genügt es, das Fassungsvermögen der Flasche in Liter mit dem am Reduzierventil des Manometers ablesbaren Druck bei 15° C zu multiplizieren. Beispiel: eine Flasche von 25 l weist einen Druck von 30 bar auf. Sie enthält demnach noch $25 \times 30 = 750$ l oder 0.75 m^3 Sauerstoff. – Ein praktischer Tip: die Sauerstoff-Flaschen sind am Klang erkennbar, wenn man sie anschlägt, im Gegensatz zu den Acetylenflaschen. Zudem sind sie teilweise weiss angestrichen und zuoberst mit einem Hahnen (Ventil) ausgerüstet, dem ein Gewinderohr angeschlossen ist, zur Aufnahme des Reduzierventils. Diese Apparatur ist mit einer Schutzkappe versehen, welche auf einem Kragen mit Gewinde aufgeschraubt wird.

Das Acetylen (C_2H_2): Dieses farblose, leichtere Gas als Luft, ist in Aceton gelöst, über einem porösen Material (Holzkohle). Das ist der Grund, weshalb die Acetylenflaschen, wenn angeschlagen, keinen Klang ergeben. Acetylen kann nicht über einen Druck von 1.5 bar komprimiert werden. Geht man höher, zersetzt es sich in seine Elemente und löst manchmal eine Explosion aus! Überschüssige Wärme hat dieselbe Wirkung. Immerhin, in gelöster Form ist dieses Gas viel weniger gefährlich. Ein Acetylen-Leck ist leicht zu entdecken, wegen seines starken Geruchs. Ein Liter Acetylen wiegt 1.11 g, bei einer Temperatur von 15° C und 760 mm Quecksilbersäule. Es handelt sich um einen Kohlenwasserstoff, reich an Kohlenstoff,

Sauerstoff- und Acetylenflaschen
mit ihren Manometer-Reduzierventilen.

was erklärt, dass seine Flamme «blakt». Sie brennt, indem sie sich zersetzt und ihre Bildungswärme wiederherstellt. Die Acetylenflasche unterscheidet sich von der Sauerstoff-Flasche durch die rote Farbe und die Anzapfverbindung. Es handelt sich um ein ringförmiges Gehäuse zur Aufnahme einer Lederdichtung. Der Ansatz des Reduzierventils wird mittels eines Bügels stark gegen diese Dichtung gepresst. Der Druck des Acetylens in der Flasche variiert stark je nach der Aussentemperatur. Aus diesem Grund wird der Flascheninhalt in der Regel gewogen. Das Leergewicht der Flasche (Tara) ist oben auf der Flasche markiert. Das Gewicht der Flasche weniger die Tara ergibt das Gewicht des in der Flasche enthaltenen Gases (der Inhalt in m^3 lässt sich leicht errechnen, wenn man weiss, dass 1 kg Gas ca. 0.9 m^3 entspricht). Der Gasdruck in einer neuen Flasche beträgt ca. 15 kg/cm^2. Die Acetylenflaschen sind stehend zu gebrauchen, damit kein Aceton aus der Flasche entweichen kann. Wird der Schweissbrenner während längerer Zeit zu intensiv eingesetzt, riskiert man einen unregelmässigen Gasfluss. Tritt dieser Zustand ein, ist die Arbeit für eine bestimmte Zeit zu unterbrechen. Acetylen ist nicht giftig, wird es aber in hohen Dosen inhaliert, wirkt es wie ein Anästhetikum. Ganz allgemein müssen zu heftige Schläge auf die Gasflaschen und zu grosse Wärmeeinwirkung vermieden werden. Es ist ratsam, sie in einer Entfernung vom Schweissbrenner von 3 m mittels Ketten an einer Mauer zu befestigen. Ist man zu zweit, kann man die Flaschen liegend transportieren, indem jede Person am anderen Ende zupackt. Ist man allein, neigt man die Flasche leicht und rotiert sie leicht; dazu hält man die Flasche oben an der Schutzkappe.

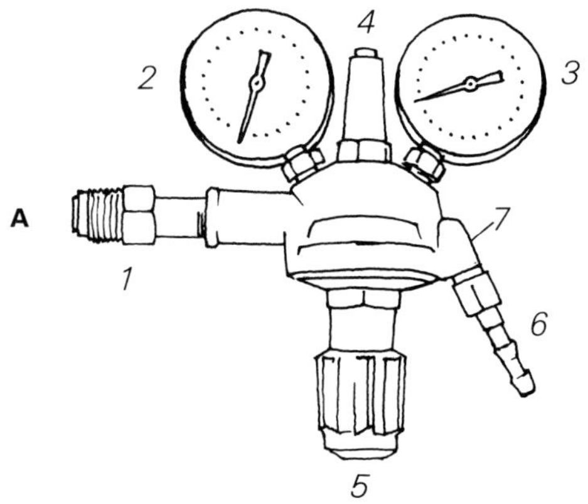

Reduzierventile

A. Reduzierventil O_2

Es umfasst ein Verbindungssystem zur Flasche (1), ein Sicherungsventil (4), ein Hochdruckmanometer (2), ein Niederdruckmanometer (3), eine Druckschraube (5), eine Gummiöffnung (6) für die Verbindung zum Gummischlauch. Ein Schliesshahn kann sich bei (7) befinden.

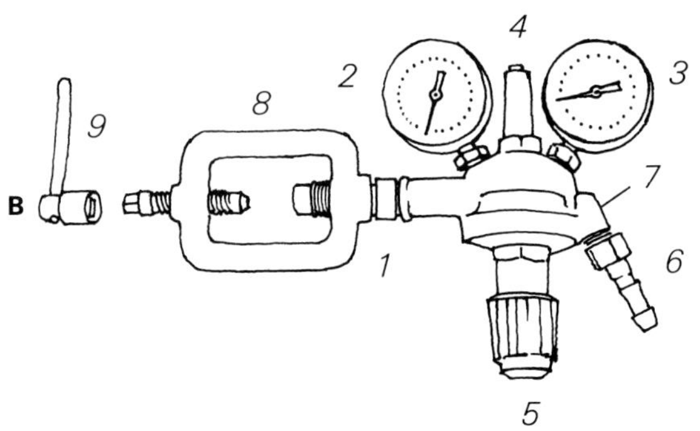

B. Reduzierventil C_2H_2

Es umfasst ein Verbindungssystem zur Flasche (1), das sich von demjenigen des O_2-Reduzierventils unterscheidet, das Hochdruckmanometer (2), das Niederdruckmanometer (3), das Sicherheitsventil (4), die Druckschraube (5), das Verbindungssystem zum Gummischlauch (6), der Bügel und sein Schraubsystem (8) und (9).

Wenn leer, muss der Hahn der Flaschen gut geschlossen und die Schutzkappe aufgesetzt werden. Der Raum, in dem sich die Gasflaschen befinden, muss gut gelüftet werden können; er darf keine entflammbare Produkte enthalten. Die Feuerlöscher müssen beim Eingang, rasch greifbar, aufgestellt sein.

Acetylen hat gegenüber anderen Gasen (Wasserstoff, Propan) folgende Vorteile:

- der Bedarf an Sauerstoff ist geringer: grössere Wirtschaftlichkeit.
- seine Flamme ist gezielter und erreicht eine höhere Temperatur.
- seine Flamme weist eine reduzierende Zone auf, die das Metall gegen Oxydation schützt; die Menge des oxydierenden Wasserdampfes ist minim.

Die Reduzierventile

Ihre Aufgabe ist es, den Druck des Gases, das den Schweissbrenner versorgt, zu reduzieren und die Dosierung stabil zu halten. Das Prinzip ist für beide Gase dasselbe, allerdings angepasst an die verschiedenen Drucke der beiden Gase. Jedes Reduzierventil ist mit zwei Manometern ausgerüstet, die dem Verbraucher den Druck, der in der Flasche herrscht, anzeigen (Hochdruckmanometer), bzw. den Druck des Gases im Schweissbrenner (Niederdruckmanometer). Das Hochdruckmanometer bei der O_2-Flasche ist von 0–200 graduiert, dasjenige bei der C_2H_2-Flasche von 0–20. Beide Manometersysteme (Hoch- und Niederdruck) kommunizieren miteinander über eine durch die Druckschraube gesteuerte progressive Öffnung. Durch Betätigung dieser Schraube wird der Gasdruck im

Elemente eines Schweiss- und Schneidbrenners

a) Drei Schweissbrennerteile von verschiedenem
b) Kaliber. Sie werden am Griff befestigt und set-
c) zen sich zusammen aus einem Mundstück aus Kupfer (1), einem Mischer aus Messing (2) und einer Düse oder Schnabel (3).

d) Der Griff hat zwei Anschlüsse (1) und (2) für die eintretenden Gase, zwei Regulierhahnen (3) und (4) und eine Verschraubung (5) zum Befestigen des Mundstückes.

e) Der Schneidbrenner wird wie eine Schweissdüse auf den Griff geschraubt. Er umfasst einen Sauerstoffhahnen (6), einen Steuerungshebel für den Sauerstoff zum Schneiden (5). Dieser wird mittels eines Rohrs (3) zum Kopf (1) des Schneidbrenners geführt. Das andere Rohr (4) führt das Gemisch Sauerstoff-Acetylen zum Kopf. Dieser ist mit einem Schneidschnabel (2) ausgerüstet.

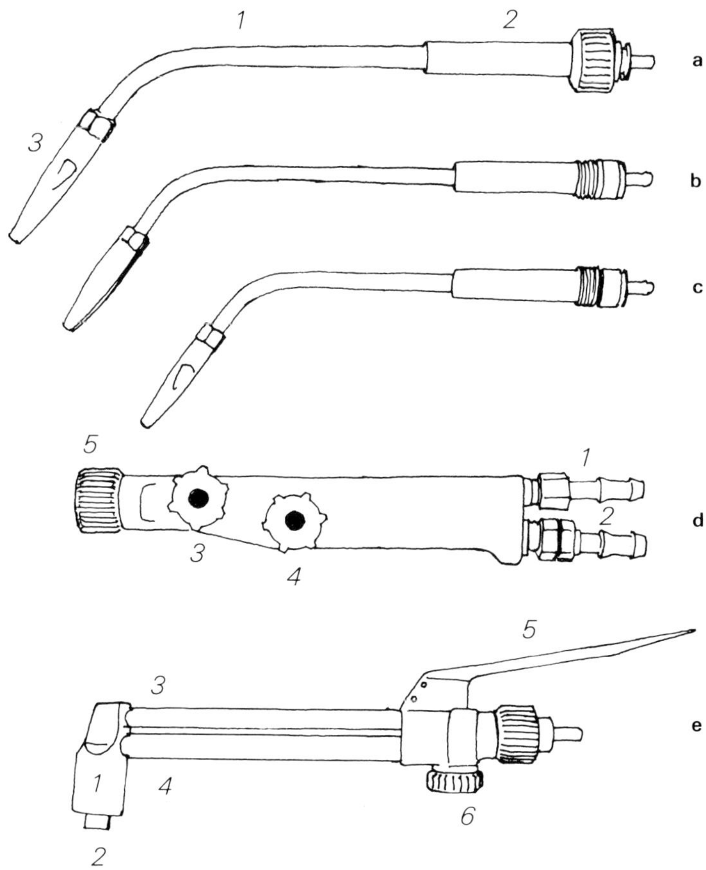

Schweissbrenner nach Wunsch reguliert. Er hängt von der Verwendung des Schweissbrenners ab. *Die Druckschraube muss bei der Installation des Manometers oder beim Öffnen des Hahnen bis zum Anschlag maximal offen sein.*
Die beiden Typen von Reduzierventilen sind voneinander verschieden.

Die Gummischläuche
Sie gewährleisten den Durchfluss des Gases vom Reduzierventil zum Schweissbrenner. Sie müssen geschmeidig, lang und widerstandsfähig sein (die Schläuche sind gewebeverstärkt). Die Schläuche für Acetylen sind rot, diejenigen für Sauerstoff blau oder schwarz. Man befestigt sie am Ausgangsstück des Reduzierventils und am Eingangsstück zum Schweissbrenner mittels eines Schraubstückes. Der Durchmesser und die Dicke des Schlauches sind abhängig von der Versorgungskapazität des Schweissbrenners: die Schläuche 6/11 (6 mm Innendurchmesser, 11 mm Aussendruchmesser) genügen für Schweissbrenner mit kleinem Gasverbrauch (bis 300 l pro Stunde). Darüber hinaus braucht es einen 9/16er Schlauch.

Die Schweissbrenner
In diesen Geräten wird die Gasmischung zum Einsatz gebracht. Die Mischung wird über das Mundstück zur Düse geführt, wo es entzündet wird und eine lebhafte und sehr heisse Flamme (3100° C) erzeugt. Man unterscheidet zwischen Schweissbrennern und Schneidbrennern (diese werden später im Kapitel über Schneidbrennen mit Sauerstoff behandelt). Der Schweissbrenner ist mit einem

System «Economiseur» (Spargerät), an das der Schweissbrenner angeschlossen ist. Sobald dieser abgekuppelt ist, entweichen die Gase von neuem und es genügt, die Flamme wieder am Sicherheitslicht zu entzünden.

Griff versehen, der gut in der Hand liegt. Zwei das einströmende Gas regulierende Hahnen sind seitlich am Griff angeordnet. Dieser ist rot angestrichen und erlaubt die Dosierung der Acetylenmenge. Der blaue Griff dosiert den Sauerstoff.
Es existieren mehrere Schweissbrenner im Handel: Schweissbrenner für Hochdruck, für Niederdruck, für konstante oder variable Gaszufuhr. Hier ist nur die Rede von Schweissbrennern für Niederdruck und konstanter Gaszufuhr; es sind dies die für den Plastiker gebräuchlichsten. Sie werden mit auswechselbaren Mundstücken geliefert, für kleinere oder grössere Gaszufuhr. Wenn man einen Schweissbrenner anschafft, muss man sich vergewissern, dass er gut in der Hand liegt: ein schlecht proportionierter und ausbalancierter Brenner ist auf die Dauer ermüdend für den Arm. Der ideale Brenner ist leicht, aus Aluminiumlegierung und Messing gefertigt. Er ist leicht demontierbar und die Teile sind ohne weiteres ersetzbar.

Zwischenstück gegen das Zurückschlagen der Flamme
Diese Vorrichtungen sind obligatorisch. Sie werden zwischen Brenner und Reduzierventil geschaltet, die sie gegen eine rückschlagende Flamme sichern, was zu ernsthaften Schäden führen könnte. Das Zwischenstück kann direkt an den Brenner oder im Schlauch eingebaut werden.

Ein Spargerät (Economiseur)
Es handelt sich um ein System, mit dem man den Brenner anzünden kann, ohne jedesmal die Eintrittshahnen der Gase regulieren zu müssen. Der Brenner ist an einem Gestell aufgehängt, das gleichzeitig als Hebel ausgebildet ist und die Gaszufuhr abschneidet. Wird der Brenner vom Gestell entfernt, wird die Gaszufuhr automatisch entblokkiert und der Brenner wird an der Sicherheitsflamme (Nachtlicht) wieder entzündet. Diese technische Vorrichtung erlaubt das Einsparen von Gas

Philippe Clérin
Torso (198.)
Geschweisster Stahl
Diese Plastik setzt sich aus rund um eine Armierung von Stahlstäben geschweissten Stahlplatten zusammen.

und Zeit und ist unerlässlich für Schweissarbeiten, die häufig unterbrochen werden müssen. Das System lässt sich an einer Ecke des Arbeitstisches installieren.

Ausrüstung

Die Schweiss-*Schutzbrillen* sind obligatorisch. Sie schützen die Augen des Schweissers vor kleinsten glühenden Projektilen, vor den Funken und vor dem grellen Licht der Flamme. Die Brillen sind mit gefärbten Gläsern versehen, die die ultravioletten und infraroten Strahlen, welche vom geschmolzenen Metall und der Flamme ausgehen, abhalten. Trotzdem weisen sie eine genügende Transparenz auf, um das Arbeitsfeld genau erkennen zu können.

Handschuhe: für die eventuelle Handhabung von heissen Teilen. Noch ratsamer sind jedoch:

Klemmen und *Zangen* für den Transport von Teilen, die geschweisst werden müssen. Ein *Amboss* oder schwere Stahlstücke sind praktisch, kann man doch darauf rotglühende Objekte durch Hämmern nacharbeiten.

Ein *Schraubstock, Befestigungsrahmen, Zwingen:* sie dienen zum Festhalten der zu schweissenden Stücke. Ein Kasten mit Sand kann nützlich sein, um Stücke, die miteinander verbunden werden, darin einzubetten.

Feuerfeste Platten als Arbeitsflächen. Ein mit Wasser gefüllter *Eimer:* zum Abkühlen der Stücke, die geschweisst werden sollen oder ein Verdunster für grosse Stücke.

Einige zusätzliche Vorsichtsmassnahmen:

- Weite Kleider aus sehr entflammbaren Stoffen (z. B. Nylon) sind zu vermeiden.
- Trägt man lange Haare, sind sie mit einem Stirnband oder mit einer Mütze festzuhalten.
- Kleine Schläuche in unmittelbarer Nähe während der Arbeit ausrollen, auch nicht in der Nähe der Gasflaschen.
- Wenn ein Schlauch Feuer fängt, ist die Gaszufuhr auf der Höhe des Reduzierventils zu unterbinden.
- Wenn entflammtes Acetylen aus der Flasche durch ein kleinstes Leck entweicht, ist es mit einem feuchten Tuch, mit einem Feuerlöscher oder Wasserstrahl zu löschen. Der Hahn ist raschmöglichst zu schliessen.
- Entweicht der Flasche mehr Acetylen, so dass die Flamme die Flasche zu erwärmen droht, entfernt man sich so weit wie möglich und versucht, das Feuer mit einem Wasserstrahl zu ersticken. Man fährt fort, die Flasche über längere Zeit mit Wasser zu besprengen, um sicher zu gehen, dass sich die Flasche abgekühlt hat.

Die Verwendung des Materials

Vorgängige Installationen

Vor allem befestigt man die Vorrichtung gegen das Zurückschlagen der Flamme im Schlauch, beim Austritt des Schweissbrenners. Dann befestigt man die Gummischläuche am anderen freien Ende der Sicherheitszwischenstücke mit Schraubverschluss.

Achtung: man muss sich vergewissern, dass die Gasschläuche am richtigen Ort angeschlossen sind: Sauerstoff und Acetylen darf man nicht verwechseln! Im Zweifelsfall ist die Gebrauchsanweisung für den Brenner zu konsultieren.

Montage und Einsatz des Reduzierventils für Sauerstoff

Man entfernt die Schutzkappe der Flasche. Man öffnet den Hahnen rasch und schliesst ihn sofort wieder, um eventuellen Staub oder Schmutz zu entfernen, die das Ventil verstopfen könnten.
Man passt das Ende des Reduzierventils der Öffnung des Ventils an und schraubt die Mutter fest.

Jaap Mooy
Venus von Detroit (1961)
Stahl
85×55×30 cm

Sie wird mit einem englischen Schlüssel angezogen, wobei die günstige Stellung des Reduzierventils (zum Ablesen der Manometer) zu beachten ist. Man entspannt die Druckschraube vollständig, um beim Öffnen des Hahnen einen Druckstoss im Niederdruckmanometer zu vermeiden. Man öffnet auch den Ausgangshahnen des Manometers. Man verbindet den Gummischlauch für Sauerstoff mit dem Ausgang des Manometers mittels des Schraubkragens. Man öffnet zunehmend den Hahnen der Flasche; der herrschende Druck zeigt sich auf dem Hochdruckmanometer an. Der Hahn wird vollständig geöffnet. Man zieht nun die Druckschraube langsam an, bis der gewünschte Druck am Niederdruckmanometer abgelesen werden kann; dabei ist der Sauerstoffregulierhahn am Brenner offen (man soll das Gas entweichen hören). Schliesst man ihn wieder, bemerkt man einen leichten Druckanstieg am Niederdruckmanometer, was jedoch absolut normal ist.

Montage und Einsatz des Reduzierventils für Acetylen

Man entfernt die Schutzkappe der Flasche. Man vergewissert sich, ob die Dichtung vorhanden und in gutem Zustand ist. Wenn nicht, wird sie ersetzt. Man passt den Schraubbügel um die Ventilmündung an und verschraubt ihn fest. Danach ist das Vorgehen identisch mit demjenigen für Sauerstoff.

Der Gebrauch des Brenners

Nach der Gaseinstellung am Manometer werden die Eingangshahnen der Gase zum Brenner geschlossen. Man öffnet immer zuerst den Acetylenhahnen des Brenners (den roten Hahnen) vorsichtig und langsam. Bei ganz schwachem Gasfluss wird die Flamme entzündet, entweder mit einem Streichholz oder einem Feuerzeug, das ein wenig unterhalb der Düse gehalten wird. Die Flamme ist orangefarbig und sie blakt (Kohlenstoffteilchen werden freigesetzt). Nun erhöht man den Gasfluss sukzessive, bis die Flamme keine Rauchentwicklung mehr zeigt. Jetzt kann auch der Sauerstoffhahn langsam geöffnet werden. Es bildet sich vorerst eine Acetylenüberschussflamme; vor dem Flammenkegel erscheint ein weisser Schleier, der sich bis in die Streuflamme hinein erstreckt. Eine derartige Schweissflamme gibt Kohlenstoff an das Schmelzbad ab, was den Stahl härter und spröder macht. Metalle wie Aluminium, wo die Aufkohlung nicht im Vordergrund steht, werden mit einer solchen Flamme geschweisst.
Erhöht man die Sauerstoffzufuhr, verschwindet der weisse Schleier: es stellt sich die *neutrale Flamme* ein. Der stäbchenförmige Flammenkegel ist hell leuchtend und klar begrenzt.
Im Innern des Flammenkegels ist noch unverbranntes Gasgemisch. Die Verbrennung erfolgt erst im Umkreis des Flammenkegels: in der diesem vorgelagerten schmalen, farblosen Zone, der sog. *Schweisszone*. Hier erreicht die Temperatur den Höchstwert von 3100°C. Die bei der Verbrennung entstehenden Gase, Kohlenoxyd und Wasserstoff, ($2\,C_2H_2 + 2O_2 = 4\,CO + 2H_2$) verbrennen mit Hilfe des Luftsauerstoffs. Durch dessen Bindung wird die schädliche Oxydation verhindert. Man spricht deshalb von einer reduzierend wirkenden Schweissflamme, die für die üblichen Schweissarbeiten besonders vorteilhaft ist. Weiter von der Düse entfernt, befindet sich die sog. Streuflamme, die ein grösseres Volumen einnimmt, aber weniger leuchtend ist. Hier findet die sekundäre Verbrennung statt: Der Wasserstoff verbindet sich mit dem Sauerstoff und bildet Wasser (in Dampfform) und das Kohlenoxyd wandelt sich in Kohlendioxyd um.
Ein Sauerstoffüberschuss führt zu einer oxydierenden Flamme mit einem reduzierten, harten und zugespitzten Flammenkegel. Dieser nimmt eine bläuliche Färbung an, ebenso der Flammenkern und die Streuflamme. Eine solche ist bis auf wenige Ausnahmen – z. B. Messingschweissung – zu vermeiden.
Eine der Schwierigkeiten bei der Schweissarbeit besteht in der Wahl der Brennergrösse, der Wahl des Mundstückes. Denn: Ist die Flammenstärke zum Schweissen von den gewünschten Metallstükken nicht genügend, vergeudet man Gas und Zeit. Ist dagegen die Flammenstärke zu gross, schmilzt das Metall zu schnell und es entstehen mehr Löcher als Schweissnähte! Die Kaliber der Mundstücke, die zum Schweissbrenner gehören, lassen sich am Verbrauch von Acetylen pro Stunde messen. Diese Zahl ist auf der Düse der Mundstücke eingeprägt. Es sind verschiedene Faktoren zu berücksichtigen, will man die Eignung der Mundstücke bestimmen: die Dicke des zu schweissenden Metalls, die Art und Beschaffenheit des Metalls und die Schweissmethodik.
Je dicker das zu schweissende Metall ist, desto grösser muss die Gaszufuhr zum Brenner sein. Die Maximaldicke von Stahlblechen, die nach dem Sauerstoff-Acetylen-Schweissverfahren geschweisst werden, liegt bei ca. 8 mm.
Die Art des zu schweissenden Metalls ist aus zwei Gründen wichtig: man muss gleichzeitig seine Schmelztemperatur und seine Leitfähigkeit in Betracht ziehen. In der Praxis gilt: je höher der Schmelzpunkt, umso höher muss man das Stück erwärmen. Andererseits gilt auch: je besser das Metall leitend ist, um so mehr Wärme nimmt es im Innern auf. Der Schweissbrenner benötigt eine viel grössere Wärmemenge, um eine bestimmte Stelle des Blechs zu schmelzen. Kupfer ist ein ausgezeichneter Leiter, normaler Stahl weniger und rostfreier Stahl noch weniger. Es ist deshalb wichtig, das für die Arbeit geeignete Mundstück zu wählen. Ist die

Die Sauerstoff-Acetylen-Flamme

A. Die im Innern der Flamme stattfindenden chemischen Reaktionen und ihre Lokalisation. Flammenkegel (1) und Streuflamme (2) (unmittelbar vor dem Flammenkegel die Flammenkernzone).

A

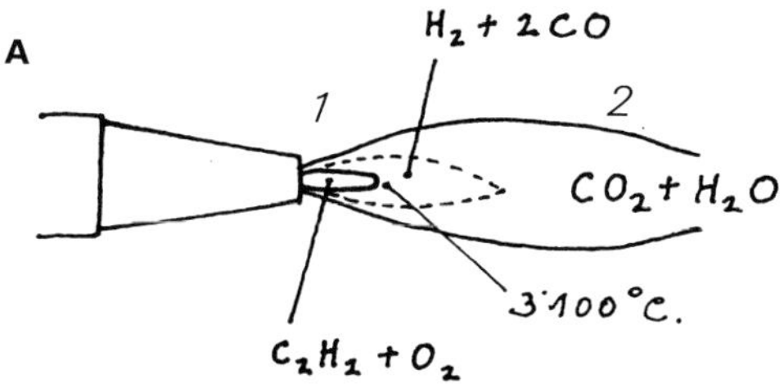

B. Einige deformierte Flammenformen verglichen mit einer korrekten Flamme (1): ausgeweitete Düsenöffnung (2), zugespitzter Flammenkegel bei Sauerstoffüberschuss (3), verschmutzte Düsenöffung führt zu zweispaltigem Flammenkegel (4).

B

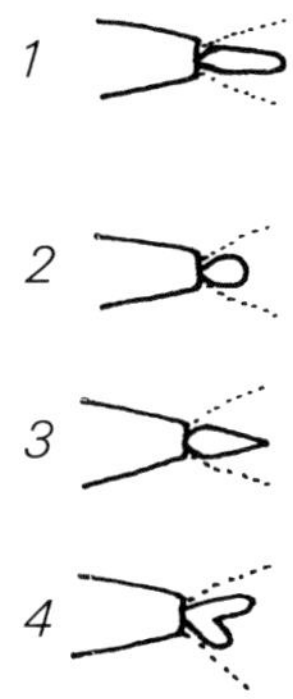

C. Verschiedene Flammentypen bei variierendem Gasmischungsverhältnis: Orange Flamme, Kohlenstoff führend (1); bei reinem Acetylen: Flamme mit C_2H_2-Überschuss (2): der Flammenkegel ist von einem weissen Schleier umgeben; neutrale Flamme (3): der Flammenkegel ist gerade, stäbchenförmig und ohne «Heiligenschein»; oxydierende Flamme (4): der Flammenkegel ist kurz und zugespitzt und von bläulicher Färbung. Die Streuflamme ist schmäler. Ein zischendes Rauschen der Flamme ist charakteristisch.

C

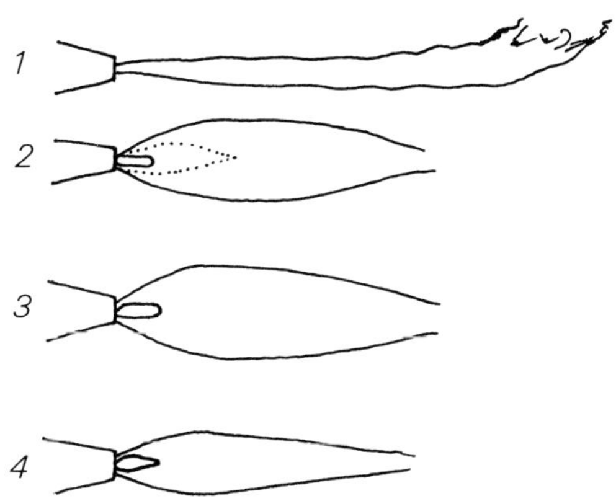

Düsenöffnung zu klein für den gewünschten Gasbedarf, besteht die Tendenz, den Sauerstoffdruck zu übertreiben, was zu einer oxydierenden Flamme führt, bzw. zu einem zu harten Flammenkegel mit evtl. Abreissen der Flamme. Ist andererseits die Düse zu gross, besteht die Tendenz, den Gasdruck zu reduzieren, was zu sehr unangenehmen Knalleffekten führt (das Gasgemisch entflammt sich im Innern der Düse und erzeugt kleine Explosionen). Eine Gebrauchsanweisung über die zu wählende Nummer der Mündungsstücke in Relation zur Dicke des zu schweissenden Metalls wird beim Kauf des Schweissbrenners abgegeben; es ist ratsam, sich genau zu informieren. Es ist ebenfalls wichtig, einen Maximaldruck vom Gas zu erreichen. Dieser lässt sich gleichzeitig auf dem Niveau des Niederdruckmanometers und den Hahnen des Brenners regulieren. Ist die Flamme verschmutzt (dann nämlich, wenn der Flammenkegel nicht gerade oder deformiert ist), schlägt man die Düse bei angezündetem Brenner auf ein hartes Holzstück. Genügt das nicht, löscht man den Brenner und führt eine feine Nadel (mit Vorteil aus Messing) in die Düsenöffnung ein.

Ausserbetriebsetzung der Geräte

Beim Unterbrechen der Schweissarbeit stellt man den Schweissbrenner auf sein Gestell (wenn eine Sparvorrichtung vorhanden ist), oder man schliesst zuerst den Sauerstoffhahnen des Brenners und dann denjenigen des Acetylens. Man kann auch die Ausgangshahnen der Reduzierventile schliessen.
Ist die Schweissarbeit definitiv abeschlossen, verfährt man wie oben und schliesst die Hahnen des Brenners oder diejenigen des Reduzierventils. Dann schliesst man die Hahnen der beiden Gasflaschen. Hierauf öffnet man die Hahnen des Brenners und der Reduzierventile wieder und entleert die Schläuche und die Niederdruckkammern der Reduzierventile. Diesen Vorgang kann man durch leichtes Anziehen der Druckschraube beschleunigen. Sobald die Manometernadeln der Niederdruckmanometer auf Null zurückgefallen sind, öffnet man die Druckschrauben der zwei Manometer und schliesst die Ausgangshahnen der Reduzierventile.

Die Zusatzprodukte

Es sind die Produkte, die man zum Grundwerkstoff zufügt, damit die Schweissraupe von höchster Qualität ist.
Unter ihnen sind zu unterscheiden: der Zusatz- oder Schweissdraht, Schweisspulver oder Flussmittel.

Der Schweissdraht (Schweissstäbchen)

Es handelt sich um Metall, das während des Schweissvorgangs dem Schmelzbad zugefügt wird. In Form von feinen Metallstäben präsentiert sich der Schweissdraht als Material, das dem Grundwerkstoff (Basismetall) weitgehend gleicht. Es dient zum Auffüllen von eventuellen Leerstellen zwischen den Schweissfugen und zum Verdicken und Verstärken der Schweissraupe. Der Schweissdraht besteht aus reinem oder mit bestimmten Elementen (Mn, Ni, C, Si, etc.) legiertem Metall; seine Hauptaufgabe ist ganz allgemein die Qualitätsverbesserung beim Schweissen. Die Schweissstäbchen werden in Bündeln von 1, 2, 5 oder 10 kg verkauft; ihr Durchmesser schwankt zwischen 1.2 mm und 16 mm. Das Kaliber des Schweissdrahtes wird je nach Art der Schweissarbeit, der Dicke des zu schweissenden Metalls und der Leistung des Schweissbrenners gewählt. Wenn man «von links her» schweisst (der nach hinten geneigte Schweissdraht geht der Flamme voraus), soll der Durchmesser des Schweissdrahtes ungefähr der Hälfte der Dicke des zu schweissenden Metallblechs plus 1 mm entsprechen.

Die Schweisspulver oder Flussmittel

Es handelt sich um Pulver, Flüssigkeiten oder Pasten, mit denen die Schweissfugen und der Schweissdraht bestrichen werden. Ihre Aufgabe ist es, entstehende Oxyde in leicht schmelzbare Schlacken umzuwandeln und die Oxydation selbst möglich klein zu halten. Für gewöhnlichen Stahl, dessen Oxyd bei tieferer Temperatur schmilzt als beim Metall, wird kein Flussmittel zugesetzt.

«Schweissen von links» oder «Vorwärtsschweissen»

Die Düse (1) des Schweissbrenners ist um 45° nach vorne geneigt. Der Flammenkegel schmelzt die zu schweissenden Blechränder und bildet das Schmelzbad (2), das sich in derselben Richtung verschiebt. Der Schweissdraht (3) wird periodisch ins Schmelzbad gesenkt, wo er das Zusatzmetall ablagert. Der Schweissdraht ist um 45° nach hinten geneigt und schreitet mit der gleichen Geschwindigkeit nach vorne wie die Düse.

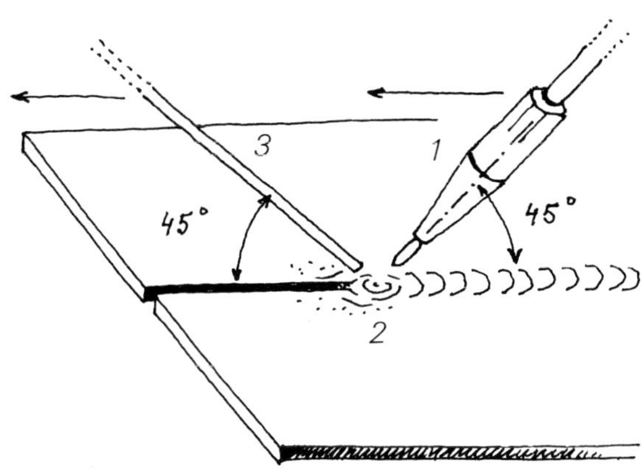

Dagegen muss das durch die Schweissflamme nicht geschmolzene Metalloxyd abgeschöpft werden, da es sonst an der Oberfläche der schmelzenden Metalle eine Haut bildet, die eine homogene Verbindung verhindert. Das ist beispielsweise beim Aluminium, Kupfer und seinen Legierungen, beim Guss und rostfreien Stahl der Fall. Es sind im Handel Schweissstäbchen mit einer umhüllenden Schicht von Flussmitteln erhältlich.

Das Schweissverfahren in der Praxis
Sobald die Flamme und die Gaszufuhr gut eingestellt sind, kann die eigentliche Schweissarbeit beginnen.
Zuerst müssen die zu schweissenden Bleche so aufgebaut werden, dass die Schweisslinie nicht mit dem Arbeitstisch in Berührung kommt. Diese Anordnung soll auch zu grosse Wärmeverluste verhindern.
Am zweckmässigsten werden die zu schweissenden Stücke auf Schweissstäbchen oder Feuerfestplatten auf den Arbeitstisch gestellt. Die Blechränder sind leicht entfernt voneinander anzuordnen, um eine gute Verbindung legen zu können.
Muss man lange Bleche schweissen, sind Deformationen, die durch die lokale Dilatation der Metallbleche entstehen, in Betracht zu ziehen. Dieses Risiko kann vermieden werden, indem die Bleche auf der Unterlage mit Zwingen festgeklemmt werden.

Aus dem gleichen Grund ist es empfehlenswert, die Schweissarbeit von der Mitte aus gegen das eine Ende, dann zur Mitte zurückgehend, gegen das andere Ende auszuführen.
Nachdem man die erste Hälfte der Schweissspur gelegt hat, dreht man die zu schweissenden Stücke um 180°, so dass der Schweisser wieder im gleichen Sinne arbeiten kann. Bei der Arbeit wird der Schweissbrenner mit der rechten Hand gehalten, die Flamme ist um ca. 45° gegen links geneigt, d. h. in Richtung der auszuführenden Schweissung.
Der Schweissdraht wird mit der linken Hand unter einem Winkel von 45° gegen rechts gehalten, so dass das Drahtende immer über das Schmelzbad zu liegen kommt. Man arbeitet regelmässig, gegen links vorwärtsschreitend, indem man der Flamme eine leichte oszillierende, kreisförmige Bewegung mitteilt, so dass sie alternierend die beiden Blechränder bestreicht. Die Spitze des Flammenkegels wird 1–2 mm über dem Metall gehalten. Sobald das Basismetall geschmolzen ist – aber nicht vorher – , kommt der Schweissdraht zum Einsatz: man taucht ihn mit dem einen Ende in das Schmelzbad. Der Schweissdraht darf nie in direkte Berührung mit dem Flammenkegel kommen; er muss sich immer in der Flammenkernzone halten. Die Ablagerung vom Zusatzmetall vom Schweissdraht erfolgt im Moment, wo der Flammenkegel mit der oszillierenden Bewegung gegen den einen oder anderen Blechrand gerichtet ist. Das Fortschreiten

der Arbeit muss regelmässig, nicht zu schnell und nicht zu langsam vor sich gehen, bis zum Ende der Schweisslinie, wobei der Flammenkegel immer im selben Abstand von der Schweisslinie zu halten ist. Alle diese Operationen erscheinen kompliziert, aber mit der Praxis gelingt es rasch, die Bewegungen zu koordinieren.
Die Schweissmethode wird als «Schweissen von links» oder als «Vorwärtsschweissen» bezeichnet. Es ist die gebräuchlichste. Sie hat den Vorteil, dass das Basismetall mit der geneigten Flamme und der fortschreitenden Arbeit vorgeheizt wird und deshalb verhältnismässig leicht von der Hand geht. Es existieren auch andere Methoden (Schweissen von rechts, ansteigendes Schweissen), die aber eher für bestimmte professionelle Verfahren geeignet sind.

Anmerkung: Es ist nicht unwichtig beizufügen, dass der Plastiker, der selber Schweissarbeiten ausführt, keineswegs mit dem professionellen Schweisser rivalisieren will, dem es eine Ehre ist, «unsichtbare» Schweissungen hervorzubringen. Im Gegenteil: er arbeitet geradezu mit den «Unvollkommenheiten» seiner Schweissung als Ausdrucksmittel. Entscheidend ist für ihn nur, dass die Schweissungen halten; dies allein erfordert eine minimale Beherrschung der Technik. Das Schweissen darf jedoch nicht zum künstlerischen Selbstzweck werden. Nebst dem Grundwissen entwickelt jeder Plastiker seine eigene Technik, die seinem ästhetischen Empfinden am ehesten entspricht. Nur so kann sich ein eigener Stil entwikkeln, der sich indessen im Rahmen der etablierten Schweissregeln bewegen muss.

Schweissen von verschiedenen Metallen und Legierungen

Schweisst man andere Metalle als gewöhnlichen Stahl (inkl. extraweiche, weiche und halbweiche Stähle), muss man sich Rechenschaft über mehrere Eigenschaften dieser Metalle ablegen: ihre Leitfähigkeit, ihre Oxydierbarkeit, ihr Ausdehnungsvermögen (Dilatation) und ihre Schmelztemperatur.

- *Die Leitfähigkeit:* Je besser die Wärmeleitfähigkeit eines Metalls ist, desto stärker muss der Schweissbrenner ausgelegt sein, um die Wärmediffusion im Metall auszugleichen. Die Zusatzwärme wächst proportional zur Metallmasse.

- *Die Oxydierbarkeit:* Die Präsenz oder die Bildung von Oxyden bedingt den Einsatz eines Flussmittels, das diese eliminieren soll. Es ist eine Tatsache, dass die meisten Metalloxyde bei einer höheren Temperatur schmelzen als die Metalle selber, wobei sich um das Metall eine Haut bildet, die das Verschmelzen mit den umgebenden Metallen verhindert.

- *Das Dilatationsvermögen:* Dieser Faktor gestattet vorauszusehen, in welcher Grössenordnung sich die Deformationen, hervorgerufen durch das lokal erhitzte Metall, bewegen. Theoretisch können die Deformationen, die sich aus den sich ablösenden Dehn- und Schwindprozessen ergeben, durch ein gleichmässiges Vorheizen aller zu schweissenden Teile vermieden werden. Diese Behandlung, die sich für kleine Stücke eignet, wird undenkbar bei grossen Blechen (wo die Notwendigkeit der Wärmebehandlung ausgeprägt ist). Im letzten Fall sind die grossen Stücke mechanisch festzuhalten oder mit punktuellen Schweissungen entlang der Schweisslinie (von der Mitte ausgehend, bis zu den äussersten Teilen) zu versehen.

- *Die Schmelztemperatur:* Je höher sie ist, umso grösser ist der Gasverbrauch des Schweissbrenners.

Rostfreie Stähle (Legierungen mit Eisen, Chrom und Nickel)

Es wird empfohlen, den «stabilisierten Stahl» 18/8 zu wählen, da der Standard 18/8 hie und da zur Korrosion der Schweissnaht neigt. Verwendet man ihn trotzdem, muss er nach dem Schweissen mit Wasser behandelt werden, um diesen Nachteil zu vermeiden.
Man kann die Stärke des Brenners im Vergleich zu einem weichen Stahl gleicher Dicke um 25% reduzieren, wenn man das Mundstück eine Nummer

Paul Neagu
Athwart (ACROSS, Quer über) (1983–1984)
Weicher Stahl
95 × 70 × 65 cm
Photo FXP, London

kleiner wählt. Eine neutrale Flamme ist Voraussetzung für eine gute Schweissung. Ein Sauerstoffüberschuss bringt die Oxydation vom Chrom mit sich, was zu einer Verschlechterung der Korrosionsfestigkeit führt. Man verwendet einen Schweissdraht von gleicher Zusammensetzung wie das Basismetall oder mit einem leicht höheren Chromgehalt. Ein Spezialflussmittel vermag das sich bildende Chromoxyd zu entfernen.
Ist die Arbeit beendigt, beizt man die Schweissnaht mit einer Lösung von 35 Teilen Salzsäure, 5 Teilen Salpetersäure und 60 Teilen Wasser. Schliesslich spült man den Stahl ausgiebig mit fliessendem Wasser und bürstet die Metalloberfläche ab.

Guss (Legierungen von Eisen und Kohlenstoff)

Es sei daran erinnert, dass Grauguss Kohlenstoff in freier Form (Folge der langsamen Abkühlung nach dem Giessprozess) enthält: die Bruchflächen sind grau und hinterlassen auf den Fingern schwarze Spuren. Grauguss, der verbreitetste Guss, ist schweissbar. Dagegen ist der Weissguss, erkennbar an den weissen Bruchflächen, nicht schweissbar.
Der geformte Grauguss, der 3–4% C enthält, leitet schlecht, was zu Problemen hinsichtlich Dilatation und Schrumpfung führen kann, besonders bei Stücken, wo sich die zu schweissenden Stellen nicht frei ausdehnen oder zusammenziehen können. In

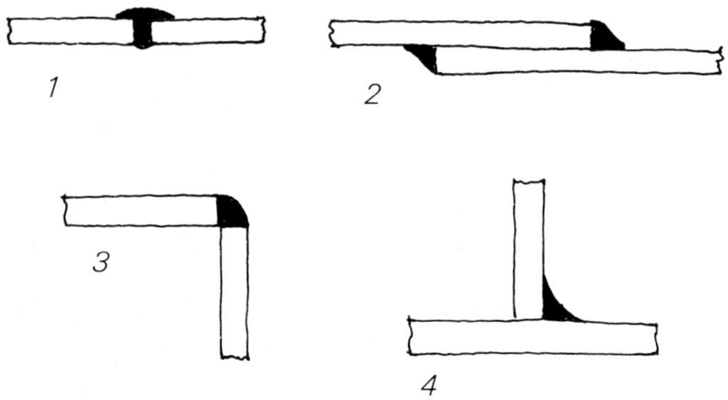

Schweisstypen beim Schweissen von Metallstücken in verschiedenen Stellungen

1. Schweissen von zwei Enden.
2. Schweissen bei Überdeckung.
3. Schweissen mit Aussenwinkel.
4. Schweissen mit Winkel oder Auskehlung.

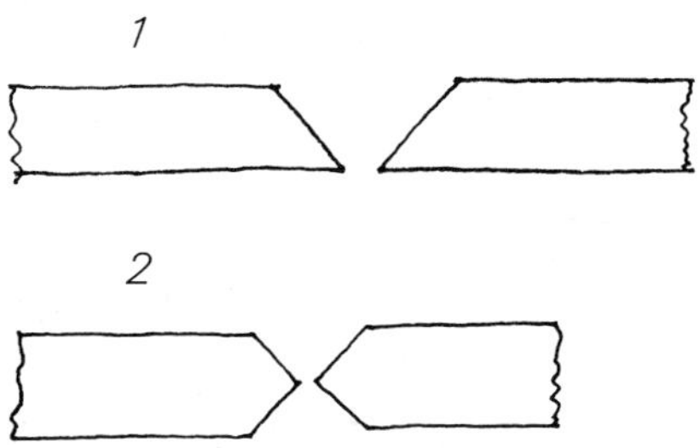

Zwei Methoden zum Abschrägen

1. Einfache Schrägkante, V-Form, für die einseitige Schweissung.
2. Doppel-Schrägkante, X-Form, für die beidseitige Schweissung.

solchen Fällen muss das ganze Stück einer Wärmebehandlung bei ca. 800°C, vor und nach der Arbeit, in einer Schmiede, unterworfen werden.
Da die meisten Gussstücke ziemlich gross sind, muss man sie abschrägen, d.h. die zu schweissenden Ränder müssen zu einem V-Profil abgeschliffen werden. Auf diese Weise ist gewährleistet, dass die Flamme das ganze Stück erreicht. Das Abschleifen geschieht mit der Feile oder der Schruppschleifscheibe.
Die Flamme muss neutral sein. Man verwendet Schweissdrähte aus Spezialguss mit Silizium, im Durchmesser ungefähr der Schweissdicke entsprechend.
Der Guss schmilzt zwischen 1050° und 1230°C, während das Siliziumoxyd, das sich während der Arbeit bildet, bei ca. 1470°C schmilzt. Ein Flussmittel zum Abbeizen ist deshalb unumgänglich, mit dem die Fugen angestrichen werden. Während der Schweissarbeit wird die Flamme im Winkel von 60° zur Oberfläche des zu schweissenden Stückes gehalten. Der Flammenkegel ist ca. 0.5 cm von der Oberfläche entfernt zu halten. Wenn der Guss erhitzt wird, ist dessen vorsichtige Handhabung angezeigt, da er sehr spröde ist.

Aluminium

Aluminium ist ein sehr guter thermischer Leiter, ist oxydierbar und schmilzt bei 658°C. Das Aluminiumoxyd, das bei 2000°C schmilzt, muss mit einem speziellen Flussmittel entfernt werden. Da es in Gegenwart von Feuchtigkeit sehr korrosiv ist und das Metall angreift, muss es nach der Arbeit mittels eines kalten Schwefelsäurebades (10%) eliminiert werden. Darauf muss die Skulptur mit Wasser gewaschen und mit einer Bürste gut abge-

Philippe Clérin
Negerkopf mit Helm (1986)
Gebrannter Ton und Stahl

rieben werden. Die Reinigung der zu schweissenden Stücke vor dem Schweissen muss ernst genommen werden.
Die Ränder werden ein erstes Mal entfettet, dann mit einer Schleifscheibe geschliffen und ein zweites Mal entfettet.
Der Zusatzdraht besteht aus reinem Aluminium. Es ist wichtig, dass die richtige Dicke des Schweissdrahtes gewählt wird. Man arbeitet mit einer leicht niedrigeren Gaszufuhr als beim gewöhnlichen Stahl, mit neutraler oder leicht reduzierter Flamme.
Da es schwierig ist, das Metall eindeutig schmelzen zu sehen (es verändert die Farbe nicht und seine Aluminiumhaut versteckt es), muss man sich mit Spezialbrillen mit leicht bläulichen Gläsern ausrüsten. Wenn geschmolzen, neigt das Metall dazu, sich zu setzen; man versucht, diese Schwierigkeit zu umgehen, indem man mit einem «weichen» Flammenkegel arbeitet und den Druck des Sauerstoffs leicht reduziert. Der Flammenkegel wird 2–3 mm von der Metalloberfläche entfernt und der Schweissbrenner auf der Horizontalen geneigt gehalten. Der mit Flussmittel überzogene Schweissdraht dient zum Zerstören der Aluminiumhaut mittels der Bewegungen von unten nach oben. Unter den schweissbaren Aluminiumlegierungen seien genannt: Aluminium-Mangan (Manganal), Aluminium-Magnesium (Duralinox) und Aluminium-Silizium (Alpax). In jedem dieser Fälle muss man sich mit Schweissdraht und geeigneten Flussmitteln ausrüsten.

Kupfer

Für die Schweisstechnik ist desoxydiertes Kupfer zu verwenden. Die Präsenz von kleinen Kügelchen

von Oxyden (Protoxyde) in der Metallmasse, macht das Metall spröde, insbesondere auf dem Niveau der Schweissungen. Um sich zu vergewissern, ob ein Kupfertyp schweissbar ist oder nicht, erhitzt man ihn entlang einer Linie auf eine Temperatur, die leicht unter seinem Schmelzpunkt liegt. Nach dem Abkühlen versucht man, das Kupferblech der Linie entlang zu falten. Ist es schweissbar, gelingt dies ohne irgendwelche Rissbildung. Kocht das geschmolzene Metall auf, ist es ratsam auf seine Verwendung zu verzichten; es enthält dann offensichtlich Verunreinigungen.
Das Metall ist ein sehr guter Wärmeleiter, weshalb die Stärke des Brenners zu erhöhen ist (bis dreimal mehr als für Stahl), insbesondere wenn es sich um eine beträchtliche Metallmasse handelt.
Kupfer schmilzt bei 1083° C. Um dünne Kupferbleche (1–2 mm dick) zu schweissen, ist eine kombinierte Schweiss-Löt-Technik angezeigt. Für Blechstärken über 9 mm ist die Lichtbogenschweissung mit Argon (MIG und TIG) am geeignetsten.
Die Verwendung eines beizenden Flussmittels kann dadurch vermieden werden, indem man mit einer leicht reduzierenden Flamme arbeitet. Das Zusatzmetall besteht aus desoxydierten Kupferstäbchen (Reinkupfer) oder (bei Legierungen) mit einem geringen Zusatz von Phosphor.
Für die dünnen Bleche von weniger als 2 mm Dicke, lagert man Metalltropfen vom Zusatzmetall ab, die sich einer nach dem anderen überdecken. Die Arbeitsgeschwindigkeit ist ungefähr doppelt wie beim Stahl.
Nach der Schweissarbeit, ist es empfehlenswert, die Schweissnaht auf Rotglut zu bringen und sie zu hämmern. Dadurch wird ihre mechanische Qualität verbessert.

Messing

Man unterscheidet *Messing 1. Gradierung* (Cu 67–72%), von gelber Farbe, schmelzbar zwischen 910 und 940° C, kalt verarbeitbar, und *Messing 2. Gradierung* (Cu 58–62 %), manchmal wenig Blei enthaltend, leicht rosa, schmelzbar bei 880° C, warm bearbeitbar. Die Ränder der zu schweissenden Bleche sind vorgängig zu schleifen.
Im Gegensatz zu den beschriebenen Verfahren, schützt die Messingschweisstechnik die Oxydschicht, die das geschmolzene Metall abdeckt. Dadurch wird das sehr flüchtige Zink am Verflüchtigen verhindert. Man verwendet eine deutlich oxydierende Flamme, die zur Bildung von unschmelzbarem Zinkoxyd beiträgt. Ein beizendes Flussmittel ist auf der anderen Seite der Schweissnaht zu applizieren.
Andererseits kann man einen speziellen Schweissdraht einsetzen, der die Verflüchtigung vom Zink neutralisiert.
Nach dem Schweissen, lässt man das Stück in der Luft abkühlen (nie in Wasser tauchen!). Dann werden die abgekühlten Schweissraupen mit Wasser abgebürstet.

Bronze

Da die Leitfähigkeit hoch ist, empfiehlt es sich, die zu schweissenden Stücke auf ca. 550° C vorzuheizen. Man kann beispielsweise zwei Brenner einsetzen: einer zum Aufheizen des Stückes und der andere zum Schweissen. Es ist Vorsicht am Platz bei der Handhabung dieser Stücke, weil die Bronze bei diesen Temperaturen leicht zerbricht.
Man muss einen starken Brenner und Schweissdraht von derselben Zusammensetzung wie das Basismetall auswählen, dem als Desoxydant ein wenig Phosphor zugemischt wird.
Die Schmelze von Bronze beginnt bei 800° C, aber die Verflüssigung findet erst bei ca. 1000° C statt. Das Schmelzbad darf nicht zu lange an derselben Stelle bleiben, da sonst die am leichtesten schmelzbaren Elemente der Legierung dazu neigen, die Oberhand zu gewinnen.
Die Brennerflamme wird leicht oxydierend eingestellt, damit das Aufkochen im Schmelzbad vermieden werden kann. – Borax oder Natriumcarbonat können als Flussmittel zugesetzt werden.
Die Kupfer-Nickel- und die Kupfer-Silizium-Legierungen lassen sich leicht schweissen.
Die Neusilber-Typen (Kupferlegierungen mit Zink und Nickel) lassen sich wie Messing schweissen, wobei allerdings eine reduzierende Flamme zu wählen ist.

Zink

Bei der Verwendung von Schweissdraht aus reinem Zink mit einem Spezialflussmittel, lässt sich Zink leicht schweissen. Man trägt bei der Schweissarbeit mit Vorteil dieselben Brillen wie beim Schweissen von Aluminium. Vor dem Schweissen werden die Blechränder durch Abkratzen von der Oxydschicht befreit. Nach der Arbeit reibt man die Schweissnähte mit Bürsten ab und spült sie mit Wasser; sie lassen sich auch leicht hämmern und wieder erhitzen auf 100 bis 150° C.
Die geeignete Flamme zeigt einen Überschuss an Acetylen; der Gasverbrauch ist durchschnittlich.

Blei und Zinn

Für das Schweissen dieser Metalle mit tiefem Schmelzpunkt sind keine Flussmittel zum Beizen erforderlich. Es genügt, die Schweissränder auf einer Breite von 2 cm beidseitig abzukratzen. Der Plastizität der Metalle Rechnung tragend, muss man die Metallbleche auf der Gegenseite stützen. Für die Arbeit genügen gewöhnliche Schutzbrillen; gefärbte Gläser sind nicht obligatorisch. Manchmal ist es möglich, ohne Schweissdraht zu arbeiten, aber in der Regel verwendet man Schweissdraht aus reinem Blei oder Zinn (mit dem man die Ränder sauber gekratzt hat). Die dünnen Bleche werden so geschweisst, indem man die Blechränder ca. 2 cm überlappen lässt und den Grat des überdeckenden Bleches abschmelzt.
Sobald das überdeckte Blech zu schmelzen beginnt, hebt man den Flammenkegel an und fährt mit der Schweissarbeit fort. Die Bleche von mehr als 6 mm Stärke werden Kante an Kante geschweisst, nachdem man sie vorher abgefasst hat. Der Schweissdraht ist doppelt so dick zu wählen wie das Metallblech.
Wenn man Blei schweisst, ist für eine gute Ventilation des Arbeitsraumes zu sorgen.

Unfälle und wie man ihnen begegnen kann

Leck beim Reduzierventil auf der Höhe der Gasflasche: man muss sich vergewissern, ob die Verbindung genügend fest ist; im Falle von Acetylen ist die Dichtung zu überprüfen.

Knallerschütterungen oder Vibrationen des Brenners *beim Anzünden:* wahrscheinlich ist die Düse verschmutzt oder ausgeweitet.

Wiederholt gestörtes Einstellen der Flamme: Bei kaltem Wetter kann diese Unregelmässigkeit vom Einfrieren des Sauerstoffreduzierventils herrühren. In diesem Fall kann man es mit einem in heissem Wasser getränkten Lappen aufwärmen.

Die Flamme wird zunehmend oxydierend: Entweder lässt der Acetylendruck nach (kontrollieren des Manometers: die Flasche ist möglicherweise fast leer) oder die Düse ist überhitzt.

Die Flamme zeigt zunehmend Acetylenüberschuss und ist Kohlenstoff abgebend: Entweder ist die Sauerstofflasche fast leer, oder das Reduzierventil eingefroren.

Die Flamme reisst bei der Düse ab: Die Düse ist verschmutzt oder der Sauerstoffdruck ist zu hoch.

Wiederholtes Knallen: Es kann von einer zu heissen Düse herrühren (die Gase entflammen sich und provozieren Explosionen). Diese Überhitzung ist die Folge von einem Mangel an Gaszufuhr. Zum Abkühlen der Düse taucht man sie ins Wasser, wobei man den Sauerstoffhahnen leicht öffnet.
Die Knalle können auch von der zurückschlagenden Flamme bis zur Einspritzdüse herrühren. Man schliesst die beiden Hahnen und kühlt die Düse ab.

Knallwirkung, von einem Pfeifen gefolgt: Von einem Zurückschlagen der Flamme bis zur Einspritzdüse ausgelöst. In diesem Fall schliesst man die beiden Hahnen und sorgt für Abkühlung wie im vorherigen Fall.

Anmerkung: Sollten andere Schwierigkeiten auftreten, ist es ratsam, den Unterhaltsdienst für die Schweissapparatur zu beanspruchen.

Philippe Clérin
Torso eines Läufers
(im Entstehen begriffen) Stahl

Erste Arbeitsstufen zur Schaffung eines Läufertorsos aus Stahl. Die Armierung besteht aus warm gebogenen Metallstäben, die untereinander verschweisst sind. Einige Stahlbleche sind bereits aufgezogen.

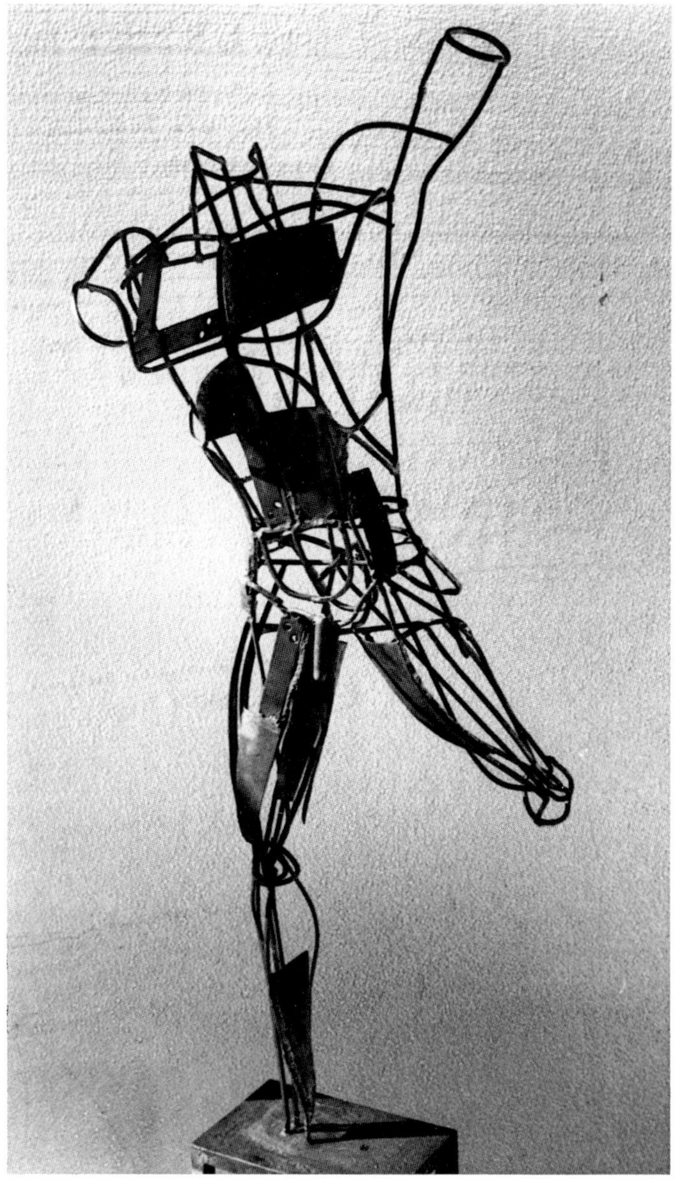

Das eine Ende eines Stahlbleches wird im Schraubstock eingeklemmt, dann wird das Metall zur Rotglut gebracht. In diesem Zustand lässt sich der Stahl mittels Klemmen und Zangen verformen.

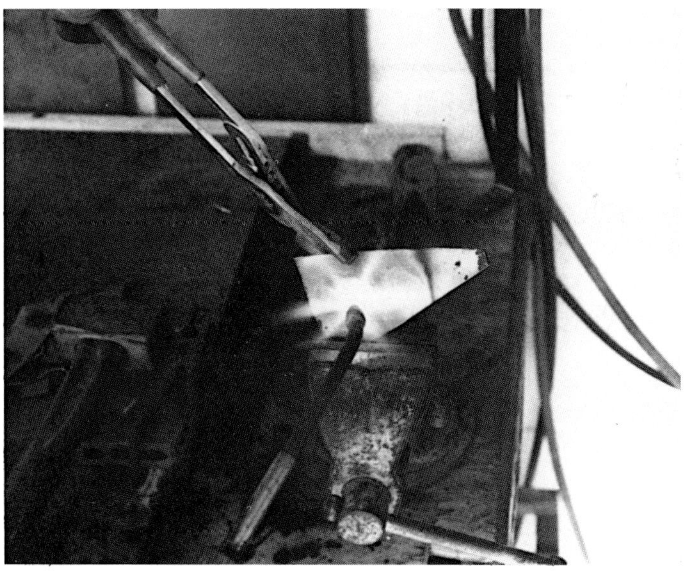

Montage mittels Schweissen von Metallblechen.
Diese werden nach der Formgebung untereinander und mit dem Metallskelett verschweisst.

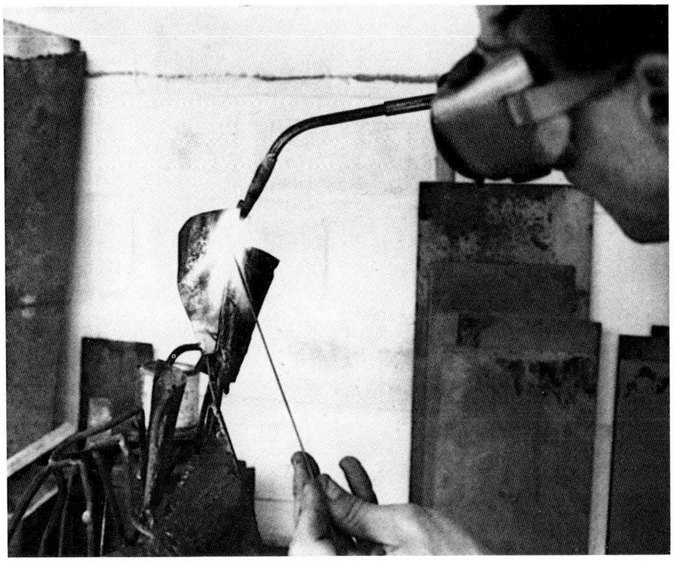

Die Löttechnik

Die Technik unterscheidet sich von derjenigen der Autogenschweissusng, indem die zu vereinigenden Metalle nicht durch Schmelzen verbunden werden und das Zusatzmetall (Schweissdraht) eine andere Zusammensetzung aufweist als das Basismetall. Aus diesem Grund wird das Verfahren auch als «heterogenes Schweissen» bezeichnet.
Es gestattet die Verbindung sowohl von identischen als auch von verschiedenartigen Metallen.
Die Basismetalle werden auf eine deutlich tiefere Temperatur als ihre Schmelztemperatur gebracht, was sich günstig auf die (dadurch reduzierten) Deformationen wegen Schrumpfung und Ausdehnung auswirkt.
Es ist möglich, mit diesem Verfahren auch nicht oder schwer schweissbare Metalle (Guss, gewöhnliches Kupfer, galvanisierte Bleche, Hartstähle, etc.) zu verbinden.
Die Zusammensetzung des obligatorischen Schweissdrahtes (Zusatzmetall) unterscheidet sich von derjenigen des Basismetalls; die Schmelztemperatur des Schweissdrahtes liegt niedriger.
Ganz allgemein sind die Oberflächen und Ränder der zu vereinigenden Metallbleche sauber zu machen, einwandfrei zu entfetten und durch Schleifen aufzurauhen. Die Verwendung eines Flussmittels zum Beizen ist unumgänglich.

◁
Michel Ventrone
Inclination du vent (Neigung des Windes) (1986)
Glas und Polychrom lackierter Stahl
Höhe 180 cm, Länge 70 cm, Tiefe 90 cm

Es lassen sich verschiedene Lötverfahren anwenden:

Das «weiche Löten», ist mit sehr leicht schmelzbaren Zusatzmetallen (zwischen 180° und 225° C) möglich. Sie werden mit Hilfe einer Schweisslampe oder mit dem Lötkolben abgelagert.

Das «Löten durch Kapillarität» erlaubt die Verbindung von Metallstücken, die sehr nahe aneinander gelegt werden können, so dass das Zusatzmetall durch Kapillarwirkung selber zwischen die Oberflächen eindringt. In der Regel werden Schweissraupen in Silberlegierungen ausgeführt.

Das «Schweiss-Löten»: dieses Verfahren liegt zwischen der Autogenschweisstechnik und der eigentlichen Löttechnik. Die Schweissnähte werden in der Regel mit der Schleifscheibe oder der Feile angeschrägt, damit die Verbindungsoberfläche für den Schweissdraht grösser wird. Dieser wird Schritt für Schritt aufgebracht, wie beim Autogenschweissen, aber die Schweissraupe ist dicker und breiter. Je nach Zusammensetzung des Schweissdrahtes erfolgt eine partielle Verbindung (oder auch keine) der Schweissung mit dem erhitzten Basismetall. Der Schweissdraht ist auf eine genügende Temperatur zu bringen, damit sich das flüssige Metall über die Schweissränder legt.
Das Flussmittel erleichtert dieses «Anfeuchten» wie auch die vorausgehende Säuberung der Ränder. Es wird empfohlen, mit Flussmittel bestrichenen Schweissdraht zu verwenden.
Steht kein solcher zur Verfügung, bestreicht man die zu schweissenden Ränder mit Flussmittelpaste und taucht das Ende des vorgeheizten Schweissdrahtes in pulverförmiges Flussmittel. Das Flussmittel besteht in der Regel aus Borax, Borsäure und Metalloxyden.

Michel Ventrone
Minotaurus 2 (1984)
Glas und Epoxystahl
Höhe 70 cm, Länge 32 cm, Tiefe 20 cm

Die Zusatzmetalle (Schweissdrähte)
Es handelt sich entweder um Legierungen auf Aluminiumbasis mit Silizium, zur Verwendung beim Schweisslöten von Aluminium und seinen Legierungen, oder um Kupferlegierungen (Messing, Neusilber), zur Verwendung beim Schweisslöten von Kupfer und seinen Legierungen, von Eisenmetallen oder Metallen auf Nickelbasis oder von galvanisierten Blechen. Verwendet man Schweissdrähte mit Zink, muss ein pulverförmiges Flussmittel eingesetzt werden, um die Verflüchtigung des Elements Zink zu vermeiden.

Ausführung der Arbeit
Für die meisten Lötoperationen eignet sich eine leicht reduzierende Flamme. Indem man die Streuflamme benutzt, heizt man die Schweissränder grossflächig auf und setzt Flussmittel in Pulverform zu. Man heizt den Schweissdraht ebenfalls auf, tränkt ihn im Flussmittel, ausser er sei bereits damit ummantelt. Das Flussmittel wird bei der richtigen Temperatur transparent. Der Schweissdraht wird auf die zu schweissenden Ränder aufgesetzt, dessen Legierung schmilzt und breitet sich auf der Oberfläche aus. Die Flamme soll dabei nicht direkt auf den Schweissdraht gerichtet sein; ein Überhitzen der Legierung ist zu vermeiden.
Im Falle von Stählen oder Eisenlegierungen ist das Basismetall auf Rotglut zu bringen.
Beim Schweisslöten von galvanisiertem Stahlblech – mit einer dünnen Schicht Zink versehen – ist das Überhitzen des Metalls besonders zu vermeiden, damit sich das Zink nicht verflüchtigt.
Das Schweisslöten von Bronze geht leichter vonstatten als das gewöhnliche Schweissen. Die abgeschrägten Ränder werden auf 850°C bis 900°C erhitzt. Man kann so vorgehen, dass die zu vereinigenden Stücke auf ca. 300°C vorgewärmt werden, besonders wenn es sich um sehr grosse Stücke handelt.

Das Schneiden mit Sauerstoff («Oxycoupage»)

Das Schneiden von Stahl erfolgt mit einem Spezialbrenner, einem «Schneidbrenner», der vorerst das Metall auf Rotglut bringt und dann mit einem Strahl von reinem Sauerstoff verbrennt. Dadurch wird das Metall in die Oxydform übergeführt, die als Schlacke durch den starken Strahl entfernt wird. Da sich nur Eisen und seine Legierungen verbrennen lassen, ist das Sauerstoffschneiden nur bei diesen Metallen möglich. Einmal im Gang, entwickelt die Verbrennungsreaktion eine grosse Wärme, die sich auf benachbarte Teile des Metalls überträgt und ein rasches Fortschreiten der Arbeit gestattet. Kompetent ausgeführt, führt sie zu sauberen Schnittflächen.

Der Schneidbrenner besteht aus einem Handgriff, der am hinteren Ende zwei Verbindungen für die Gasversorgung, mit zwei seitlichen Hahnen aufweist (wie bei den Schweissbrennern). Zudem ist ein Schneidhebel daran befestigt, der den Sauerstoff-Strahl zum Schneiden steuert. Im Mittelstück sind zwei Schläuche mit reinem Sauerstoff bzw. mit einem Sauerstoff-Acetylen-Gemisch angeordnet. Auf dem Brennerkopf ist der Schneidkopf, in der Regel an der zentralen Strahldüse angeschraubt (der Sauerstoff-Strahl wird über eine zentrale Mündung verteilt, die Mündungen der Heizgase sind um die zentrale Mündung angeordnet).

Arbeitsmethode: die erste Operation ist die Zündung, die darin besteht, den Startpunkt für den Schneidvorgang bei seiner Zündtemperatur (ca. 1000°C) herbeizuführen. Das Aufheizen wird durch die Heizflamme des Brenners besorgt. Diese ist derjenigen des Schweissbrenners ähnlich, mit dem Unterschied, dass sie am Anfang oxydierend zu führen ist. Sobald der Schneidvorgang beginnt, muss die Flamme neutral sein. Die Versorgung dieser Flamme und des Sauerstoff-Strahls mit Sauerstoff erfolgt aus derselben Quelle. Ist das Brennschneiden im vollen Gang, sinkt daher der Sauerstoffdruck der Flamme deutlich ab. Aus diesem Grund ist eine vorgängige Regulierung einzurichten, bevor die Zündung zum Brennschneiden erfolgt.

Man reguliert vorerst den Sauerstoffdruck auf dem Niveau des Reduzierventils als Funktion der zu schneidenden Blechdicke und wählt dementsprechend die Düsennummer. Die Regulierung geschieht durch Öffnen des Sauerstoffhahnen und der Schneidvorrichtung.

Dann schliesst man diesen und entzündet das Acetylen, öffnet den Sauerstoffhahnen wieder bis die Flamme einwandfrei ist (das alles entspricht genau dem Vorgehen beim Schweissbrennen).

Darauf senkt man den Sauerstoffhebel des Schneidapparates, so dass wegen des Druckabfalls eine Flamme mit C_2H_2-Überschuss (und einem weissen Schleier) entsteht.

Man muss nun die Dosierung neu einstellen, um eine neutrale Heizflamme zu erhalten. Entweder kann das ankommende Acetylen reduziert oder der ankommende Sauerstoff erhöht werden, indem man die seitlichen Hahnen betätigt. Der Schneidhebel wird nun wieder geschlossen, so dass die Arbeit beginnen kann.

Für die Zündung muss der Flammenkegel ca. 2 bis 3 mm über der Metalloberfläche und die Düse senkrecht zur Blechebene gehalten sein, so dass der volle Sauerstoff-Strahl auf den Grat des Bleches gerichtet ist. Ist das Metall auf Rotglut gebracht, wird die Schneidvorrichtung gesenkt, und das Metall wird dort entfernt, wo der Sauerstoff auftrifft. Die Arbeit wird regelmässig und entlang der Schneidlinie geführt. Geht das Fortschreiten zu schnell, hat das Metall keine Zeit mehr, um sich genügend aufzuheizen; der Sauerstoff-Strahl ist nicht wirksam. In einem solchen Fall unterbricht man diesen, zündet wieder, wo man angehalten hat. Ist im Gegenteil der Arbeitsfortschritt zu langsam, schmelzen die oberen Gräte der Blechränder.

Muss man ins volle Blech schneiden, kann man die Zündung erleichtern, indem man die gewählte

Stelle mit dem Meissel bearbeitet und den Brennerkopf neigt, damit die Oxyde, die den Brenner leicht verstopfen, fortgeschleudert werden. Übersteigt die Blechdicke 15 mm, muss man diese an den Lötstellen mechanisch durchbohren.

Zum Schneiden von sehr dünnen Blechen, ist es ratsam, die Heizflamme nicht zu heiss zu wählen, da sich sonst die Ränder der geschnittenen Bleche hinten wieder verschweissen. Dieser Nachteil kann auch dann auftreten, wenn der Sauerstoffdruck zu hoch liegt.

Regulierung der Gasdrucke

Dicke des Metalls (mm)	3	5	10	15	25	30	40
Sauerstoffdruck (kg/cm^2)	2.5	2.75	3.5	3.3	4.0	4.0	4.5
Acetylendruck (kg/cm^2)	0.2	0.2	0.3	0.3	0.4	0.4	0.5

Die elektrische Lichtbogenschweissung

Auch das ist ein Schweissverfahren mittels Schmelzen von Metallen. Die Wärme wird von einem Lichtbogen geliefert, der an der Stelle, wo der elektrische Strom unterbrochen wird, entsteht. Am gebräuchlichsten ist die Anordung mit einem Lichtbogen zwischen einer metallischen Elektrode und den zu schweissenden Metallteilen. Das Metall der Elektrode lagert sich auf dem kältesten oder dem massivsten Leiter (Schweissbleche), unter dem Einfluss der 3000° C erreichenden Temperatur, ab. Die Elektrode erfüllt damit eine Doppelfunktion: sie dient als Leiter und als Zusatzmetall und ist mit einem Drahtklemmer der elektrischen Energiequelle einerseits, der Schweissstation und dem anderen Drahtklemmer des zu schweissenden Metalls andererseits verbunden.
Der von der Schweissstelle erzeugte Strom kann kontinuierlich oder alternativ sein. Um den Lichtbogen zu zünden, ist ein Strom von 45 bis 100 Volt, und für ihn zu unterhalten, ein solcher von 18 bis 30 Volt erforderlich. Die Varianten hangen vom Strom selber, vom Elektrodentyp und der Schweissstation ab. Die Stromstärke muss sich nach der Dicke der zu schweissenden Stücke richten; sie beträgt ca. 40 Amp. pro Millimeter des Elektrodendurchmessers. Es ist ratsam, sich an die Gebrauchsanweisung des Konstrukteurs der Schweissanlage zu halten.
Die beim Lichtbogenschweissen eingesetzten Elektroden sind stets ummantelt. Die Ummantelung hat den Zweck, das geschmolzene Metall mit Zusatzelementen zu versorgen und eine Schutzgasatmosphäre zu produzieren.
Es gibt eine Vielzahl von Elektrodentypen, die sich in der Zusammensetzung und der Art der Ummantelung ausdrückt. Man muss diejenige Elektrode auswählen, die sich für die gewünschte Schweissarbeit und das zu schweissende Material am besten eignet. Das Elektrodenmetall soll in seiner Zusammensetzung so ähnlich wie möglich derjenigen der zu schweissenden Metallteile sein. Einige Elektrodentypen eignen sich besonders für das Schweissbrennen. Auch hier ist es empfehlenswert, sich beim Lieferanten zu erkundigen.

Werkzeuge und Zubehör

Die Schweissstation besteht aus einem tragbaren oder fahrbaren Umformer. Ein seitliches Tableau enthält die Steuerelemente: den Unterbrecher und den Regulierschalter für die Stromstärke, ferner die Verbindung der Leitungsenden der Kabel zum Schweissteil und zur Elektrode.

Der Elektrodenhalter (Elektrodenklemme) ist mit einem Isoliergriff versehen. Er hält die Elektrode fest und gewährleistet den elektrischen Kontakt zwischen der Elektrode und dem Kabel.

Der Schweissstückgreifer (oder Klemme) hält das Kabel mit dem zu schweissenden Metallstück oder dem Metallhalter verbunden.

Der Punktierhammer dient zum Aufbrechen der Schlacke, die rund um die Schweissraupe eine Kruste bildet.

Die Metallbürste wird zum vollständigen Entfernen der Schlacke verwendet, nachdem sie mit dem Punktierhammer aufgebrochen worden ist.

Die Schutzmaske oder die Schweissschutzschilder: Angesichts der starken Ultraviolett- und Infrarot-Strahlung, die der elektrische Lichtbogen emittiert, sind die Augen in jedem Fall zu schützen. Die Ultraviolettstrahlen können zur Ablösung der Netzhaut führen, was das Risiko in sich birgt, zu erblinden. Hinzu kommt, dass die Strahlen eine so starke Blendwirkung haben, dass der Schweisser gar nicht sehen kann, was er macht, wenn er sich nicht durch ein Schweissschild schützt. Es besteht aus einem Sonderglas, ziemlich opak, mehr als die Gläser, die beim Sauerstoff-Acetylen-Schweissen gebräuchlich sind. Dieses Schutzschild ist seinerseits gegen Metallsplitter und -projektile durch ein gewöhnliches Glas, das leicht ersetzt werden kann, geschützt. Das Schild kann auch so ausgebildet sein, dass es Teil einer Schutzmaske ist, die vom Schweisser in der linken Hand gehalten wird. Es kann aber auch mit einem Helm kombiniert werden, was den Vorteil hat, dass der Schweisser beide Hände frei hat. Beide Systeme gewähren den Gesichtsschutz gegen Strahlung, ohne den Verbrennungen auftreten können.

Die Handschuhe schützen die Hände vor Verbrennungen, vor Strahlen und vor Metallsplittern. Es handelt sich um Stulpenhandschuhe aus dickem Schaf- oder Chromleder.

Die Lederschürze gewährleistet einen allgemeinen Schutz des Schweissers.

Einige unabdingbare Vorsichtsmassnahmen

- Nie mit unbewaffnetem Auge in den Lichtbogen sehen ohne Schweissschild.
- Wird das Atelier von mehreren Personen benutzt, ist die Schweissstation mit feuerfesten Trennwänden, die mit einer absorbierenden Farbe angestrichen sind, abzuschirmen.
- Der Strahlenkontakt mit der Haut ist zu vermeiden durch das Tragen von Schutzmaske, Handschuhen, Lederschürze.
- Das Atelier ist gut zu lüften. Die Elektroden entwickeln bekanntlich im Laufe der Arbeit einen unangenehmen Rauch.
- Die elektrische Installation im Atelier muss mit einem Unterbrecher mit Sicherung oder Ausschalter ausgerüstet sein.
- Schweissen in feuchter Umgebung ist zu vermeiden.
- Nie mit den Füssen im Wasser arbeiten. Sich auf einem gut getrockneten Holzrost aufhalten. Nie die Elektrodenklemme (Elektrodenhalter) auf den Boden, auf das zu schweissende Stück oder auf ein mit ihr verbundenes, leitendes Material stellen.
- Vergewissern, dass der Kontakt perfekt ist zwischen:
  - der Elektrodenklemme und der Elektrode
  - der Materialklemme und dem zu schweissenden Metall.
- Überprüfen der guten Isolation der Kabel.
- Nie die Stromstärke verändern, wenn der Lichtbogen springt.
- Nie die Schweissstation demontieren.
- Nicht schweissen in Gegenwart von entzündbaren Materialien oder Flüssigkeiten.

Inbetriebsetzen der Schweissstation

Vorerst fixiert man die Kabel am Apparat, dann befestigt man das Ende der nicht ummantelten Elektrode mittels der Elektrodenklemme, während die Materialklemme am zu schweissenden Stück oder am mit ihm verbundenen Metallträger befestigt wird. Dann wird die Stromstärke gemäss dem Elektrodendurchmesser (und der Dicke des zu schweissenden Bleches) eingestellt. Endlich schliesst man den Stromkreis mit dem Unterbrecher, der die Schweissstation unter Spannung setzt.

Die Ausführung der Schweissarbeit

Der erste und schwierigste Schritt ist das Zünden des Lichtbogens. Dazu benötigt man eine gewisse Erfahrung. In der Regel hält man die Elektrode mit der rechten Hand, gegen die linke geneigt.
Man positioniert zuerst das Ende der Elektrode ungefähr 1 cm vom Ausgangspunkt für das Schweissen, wobei die Elektrode 70 bis 80° geneigt zur Arbeitsfläche zu halten ist.
Nun schützt man sich mit dem Schild und schlägt das Ende der Elektrode auf dem Metall leicht an. In diesem Augenblick sollte der Lichtbogen springen. Die Elektrode muss nun unmittelbar um einige Millimeter (ca. 3 mm) zurückgezogen und gegen die rechte Seite entlang der Schweissnaht

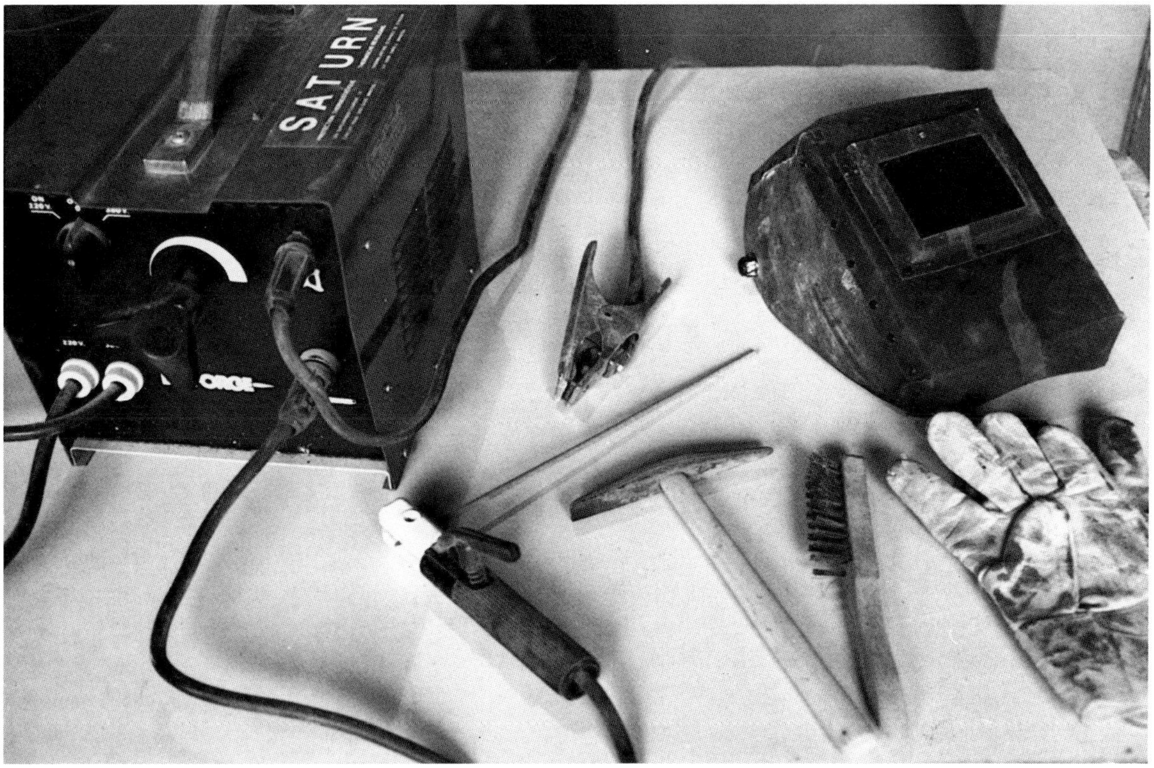

Material für das Lichtbogenschweissen: Schweissstation, von der aus die Elektrodenklemme (mit der Elektrode versehen) und die Materialklemme geht. Schutzmaske, Handschuhe, Metallbürste, Punktierhammer.

verschoben werden, wobei die Elektrode immer im angemessenen Abstand zu halten ist. Zieht man sie nicht rasch genug vom Metallstück zurück, bleibt die Elektrode kleben. Man muss sie in einem solchen Fall rasch lösen, indem man sie schnell von rechts nach links bewegt. Führt das nicht zum gewünschten Erfolg, muss man sie vom Elektrodenträger abhängen. Der Vorgang des «Ablösens» kann auch auf eine ungenügende Stromstärke zurückzuführen sein.

Ist man Anfänger, ist es empfehlenswert, mit nur leicht ummantelten Elektroden zu üben und leichte Schweissnähte oder einfache «Raupen» zu legen (Längsauftrag auf einem Blech), bis die Arbeitsweise beherrscht wird. Erst dann kann man sich an schwierigere Schweissungen, z.B. Kehlnähte, wagen.

Die zu schweissenden Metallstücke können mittels Klemmen oder im Schraubstock in der günstigsten Stellung für das Schweissen gehalten werden.

Für die Schweissung «Kopf an Kopf» sind die zu verschweissenden Ränder leicht auseinanderzutreiben (2 bis 6 mm je nach Blechdicke). Die Ränder sind mit Vorteil auf der Gegenseite zu unterstützen.

Die dicken Bleche (über 4 mm) werden angeschrägt, und die Schweissnaht wird in mehreren Folgen gelegt. Es ist sorgfältig darauf zu achten,

Rémy Cornelissen an der Arbeit.
Dieser Künstler hat die aussergewöhnliche Fähigkeit, ohne Schutzmaske zu schweissen (im Lichtbogenverfahren). Ich kann allerdings diese Praxis niemandem empfehlen, denn das Risiko von ernsthaften Augenschäden ist zu gross.

Serge Gangolf
Komposition (1978)
Stahl
Zusammenschweissen von Blechen im Lichtbogenverfahren und Verputzen mit Schleifscheiben.

dass die Schlacke zwischen zwei Schweissfolgen entfernt wird.
Die dünnen Bleche werden in einem Schweissgang beidseitig der Schweisslinie verschweisst: einer oben und einer auf der Gegenseite. Es ist möglich, breite Schweissfolgen zu realisieren, indem man mit der Elektrode Querbewegungen ausführt.
Will man den Schweissvorgang beenden, entfernt man einfach die Elektrode und unterbricht damit den Lichtbogen. Die Schweissstation wird ausgeschaltet, indem man dem Unterbrecher den Strom abschneidet. Immerhin verbraucht die Schweissstation weiterhin Strom, selbst wenn kein Lichtbogen vorhanden ist.

Einige vermeidbare Fehler und Unfälle

Die Verwendung einer zu schwachen Stromstärke führt zu Verklebungen, zu ungenügend tiefen Schweissnähten und zu unregelmässigen Schweissraupen.

Die Verwendung einer zu starken Stromstärke hat ein übermässiges Durchdringen und Lochbildung zur Folge, ferner übertriebene Aufträge, Bruchstellen und Krater.

Ein zu schnelles Schweissen führt zu einer engen und bombierten Schweissraupe, die zu wenig tief eingesenkt und deren Schlacke nur schwer zu entfernen ist.

Ein zu langsames Schweissen führt zu einer zu breiten, dicken Schweissraupe, unter Vergeudung der Elektrode.

Ein zu langer Lichtbogen hat wichtige Auswirkungen auf das Metall: die Schweissung dringt zu wenig tief ein und hat ein geritztes und krümeliges Aussehen.

Ein zu kurzer Lichtbogen provoziert unregelmässiges Anhäufen von Schweissablagerungen sowie Schlackeneinschlüsse.

Die Schweissstation brummt ohne zu funktionieren: es sind alle Kontakte zu überprüfen; einer muss defekt sein.

Schwieriges Zünden oder Unterbrechen der Zündung: die Stromstärke ist zweifellos ungenügend.

Übermässiges Erwärmen der Elektrodenklemme: die Stromstärke ist zu hoch oder die Klemme hat einen fehlerhaften Kontakt.

Lichtbogenschweissen von verschiedenen Metallen

Die Lichtbogenschweissung ist vor allem bei der Verbindung von Teilen aus gewöhnlichem Stahl und rostfreiem Stahl (18/8) angezeigt. Es können problemlos dicke Bleche verschweisst werden. Dagegen ist bei dünnen Blechen (unter 1.5 mm) die Sauerstoff-Acetylen-Schweissung geeigneter. Die Hartstähle lassen sich im Lichtbogen schweissen, wenn Spezialelektroden zur Verfügung stehen.
Nickel und dessen Legierungen, wie z. B. Monel oder Inconel, lassen sich wie Stahl leicht schweissen.
Dagegen erfordern Guss, Kupfer und Kupferlegierungen umfangreiche Vorbereitungen und aufwendige Methoden: Vorbereiten der Ränder, Vorheizen der Bleche. Aluminium kann im Lichtbogen geschweisst werden.

Der elektrische Schweissbrenner

Dieser Apparat, der auf jeder Schweissstation eingesetzt werden kann, erzeugt zwischen zwei verschiebbaren Graphitelektroden einen Lichtbogen. Der emittierte Lichtbogen erzeugt eine Temperatur von ca. 3000° C und eignet sich zum Löten von Stahl und Nichteisenmetallen, zum Schweissen von Aluminium und zum Brennschneiden von Blechen bis zu einer Dicke von 3 mm. Die Arbeitsweise ist ähnlich wie diejenige beim Sauerstoff-Acetylen-Schweissen. Es wird ein mit Flussmittel ummantelter Schweissdraht verwendet.

Die Zündung des Lichtbogen erfolgt beim Näherstellen der Graphitelektroden. Die Flamme wird reguliert, indem man die Elektroden mehr oder weniger auseinanderschiebt. Sind sie weit auseinander, ist der Lichtbogen lang und die Flamme weich. Umgekehrt beim Näherstellen der Elektroden, ist die Flamme hart. Zum Ablöschen entfernt man einfach die Elektroden genügen weit voneinander.
Der Brenner wird entweder direkt an die Schweissstation oder an die Elektroden- und die Materialklemme geschlossen. Man kann das Materialkabel auch am zu schweissenden Stück befestigen, wie eines der Kabel des Schweissbrenners. Der Lichtbogen springt zwischen den Elektroden und dem Metallstück und erzeugt eine höhere Temperatur.

Die Lichtbogenschweissung in Inertgasatmosphäre

Diese verhältnismässig junge Technik besteht darin, dass das Schmelzbad durch eine neutrale Gasatmosphäre, in der Regel aus Argon bestehend, geschützt wird. Aus diesem Grund spricht man häufig von der «Schweissung mit Argon» (es werden auch Helium und CO_2 verwendet). Das im elektrischen Lichtbogen geschmolzene Metall kommt nicht mit Luft in Berührung; die Qualität der Schweissung ist spürbar besser.
Es sind folgende Apparaturen im Handel erhältlich:

Das Verfahren T.I.G.
(Tungsten Inert Gas Welding):
Der Lichtbogen wird zwischen dem zu schweissenden Stück und einer Elektrode aus Wolfram erzeugt, wobei mit dem Schweissdraht das Zusatzmetall aufgetragen wird. Bei diesem Verfahren sind beide Hände im Einsatz (im Gegensatz zum Verfahren M.I.G., bei dem nur die rechte Hand gebraucht wird). Die Wolframelektrode ist im Brenner montiert, der seinerseits mit einem Inertgas (in der Regel Argon) und mit Kühlwasser versorgt werden kann. Die Schweissung vollzieht sich sowohl bei Gleichstrom als auch bei Wechselstrom. Die Arbeitsweise ist praktisch dieselbe wie beim Schweissen mit Sauerstoff-Acetylen, indem der Schweisser den Schweissbrenner in der rechten und den Schweissdraht in der linken Hand hält. Der Neigungswinkel jedoch ist verschieden: die Elektrode wird fast vertikal gehalten, während der Schweissdraht fast horizontal, bei 10 bis 20° gehalten wird. Das Zünden des Lichtbogens erfolgt bei Wechselstrom in horizontaler Stellung der Elektrode über dem Blech oder – bei Gleichstrom – durch kurzes Anschlagen und rasches Zurückziehen der Elektrode um wenige Millimeter. Man erzeugt vorerst ein Schmelzbad zwischen den beiden zu schweissenden Rändern und führt den Schweissdraht zu. Der Schweissgang geschieht nach links, mit einem regelmässigen, leichten Rückstoss.

Das Verfahren M.I.G.
(Metallic Inert Gas Welding)
Der Lichtbogen wird zwischen dem zu schweissenden Stück und einer schmelzbaren Elektrode erzeugt, die vom Brenner kontinuierlich beliefert wird. Die Elektrode bildet das Zusatzmetall. Der Brenner wird mit elektrischem Strom, Zusatzmetall und Inertgas versorgt und ist mit einem Kühlsystem mit Luft oder Wasser ausgerüstet.
Diese beiden Systeme haben gegenüber der traditionellen Lichtbogenschweissung folgende Vorteile:
- die Arbeit geht schneller; es ist nicht mehr nötig, die Elektroden zu ersetzen. Die wegen Arbeitsunterbrüchen entstandenen Mängel in der Schweissqualität entfallen.
- Möglichkeit, alle Metalle und Legierungen zu schweissen.
- keine Schlacke; die Schweissung ist absolut sauber. Der Gewinn an Zeit ist ausgewiesen und die Schweissnähte sind sicherer. Aluminium lässt sich ohne Flussmittel schweissen.
- die einfache Handhabung. Das einzige Problem des Schweissers ist die Schweissgeschwindigkeit und die exakte Positionierung des Schweissapparates. Nach einigen Stunden Praxis ist es möglich, sehr gute Schweissungen zu machen.
- die Eindringtiefe der Schweissung ist besser.

Als einzigen Nachteil dieses Verfahrens ist der höhere Preis zu nennen.

Elektrischer Schweissbrenner

Der Lichtbogen wird zwischen den beiden Graphitelektroden erzeugt; eine der beiden ist beweglich und kann mit dem Druckknopf (a) am Handgriff vor- und rückwärts bewegt werden.

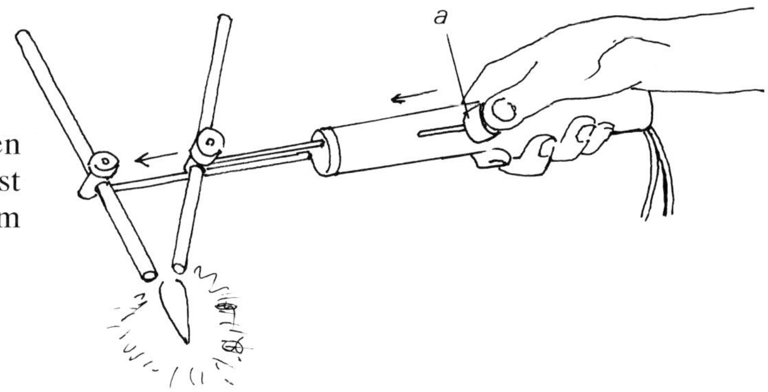

Schema eines Schweissbrenners T.I.G.

a) Wolframelektrode.

b) Argonzufuhr.

c) Kühlwassersystem.

d) Inertatmosphäre.

e) elektrischer Lichtbogen.

f) Schweissdraht (Zusatzmetallstab).

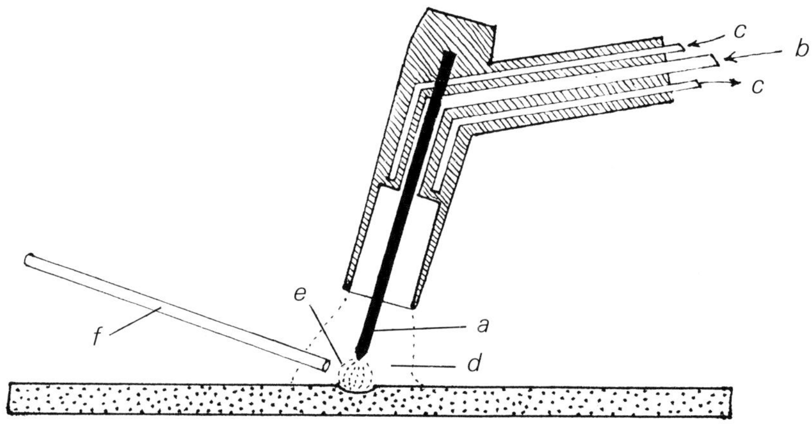

Anmerkung
Wir schliessen dieses Kapitel über verschiedene Schweisstechniken mit einigen Bemerkungen über die Vielzahl von Verwendungsmöglichkeiten des Stahls.
Dieses, in der Bildhauerei seit Beginn des 20. Jahrhunderts verwendete Material hat neue Formen möglich gemacht, losgelöst von Begrenzungen der traditionellen Materialien Stein und Holz. Diese waren grösseren Dimensionen verpflichtet: im Falle vom Holz drückte das Totem die ursprüngliche Form aus, im Falle von Stein war es der Monolith. Zahlreiche Ausnahmen von dieser primitiven Gestaltung waren nur möglich durch die Nutzung neuer Möglichkeiten (Zusammenbau von Elementen, indirekte Bearbeitung, etc.).
Was den Stahl anbelangt, erlaubt er eine gewisse Befreiung von der Schwere. Dessen Festigkeit macht die Abstützung grosser Volumen mit weiten Ausladungen möglich.

Andererseits öffnet sich das Volumen, das in der traditionellen Skulptur kompakt und geschlossen ist, und lässt eine luftige, beinahe hautähnliche Struktur zu. Das Innere der Skulptur wird so wesentlich wie seine Oberfläche.
Der Stahl eignet sich für zahlreiche Ausdrucksmöglichkeiten: figürlich (Gonzalez, Achenbach, Cornelissen, Kahil Gibran) oder abstrakt (Bertoia, Roszak, Lardera, Chillida, Hauser, Werthmann, Sax, Haase, Adams, Smith, Calder).

Das Metall steht in verschiedenen Formen zur Verfügung (Bleche, Stangen, Rohre, Profile, Drähte, Kabel, etc.), in verschiedenen Qualitäten (gewöhnlicher weicher Stahl, rostfreie Stähle, patinierbare Stähle). Es lässt sich auf verschiedenartigste Weise bearbeiten:

- Das Metall kann in einer Schmiede zur Rotglut gebracht und auf dem Amboss zur gewünschten Form gehämmert werden.
- Das Blech, mit der Blechschere oder dem Schneidbrenner geschnitten, lässt sich warm verformen und dann schweissen.
- Metalltropfen können sukzessive einer Armierung zugefügt werden; in der Technik derjenigen des Tonmodellierens verwandt.
- Massiger Stahl kann mit dem Schneidbrenner ausgehöhlt werden: im Verfahren der Bearbeitung von anderen Materialien (Holz, Stein) ähnlich.
- Zusammenfügen von zurückgewonnenen metallischen Elementen (Nägel, Getriebe, Ketten, etc.).
- Schmelzen von harten Stählen in Formen, etc.

Die Oberflächenbehandlungen

Die chemischen, elektrochemischen und mechanischen Behandlungen bezwecken die Oberfläche der Metalle in ihrem Aussehen zu variieren. *Die Anodisierung von Aluminium* und das *elektrische Belegen* wurden in einem früheren Abschnitt behandelt: sie kommen hier nicht mehr zur Sprache.

Die am häufigsten verwendete Oberflächenbehandlung von Metallen in unserer Zeit geschieht mit einer Anzahl von chemischen Produkten zum Erreichen einer *«Patina»*.

Trotzdem gehen wir kurz auf einige besondere Verfahren wie Gravieren, Damaszieren, Niellieren, Bronzieren, ein.

Die Gravur (Stecherkunst)

Ein Verfahren, nach dem an bestimmten Stellen Metall entfernt und an andern intakt gelassen wird. Die auf diese Weise erzielte Dekoration ist in der Regel linienförmig; sie kann aber auch die ganze Oberfläche umfassen, wenn sie eine bestimmte Rauheit aufweist.

Die Gravur wird mit einem Stichel oder einer Nadel (in Kupfer) oder häufiger mit Säure nach dem Ätzverfahren vorgenommen. In diesem Falle wird die Skulptur mit Firnis oder Bienenwachs geschützt. Das Motiv wird mit einer Nadel eingeritzt; damit wird die metallschützende Schicht an dieser Stelle entfernt. Nun wird die Säure oder ein anderes Ätzwasser auf der Oberfläche der Skulptur verteilt, oder man taucht sie in ein Säurebad, falls sie nicht zu voluminös ist. Man lässt die Säure einige Minuten einwirken, spült die Skulptur mit Wasser und entfernt die Wachs- oder Firnisschicht. Das eingeritzte Motiv erscheint nun als Gravur bis tief in das Metall hinein. Das gebräuchlichste Ätzmittel für Kupfer und seine Legierungen ist eine Lösung mit gleichen Teilen Salpetersäure und Wasser.

Hier einige erprobte andere Ätzmittel für Kupfer:

Kaliumchlorat . . . . 30 g
Salzsäure . . . . 150 g
Wasser . . . . 1200 g

Ätzmittel für eisenhaltige Metalle:
Salpetersäure . . . . 1 Teil
Wasser . . . . 2 Teile
oder:
Salzsäure . . . . 2 Teile
Wasser . . . . 1 Teil
oder:
Eisenchlorid . . . . 60 g
Wasser . . . . 90 g

Die Damaszinierung

Es handelt sich um die Einlegetechnik von Gold oder Silber in ein wenig hämmerbares Metall. Vorerst wird in das Basismetall (in der Regel Eisen oder Stahl) ein Motiv eingeritzt, wobei die Ränder der Vertiefung eine leichte Formschräge aufweisen müssen. Diese wird mit dem hämmerbaren Metall in Drahtform aufgefüllt und sorgfältig eingehämmert. Anschliessend wird die Oberfläche poliert. Diese Technik wurde seit Jahrhunderten von den Persern, den Arabern und den Spaniern betrieben.

Die Niellierung

Die Niellierung ist eine alte Form der Metalldekoration, die mit Gold, Silber und Kupfer ausgeführt wird. Die Motive werden tief ins Basismetall eingeritzt und die Ränder mit einer Formschräge versehen. Der Einschnitt wird mit einer schwarzen Mischung, dem Niello (aus Silbersulfid bestehend), dem man manchmal Blei und Kupfer zumischt, aufgefüllt. Das Füllmaterial wird folgendermassen aufbereitet: man schmilzt 3 Teile Silber, 2 Teile Kupfer und 1 Teil Blei. Die Legierung wird nach dem Abkühlen zerkleinert, z. B. durch Feilen. Das erhaltene Pulver wird mit dem zweifachen Gewicht Schwefelblüte und 5% Ammoniumchlorid in Pulverform versetzt. Das Ganze wird nochmals geschmolzen und in einem Mörtel pulverisiert. Die aufzufüllenden Oberflächeneinschnitte werden vorerst mit einer verdünnten Säure ausgestrichen, dann wird das Pulver in die Vertiefungen gepresst und von unten erhitzt, bis es geschmolzen ist. Die Oberfläche wird mit einer feinen Feile geglättet und dann mit einem feinen Schleiftuch poliert. Diese Technik ist seit der Zeit der Römer in der Goldschmiedekunst bekannt.

Die Bronzierung

Dieses Verfahren verleiht verschiedenen Substanzen das Aussehen von antiker Bronze. Man versetzt die zu bronzierende Oberfläche mit «Bronzepulver». Dieses Pulver setzt sich zu gleichen Teilen aus Zinnoxyd und Schwefelblüte zusammen; die Mischung wird geschmolzen.

Es gibt zahlreiche Rezepte für die Bronzierung von Metallen. Im Kapitel über die Metallpatina werden solche behandelt.

Die Metallisierung mit der Spritzpistole

Mit dieser Technik wird geschmolzenes Metall in ganz feinen Tröpfchen auf ein metallisches oder nichtmetallisches Objekt mit einer speziellen Spritzpistole versprüht. Die Pistole wird mit Metalldraht gefüllt. Dieser wird mit einer Sauerstoff-Acetylenflamme geschmolzen und mit einem kräftigen Luftstrom unter Druck über eine Düse auf das Zielobjekt geschleudert. Die auf diese Weise gebräuchlichsten Metalle zum Versprühen sind Bronze, Messing, rostfreier Stahl und Aluminium. Die Metalloberfläche muss vorgängig sauber gemacht und entfettet werden.

▷
Vogel aus damasziniertem Stahl. Persien
Musées royaux d'art et histoire, Brüssel
© A.C.L. Brüssel

Die Patina von Metallen

Dieses Verfahren zur Oberflächenfärbung von Metallen beruht auf einer künstlich erzeugten chemischen Reaktion oder auf natürlichen Farbveränderungen während eines längeren Aufenthaltes in einer besonderen Umgebung.
Die natürliche Patina ist reicher und nuancierter als die künstlich erzeugte, aber sie erfordert einen längeren Aufenthalt in erdigem Milieu, in Meerwasser oder in der Luft. Eine geäderte oder buntscheckige Patina erzielt man beispielsweise durch Aussetzen von Bronzen in der Erde.
Heute wird die Patina meistens künstlich, durch mehr oder weniger aggressive und ätzende Chemikalien erzeugt, die an der Metalloberfläche feine Schichten von Oxyden oder Sulfiden, seltener von Nitraten oder Phosphaten bilden.
Das zu patinierende Werk kann auf verschiedene Weise behandelt werden. Ist die Skulptur nicht zu gross, kann sie in ein chemisches Bad eingetaucht werden. Sobald die gewünschte Farbe erzielt ist, wird sie zum Bad herausgenommen und ausgiebig mit Wasser abgespült. Kann man die Skulptur nicht in ein Bad einlegen, bepinselt man sie mit einer kalten Lösung. Man kann die vorher im Schmelzrohr erhitzte Lösung auch über die Skulptur ausgiessen, doch ist diese Methode nicht über jede Kritik erhaben. Schliesslich besteht eine weitere und milde Methode darin, dass die Skulptur ätzenden Dämpfen ausgesetzt wird.
Das Aussehen einer Patina hängt von vielen Faktoren ab, und es ist nicht möglich, das Resultat nach einer bestimmten Rezeptur genau vorauszusehen. Zu den nur schwer kontrollierbaren Faktoren gehören: die Umgebungstemperatur, der Feuchtigkeitsgrad, die Reinheit der verwendeten Chemikalien, die Zusammensetzung des Metalls und die Anwendungsmethode.

Vor der Behandlung ist die zu patinierende Skulptur sauber zu reinigen und zu entfetten. Zudem ist es des öftern notwendig, das Metall in einem ersten Säurebad anzuätzen (Mischung von Salpeter- und Schwefelsäure).

Die Kupfer-Patina

Mit Kupfer und seinen Legierungen ist eine Vielfalt von Färbungen zu erzielen. Kupfer, das der Atmosphäre und den Witterungseinflüssen ausgesetzt ist, setzt eine unregelmässige grüne Färbung (Grünspan) an. Will man eine homogene Patina, muss man die Skulptur Ammoniakdämpfen aussetzen.
Die folgende, kalt applizierte Lösung führt zu einer hellgrünen Färbung:

Essigsäure (Essig)	½ l
Ammoniumchlorid	8 g
Natriumchlorid	8 g
Ammoniak	7.5 g

Man löst vorerst die Chloride im Essig und setzt dann Ammoniak zu. Diese Lösung eignet sich auch für Bronzen.
Eine andere Methode besteht darin, dass das entfettete Stück in ein hermetisch abgeschlossenes Gefäss, in dem sich eine Schale mit konzentriertem Ammoniak befindet, gebracht wird. Das Stück wird während einer Woche darin belassen. Die Oberfläche nimmt dabei normalerweise eine Blaufärbung an. Dann bringt man das Stück in einen andern Behälter, in dem sich eine Schale mit eiskalter Essigsäure befindet. Nach kurzer Zeit nimmt das Stück eine dunkelgrüne Färbung an. Darauf wird die Schale mit Essigsäure entfernt und die Skulptur während 24 Stunden im Behälter belassen. Nach dieser Zeit wird sie herausgenommen und an der Luft getrocknet.
Die Patina hellt sich dabei auf. Sobald die charakteristische Malachitgrünfärbung erreicht ist, kann die Skulptur eingewachst werden.

Eine *braune Patina* erzielt man mit der folgenden viskosen Lösung:

Ammoniumcarbonat .... 3 Teile
Kupferacetat .... 1 Teil
Natriumchlorid .... 1 Teil
Weinsteinsäure in Essig .... 1 Teil

Für eine *dunkelbraune,* fast schwarze Färbung ist folgende Lösung anzuwenden:

Kaliumsulfid oder Ammoniumsulfid .... 30 g
Wasser .... ½ l

Eine *schwarze Patina* auf Kupfer erhält man beim Eintauchen der Skulptur in folgende Lösung:

Natriumchlorid .... 10 Teile
Kaustische Soda .... 5 Teile
Kaliumpersulfat .... 10 Teile
Wasser .... 75 Teile

Eine *antikgrüne Patina* erzielt man bei der Applikation der folgenden zwei heissen Lösungen:

Essigsäure .... 30 g
Kupfernitrat .... 120 g
Wasser .... 0.9 l
oder:
Ammoniumchlorid .... 30 g
Calciumchlorid .... 30 g
Kupfernitrat .... 30 g
Wasser .... 0.9 l

Vor jeder Applikation ist das Stück anzufeuchten.

Die Messing-Patina

Es können auf Messing Blau-, Grün-, Braun- oder Antikfarbtöne erzielt werden.

Eine *Blaufärbung* erscheint nach der Applikation einer sehr heissen Lösung von:

Natriumthiosulfat .... 60 g
Bleiacetat .... 30 g
Essigsäure .... 30 g
Wasser .... ½ l

Eine *Braun-Patina* wird erhalten bei der Applikation der folgenden heissen Lösung:

Kaliumpermanganat .... 7.5 g
Kupfersulfat .... 60 g
Wasser .... 1 l

Für eine *Grünpatina* eignen sich folgende kalte Lösungen:

Ammoniumchlorid .... 1 g
Weinsteinsaures Kalium (Kaliumbitartrat) ... 3 g
Natriumchlorid .... 6 g
Kupfernitrat .... 60 g
Wasser .... 360 g
oder auch:
Eisensulfat .... 15 g
Kupfersulfat .... 15 g
Ammoniumcarbonat .... 15 g
Wasser .... 0.9 l

Nach dem Trocknen wird die Skulptur mit einer Schicht Lack oder Firnis versehen.
Die dunkle Einfärbung auf «antik» erhält man durch Applikation einer wässerigen Lösung von Antimonchlorid, die man antrocknen lässt.

Die Bronze-Patina

In der Antike wurden Bronzen natürlich patiniert, indem man sie für längere Zeit im Erdboden versenkte. Die Reaktion des Metalls mit den verschie-

denen chemischen Elementen des Erdreichs führte zu einer reichen und marmorähnlichen Patina. Die Chinesen erzeugten in gleicher Weise eine buntscheckige und geäderte Patina.
Ein längerer Aufenthalt im Meerwasser oder in einer Jauchegrube führt auch zu sehr schönen Resultaten. Aber diese Prozeduren dauern lange, sind schwer kontrollierbar und bergen ein Risiko, da das Metall sukzessive in spröde, nichtmetallische Substanzen umgewandelt wird.
Aus diesem Grund ist heute die Patina in der Mehrzahl der Fälle künstlich erzeugt; sie entsteht durch Einwirkung verschiedener Chemikalien in Form von Lösungen oder ätzenden Dämpfen.
Die Lösung lässt sich mit dem Pinsel auf die vorgängig aufgewärmte Plastik auftragen. Diese Methode ist jedoch nicht empfehlenswert, denn es können sich beim überhitzten Metall ätzende Produkte bilden, die zu toxischen Immissionen führen. Zudem hinterlässt das zu schnelle Verdampfen der aktiven Lösung einen zu konzentrierten ätzenden Rückstand auf der Metalloberfläche. Dieser muss dann durch intensives und wiederholtes Waschen entfernt werden.
Eine sicherere Methode besteht im Auftragen der kalten Ätzlösung auf die Skulptur; dies benötigt allerdings viel Zeit. In gewissen Fällen kann diese Prozedur durch Erwärmen der Lösung beschleunigt werden.
Die am wenigsten gefährliche Methode ist das Aussetzen der Skulptur an ätzende Dämpfe, in einem hermetisch geschlossenen Raum oder Behälter. Das Problem stellt sich einzig im Finden eines solchen Raumes oder im eigenen Ausführen der Behandlung, gemessen an der Grösse der Skulptur.
Mit Bronze lassen sich zahlreiche Farbtöne erzielen, von schwarz oder braun zu hellgrün über blau, rot und ocker führend.

Hier einige Rezepte für die Patina von Bronzen. Die Farbtöne variieren je nach der Zusammensetzung der Legierungen.

Die grüne Patina
Die beliebteste Patina wird durch Applikation von Ammoniumchlorid (Ammoniaksalz) erhalten.

- Patina alt-grün:
  Ammoniumchlorid . . . . 1 Teil
  Weinsteinpaste . . . . 3 Teile
  Natriumchlorid . . . . 3 Teile
  Man löst diese Ingredienzen in 12 Teilen kochenden Wassers auf und setzt 8 Teile Kupfernitratlösung zu (die «Weinsteinpaste» ist das Kaliumbitartrat).

- Patina antik-grün:
  Ammoniumchlorid . . . . 14 g
  Kupfersulfat . . . . 84 g
  Wasser . . . . 1 l
  Die Skulptur wird nach der Behandlung mit kaltem, dann mit heissem Wasser abgewaschen und getrocknet. – Man kann auch eine Lösung Kupfernitrat, Salzsäure und Wasser applizieren.

- Patina apfelgrün:
  Ammoniak . . . . 25 g
  Ammoniumchlorid . . . . 15 g
  Natriumchlorid . . . . 15 g
  Essigsäure . . . . 1 l

- Patina grün-gelb:
  Ammoniumchlorid . . . . 425 g
  Kupferacetat . . . . 226 g
  Wasser . . . . 1 l

- Patina blau-grün: (die Lösung ist heiss zu applizieren)
  Natriumthiosulfat . . . . 7 g
  Eisennitrat . . . . 56 g
  Wasser . . . . 1 l

- Anderes Rezept für eine Patina grün:
  Kupfersulfat . . . . 15 g
  Ammoniumchlorid . . . . 30 g
  Natriumchlorid . . . . 30 g
  Ammoniak . . . . 30 g
  Wird eine dunklere Färbung gewünscht, setzt man Graphit zu.

- Patina blau:
  Bleiacetat . . . . 112 g
  Natriumthiosulfat . . . . 224 g
  Essigsäure . . . . 112 g
  Wasser . . . . 3.5 l
  Die Lösung ist ca. 60° C warm zu verwenden.

- Patina dunkelblau:
  Ammoniumsulfid .... 60 g
  Wasser .... 1 l

Die schwarze Patina
Man bereitet eine schwache Lösung von Silbernitrat auf und mischt diese zu gleichen Teilen (Volumen) mit einer Lösung Kupfernitrat (20 g/l Wasser). Man taucht die Skulptur in die Lösung oder bepinselt sie damit, dann erwärmt man sie, bis sie schwarz wird.
Es kann auch eine Lösung von Eisennitrat (60 g/l Wasser) oder folgende andere Lösung verwendet werden:

Bariumsulfat .... 28 g
Ammoniumsulfat .... 224 g
Wasser .... 3.5 l
Ein brillantes Schwarz erhält man mit:
Salzsäure .... 1 l
Arsenik weiss .... 242 g
Antimonchlorid .... 151 g

Die braune Patina
«Foie de soufre» (Schwefelverbindung) ..... 84 g
Wasser .... 3.5 l
oder auch:
Bariumsulfid .... 30 g
Kaliumsulfid .... 7 g
Ammoniak .... 60 g
Wasser .... 3–4 l

Die rote Patina, genannt «Florentiner Patina»
Essigsäure .... 1 l
Blutstein .... 125 g
Man kann 25 g Graphit zum Verstärken der Farbe zusetzen.

oder auch:
Essigsäure .... 1 l
Blutstein .... 125 g
Graphit .... 25 g
Ammoniumchlorid .... 32 g
Natriumchlorid .... 32 g
Ammoniak .... 32 g
Die Färbung wird braun-rot.

Die Patina «Eiche»
Essigsäure .... 1 l
Ammoniumchlorid .... 30 g
Ammoniak .... 30 g
Blutstein .... 125 g

Die Patina, die beim Aussetzen des Stückes in einer Atmosphäre mit ätzenden Dämpfen erhalten wird
Da es sich um eine milde und oberflächliche Einwirkung der Dämpfe handelt, ist das Verfahren das schonendste für die Skulptur.
Diese wird vorerst mit klarem Wasser feucht gemacht, dann in einen hermetisch verschliessbaren Behälter, in dem sich eine Schale mit konzentrierter Essigsäure und eine solche mit konzentriertem Ammoniak befinden, gestellt. Diese Schalen werden in unmittelbarer Nähe der zu patinierenden Skulptur aufgestellt; das Ganze lässt man während 30 Stunden einwirken. Nach dieser Zeit, die evtl. noch ausgedehnt werden kann, variiert die Färbung von blaugrün zu grün.
Um eine Patina «antikgrün» zu erzielen, stellt man die Skulptur in den Behälter mit zwei Schalen: eine enthält reines Wasser, die andere Salzsäure. In regelmässigen Intervallen öffnet man den Behälter und setzt der Säure ein paar Stücke Marmor oder Calciumcarbonat zu, was zur Freisetzung von Kohlendioxyd führt. Dieses wird zusammen mit dem Wasserdampf aus der Schale mit Wasser in Carbonsäure umgewandelt. Diese Prozedur kann mehrere Tage dauern.
Die auf diese Weise erzielte Patina umfasst nur eine sehr dünne Oberflächenschicht; sie muss mit einer Schicht Wachs oder Firnis geschützt werden.

Die Aluminium-Patina

Man kann dieses Metall grau, blau oder schwarz färben.
Die *graue Patina* erhält man, indem man die Metalloberfläche mit einem mit verdünnter Salzsäure getränkten Lappen abreibt. Die getrocknete Oberfläche wird mit Leinöl abgedeckt und sorgfältig poliert.
Die *schwarze Patina* erhält man durch Applikation der folgenden Lösung bei 82° C:
Ammoniummolybdat .... 15 g

Philippe Clérin
Abstraktion (1986)
Stahl mit Blau-Türkis-Patina

Ammoniumchlorid .... 30 g
Borsäure .... 7.5 g
Kaliumnitrat .... 7.5 g
oder auch:
Kaliumpermanganat .... 10 g
Salpetersäure .... 4 ml
Kupfernitrat .... 25 g
Wasser .... 1 l

Die blaue Patina wird mit der folgenden warmen Lösung erzeugt:
Eisenchlorid .... 4.5 g
Kaliumferrocyanid .... 4.5 g
Wasser .... 1 l

Die Eisen- und Stahl-Patina

Die schwarze Patina
Ätznatron .... 959 g
Natriumnitrat .... 11 g
Natriumdichromat .... 11 g
Wasser .... 1 l
oder auch:
Ätznatron .... 600 g
Kaliumnitrit .... 225 g
Kaliumnitrat .... 150 g
Wasser .... 1 l
Beide Lösungen sind im kochenden Zustand anzuwenden.

Die blaue Patina
Natriumthiosulfat .... 60 g
Bleiacetat .... 15 g
Wasser .... 1 l
Die Lösung wird in kochendem Zustand während ca. 15 Minuten appliziert.
oder auch:
Eisenchlorid .... 57 g
Quecksilbernitrat .... 57 g
Salzsäure .... 57 g
Alkohol .... 228 g
Wasser .... 228 g
Das Stück wird in die Flüssigkeit bei Zimmertemperatur eingetaucht. Nach 20 Minuten wird es herausgenommen und 12 Stunden ruhen gelassen. Das Tränken wird sodann wiederholt. Darauf

belässt man das Stück während 1 Stunde in kochendem Wasser. Trocknen und firnissieren oder einwachsen.
oder auch:

Arsenik weiss .... 120 g
Salzsäure .... 1 l
Wasser .... ½ l

Heiss zu applizieren.

Bronzieren von Stahl
Man bereitet eine Paste auf, indem man folgende Substanzen mischt:

Leinöl .... 100 g
«Antimonbutter» .... 100 g

Die Mischung wird auf das zu bronzierende Stück aufgetragen und mit einem Wollappen leicht warm abgerieben. Das Stück wird sodann eingewachst.

Die Zinn-Patina

Eine schwarze Patina ergibt sich beim Eintauchen des Stückes in folgende Lösung:

Kupferchlorid .... 114 g
Antimonchlorid .... 43 g
Wasser, heiss .... 1 l

Ist die gewünschte Färbung erreicht, nimmt man die Skulptur heraus und spült sie mit heissem Wasser.

Die Silber-Patina

Man kann dem Silber einen antiken Bronzeaspekt verleihen, indem man das Stück in ein Bad von 5–10 g Ammoniumsulfid pro Liter Wasser (dieses Sulfid kann durch Natrium- oder Calcium- oder Kaliumsulfid ersetzt werden) einlegt.

Anmerkung:
Zahllose zeitgenössische Bildhauer ziehen bei Bronzen deren natürlichen goldfarbenen Aspekt vor, besonders wenn das Metall poliert wird.
Die Bronze oder das Messing werden zuerst mit einer Lösung von 5%iger Essigsäure, mit Natriumchlorid gesättigt, gereinigt. Dann wird die Skulptur mit Wasser abgewaschen, getrocknet und poliert.

Imre Szebenyi
Bildhauer in einem Sarkophag (1978–1979)
Aufgeklebte und sorgfältig polierte Messingblätter.
Die Figur besteht aus gegossenem Blei.
61 × 14 × 13 cm

Das Polieren von Metallen

Das Polieren erfolgt von Hand mit elektrischen Maschinen, die mit Polierrondellen aus Leder, Musselin, Filz oder Baumwolle ausgerüstet sind. Es werden verschiedene Materialien auf die Rondellen aufgetragen, wie Schmirgelpulver, Kieselerde, Zinnoxyd oder Polierrot.
Poliert man von Hand, beginnt man mit feiner Stahlwolle. Dann wird Leinöl aufgetragen. Das folgende Schleifmittel setzt sich aus einer Mischung Öl und feinem Schmirgelpulver zusammen. Im letzten Poliervorgang bedient man sich eines Wildleders, das mit Polierrot überzogen ist. Schliesslich wird die Skulptur mit einem weichen Lappen gewachst.

Zusammensetzung einer Poliermischung:

Bimsstein	40 g
Polierrot	10 g

Man rührt die Mischung mit wenig Öl an, so dass eine Paste entsteht.
Das «Polierrot» wird folgendermassen aufbereitet: man pulverisiert in einem Mörser gleiche Teile Natriumchlorid und Eisensulfat und erhitzt die Mischung in einem Tiegel bis zur Rotglut. Wenn sich keine Dämpfe mehr entwickeln, kühlt man ab und wäscht mit Wasser. Wenn trocken, wird die Masse in einem Mörtel fein pulverisiert.
Eine Polierseife für den kunsthandwerklichen Schliff hat folgende Zusammensetzung:

Weisse Seife	100 g
Tripoli	10 g
Weinsteinsäure	4 g
Alaun	4 g
Bleiweiss	3 g

Die Seife wird in kleine Stücke geschnitten und im heissen Wasser geschmolzen. Die Weinsteinsäure und der Alaun werden unter Wärmeeinwirkung separat aufgelöst. Man mischt die beiden Lösungen und setzt Tripoli und Bleiweiss zu. Das Ganze wird gut gemischt. Ist die Paste genügend homogen, giesst man sie in eine Form aus Holz oder dickem Karton. Wenn trocken, wird das entstehende «Brot» in kleine Stücke zerteilt.

Lackierung – Firnissierung

Die Behandlung zielt darauf ab, das Metall vor Oxydation zu schützen. Vor dem Überziehen mit Lack muss das Stück tadellos entfettet werden. Zu diesem Zweck wird es mit Alkohol gereinigt. Die Lackierung kann kalt oder warm erfolgen; in beiden Fällen ist aber darauf zu achten, dass sie in einem absolut staubfreien Raum geschieht.
Die Warmlackierung muss rasch vor sich gehen, da der Lack oder der Firnis, den man auf das leicht erwärmte Metall aufträgt, rasch zu härten beginnt.
Die Kaltlackierung wird mit einem breiten und weichen Pinsel vorgenommen, so dass der Lack gleichmässig verteilt wird.
Hier die Zusammensetzung eines transparenten Lacks:

Methanol	3.5 l
Gummilack	42 g
Sandarak (Gummiharz)	28 g

Diese Bestandteile werden gemischt und während einer Woche ziehen gelassen. Nachher giesst man die klare Flüssigkeit in einen Glas- oder Metallbehälter mit hermetischem Verschluss.
Der Lack kann je nach Zusammensetzung die natürliche Bernsteinfarbe annehmen oder aber mit gelösten Farbstoffen gefärbt werden.
Zusammensetzung von einem transparenten Firnis:

Sandarak	100 g
Terpentin	175 g
Terpentinöl	700 g

Man löst Sandarak und Terpentin im wasserbaderhitzten Öl auf.
Um die Eisenmetalle vor Rost zu schützen, kann folgender Firnis empfohlen werden: man löst unter Erhitzen 450 g Bernstein in 280 cm^3 Leinöl auf. Dann setzt man der Flüssigkeit eine Mischung von 85 g Asphalt und 85 g Harz zu, immer auf dem Wasserbad. Schliesslich stellt man die Heizung ab und fügt 560 cm^3 Terpentinöl zu.

▷
Filzanzug (1970)
Filz
Nach einem Anzug von Joseph Beuys geschneidert, Ärmel und Beine verlängert
ca 170 × 100 cm
Edition René Block, Berlin
Städtisches Museum Abteiberg
Mönchengladbach

Einige besondere Probleme

Kurt Schwitters
Die Breite Schmurchel
Staatliche Museen Preussischer Kulturbesitz,
Nationalgalerie, Berlin (West)
Foto: Reinhard Friedrich, Berlin

Die zusammengesetzten Werke

Zusammengesetzte Werke sind eine Skulpturform neueren Datums; sie dürften sich von den Collagen der Kubisten und Surrealisten des 20. Jahrhunderts ableiten.
Trotzdem: es sind die verschiedensten Materialien seit langer Zeit zu Skulpturen zusammengebaut worden; in Ägypten oder Polynesien zum Beispiel zur Fertigung von Masken.
Die verwendeten Materialien stammten oft aus natürlichen Quellen, wie z.B. Federn oder Muscheln oder auch verarbeitete Produkte wie Gewebe und Korbwaren. Das Einlegen ist das Verfahren durch das Metallteile oder verschiedene andere Materialien zur Dekoration in die Skulptur eingesetzt werden.
Das Grundmaterial wird an diesen Stellen ausgehöhlt, wo das Einlegematerial eingebettet werden soll. Handelt es sich um ein Metall (Gold, Silber, Kupfer) wird dieses als Draht oder in Form von Blättern aufgesetzt und eingehämmert. Es können aber auch Elfenbein, Perlmutter, Edelsteine oder Halbedelsteine (Lapislazuli, Korallen) eingelegt werden. Das eingelegte Material, dessen Farbe sich vom Grundmaterial abhebt, soll bestimmte Details in der Skulptur reliefartig hervorheben, wie z.B. die Pupillen und die Iris der Augen, die Lippen, die Augenbrauen, etc. Diese Methode wurde in der Antike des öftern angewendet.
Andere Epochen haben den Realismus bis zu dem Punkt getrieben, wo die Statuen mit Perücken und Kleidern herausgeputzt wurden, wie es auch heute die Bewegung des Hyperrealismus (J. de Andréa) pflegt. Doch scheint es, dass diese extreme Suche nach Perfektion in eine Sackgasse führt und zur Kunst zurückführt, die nichts mehr damit zu tun haben will. Aber lassen wir dieses Thema...

Heute besteht die Kunst des Zusammenfügens hauptsächlich darin, alle Arten Gegenstände des täglichen Gebrauchs, wie man sie auf Kehrichtsammelplätzen «bewundern» kann, zu sammeln und mit allen möglichen Mitteln zusammenzusetzen und ihrer ursprünglichen Funktion zu entfremden. Sie erreichen eine andere Dimension und führen zu neuen Aussagen. Die «Objets trouvés» (die gefundenen Gegenstände) sind durch verschiedene Bewegungen in der zeitgenössischen Kunst aufgewertet worden, wie z.B. durch die «Pop Art» (Rauschenber, Wesselman), die «Art brut» (Dubuffet) oder durch den neuen Realismus (César, Arman, Spoerri, etc.).
Marcel Duchamp hat diese Objekte mit seinen «Ready-mades» (Pissoirs, Flaschengestelle), bis zur (logischen?) Grenze getrieben, indem er sie einzig durch die Tatsache, dass er sie in Kunstgalerien ausstellte, zu Kunstwerken hochstilisierte.
Der Künstler, der zusammengesetzte Werke schafft, kann seine Wahl von Materialien auf eine ganz bestimmte Sorte begrenzen (z.B. auf Teile von Autos, von Pianos, von Schreibmaschinen, etc.), oder er kann sich vom Zufall leiten lassen und jedes Objekt annehmen, das ihm in der Form oder im Material attraktiv erscheint.
In jedem Fall muss der Künstler sich auf seine Kreativität verlassen können. Nach dem mehrfachen Erwerb von seltsamen Objekten entwickelt er eine Art Instinkt für interessante Objekte und dafür, wo er sie finden kann.
Stoffe, Karton, Kork, Holzstücke, Rahmen, alte Stühle, zerbrochenes Spielzeug, Haushaltgeräte, oder halb durchgerostete Gartenuntensilien können würdige Entdeckungen abgeben!
Picasso hat Bronzeskulpturen aus gefundenen und zerbrochenen Objekten (z.B. Spielzeug seiner Kinder) geschaffen. Zu diesem Zweck hat er das von ihm zusammengestellte Werk abgeformt und nach dem Wachsausschmelzverfahren eine Wachskopie angefertigt.
Man kann auch verschiedene Objekte in frischen Ton eindrücken und davon Abdrücke machen. Diese verschiedenen Wachsobjekte lassen sich

ganz nach der Fantasie des Plastikers zusammenbauen und dann in Bronze giessen.
Louise Nevelson, eine amerikanische Künstlerin, verwendet Holzteile (Schnitzwerk, Stuhlbeine), die sie zu grossen Reliefs zusammenfügt und in der gleichen Farbe bemalt; damit gibt sie dem Ganzen mehr Einheitlichkeit.
Vic Gentils setzt Holzformen, wie die in der Hutmacherei verwendeten, oder Holzteile von Klavieren zusammen und gibt seinen Kreationen anthropomorphe Formen. Das Holz wird eingefärbt und gewachst oder mit lebhaften Farben bemalt.

César und Chamberlain zögern nicht, Autokarrosserien zu deformieren oder in neue Formen umzuwandeln...

Metallstücke aus der Mechanik (Kurbelwellen, Federn, Getriebe) lassen sich zusammenschweissen oder löten, um Hybriden – halb Mensch halb Tier, halb Maschine – zu kreieren (R. Michiels).
Die Zusammensetztechnik bedient sich der Schweiss- oder Löttechnik, der Agraff- oder Niettechnik oder der Klebtechnik. Die Epoxyzharze gehören zu den stärksten Klebstoffen. Die zusammenzubauenden Objekte müssen stark gebaut, gereinigt und entfettet sein und die Verbindungsflächen sind abzuschleifen. Das zusammengefügte Werk ist oft bemalt, doch kann es auch mit einer Schicht Polyester, Epoxy, Acrylfarbe oder Polyurethanfirnis überzogen sein. Eine weitere Möglichkeit besteht im Bedecken der Skulptur mit einer dünnen Metallschicht, die durch Aufdampfen von geschmolzenem Metall erhalten wird.

Die Zusatztechniken

Wir vereinigen unter dieser Bezeichnung alle Ausdrucksweisen, die sich von technologischen Entdeckungen der letzten Jahre ableiten und die so spezielle Techniken notwendig machen, dass sie nicht Gegenstand der Behandlung in diesem Werk sein können. Sie müssten in einem separaten Werk beschrieben werden.

Die sich auf diese Weise ausdrückenden Künstler haben entweder eine wissenschaftliche oder eine technische Ausbildung, die ihnen erlaubt, ihr Werk in allen Phasen zu kontrollieren oder sie verbinden sich mit Spezialisten, die die technische Ausführung ihres Werkes übernehmen. In diesem Fall stellt sich allerdings die Frage, ob der Künstler noch die Urheberschaft des Werkes beanspruchen darf, eines Werkes, das in Zusammenarbeit mit einer oder sogar mehreren Personen zustandegekommen ist... allerdings stimmt es, dass der Plastiker immer schon Personen beanspruchte, welche bestimmte und eher langweilige Aufgaben erledigten, wie z.B. das Abformen von Originalskulpturen oder die Grobbearbeitung von Steinen. Das gleiche gilt für den Künstler, der seine Arbeit einem Giesser übergibt: er ist nicht mehr ganz der Vater seines Werkes. Zahlreiche moderne Techniken erfordern ein beschwerliches Material oder ein zu spezielles Wissen, um sie im Atelier umsetzen zu können.

Er muss sie einem spezialisierten Atelier übertragen, das die in Frage stehende Arbeit ausführen kann. Es kann sich beispielsweise um die Galvanisierung, das elektrische Plattieren, das Vacuumforming, das Sandstrahlen, das Schweissen unter Schutzgas (Argon), etc. handeln.

Unter den Zusatztechniken seien die kinetischen Techniken genannt, die nach Motoren oder einem elektromagnetischen Dispositiv rufen, die Techniken, die Wasser oder künstliches Licht bedürfen (Leucht- oder Wasserskulpturen), die visuellen Techniken, welche die Laserstrahlen und die Holographie vermitteln, die elektroakustischen Techniken, etc.

In den USA ist eine Vereinigung gegründet worden, deren Ziel es ist, zwischen den Künstlern, den Wissenschaftlern und Technikern eine immer engere Zusammenarbeit zu bewirken. Es handelt sich um die 1966 gegründete E.A.T.: Experiment in Art and Technology Incorporated.

Diese Vereinigung hilft dem Künstler, die Lösung von technologischen Problemen, die sich ihm stellen, zu finden, ihn aber auch finanziell zu unterstützen, dank Sponsoren aus der Industrie.

Das Atelier des Bildhauers

Jeder Bildhauer träumt von einem idealen Atelier, das alle möglichen Vorteile aufweist: eine zweckmässige Disposition, Beleuchtung, Ausrüstung, etc. Aber es gibt keinen Ort, der allen Forderungen der Künstler gerecht wird, weil von den einzelnen Disziplinen jede eine andere Ausrichtung hat. Ein Atelier eignet sich vorzüglich für den Steinbildhauer, ist aber ungeeignet für die Arbeit mit plastischen Materialien. Es bleibt jedem einzelnen Künstler überlassen, seine Bedürfnisse, die nur ihm eigen sind, zu befriedigen, und zwar in Abhängigkeit der zu leistenden Arbeit. Es liegt auf der Hand, dass monumentale Werke einen grossen Raum (fast wie ein Hangar) bedürfen und die Herstellung von Statuetten schon in einem Zimmer möglich ist.

Wenn man sich ein Atelier beschaffen will, sind folgende Punkte aus Erfahrung zu beachten: Ideal ist die Konstruktion eines eigenen Ateliers nach Bedürfnis und Mass, am Arbeitsort, mit Hilfe eines Architekten. Doch haben wenige junge Bildhauer diese Möglichkeit. Es bleibt die Lösung, ein Atelier für die Ausübung des Kunsthandwerks oder auch ein Industrielabor zu mieten. Schliesslich kann man sich in einem Wohnraum einrichten.

Es gibt indessen einige Grundregeln, die für alle Lokalitäten, die als Arbeitsplatz für einen Künstler in Frage kommen, zutreffen.

Der Raum muss ebenerdig sein, damit die in der Regel schweren Materialien und Werke (Steinblöcke, Gips- und Zementsäcke) leicht ein- und ausgeführt werden können. Es ist zudem zweckmässig, einen tragfähigen Boden aus Zement oder Holz zu haben, der schwere Lasten aufnehmen kann. Grosse und hohe zweiflügelige Türen erlauben den Abtransport von grossen Skulpturen, falls der Künstler solche herstellt.

Die natürliche Beleuchtung des Raumes sollte verschiedene Quellen haben; entweder zwei verglaste Fenster, nach Norden bzw. Süden orientiert, oder ein solches Fenster und ein Dachfenster. Mit Fluoreszenzröhren (Deckenlampen) ist der Raum zusätzlich mit Kunstlicht auszuleuchten, ergänzt durch bewegliche Spotlampen.

Die elektrische Stromversorgung muss so ausgelegt sein, dass alle elektrischen Maschinen betrieben werden können. Ist ein elektrischer Ofen zu installieren, muss dieser entsprechend ausgelegt bzw. der Zähler verstärkt werden. – Fliessendes Wasser ist in jedem Fall erforderlich.

Es ist ein trockener Platz für die Lagerung von hygroskopischen Materialien wie Zement und Gips vorzusehen. Diese sollen auf Holzrosten oder auf Polystyrolschaumstoff gelagert werden, nicht aber direkt auf dem Boden oder auf gemauerten Ablagen, die immer leicht feucht sind.

Jeder Arbeitsschritt muss an einem ganz bestimmten Platz im Atelier ausgeführt werden, damit die Werkzeuge oder Materialien nicht verwechselt werden, bzw. überall gesucht werden müssen.

Der Standort «Gips» ist von demjenigen für «Ton» zu trennen; Mischungen der beiden Materialien führt zu Unannehmlichkeiten.

Die Werkzeuge sind an Werkzeughaltern an den Wänden aufgehängt. Das Lokal ist ausreichend mit soliden Holzgestellen auszurüsten (um Maquetten, Behälter mit verschiedenen Substanzen etc. zu lagern).

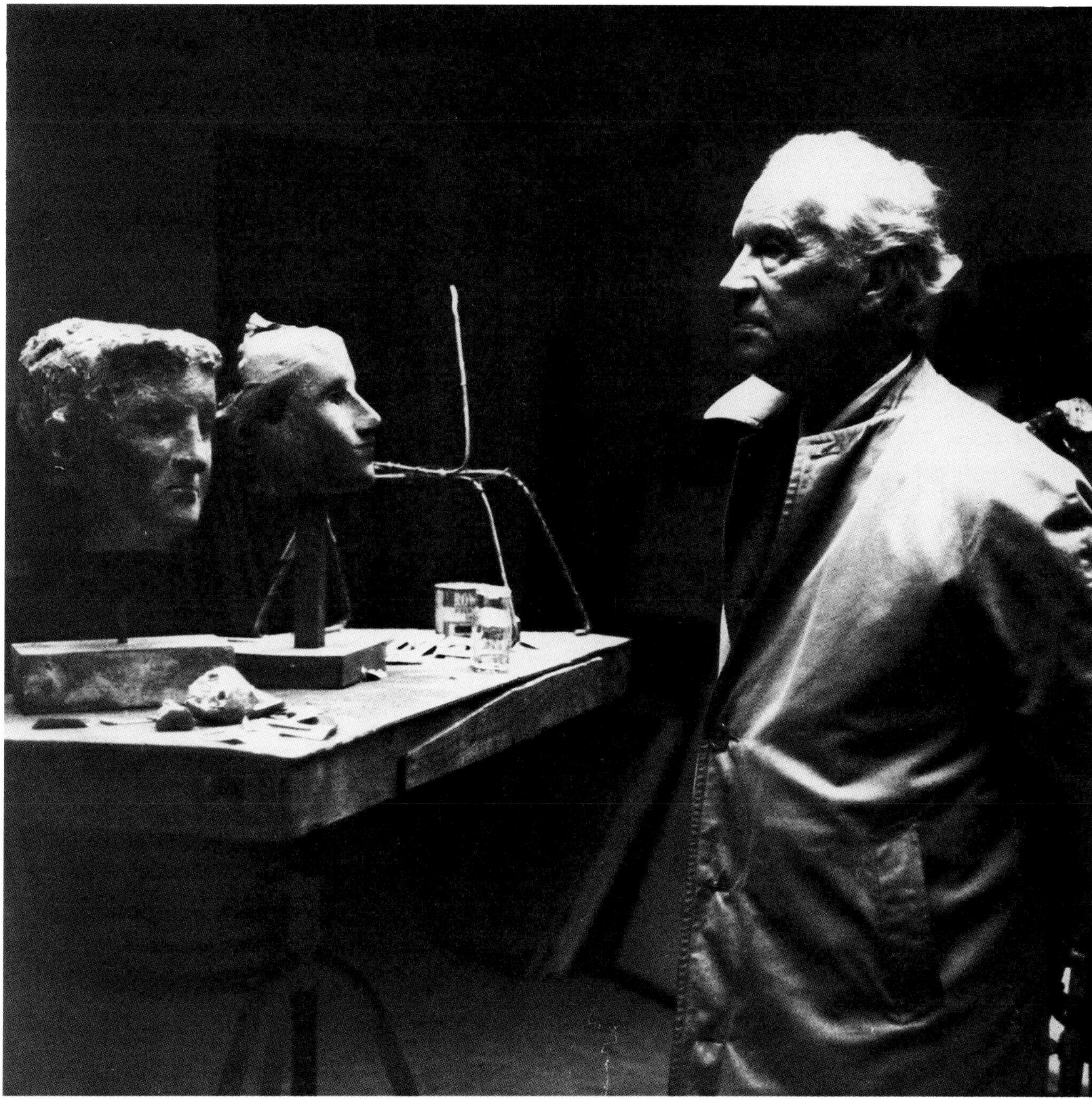

Marino Marini in seinem Atelier in Mailand (1972)
Photo Marina Marini

Das Atelier muss einen grossen und robusten Werktisch aus Holz enthalten, um problemlos einen Metallschraubstock und Befestigungsgeräte, etc. aufzunehmen.
Ein oder zwei starke Balkenträger aus Holz oder Stahl, die Lasten bis zu einer Tonne tragen können, durchqueren den ganzen Raum; sie sind mit einer Zugwinde ausgerüstet.
Der Atelierraum muss gut durchlüftet sein, entweder mittels Fenstern und Türen, mit einem Ventilator oder einem ganzen Lüftungssystem. Diese Foderung ist unumgänglich, wenn mit flüchtigen Chemikalien gearbeitet wird (Kunstharze) oder wenn giftige Dämpfe oder Rauch bei der Arbeit entstehen (Schweissen, Giessen, Galvanisieren, etc.).
Das Atelier lässt sich – wo gegeben – in einen Garten oder Hof ausdehnen. Ein solcher Atelierstandort ist mit Vorteil abzudecken. Er ist ideal für den Holz- oder Steinbildhauer. Da bei dieser Arbeit viel abgearbeitetes Material in allen Richtungen absplittert, bildet es eine eigentliche Plage im Atelier, ganz abgesehen vom Risiko, dabei fertige Arbeiten oder Materialien zu beschädigen.
Die Reinigung des Lokals muss regelmässig erfolgen, sonst ertrinkt man in Abfällen und im Staub.
Wie bereits angedeutet, sollte das Werkzeug nach Beendigung der Arbeit wieder an seinen Ort gestellt werden – ich sage ausdrücklich «sollte»! Es ist dies eine Forderung, der wir nicht immer nachleben – aber es dann bereuen. Die Werkzeuge haben die überraschende Eigenschaft, rasch verlegt zu werden und dabei zugrunde zu gehen. Zugegeben, es sind dies nebensächliche Erscheinungen; trotzdem sind sie in Betracht zu ziehen!
Es ist zweckmässig, wenn im Atelier ein Mehrzweckkarren zum Transport von schweren und sperrigen Gütern (z. B. Gipssäcke) zur Verfügung steht.
Es ist naheliegend, dass die Beschaffung aller dieser Einrichtungen für den Künstler finanziell aufwendig ist; die Ausgaben müssen sich auf das Nötigste beschränken, das die jeweilige Arbeit erfordert.
Die Arbeit mit Ton, Gips und Zement ist die am wenigsten aufwendige; traditionsgemäss beginnt der Student seine Arbeit mit diesen Materialien.
Die Kunst- und Kunstgewerbeschulen verfügen in der Regel über die Einrichtungen zum Herstellen von Skulpturen. Oftmals steht eine kleinere Giesseinrichtung zur Verfügung, damit auch die Giesstechnik angewendet werden kann.

Die Armierung

Die Armierung dient dazu, die Skulpturen zu stützen, wenn sie aus zu schwerem oder zu weichem Material bestehen. In der Regel wird die Armierung im Zentrum des Werkes plaziert; sie bildet gewissermassen das Skelett. Ab bestimmten Formen und Volumen müssen sowohl Ton, Gips und Zement armiert werden. In der Tat können diese Materialien bevor sie ausgehärtet und getrocknet sind, den Gravitationskräften nichts entgegenhalten! Die massiven Teile der Skulpturen neigen zum Einstürzen, wenn sie nicht von einer soliden und breiten Basis gehalten werden. Die vom eigentlichen Stamm der Skulptur in horizontaler Auslegung losgelösten Teile zeigen dieselbe Tendenz, wenn sie nicht unterstützt werden.

Die Armierung erlaubt dem noch weichen Modell, seine Form zu halten und gibt der ausgehärteten Skulptur eine Verstärkung.

Armierung für Tonskulpturen

Im Falle von Ton ist das Aushärten kein Kriterium, weil die frische Tonskulptur vor dem Brand getrennt (in der Regel in zwei Hälften) und ausgehöhlt oder abgeformt wird. Lässt man den Ton austrocknen, entstehen wegen der Schwindung irreversible Schäden (die Armierung dagegen hat keine Schwindung!).

Die Armierung muss robust genug sein, um das Gewicht des Tons zu tragen, und dies während der ganzen Dauer der Arbeit. Tatsächlich kann die Arbeit bei Werken in Lebensgrösse mehrere Monate in Anspruch nehmen. Aus diesem Grund wählt man ein dauerhaftes, nicht oxydierbares Material, wie rostfreie oder galvanisierte Stahlrohre oder Aluminium für die Armierung. Wird gewöhnlicher Stahl verwendet, muss er mit einem Antirostmittel versehen und lackiert werden.

Die einzelnen Teile der Armierung können miteinander verschweisst werden; ist dies der Fall, so ist ihr Aufbau definitiv, er lässt keine oder nur geringfügige Modifikationen am Skelett der Skulptur zu. Man kann die Armierungselemente auf eine andere, weniger definitive Weise mit Stahldraht zusammenfügen. Verwendet man Rohre mit Gewinde, kann man für den Aufbau der Armierung oder seiner Hauptachse mehrere Rohre zusammenschrauben. Die von der Hauptachse ausgehenden Verzweigungen lassen sich in einem flexibleren Metall ausführen, wie z. B. in Blei oder Aluminium.

Auf der Hauptarmierung lassen sich kleine Holzkreuze, sog. «Schmetterlinge» dort aufhängen, wo sich die grössten Volumen der Skulptur befinden, um die Tonmasse an diesen Stellen zu stützen.

Man kann aber die Armierungsstäbe mit Holzbrettchen umgeben, die Vorspanncharakter haben, sie einerseits verstärken und andererseits dem Ton zusätzliche Haftflächen verschaffen. Aus dem gleichen Grund wickelt man oft rostfreien Stahldraht um die Hauptachse der Armierung.

Im Falle von Grossskulpturen befestigt man bei den voluminösesten Stellen Holz-, Kork- oder Polystyrolschaumstoffblöcke, um das Gewicht des Tons und damit das Gewicht der Skulptur zu reduzieren.

Die Basis der Armierung ist fest auf dem Holzsokkel zu befestigen; er bildet gleichzeitig die Basis der Skulptur.

Statt die Hauptarmierung im Innern der Skulptur anzulegen, kann sie auch aussen, im Rücken der Skulptur, aufgebaut werden. Die Aussenachse ist gegen das Zentrum hin gekrümmt, wo sie sich mit einer beweglichen Armierung, die im Innern der Skulptur plaziert ist, verbindet. Der Nachteil dieser Armierungsweise liegt darin, dass die Modellierarbeit, dann aber auch das Formen, dort, wo die Armierungsstäbe aus der Figur austreten, auf Schwierigkeiten stösst.

Zwei Armierungstypen für die Kopfplastik

1. Diese aus Metallstäben aufgebaute Armierung, in die ein dünneres, verstellbares Rohr eingeschoben ist, eignet sich gut für eine Kopfplastik. Auf Kopfhöhe sind zwei im rechten Winkel gekreuzte Drahtschlingen aufgebaut. Es lässt sich zusätzlich ein Schmetterling aufhängen.
2. Diese Armierung ist aus verschiedenen geraden oder gekrümmten Metallrohren zusammengebaut, die sich in der gewünschten Form verschrauben lassen. Die gekrümmte Form verhindert das Abgleiten des Tons entlang der Hauptachse. Die Metallbasis ist auf einem genügend grossen Holzsockel aufgeschraubt.

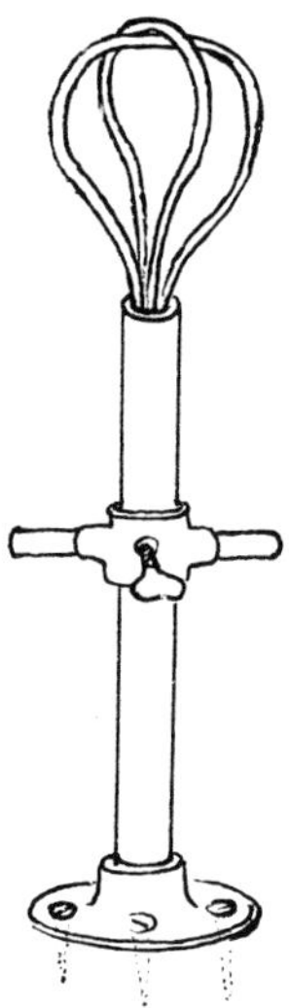

1

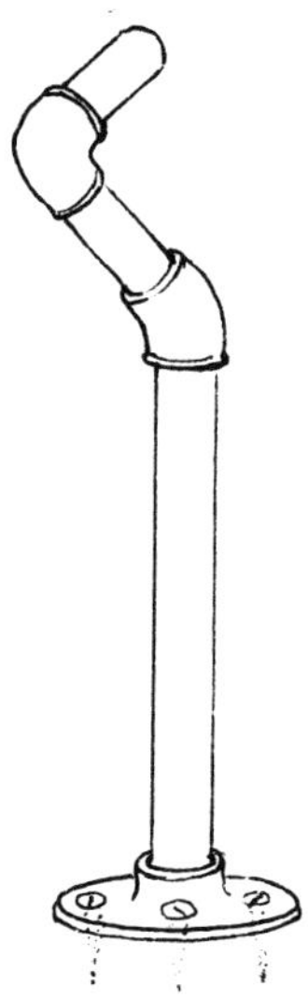

2

Innere Armierungsanordnung für eine aufrechte Figur in Lebensgrösse

a) Grosser Holzsockel, auf dem die Hauptarmierung befestigt ist.

b) Basis der Skulptur aus Ton oder Gips.

c) Hauptarmierung. Sie ist zweimal an der Basis im rechten Winkel gekrümmt und fest auf dem Holzsockel verankert. Sie muss in jedem Fall stark gebaut sein.

d) Nebenarmierung aus flexiblerem Metall (Aluminium), mit Stahldraht an der Hauptarmierung befestigt.

e) «Schmetterlinge» zum Stützen der Tonmasse.

f) Kork- oder Polystyrolschaumstoffblöcke zum Leichtermachen des Modells.

g) Holzbrettchen, die der Armierung entlang mit Stahldraht befestigt sind. Sie dienen zum Festhalten des Tons, der ohne sie zum Abgleiten neigt.

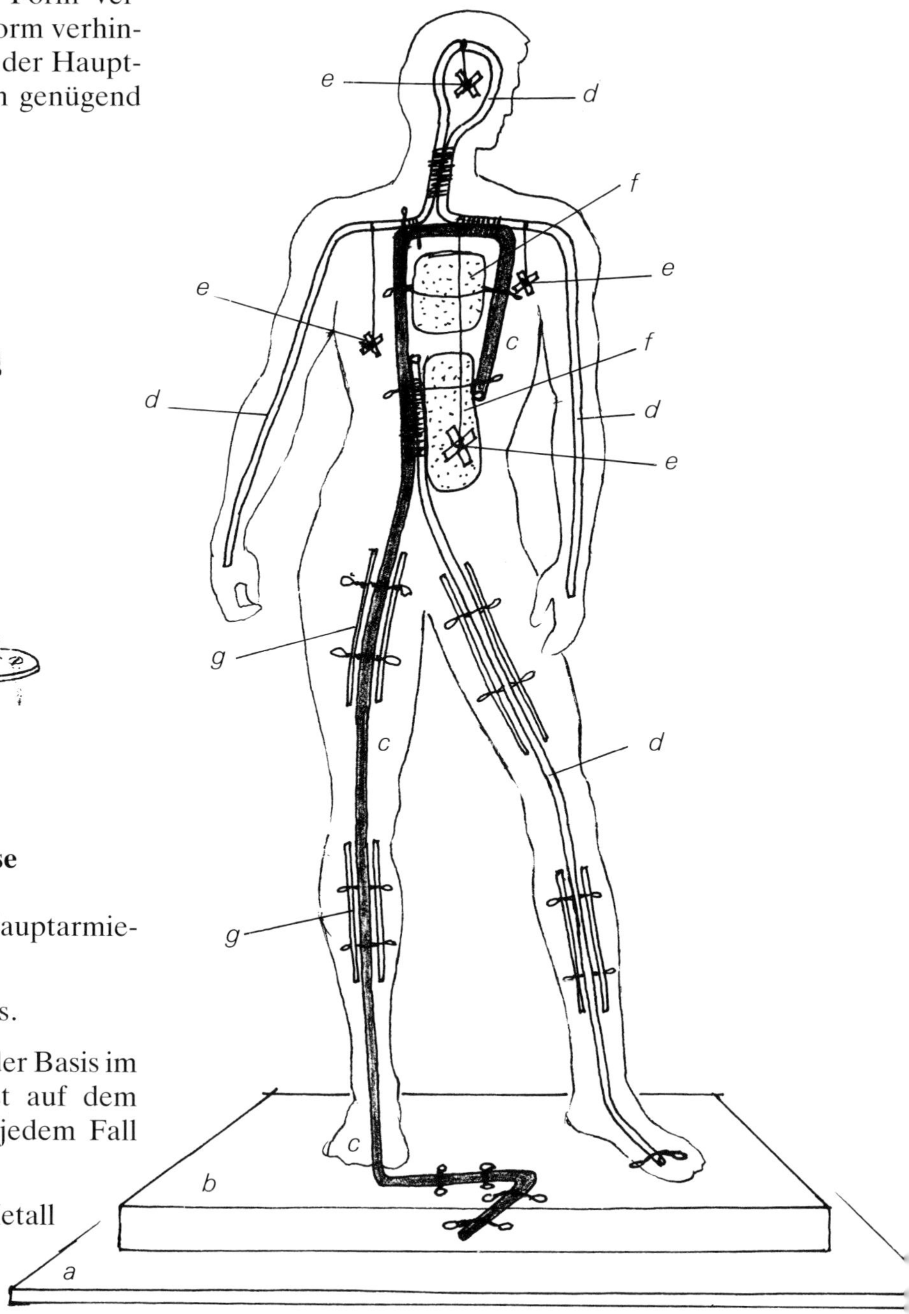

Äussere Armierungsweise
für eine aufrechte Figur in Lebensgrösse

a) Holzsockel.

b) Basis der Skulptur.

c) Gekrümmter Galgen aus verschraubten Metallröhren. Seine Basis ist fest auf dem Holzsockel verankert.

d) Hauptarmierung, um welche Metalldraht gewickelt ist, damit der Ton besser haftet.

e) «Schmetterlinge»: Holzkreuze, die mit Stahldraht oder dicker Schnur an der Armierung befestigt sind.

f) Befestigungsmethode für die Hauptarmierung auf dem Holzsockel: mit Schrauben und Stahldraht.

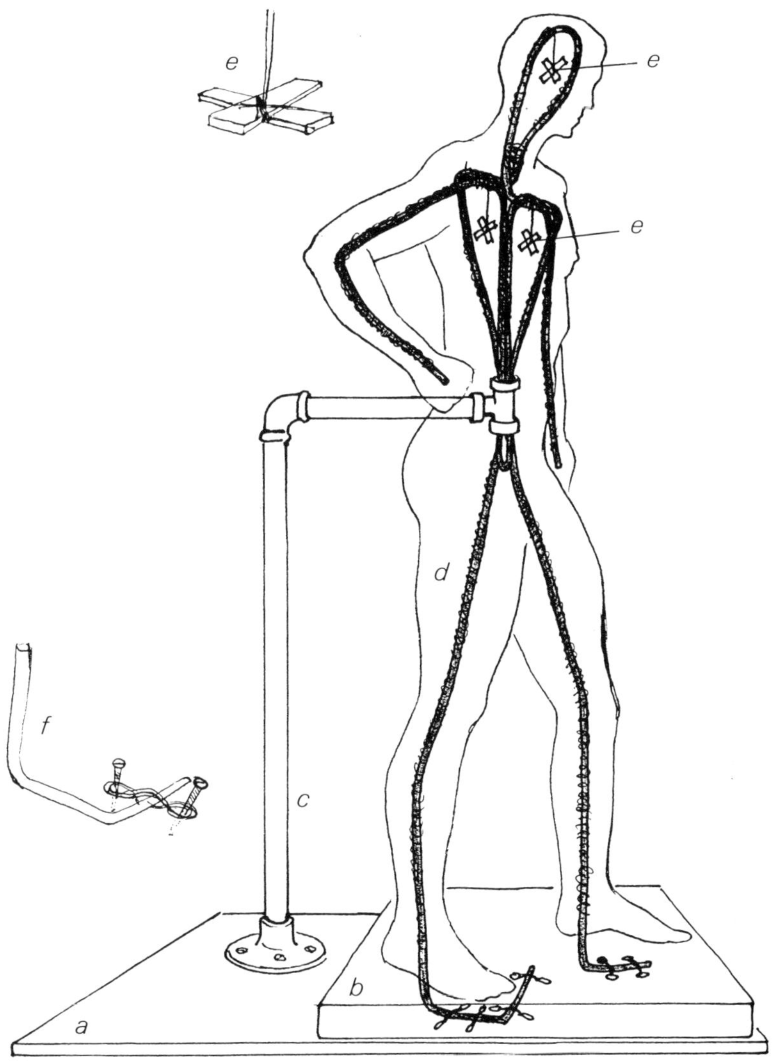

Die beweglichen Partien der Armierung können aus Metallgitter, das leicht zu formen ist, bestehen. Man kann auch so vorgehen, dass die Armierung oder ein Teil davon zu einem integrierenden Bestandteil der Skulptur wird. Sie kann auf derselben Ebene wie die Oberfläche des Modells liegen oder im rechten Winkel aus dieser austreten. Die Armierung wird in die Gipsform miteinbezogen, wobei darauf zu achten ist, dass sie das Ausformen nicht behindert. Beim Giessen des definitiven Materials (Zement, Polyester) wird die Armierung davon umgeben. Erst beim Zerstören der Gipsform tritt sie aus der Kopie heraus; der auf diese Weise erzielte Effekt ist von besonderem Interesse.

Stützen eines Reliefs aus Ton: Ein Flachrelief wird am besten vertikal bearbeitet, d.h. in der Stellung und bei der Beleuchtung, wie es später aufgestellt wird. Der Ton wird auf ein Holzbrett aufgetragen, das auf einem leicht geneigten Gestell installiert ist, wobei er seine mehr oder weniger senkrechte Position zu halten hat. Es werden Nägel mit grossen Köpfen im Stützbrett eingeschlagen und Eisendraht darum gewickelt, um ein ganzes Stütznetz zu bilden. Bei grösseren Werken werden Schmetterlinge dort am Brett aufgehängt, wo sich die grössten Tonvolumen befinden. Das Stützbrett kann von einem Holzrahmen zum Aufnehmen der Tonmasse umgeben sein.

Armierungen bei Wachsskulpturen

Im Falle von Wachs, das sehr leicht ist, sind Armierungen selten unentbehrlich. Sie sind nur dann von Nutzen, wenn es sich um sehr lange und dünne Skulpturen handelt. Sie dienen dazu, beim Erweichen des Werkes Deformationen zu vermeiden.

Armierungen bei Gips- oder Zementskulpturen

Diese spröden Materialien erfordern sehr solide und nicht rostende Armierungen. Dazu eignen sich eher hohle als volle Armierungen; es ist ja eine Tatsache, dass eine Hohlform immer solider ist als eine identische Vollform.
Ein mit Metallgitter bedecktes Skelett aus Metallstäben eignet sich sehr gut. Die Hauptarmierung kann aber auch aus Bauholz sein.
Bei langen vertikalen Formen ist die Armierungsbasis fest mit dem Sockel verbunden: entweder auf ein Brett geschraubt oder in die Basis aus Gips oder Zement eingebettet.
Wenn das Metallgitter installiert ist, überzieht man es mit Jutegewebe, Gaze oder Flachs, die vorher in flüssigem Gips getränkt werden. Besteht das Risiko, dass das Metall rostet, muss man es vorgängig mit einem Schutz- und Antirostmittel behandeln.

Die Präsentation von Skulpturen

Die Präsentation

Bei der Präsentation eines Werkes ist darauf zu achten, dass es adäquat ausgestellt wird und mit seiner Umgebung im Einklang steht.
Es muss so in Szene gesetzt werden, dass es die Aufmerksamkeit des Betrachters auf sich zieht und sein Auge auf die starken Seiten des Werkes führt. Die Beleuchtung muss so gewählt sein, dass das Licht die Skulptur von allen Seiten umspielt, ohne harte Schatten zu bilden. So muss man beispielsweise die Beleuchtung mit einer einzigen punktuellen Lichtquelle (Spotlampe) vermeiden. Von der Umgebung geworfene Schatten, die auf das Werk projiziert werden, bergen das Risiko, einen Teil seiner Formen zu amputieren.

Der Sockel

Oft wird die Skulptur auf einen Sockel in die richtige Höhe gestellt. Es ist schwierig, kleinformatige Skulpturen ohne Sockel wirksam auszustellen. Die Grösse des Sockels muss in Relation der Grösse der Skulptur, die er trägt, stehen; der Sockel darf überbetont werden. Seine Form soll so einfach wie möglich sein: geometrische Formen wie Kubus, Zylinder, Parallelogramm sind am gebräuchlichsten.
Man kann interessante Sockel kreieren, indem man nach dem Baukastensystem Blöcke zusammenfügt bis zum gewünschten Volumen. Auf diese Weise lassen sich Holzblöcke oder Backsteine stapeln. Das Material und die Farbe des Sockels muss in Funktion des Werkes, das er zu tragen und zu repräsentieren hat, ausgewählt werden. Es gibt keine strengen Regeln für die Wahl des Sockels: es ist eine Kunst, die mit der Praxis und der Beobachtung von präsentierten Werken in Museen und Ausstellungssälen erworben wird.

Unter den Materialien für Sockel sind folgende am gebräuchlichsten: Holz, Stein, Zement, Metall, gebrannter Ton, Plexiglas, Polyester, Glas. Das Material muss die nötige Festigkeit aufweisen, damit der Sockel die Skulptur zu tragen vermag.
Die Oberfläche des Sockels stellt gewissermassen die Basis von einem potentiellen Volumen, das die Skulptur umgibt und sie von der Umgebung isoliert, dar. Es ist ein persönlicher Raum, in seiner Abgrenzung einer Theaterbühne nicht unähnlich.
Die Stellung der Skulptur zum Betrachter bestimmt bis zu einem gewissen Grad seine Betroffenheit. Liegt die Skulptur tiefer (unter dem Augenniveau), wird sic «erdrückt»; sie hebt sich nur wenig von der Umgebung ab. Liegt die Hauptmasse der Skulptur hingegen höher (über dem Augenniveau), wird der Betrachter von ihrer Grösse, Dominanz, Ausstrahlung mehr angesprochen.
Eine lebensgrosse Figur kann sich mit einer ziemlich niedrigen und flachen Basis begnügen. Mehr und mehr herrscht bei den zeitgenössischen Bildhauern die Tendenz vor, ihre Skulpturen direkt auf dem Boden aufzustellen. Bei geometrischen Skulpturen und Skulpturen, die als Architekturplastik wirken, ist diese Tendenz durchaus gerechtfertigt, weil sich solche Werke deutlich von der Umgebung abheben.
Es ist nicht einfach, mehrere Skulpturen mit starkem Charakter nebeneinander aufzustellen, ohne dass sie sich in der Wirkung auf den Betrachter gegenseitig stören.

Die Befestigung der Skulpturen

Die Befestigung muss die Skulptur vollkommen stabilisieren, besonders wenn ihr eigenes Gewicht und ihr Gleichgewicht allein nicht die nötige Stabilität ergeben.

Philippe Clérin
Venus
Stahl

Bei Monumentalwerken ist die Befestigung mit Architekten und Ingenieuren abzustimmen. Die Befestigung einer Skulptur kann permanent oder vorübergehend sein. In diesem Fall wird sie mit einem System von rostfreien Schrauben oder Bolzen gesichert; um ein leichteres Lösen zu erleichtern, werden diese mit Vaseline vorbehandelt.
Aus Erfahrung gehen wir für die Plazierung einer Kopfplastik aus gebranntem Ton wie folgt vor: wir füllen das Innere der Skulptur mit Polyurethanschaumstoff und bereiten einen Sockel mit einem Metallstab vor. Sobald der Schaumstoff hart ist, wird der Kopf auf den Metallstab gesteckt, so dass er die gewünschte Stellung bzw. Neigung hat. Dies erlaubt, wenn nötig, die Kopfplastik samt dem Metallstab vom Sockel zu lösen. Die Werke in Polyester sind öfters sehr leicht, so dass es ratsam ist, sie mit Gips oder Zement zu füllen, bzw. zu beschweren. Das gibt dann auch die Gelegenheit, einen Haltestab, der über die Skulptur hinausgeht, zu installieren.
Für Skulpturen aus Zement oder Polyester kann an der Basis ein Befestigungssystem vorbereitet werden, das im Moment vom Giessen einer Kopie miteinbezogen wird. Das System besteht aus in der Skulptur eingelassenen Muttern, in die durch den ganzen Sockel geführte Schrauben passen.
Die Metallskulpturen werden in ähnlicher Weise auf einem Sockel aufgeschraubt. Die Verschraubung erfolgt mit in der Skulptur vorbereiteten Löchern. Auch die Holzplastiken werden nach demselben Prinzip befestigt.
Die Skulpturen aus Stein werden auf eine andere Weise auf dem Sockel befestigt. Zwei parallele Löcher werden an der Basis der Skulptur gebohrt, desgleichen entsprechende Löcher in der Oberfläche des Sockels. Dann werden mit wenig Zement zwei Metallstäbe in die Bohrlöcher des Sockels geführt und festgemacht. Die Skulptur wird nun über diese Metallstäbe in Stellung gebracht. Sobald der Zement abgebunden hat, ist die Skulptur solid auf dem Sockel verankert.

Die Architekturskulptur

Unter Architekturskulptur versteht man eine Skulptur, die sich in einer bestimmten städtischen Umgebung oder in einer Landschaft integriert. Man spricht dann auch von einer monumentalen Skulptur. In der Antike wie im Mittelalter fügte sich die Skulptur harmonisch in ein Bauwerk, das sie dekorierte. Dies aus mehreren Gründen: einmal weil die Skulptur ein integrierender Bestandteil der Architektur war; man kann sich nur schwer einen griechischen Tempel ohne kunstvoll behauenen Giebel oder eine gotische Kathedrale ohne Tympanon vorstellen. Hinzu kommt, dass die Künstler und Handwerker in Ateliers arbeiteten, die sich in der Nähe der zu dekorierenden Bauwerke befanden. Sie hatten die Musse, sich voll und ganz mit dem Geist des Bauwerkes und seiner Umgebung zu identifizieren, umso mehr als dessen Bau nur sehr langsam vor sich ging.

Heute herrschen ganz andere Verhältnisse. Der künstlerische Schmuck an einem Gebäude wird oft als eine Verpflichtung oder eine zu erfüllende Formalität aufgefasst (tatsächlich wird eine bestimmte Summe für die künstlerische Ausschmückung öffentlicher Gebäude ausgeschieden), mit der ärgerlichen Konsequenz, dass die Fassade oder die Eingangshalle mit einem Kunstwerk versehen werden muss! Der Bildhauer oder Plastiker wird in den meisten Fällen eingeladen, das Innere oder die Aussenfläche eines bereits konstruierten Gebäudes künstlerisch zu «bearbeiten». Man bindet ihn an feste Pläne, mit denen er zurecht zu kommen hat und erwartet, dass er ein unvergängliches Werk produziert, das die Öffentlichkeit bewundern kann....

Da es uns nicht möglich ist, diese heutigen Gepflogenheiten zu ändern, geben wir einige Ratschläge, um in diesen düsteren Gewässern navigieren zu können...

Zuerst muss man sich über verschiedene Elemente Rechenschaft ablegen: über den Stil, die Funktion und die Umgebung des Gebäudes. Die zur Verfügung stehende Geldsumme muss berücksichtigt werden. Der Standort der künstlerischen Arbeit muss aus den Plänen ersichtlich sein. Es ist unumgänglich, den Ort zu besuchen und sich über die Belechtung und die Farben am Ort klar zu werden. Das Sujet der Skulptur wählt man danach, d.h. nach der Bestimmung des Gebäudes. Dann beginnt die zeichnerische Arbeit. Aufrisse und erste Entwürfe dienen dazu, die grossen Massen des Werkes zu definieren. Die Grösse und der Zuschnitt des Gebäudes sowie seine generelle Ausrichtung (horizontal oder vertikal) sind miteinzubeziehen.

Dreidimensionale Entwürfe werden gemacht, wobei der Massstab in Rechnung zu ziehen ist, aber auch die Ausstrahlung des Werkes vom Boden her gesehen, was zu gewissen Verzerrungen des Bildeindruckes führen kann. In der Tat erscheinen die vom Betrachter am weitesten entfernten Partien kleiner, als sie in Wirklichkeit sind. Es ist aus diesem Grund unumgänglich, diese durch die Distanz geschaffene Einengung durch eine ausgleichende Vergrösserung der am weitesten entfernten Partien zu korrigieren.

Die Maquette lässt sich aus Gips, aus Polyester oder aus dem definitiven Material (in der Regel Stein oder Bronze) anfertigen. Oft ist eine Photomontage der Maquette, unter einem angemessenen Blickwinkel, mit dem Gebäude im Hintergrund, wünschbar.

Beinhaltet die Skulptur Figuren, so sind diese grösser als in Lebensgrösse darzustellen. Tatsächlich erscheinen menschliche Figuren von Normalgrösse, ausgestellt in einem offenen und zwanglosen Raum, kleiner als in natura. Man muss darum ihre Proportionen vergrössern und die Einzelheiten vereinfachen.

Im Fall der Reliefs muss man die Entfernung zum Betrachter und die Lichteinwirkung auf das Relief in Betracht ziehen. Ist das Licht sehr intensiv (z.B. in eigentlichen Sonnenländern im Süden), muss

das Relief weniger tief eingeschnitten sein als in Ländern mit weichem, diffusem Licht.
Andererseits gilt: je entfernter das Relief vom Betrachter ist, umso prägnanter muss es in den grossen Massen sein, indem das Relief hervorzuheben ist.

Für die Wahl des Materials müssen die klimatischen Bedingungen und Wechsel, seine Färbung, sein Gewicht und sein Preis in Betracht gezogen werden. Bronze, Zement und Marmor sind die am häufigsten – in Abstimmung mit dem Architekten – verwendeten Materialien. Polyester, Epoxy und auch Plexiglas könnten durchaus mithalten, wenn nicht Vorurteile ihnen gegenüber herrschten. Diese lebendig bemalten Materialien könnten farbige und fröhliche Elemente, die man oft in und an modernen Bauten vermisst, einbringen. Der rostfreie Stahl wie auch der Corten-Stahl gehören auch zu den Wunschmaterialien für die monumentale Skulptur.
Ist das Werk fertig, muss es entweder in einem Stück oder in mehreren Teilen, die am Standort zusammenzufügen sind, transportiert werden. Der Transport wird von Spezialunternehmen, unter der Aufsicht des Künstlers, unternommen.
Die Befestigung des Werkes am Standort muss nicht selten in Zusammenarbeit mit dem Ingenieur ausgeführt werden. Dies gilt besonders dann, wenn die Skulptur weite Ausladungen aufweist, die zum Umkippen führen könnten. Es ist sehr wichtig, die Stabilität der Skulptur zu sichern, welche atmosphärischen Bedingungen (z.B. Sturm) auch immer herrschen können.

Schlussfolgerung

«Recht betrachtet: was ist eine Statue, ein Porträt, eine Gruppe? Ein Spielzeug, das für eine Zivilisation ist, was ein Holzpferd für das Kind. Man muss eine Bronze wie eine Puppe liebevoll streicheln können. Die Kunst ist ein verfeinertes Spiel.»

Marino Marini

Die Kunst ist ein verfeinertes Spiel, erklärt Marino Marini. Für diejenigen, denen das Wort «Spiel» eine kindliche Aktivität ohne grosse Bedeutung wachruft, könnte der Satz von Marini glauben machen, dass das künstlerische Bemühen in gewissem Sinn nur eine nutzlose Beschäftigung ist, den Ästheten und Müssiggängern vorbehalten.

Das aber hiesse dem Spiel seine schöpferische Kraft zur Bewältigung der Gegenwart aberkennen. Die spielerische Aktivität erlaubt dem Menschen von klein auf, sein Können an der äusseren Welt zu messen. Ich glaube, man muss die Worte Marinis in diesem Sinne auffassen.

Das künstlerische Erforschen, so gut wie die wissenschaftliche Forschung, gründet teilweise auf dem Spiel und dem Träumen. Diese doch archaische Gehirntätigkeit erlaubt durch die Interpretation von Bildern und abstrakten Ideen, die Sinngebung auch für eine Welt, die uns umgibt.

Es ist darum verfehlt, die Kunst gering zu achten. Im Gegenteil. Es kann nützlich und von Interesse sein, sie mit einem Tiegel zu vergleichen, in dem sich die wesentlichsten Tendenzen unserer Epoche auflösen und miteinander verschmelzen: was daraus hervorgeht, ist ihr Abbild.

Die Skulptur wird zum Mittel für den Menschen und für die Zivilisation, die ihn trägt, um seine Träume, Mythen, seine Visionen auszudrücken, indem sie sich auf eine gewisse Meisterschaft im Bewältigen der Materie stützt. Diese lässt sich durch eine Folge von Versuchen und Fehlschlägen erwerben; die letzteren tragen bittere, aber reiche Früchte.

Je variantenreicher die Ausgangsbedingungen sind, desto grösser sind die Chancen, im wechselseitigen Druchdringen Erkenntnisse zu erwerben. Es ist wesentlich, wenn man sich auf die Praxis der Bildhauerei einlässt, sich ihr von verschiedenen Seiten zu nähern, um die Grenzen und Möglichkeiten selber zu finden. Diese erwirbt man sich durch beharrliches Arbeiten, unterstützt vom unumgänglichen theoretischen Rüstzeug.

Das Ziel dieses Werkes besteht darin, dem Leser alle Informationen zu vermitteln, die ihm ein bereicherndes Schaffen auf dem Gebiet der Skulptur gestattet.

Unser Wunsch war es, jedermanns Kreativität anzustacheln und den Laien und Anfänger zu ermuntern, die Materie am Kragen zu packen und aus ihr etwas zu machen. Das Unterfangen – davon bin ich überzeugt – ist nicht umsonst. Immer vermag man aus dieser Konfrontation eine Lehre zu ziehen und sei es nur die Erkenntnis seiner eigenen Grenzen.

Ist es verhältnismässig einfach, ein Projekt zu Papier zu bringen, so ist seine Umsetzung in drei Dimensionen und im gewünschten Material bedeutend schwieriger. Der «konzeptuelle Künstler» gibt sich in der Regel mit dem ersten Schritt zufrieden und vernachlässigt den zweiten, indem er den Fall dem Kunsthandwerker oder Spezialarbeiter überlässt, die keine künstlerischen Ambitionen haben. Die Bezeichnung «Künstler» kann nach meiner Meinung nur dem zugestanden werden, der sich für das ganze Werk voll verantwortlich fühlt. Das wiederum setzt ein grosses Verständnis dem Werkstoff gegenüber voraus.

Die Materie hat ihre eigenen Gesetze, die man kennen muss. Der Künstler muss sich ihnen unterziehen und dennoch seine ganze Findigkeit aufbringen, um die Grenzen seiner Möglichkeiten zu erweitern, zu sprengen. Die Kenntnis der Materie kann man sich grundsätzlich in der Praxis erwerben. Der primitive Mensch bearbeitet das Holz oder den Stein, ohne die Herkunft zu kennen. Sein Tun ist instinktiv; er passt sich den wahren Charakteristiken der Werkstoffe durch schrittweises Herantasten an. Seine «Trouvailles» wurden den nächsten Generationen überliefert, die ihrerseits das Erforschen unermüdlich fortgeführt haben bis in unsere Tage. Auf diese Weise hat der Mensch, von Sieg zu Sieg eilend, die Jahrhunderte mit zahlreichen Meisterwerken abgesteckt, die Zeugnis ablegen von seinem nie abreissenden Suchen.

Zweifellos hat dieses Bemühen zu allen Zeiten einen geistigen Hintergrund, vergegenwärtigt man sich nur die unzähligen Skulpturen, die den Schöpfer preisen. Indessen, hinter diesen vielgestaltigen göttlichen Inspirationen versteckt sich der unsterbliche Mensch, der die Perfektion anstrebt und auf der Suche nach einer immer grösseren Freiheit ist, begieriger denn je, die Materie zu meistern.

Wir meinen, dass der Mensch durch die Skulptur ein besseres Verständnis der Materie zu erwerben vermag. Dieser prosaischen – aber nicht unnötigen – Erkenntnis schliesst sich das Bewusstsein des Künstlers und seiner eigenen Natur an, das ihn zu Stoff und Themen seines Schaffens führt. Der Stil entspringt der doppelten Begrenzung: der von der Materie gegebenen und der dem Inhalt seines Werkes entsprechenden.

Der Bildhauer lässt sich mit dem Alchimisten vergleichen, der die Materie umwandelt und ihr Form und Sinn gibt. Das gemeinste Material – oder das am wenigsten edle in der traditionellen Ausdrucksweise – kann zum Träger des höchsten Strebens der Menschheit werden.

Der Bildhauer, seit tausend Jahren traditionsgemäss mit den früheren Generationen verbunden, ist tief in seiner Zeit verwurzelt; er gehört gefühlsmässig einer grossen Gemeinschaft von individuellen Menschen, von Temperamenten und Empfindungen an. Dies trifft besonders auf den Bildhauer in Holz und Stein zu.

Andererseits darf man die Tatsache nicht ignorieren, dass die Bildhauerei eine Disziplin ist, die eine besondere Lebensweise bedingt. Der Bildhauer darf nicht davor zurückschrecken, in «Staub und Schmutz» (wie es die gewöhnlichen Sterblichen nennen) und ohne Komfort zu leben. Diese Nachteile werden indessen wettgemacht durch ein sehr starkes Lebensgefühl und das geistige Abenteuer.

Während Jahrtausenden war die Kunst der Skulptur verhältnismässig konservativ; dem langen Arbeitsprozess wurde der Tribut gezollt. Bis im vergangenen Jahrhundert war in der Bildhauerei nur die Darstellung von Mensch und Tier denkbar. Das sich entwickelnde Maschinenzeitalter liess seinen Einfluss erst im 20. Jahrhundert spürbar werden, paradoxerweise unterstützt durch die Funde anderer Zivilisationen (Einfluss der afrikanischen und polynesischen Skulptur auf den Kubismus).

Seit dem Einzug der industriellen Maschine in das Leben der Völker, scheint der Schöpfer einen Teil seiner Macht an die Wissenschaft verloren zu haben: die Themen der Bildhauerei haben sich ausgeweitet! Der Mensch steht zwar immer noch an vorderer Stelle in der Ikonographie unserer

Zeit, aber der Maschine ist der Einzug in die Welt der Formen gelungen. Andererseits werden die scheinbar unauffälligen Schöpfungen der Natur (Kristalle, Mikroorganismen), von der Naturwissenschaft aufgegriffen, vom Künstler in abstrakten Werken dargestellt. «Abstrakt» und «nicht gegenständlich» sind unzutreffende Bezeichnungen, denn der Künstler stellt sehr konkrete Aspekte der Natur dar, die indessen nicht als das wahrgenommen werden und versteckt bleiben. Eine solche Sensibilität fühlt sich organischen, fliessenden und runden Formen verpflichtet, eine andere zieht geometrische Formen, die Mineralien nahestehen, vor.

Anfangs unseres Jahrhunderts sind Mischformen – halb Mensch, halb Maschine – in der Skulptur eingeführt worden. Sie sollten der unmenschlichen Maschine eine Seele einhauchen. Die Techniken zum Schweissen von Metallen machten die Verbündeten gegen die Natur stark. Zu anthropomorphen Monstern zusammengefügte Materialien aus Industrieabfällen sind Ausdruck unserer Zeit.

Es ist nicht möglich, die Richtung vorauszusagen, in der die Bildhauer von morgen gehen werden, aber es ist im Zeitalter der elektronischen Revolution nicht auszuschliessen, dass die Skulptur auch davon erfasst werden wird.

Auf der anderen Seite gehen aus der Forschung der modernen Chemie fast täglich neue Materialien und Werkstoffe hervor. Wir sind in die Ära der zusammengesetzten Stoffe eingetreten: Faserstoffe und Kunstharze lassen sich zu neuen Werkstoffen mit neuen Eigenschaften verbinden (zum Beispiel: keramische Werkstoffe oder Legierungen für die Astro- und Aeronautik). Es steht ausser Zweifel, dass die neuen Stoffe, einmal in der Öffentlichkeit eingeführt, auch vom Bildhauer übernommen werden. So werden neben den traditionellen Darstellungen neue Formen ins Leben gerufen werden.

Literatur

Adeline Jules, Lexique des termes d'art. E. Gründ, Paris 1927
Adriani B., Des problèmes du sculpteur,. Paris 1961
Allcott Arnold, Plastiques d'aujourd'hui. Béranger, Presses de la Cité, Paris 1964
Anquetil Jacques, Vivien Daniel, La poterie. Dessain et Tolra/Le Chêne, Paris 1978
Argan Giulio C., Henry Moore. Klett-Cotta, Stuttgart 1989

Badien J. K. W., Technique du moulage: plâtre et gélatine. Editions du Jour Bruxelles 1957
Baldwin John, Contemporary sculpture technique (Welded metal and fiberglass). Van Nostrand Reinhold, New York 1967
Barron Stephanie von (Hrsg.). Skulptur des Expressionismus. Prestel, München 1984
Baudry M. T., La sculpture: méthode, vocabulaire: principes d'analyse scientifique. Ouvrage collectif. Imprimerie Nationale, Paris
Baur Karl, Der Bildhauer in seiner Zeit. Callwey, München 1975
Bazin Germain, Présence da la sculpture V. N. U. Books International, 1981
Benoist Luc, La sculpture en Europe. Presses Universitaires de France, Paris 1971
Bourdais Marcel, Secrets d'atelier perdus et retrouvés. Dunod, Paris 1978
Burnham Jack, Beyond Modern Sculpture. George Braziller, New York 1982

Courtrait J. P., Trucs et procédés du bois. Charles Moreau

De Keyzer E. Y., La sculpture contemporaine en Belgique. Laconti, Bruxelles 1972

Franzke Andreas (Hrsg.), Skulpturen und Objekte von Malern des 20 Jahrhunderts. DuMont, Köln 1982

Glayman Jacques, Aide-mémoire de galvanoplastie. Eyrolles, Paris 1967
Goldschneider Ludwig (Hrsg.), Rodin, Skulpturen. Phaidon Press, Wiesloch 1988
Grubbs Daisy, Modeling a likeness in clay. Watson-Guptill, New York 1982
Gsell P., L'art: Auguste Rodin. Gallimard, Paris 1967

Hammacher A. M., L'évolution de la sculpture contemporaine. Cercle d'Art, Paris 1971
Hauser Christian, La fonte d'art. Les métiers d'art. Bonvent, Genève 1972
Hawkes Jacquetta, Atlas culturel de la préhistoire et de l'antiquité. Elsevier Séquoia, Bruxelles 1978
Heussinger Lutz, Michel-Ange. Princesse, Paris 1976
Hoffman Malvina, Sculpture inside and out. Allen and Unwin, London
Hoffmann Werner, Der Mensch und seine Bilder. DuMont, Köln 1980
Hollander H. B., Plastics for Artists and Craftsmen. Watson-Guptill, New York 1972

Irving D. J., Sculpture: material and process. Van Nostrand Reinhold, New York 1970

Janneau Guillaume, Les arts du feu. Presses Universitaires de France, Paris 1960
Joray M. Le béton dans l'art contemporain. Editions du Griffon, Neuchâtel
Juliet Charles, Giacometti. Weber, Genf 1986

Kissling Hans (Hrsg.), Begegnung mit Bildhauern. Eos, St. Ottilien 1982
Kowald D., Meilach D., Sculpture casting: mold techniques and materials. Allen and Unwin, London 1972

Lagriffoul Henri, Conseils pratiques sur le modelage, le moulage et la sculpture. Bornemann, Paris 1972
Laurent Monique, Rodin. DuMont, Köln 1989
Leach Bernard, Das Töpferbuch. Hörnemann, Bonn 1983
Lexikon der Kunst. Herder, Freiburg i.Br.
Lucchesi, Malmstrom, Modeling the head in clay. Watson-Guptill, New York 1979

Mangels Johannes, 100 Fragen zum Betrachten einer Plastik. Richarz, St. Augustin 1982
Manuel des artistes. Ouvrage collectif. Nathan, Paris 1982
McDermott R., Figure sculpture in Wax and Plaster. Watson-Guptill, New York
Meilach D., Seiden D., Direct metal sculpture. Crown, New York 1975
Melville R., Henri Moore. Editions La Connaissance. Bruxelles 1971
Mendel L., Manuel pratique de soudage au gaz et de coupage thermique. Manuels pratiques. Dunod, Paris 1976
Merle Jacques, La monture en bronze. Précis techniques. Dessain et Tolra, Paris 1979
Meslier R., La soudure autogène, au chalumeau et à l'arc. Eyrolles, Paris 1980
Mills John W., The technique of Sculpture. Batsford London 1976
Sculpture in concrete. Frederik Praeger, New York, Washington 1968
The technique of casting for sculpture. Van Nostrand Reinhold, New York 1967
Mills John W., Gillespie M., Studio bronze casting. Elsevier
Morschel Jürgen, Deutsche Kunst seit 1960. Bruckmann, München
Müller Horst O., Ernst Barlach: Die Skulpturen. Schwarze, Wuppertal 1988

Néret Gilles, Kunst der Avantgarde. Hirmer, München 1988
Nouveau dictionnaire de la sculpture moderne. Ouvrage collectif. Hazan, Paris 1970

Percy H.M., New materials in sculpture. Transatlantic Arts, New York 1967
Peters Hans A. und Bernhard Franz, Skulpturen. Ahrens, Koblenz 1980
Popper Frank, L'art cinétique. Gauthier-Villars, Paris 1970

Rayez Jacques, Initiation à la céramique. Bornemann, Paris 1978
Read H.E., The Art of Sculpture. Faber and Faber, London 1956
Read, Waldberg, Di San Lazzaro, L'Œuvre complet de Marino Marini: Editions Société Internationale d'Art XXe siècle, Paris 1970
Reising Gert, Bätzner Nike, Eine Plastik entsteht. Staatliche Kunsthalle, Karlsruhe 1985
Rhodes Daniel, La poterie, terres et glaçures. Dessain et Tolra, Paris 1976
Rich Jack, The materials and methods of sculpture. Oxford University Press, New York 1947
Rogers L.R., Sculpture. Oxford University Press, London 1969
Rood John, Sculpture with a torch. University of Minnesota, Minneapolis 1963
Roukes Nicholas, Sculpture in Plastics. Watson-Guptill, New York 1968

Sculptures d'acier. Publication du Centre Belgo-Luxembourgeois d'Information de l'Acier, 1967
Seitz W. C., The Art of Assemblage. Museum of Modern Art, New York 1961
Seton-Williams, Le trésor de Toutankhamon. Princesse, Paris 1980
Seuphor Michel, La sculpture de ce siècle. Editions du Griffon, Neuchâtel 1959
Slobodkin Louis, Sculpture: principles and practice. Dover, New York 1949
Spiess Werner, Picasso – Das plastische Werk. Hatje, Stuttgart 1983
Swinton George, La sculpture des Esquimaux du Canada. Les Editions de la Presse, Montréal 1976

Trier Eduard, Bildhauertheorien im 20. Jahrhundert. Mann, Berlin 1984

Verhelst Wilbert, Sculpture tools, materials and techniques. Prentice Hall, Englewood Cliffs, N.J. 1973

Wheeler W., Hayward C., Pratique de la sculpture sur bois et de la dorure. Eyrolles, Paris 1981